Modern Elementary Statistics, 12th Edition

統計學

John E. Freund、Benjamin M. Perles　原著

靜宜大學應用數學系教授　陳臺芳博士　審訂

台灣培生教育出版股份有限公司

Pearson Education Taiwan Ltd.

國家圖書館出版品預行編目資料

統計學 / John E. Freund, Benjamin M. Perles著；余
  峻瑜譯；陳臺芳審訂. -- 二版. -- 臺北市：臺灣培
  生教育, 2008.1
    面；公分
  譯自: Modern Elementary Statistics, 12th Edition
  ISBN 978-986-154-645-2 (平裝)

  1. 統計

510   96022514

統計學

原　　　著	John E. Freund, Benjamin M. Perles
審　　　訂	陳臺芳
發　行　人	洪欽鎮
譯　　者	余峻瑜
主　　編	鄭佳美
責任編輯	賴文惠
協力編輯	鄭心怡
美編印務	廖秀真
封面設計	廖秀真
發行所 出版者	台灣培生教育出版股份有限公司
	地址／台北市重慶南路一段147號5樓
	電話／02-2370-8168
	傳真／02-2370-8169
	網址／www.PearsonEd.com.tw
	E-mail／hed.srv@PearsonEd.com.tw
台灣總經銷	全華圖書股份有限公司
	地址／台北縣土城市忠義路21號
	電話／02-2262-5666（總機）
	傳真／02-2262-8333
	網址／http://www.chwa.com.tw
	http://www.opentech.com.tw
全華書號	18008017
香港總經銷	培生教育出版亞洲股份有限公司
	地址／香港鰂魚涌英皇道979號（太古坊康和大廈2樓）
	電話／852-3181-0000
	傳真／852-2564-0955
版　　次	2008年1月二版一刷
ISBN	978-986-154-645-2
定　　價	680元

敘述統計

相關係數 $\qquad r = \dfrac{S_{xy}}{\sqrt{S_{xx} \cdot S_{yy}}}$

其中 $S_{xx} = \Sigma x^2 - \dfrac{1}{n}(\Sigma x)^2$ ， $S_{yy} = \Sigma y^2 - \dfrac{1}{n}(\Sigma y)^2$

以及 $S_{xy} = \Sigma xy - \dfrac{1}{n}(\Sigma x)(\Sigma y)$

最小平方線 $\qquad \hat{y} = a + bx$

$$b = \dfrac{S_{xy}}{S_{xx}} \text{ 與 } a = \dfrac{\Sigma y - b(\Sigma x)}{n}$$

平均數（樣本） $\quad \bar{x} = \dfrac{\Sigma x}{n}$

標準差（樣本） $\quad s = \sqrt{\dfrac{\Sigma(x - \bar{x})^2}{n - 1}}$

標準差（計算公式）

$$s = \sqrt{\dfrac{S_{xx}}{n - 1}} \text{ 其中 } S_{xx} = \Sigma x^2 - \dfrac{(\Sigma x)^2}{n}$$

標準單位（z 值） $\quad z = \dfrac{x - \bar{x}}{s} \text{ 或 } z = \dfrac{x - \mu}{\sigma}$

加權平均數 $\qquad \bar{x}_w = \dfrac{w_1 x_1 + w_2 x_2 + \cdots + w_n x_n}{w_1 + w_2 + \cdots + w_n}$

機率和機率分配

機率　　　　貝氏定理

$$P(B_i|A) = \frac{P(B_i) \cdot P(A|B_i)}{P(B_1) \cdot P(A|B_1) + P(B_2) \cdot P(A|B_2) + \cdots + P(B_k) \cdot P(A|B_k)}$$

條件機率　　　　$P(A|B) = \dfrac{P(A \cap B)}{P(B)}$

一般加法規則　　　$P(A \cup B) = P(A) + P(B) - P(A \cap B)$

一般乘法規則

$$P(A \cap B) = P(B) \cdot P(A|B) \text{ 或 } P(A \cap B) = P(A) \cdot P(B|A)$$

數學期望值　　　　$E = a_1 p_1 + a_2 p_2 + \cdots + a_k p_k$

機率分配　　二項分配　　　　$f(x) = \dbinom{n}{x} p^x (1-p)^{n-x}$

機率分配的平均數　　$\mu = \sum x \cdot f(x)$

機率分配的標準差　　$\sigma = \sqrt{\sum (x-\mu)^2 \cdot f(x)}$

估計

信賴區間　　平均數（σ 已知）　　　　$\bar{x} - z_{\alpha/2} \cdot \dfrac{\sigma}{\sqrt{n}} < \mu < \bar{x} + z_{\alpha/2} \cdot \dfrac{\sigma}{\sqrt{n}}$

平均數（σ 未知）　　　　$\bar{x} - t_{\alpha/2} \cdot \dfrac{s}{\sqrt{n}} < \mu < \bar{x} + t_{\alpha/2} \cdot \dfrac{s}{\sqrt{n}}$

比例值（大樣本）

$$\hat{p} - z_{\alpha/2} \cdot \sqrt{\frac{\hat{p}(1-\hat{p})}{n}} < p < \hat{p} + z_{\alpha/2} \cdot \sqrt{\frac{\hat{p}(1-\hat{p})}{n}} \quad \text{其中} \ \hat{p} = \frac{x}{n}$$

最大誤差　　平均數的估計　　　　$E = z_{\alpha/2} \cdot \dfrac{\sigma}{\sqrt{n}}$

比例值的估計　　　　$E = z_{\alpha/2} \cdot \sqrt{\dfrac{\hat{p}(1-\hat{p})}{n}}$

樣本數　　　平均數的估計　　　　$n = \left[\dfrac{z_{\alpha/2} \cdot \sigma}{E} \right]^2$

比例值的估計

$$n = p(1-p) \left[\frac{z_{\alpha/2}}{E} \right]^2 \quad \text{或} \quad n = \frac{1}{4} \left[\frac{z_{\alpha/2}}{E} \right]^2$$

假設檢定

進行下列檢定時所需之統計量

平均數之間的差異（σ 已知）

$$z = \frac{\overline{x}_1 - \overline{x}_2 - \delta}{\sqrt{\dfrac{\sigma_1^2}{n_1} + \dfrac{\sigma_2^2}{n_2}}}$$

平均數之間的差異（σ 未知）

$$t = \frac{\overline{x}_1 - \overline{x}_2}{s_p\sqrt{\dfrac{1}{n_1} + \dfrac{1}{n_2}}} \quad \text{其中} \quad s_p = \sqrt{\frac{(n_1 - 1)s_1^2 + (n_2 - 1)s_2^2}{n_1 + n_2 - 2}}$$

比例值之間的差異（大樣本）

$$z = \frac{\dfrac{x_1}{n_1} - \dfrac{x_2}{n_2}}{\sqrt{\hat{p}(1 - \hat{p})\left(\dfrac{1}{n_1} + \dfrac{1}{n_2}\right)}} \quad \text{和} \quad \hat{p} = \frac{x_1 + x_2}{n_1 + n_2}$$

比例值之差異、列聯表、或適合度

$$\chi^2 = \sum \frac{(o - e)^2}{e}$$

平均數（σ 已知）

$$z = \frac{\overline{x} - \mu_0}{\sigma/\sqrt{n}}$$

平均數（σ 未知）

$$t = \frac{\overline{x} - \mu_0}{s/\sqrt{n}}$$

比例值（大樣本）

$$z = \frac{x - np_0}{\sqrt{np_0(1 - p_0)}}$$

▶▶ 推薦序

　　本書作者John Freund教授將統計視為平日思維的煉製品 (In general, Statistical methods are nothing but a refinement of everyday thinking)，這也是本書的中心思想。

　　一般人對統計的印象通常就是一連串的公式，統計的考試也成為公式熟、計算快的一種競賽。真正要用統計方法來分析資料時，往往不知所措。事實上，近年來由於電腦的普及，統計軟體的多元化，統計的學習轉移到著重於認識各統計量所能傳遞的訊息，明瞭各統計方法的目的及使用時機；因此在研讀教科書時，若不閱讀文字敘述的部分，只強記公式，或許暫時能在考試中取得高分，卻無法真正的了解統計，更枉論統計的應用了。

　　本書原作者以實例詳細解說，深入淺出地引導讀者認識每一統計量，或統計方法，使讀者在閱讀過程中自然地建立了統計的觀念；而本書譯者也確實地將原著者的意思忠實地表達出來，學生應仔細閱讀書中文字敘述部分，在沒有語言障礙下，直接地建立統計的觀念，對統計的學習及將來的應用會有很大的幫助。本書需要的數學背景只是普通高中程度，可做為大學或技術學院任一科系三至六學分的統計學教科書；另外也可做為個人自習用書。

　　值得一提的是，佛洛依德教授曾寫了數本適用於各領域的統計教科書，每本都非常暢銷，尤其本書涵蓋完整的統計學概念，自一九五二年第一版問市以來，一直受到全球統計課程師生的喜愛，也一再改版發行。我很高興今

年終於可以見到本書第十二版中譯本的問世，並增加了許多本土的例題，相信一定可以幫助讀者了解統計學的迷人之處，並在生活中運用所學的統計概念。

靜宜大學應用數學系副教授　陳臺芳

審訂者簡介

陳臺芳博士

任教於靜宜大學應用數學系

主要教學領域：統計、迴歸分析、實驗設計

學歷：

美國科羅拉多州立大學統計學博士

美國科羅拉多州立大學統計學碩士

經歷：

美國普渡大學統計系程式設計師

▶原著序

　　偉大的科學家愛因斯坦曾說：「整個科學領域，不過是把日常生活中的思考過程加以細緻化、精確化而已。」而本書的主旨則是把這句話稍微改編成：「一般而言，統計學的方法，不過是把日常生活中的思考過程加以細緻化、精確化而已。」

　　基礎統計學的教學課程內容這幾年出現許多變革，利用實證資料進行統計分析的教學方式愈來愈受到重視，而數理分析的嚴謹度卻逐漸為人所忽略，尤以機率論的領域為甚。不過基本上我們編寫此書的觀點始終如一：基礎統計學應該列入一般大眾的通識教育課程中，而我們深信此新版本能夠符合基礎統計學的教學需求。利用實證資料來進行統計分析的確是很重要，不過更重要的是這些資料本身必須是有趣的、有意義的。以往有個常被拿來使用的經典範例，裡頭所使用的資料竟然是普魯士軍隊中每年被馬匹踢死的士兵人數！基本上，這樣的資料型態蠻符合所謂的卜瓦松分配（參考第8.5節）。

　　本書包含600題以上的習題，其中有許多是以往版本所沒有的。習題主要分為兩類：一類是觀念性思考題，一類是提供一組資料，請各位演練在特定條件下運用某特定統計公式來解決問題。授課老師可以依個人習慣或學校資源來建議學生使用統計軟體。我們建議讀者思考每一題習題；不論讀者的主修學科為何，這些習題都是相當值得參考的。書末並附有單數題解答，

相關教學資源亦可參考教學網站：www.prenhall.com/freund。

作者簡介

John E. Freund

亞利桑納州立大學(Arizona State University)

數學系榮譽退休教授(Professor of Mathematics Emeritus)

Freund教授曾就讀於倫敦大學(University of London)、加州大學洛杉磯分校(UCLA)、哥倫比亞大學(Columbia University)、以及匹茲堡大學(University of Pittsburgh)。他對數學、邏輯學、以及科學哲學非常有興趣，所以選擇統計學當作他的終身職業。他認為統計學是一種思考方式，讓日常生活中的思考方式變得更精緻、更精確。基於這個理念，他所編寫的統計學教科書，不論難易深淺、應用領域為何，數十年來都是被廣為使用的暢銷書。

Benjamin M. Perles

美國紹福克大學(Suffolk University)管理學系教授。

▶目次

*表示該章為選讀內容，即便跳過，也不影響後讀章節的學習。

1 ▸ 導論
INTRODUCTION

統計學的內容，包括資料收集、資料處理、資料詮釋、以及資料呈現(collection, processing, interpretation, and presentation)，而進行這些活動之前的準備工作，也同樣屬於統計學的範疇。常見的例子如計算棒球選手的平均打擊率；紀錄出生、結婚、及死亡的人數；評估市面上某產品的銷售成績；以及天氣預報等。即使是當今最先進的物理學研究分支，也稱為量子統計(quantum statistics)。

「統計」(statistics)這個詞彙的用途非常廣泛。舉例而言，表列式的數據資料可稱之為「統計」，如股票市場的交易報告，《美國統計摘要》(*Statistical Abstract of the United States*)或《統計年鑑》(*World Almanac*)。另一方面，「統計」也可以用來指稱那些用以收集、處理、分析資料的方法，這些資料可以是量化的或非量化的。本書所討論的「統計」，著重在第二種解釋上。

「統計學家」(statistician)這個詞也被用在許多地方。有時候代表那些純粹收集資料的人，有時候則是指稱那些對資料進行分析詮釋的研究者。除此之外，那些為整個統計學領域建構數學理論的學者，也是統計學家。最後，「統計量」(statistic)指的是特定的衡量標準或計算公式，例如平均數、全距(range of values)、做為經濟指標的成長率、或是不同變數之間相關性的測量值等。

在1.1節與第1.2節中，我們將討論現代統計學的歷史、近年來的發展，及其越來越廣泛的應用範圍。某些不同型態的資料及其應用也會在這兩節中予以說明。我們也會提及各種來源不同的資料。在第1.3節中，我們探討統計資料的本質、介紹更多的專門術語，並提醒讀者進行資料分析時，不要誤用不適當的方法。

1.1 現代統計學的發展

現代統計學的源起，追根究底，竟然是兩個看似毫不相關的領域：*政府*

（政治學）以及機運（博奕）遊戲。

　　長久以來，政府利用普查(census)的方式來計算國內的人口與財產總數。古羅馬人就是利用這種方法來對人民課稅；聖經裡頭就有提到馬利亞與約瑟如何到伯利恆(Bethlehem)去將他們的名字登錄到普查清單上。另一個著名的普查，則是於1086年由英王威廉一世下令完成的《地籍簿》(*Domesday Book*)。這份普查資料幾乎涵蓋整個英格蘭，列出該地區經濟資源的數量，包括土地所有權人及其所擁有的土地。1790年所出版的美國普查(United State Census)則是現代第一本普查資料，不過裡頭只記載了人口資料。晚近的普查所包含的資料範圍愈來愈廣泛，在人口與經濟方面都提供了相當豐沛的資料。現在的美國普查每十年進行一次（2000, 2010, 2020,…）。最近的一次普查完成於2000年，這也是改成每隔十年普查一次之後的第二十一份資料。

　　而為了描述、彙整、分析這些普查資料所發展出來的方法，是推動現代統計學發展的主要動力之一。這些方法即是所謂的「**敘述統計**」(descriptive statistics)，其最顯而易見的形式，就是利用圖表來呈現資料。敘述統計主要是用來描述或彙整所收集到的資料，並沒有任何進行「推論」(infer)的意圖。

　　倘若政府根據普查所得的資料，指出美國的人口總數在1990年是248,709,873人，而在2000年是281,421,906人，這樣的陳述方式乃是屬於敘述統計的範疇。倘若我們依此數據算出人口成長率為13.2%，這也是屬於敘述統計。但是，倘若我們用這些資料來預測美國在2010年或是2020年的人口總數的話，就不能算是敘述統計。這種預測是超出現有資料的範圍。

　　過去這幾十年來，統計學的應用範圍以及社會對統計學的需求急速增加。原因之一，是因為各種研究分析報告所採用的資料量，幾乎都已經超過我們所能理解的範圍。人們常常搞不清楚什麼是好的統計，什麼是不好的統計。因此，需要更多接受專業統計學訓練的人，來協助處理收集到的資料。

　　統計快速掘起的第二個重要原因乃是因為這些年來在商管、經濟、工程

及科學方面的研究，以及其他與我們日常生活息息相關的活動上，愈來愈多的數量方法被運用。由於資訊多半是從「樣本」（sample，即大群體中觀察到的一小部分）中獲取而來的，而分析少量的資料來瞭解整體的情況，是一種**推廣**(generalization)。因此，現代統計學的進展重心由「**敘述統計**」轉移到「**統計推論**」(statistical inference)或是「**歸納統計**」(inductive statistics)。換句話說，統計學已經由原本圖表製作的藝術，轉變成採用數據資料以為決策基礎的科學。更廣義的說，這是一門在不確定中進行決策的科學。

　　以下這些例子都必須用到**推廣**(generalization)，也就是統計推論的方法：估計未來十年內美國境內所撥打的長途電話總數（以經濟發展趨勢與人口成長為基礎）；估計報紙廣告對超級市場營業額的影響（以在某些小型市場所進行的試驗結果為基礎）；評估衝突與不確定的法律證據之間的關係；估計某規劃興建的辦公大樓中所需的電梯數量；估計某新近研發之電腦的需求量；或根據有限的片斷績效資訊來衡量業務員們的效率等等。這些例子全部牽涉到不確定性，只能得到部分，或是不完整的資訊。因此，在這些機運遊戲中需要用到統計方法找出資訊背後的起源。

　　證據顯示，機運遊戲已有數千年的歷史。舉例來說，西元3500年前，埃及人已經在玩一種稱為**距骨**(astragali)的小玩意，此即為骰子的前身。然而，關於機運遊戲的數學研究，卻不到四百年的歷史。西元1654年，數學家帕斯卡 (Blaise Pascal)寫了一封關於博弈遊戲的信給另外一個數學家費瑪(Pierre de Fermat)，這才正式將機率當成一種數學科學來研究。這兩位數學家分別採用不同的數學方法，各自解決了那個問題。我們可能會感到非常訝異，為什麼竟然隔了這麼久的時間才有人開始研究機率，其實是在這之前，機率被視為是神的旨意，而用數學來分析如此超自然的「機制」，則更是被視為不敬、甚至是褻瀆神明的。

　　雖然早在十七世紀就有數學家開始研究機率的理論，但是一直要到十九世紀初期，這些關於「正面」或「反面」、「紅」或「黑」、「偶數」或「奇數」的理論，才被廣泛應用到日常生活中的事物上，如「男」或「女」、

「生」或「死」、「及格」或「不及格」等等。自此之後，**機率論**(probability theory)被大量應用在社會科學以及心理學的問題，並是現代科學或商業行為上各種涉及不確定性情況下，不可或缺的分析工具。更進一步地，機率論是統計推論方法的重要基礎。

資料收集方面，大部分其實都是常識，請參見以下的範例。

範例 1.1

為了調查民眾對政府某政策延續性的看法，調查人員詢問受試者：「請問你是否認為這項鋪張浪費的政策應該繼續延續下去？」試解釋為何這個問題可能無法從受試者處得到公正客觀的回答？

解答　因為調查人員已經明白表示該政策是「鋪張浪費」的。

範例 1.2

為了測試消費者對某新上市冷凍食品的反應，研究人員挨家挨戶地在週一至週五上午進行訪查。倘若無人在家的話，則略過不再回頭訪查。試解釋為何這樣的訪查方法可能會得出誤導的資訊。

解答　倘若該冷凍食品的正好頗受單身貴族或是雙薪家庭的歡迎，那麼這種訪查方式所得出來的結論顯然會出現偏差。

雖然之前所提到的統計學進展，有很多是在「電腦革命」之前開始的，但是電腦的普及與大量使用更加速了這個發展趨勢。尤其是電腦使得每個人都可以處理、分析、研究數量龐大的資料，並進行以往難以執行的複雜計算。話雖如此，我們還是要指出，對學習瞭解統計學而言，電腦能力並不是最重要的要素。本書中會提供一些電腦軟體程式的使用，但是這些只是讓讀者略微瞭解在現在使用統計時有哪些技術可以採用。因此，對本書而言，電

腦並不是必備的工具，但是對那些已經熟悉某些統計軟體的讀者而言，書中還是有一些相關的習題可供參考練習。大體來說，本書的習題用一般的計算機就已經綽綽有餘了。

範例1.1與1.2中所呈現的是**偏差資料**(biased data)。當我們在蒐集統計資料時，不論是有意地還是無意地納入或遺漏某些特定類別的人或是項目，所得到的就會是偏差資料。倘若在蒐集調查資料時所問的問題模糊不清，或是問的方式不對，或是問到的不是正確的受試者，或是在不對的場所提問，或是提問的時機不適宜，那麼這個耗費鉅資的研究計畫可能就會毀於一旦。我們接下來用這個例子說明問錯人的情形。有個食品製造商針對新開發的即食甜點展開市場調查，負責進行調查的人員只在週一至週五的上午九點與下午五點之間工作。他們所能接觸到的受試者，就只是那這段時間內剛好待在家裡的人們。不幸的是，他們忽略了那段時間內要上班工作的人們，也可能忽略了該製造商的忠實顧客。這樣所得到的調查結果是完全無用的。

產生偏差資料的可能原因是難以具體陳述的。舉例來說，許多人不願意誠實回答關於個人衛生習慣的問題，比方說使用芳香劑、沐浴、或刷牙的習慣；許多人在收到關於個人生涯成功經歷的問卷調查時，也會猶豫再三。另一方面，調查人員有時為了減低採訪面試的困難度，會直接找上他所遇見的第一個獨自行走的受訪者、或是在同一棟大樓或同一個社區裡找多位受訪者、或是捏造實際上根本沒進行過的面試結果、或是花了大量的時間訪問異性受訪者。

除此之外，還有許多造成偏差資料的因素是難以察覺或預見的。舉例來說，倘若某大型大學的教務處人員想要從學生當中選取具有代表性的群體，但是卻剛好選到姓氏開頭是 M、N與O這三個字母的學生，那麼所選出來的學生會有相當比例會是愛爾蘭或是蘇格蘭後裔，如：MacPherson、McDonald、O'Brien、O'Toole等。同樣的，如果在某個果醬工廠中，進行密封作業的機器剛好是每隔五個就會出現密封不良的情形，而品管檢驗流程要是設定成每隔十個檢查一個看是否密封是否正常的話，結果一定是令人難以

想像。還有一些顯而易見的成因，包括電腦程式設計有誤、資料傳輸不全、或是紀錄本身就出錯。資料的搜集、紀錄、處理過程中，很難萬無一失。當然，還有些情況是蓄意產生偏差資料或根本就是刻意欺騙誤導（如不實廣告或提出偏袒誘導性的問題），然而這些是屬於道德層面的問題，非關統計。

1.2 統計資料的來源

統計資料的來源十分多樣，比方說商務日常作業、醫院例行作業、大學內部行政作業、政府例行公務、每十年一度的普查、某個人或機構所進行的實驗、市場調查分析、以及民意測驗。

在商務統計的領域中，通常會把資料再細分成以下兩種：若是資料是由廠商或機構本身所擁有的，如會計帳目、薪資紀錄、生產紀錄、存貨、銷售等等，稱為**內部資料**(internal data)。而必須從別處才能取得的資料，如聯邦政府、州政府、地方政府、商務協會、私營的資料提供機構、或甚至是其他廠商等等，則稱為**外部資料**(external data)。

外部資料還可以進一步細分為**初級資料**(primary data)與**次級資料**(secondary data)。這兩者之間的判斷標準，是看蒐集資料的機構與發佈（或出版）資料的機構是不是同一個。更精確的說，若蒐集資料的機構與發佈（或出版）資料的機構是同一個，則為初級資料；若發佈（或出版）資料的機構所使用的資料是從別的地方取得的，則為次級資料。舉例來說，勞工統計局收集資料來計算消費者物價指數(Consumer Price Index)並將之出版在《勞工評論月刊》(*Monthly Labor Review*)上，因此這個消費者物價指數就是初級資料。另一方面，當這個消費者物價指數被刊登在《聯邦儲備公報》(*Federal Reserve Bulletin*)或是報章雜誌的財經版上時，這些出版品就是這個指數的次級資料。一般而言，我們比較偏好使用初級資料，因為初級資料的編排錯誤機率比較小，而且初級資料的出版品中通常會附有詳細的定義與說明引證。

美國政府無疑地是最大的初級資料與次級資料出版中心。舉例來說，普查局(Bureau of the Census)每年所出版的《美國統計摘要》，提供了來自美國境內各地各式各樣的資訊；由商務部(Department of Business)每月所出版的《當代商務調查》(*Survey of Current Business*)，提供了許多關於價格、生產、存貨、收入、銷售、就業、工資等資料，也提供不少關於商業環境的重要指標；而勞工統計局每月所出版的《勞工評論月刊》，則提供了關於勞動力、就業、工時、工資、停工、勞工流動率等資料。鑒於統計資料量的龐大，國會資訊服務處(Congressional Information Service)所出版的《統計集匯》(*Statistical Masterfile*)，是搜尋特定統計資料的好幫手。該處所出版的光碟資料片中包含美國統計指標(American Statistics Index, ASI)、統計參考指標(Statistical Reference Index, SRI)、以及國際統計指標(Index to International Statistics, IS)等。台灣的統計資料來源有中華民國統計年鑑、中華民國統計月報以及勞動統計月報等。

非美國政府的統計資料來源包括其他政府、商業財務資料、各領域的專業與科學社群如教育學、醫學、心理學、化學、物理學、社會學、工程學等等。個人或機構所進行的實驗結果、市場調查結果、與民意測驗結果，有時候也會出版公佈。

精選習題

1.1 倘若採訪的方式或對象不甚恰當的話，所得到的統計資料的品質是相當糟糕的。請說明為何以下情形很可能得到沒有用的資料：

  (a) 為了調查一般人購買手錶的平均費用，某個研究人員只訪談戴著勞力士手錶的人。

  (b) 為了調查一般人花在度假上的平均支出，研究人員只訪問那些在長程豪華遠洋遊輪上的旅客。

1.2 倘若採訪的地點或時間不甚恰當的話，所得到的統計資料的品質是相當糟糕的。請說明為何以下情形很可能得到沒有用的資料：為了調查一般個人的消費習慣，某研究人員在12月的前三週進行大規模的資料蒐集。

1.3 請解釋為何以下的研究調查無法取得原本所想要的資料：

為了調查學生在畢業十年之後的平均薪資水準，某大學的校友辦公室在 2005年寄發問卷給所有於 1995 年從該校畢業的學生。

1.4 史密斯與瓊斯是兩位執業醫師。某天，史密斯醫師看診了四位男性病患及兩位女性病患，而瓊斯醫師則看診了三位男性病患及三位女性病患。以下幾句敘述中，哪些可以直接由上述的資料中獲得，而哪些是必須要經過推廣的？請說明你的答案。

(a) 某天史密斯醫師與瓊斯醫師所看診的病患人數相同。

(b) 史密斯醫師所看診的女性病患「總是」比瓊斯醫師多。

(c) 就一整個星期來說，史密斯醫師平均一天看診三個女性病患。

(d) 史密斯醫師與瓊斯醫師對每個病患的看診時間大約相同。

1.5 五名司機駕駛相同型號款式的卡車，其每加侖汽油所行駛的平均里程數分別為15.5、14.7、16.0、15.5、與14.8英里。請問，以下四句陳述中，哪些是純敘述？哪些是需要推論的？並請說明你的理由。

(a) 第三位司機一定都行駛在鄉間道路上。

(b) 第二位司機一定比其他司機都開得快。

(c) 這些司機中，每加侖汽油所行駛的平均里程數最常出現的為15.5英里。

(d) 這些司機中，沒有一個人每加侖汽油所行駛的里程數超過16.0英里。

1.6 某汽車經銷商於週一賣出三輛汽車，週二賣出四輛，週三賣出五輛，週四賣出六輛，而週五賣出七輛。在這段期間內，此經銷商每天平均賣出的汽車數量為 (3＋4＋5＋6＋7) / 5＝5。請問這是推廣還是敘述統計？

1.3 統計資料的本質

　　就本質上來說，統計資料有兩類：**數值資料**(numerical data)與**類別資料**(categorical data)。前者是透過測量或計數而得來的，又稱為**量化資料**或**數量資料**(quantitative data)。舉例而言，這些資料可能是實驗中所使用的白老鼠的體重（由測量得知），或是一整個學年的缺席日數（由計數得知）。相反的，類別資料多半源自於對現象觀察的描述，例如醫院病患的血型、婚姻狀況、或是宗教信仰。類別資料又可稱為**質化資料**或**定性資料**(qualitative data)。為了處理時的便利性，如記錄或排序，類別資料通常都會進行**編碼**(code)，不同的類別給予不同的數字編號，藉此將類別資料轉換成數值資

料。比方說，婚姻狀況可以用1、2、3、4來記錄，分別表示單身、已婚、鰥寡、或是離婚。「數值資料還可進一步細分成四種：**名目資料**(nominal data)、**順序資料**(ordinal data)、**區間資料**(interval data)、以及**比例資料**(ratio data)。名目資料，顧名思義，就是只有名稱上與數值有關，實際上則是類別資料，如上一段的例子，用1、2、3、4來表示單身、已婚、鰥寡、或是離婚等的婚姻狀況。」名目資料本身不是數值資料，所以不可以用一般算數公式來進行運算。再以婚姻狀況為例，我們不能說3＞1或是2＜4，也不能說2－1＝4－3、1＋3 ＝4、或是 4÷2＝2。這個例子告訴我們，在對統計資料進行數學方法分析之前，一定要先確認這些數學方法是可以「合法地」使用在這些統計資料上頭。

我們現在來看看一些可以用一般算數公式進行運算的資料。舉例來說，在礦物學中，礦物的硬度通常以「誰會在誰身上留下刮痕」來決定。倘若某項礦物能在另一項礦物身上留下刮痕，那麼前者的硬度指數就比較高。在莫氏硬度表上(Mohs scale)，由軟到硬，從一到十，分別是滑石(talc)、石膏(gypsum)、方解石(calcite)、螢石(fluorite)、磷灰石(apatite)、長石(feldspar)、石英(quartz)、黃玉(topaz)、藍寶石(sapphire)、及鑽石(diamond)。根據這些數字，我們可以說6＞3或7＜9，因為長石比方解石硬，而且石英比藍寶石軟。但是，我們不能說10－9＝2－1，因為鑽石與藍寶石之間的硬度差別，顯然遠大於石膏與滑石之間的硬度差別。另一方面，雖然黃玉的硬度是8而螢石的硬度是4，我們也不能說黃玉的硬度是螢石的兩倍。

倘若我們的資料除了比較大小之外，沒有辦法再進一步處理的話，如同上述礦物硬度的例子，那麼這樣的資料我們稱之為**順序資料**。在順序資料中，「＞」這個符號不一定只表示「大於」，它也可以表示「比……快樂」、「比……困難」、「比……好吃」等等。

倘若我們可以衡量數據間的大小差異，但是無法衡量這些數據之間進行乘法或除法的意義，那麼這些資料稱之為**區間資料**。舉例來說，假設我們有以下的華氏溫度讀數：63°、68°、91°、107°、126°、以及131°。我們可以寫

107° ＞ 68°或是 91° ＜ 131°，表示107°比68°熱而91°比131°冷。我們也可以說68°－63°＝131°－126°，因為從63°加熱升高至68°所需要的熱量與從126°加熱升高至131°所需要的熱量是一樣的。不過，即使126÷63＝2，我們不能說126°是63°的兩倍。倘若我們把這兩個溫度轉換成攝氏，分別是52.2°及17.2°，就數字而言，顯然前者是後者的三倍有餘。之所以無法進行乘法或除法的運算，乃是因為華氏與攝氏溫度的零點都是人為任意選定的；雖然數字上顯示為「零」，但是實際上我們所要測量的東西（溫度）並沒有真正的「消失」。

倘若我們的資料進行乘法除法運算是有意義的，那麼這些資料稱為**比例資料**。這類的資料隨處可見，如長度、高度、金錢、數量、重量、體積、面積、壓力、已消逝的時間、聲音強度、密度、亮度、速度等等。

名目、順序、區間、比例資料之間的差異是非常重要的，往後的討論中我們會見到，不同性質的統計資料，所能採用的統計分析方法也有所不同。為了強調這當中的差異，底下列出四個學生參加三項歷史科綜合測驗的成績：

	美國史	歐洲史	古代史
Linda	89	51	40
Tom	61	56	54
Henry	40	70	55
Rose	13	77	72

四個學生的總成績分別是180、171、165，及162。所以Linda的成績最好，接著依次是Tom、Henry，及Rose。

假設現在有人提議改變成績計算的方式，先把這四個學生的三項測驗成績分別排名次，再將三項名次平均，以平均名次當作最終的評比標準。如下表：

	美國史	歐洲史	古代史	平均名次
Linda	1	4	4	3
Tom	2	3	3	$2\frac{2}{3}$
Henry	3	2	2	$2\frac{1}{3}$
Rose	4	1	1	2

現在，我們來看看平均名次，發現表現最好的竟然是Rose，接著依次是Henry、Tom，及Linda。這個結果跟之前的結果完全相反！怎麼會這樣？計算平均名次本身就是件相當奇怪事情。舉例來說，美國史測驗中，Linda的成績比Tom高了28分，而歐洲史測驗中，Tom比Linda高了5分；但是轉換成名次之後，差距全部都一樣：只剩下1。此外，Tom的美國史成績比Henry多了21分，而Henry的古代史成績只比Tom多一分，但是轉換成名次之後，差距也都變成1而已。由此可見，或許我們不應該計算名次的平均；而且或許我們也不應該把三項測驗的成績加起來計算總分。美國史的成績最高89分，最低13分，差距太大了，比其他兩科都要大得多，所以美國史這科的分數對總分有很重的影響；換句話說，計算總分的方式可能也不是很好。這些數據看起來好像有點令人生氣，不過我們不打算深究下去，因為我們在此討論這個問題的目的，只是要提醒讀者，在應用統計學方法的時候，必須要先明辨資料本身在性質上的限制，不能同一套方法拿來直接套用；也就是說，我們必須根據資料本身的性質，來選擇適當的統計學分析方法。

精選習題

1.7 若某次期末考之後，學生被要求針對考題評等：容易、困難、非常困難，而這三種等級分別用1、2、3來表示。請問如此所取得的統計資料，是順序資料還是名目資料？

1.8 以下資料為名目資料、順序資料、區間資料、還是比例資料？

(a) 美國進行總統大選的年份

(b) 銀行帳戶的號碼

(c) 比較2磅及5磅南瓜的重量

1.9 在兩場高爾夫球公開賽中，某職業高爾夫球選手的排名分別是第二與第九，而另一位選手的排名則是第六與第五。請評論以下這個句子：因為2＋9＝6＋5，所以這兩位選手在這兩場公開賽的表現是不分軒輊的。

1.4 本章專有名詞彙整

距骨(Astragali)

偏差資料(Biased data)

編碼(Coded)

類別資料(Categorical data)

敘述統計(Descriptive statistics)

外部資料(External data)

推廣(Generalizations)

歸納統計(Inductive statistics)

內部資料(Internal data)

名目資料(Nominal data)

數值資料(Numerical data)

順序資料(Ordinal data)

初級資料(Primary data)

機率論(Probability theory)

質化資料或定性資料(Qualitative data)

量化資料或數量資料(Quantitative data)

比例資料(Ratio data)

測度尺度(Scaling)

次級資料(Secondary data)

統計推論(Statistical inference)

1.5 參考書籍

- 以下書籍對統計學的歷史有初步的介紹：

  1. WALKER, H.M., *Studies in the History of Statistical Method*. Baltimore: The Williams & Wilkins Company, 1929.

- 關於統計學歷史的進階書籍有：

  1. KENDALL, M. G., and PLACKETT, R. L., eds., *Studies in the History of Statistics and Probability*, Vol. II. New York: Macmillan Publishing Co., Inc., 1977.

  2. PEARSON, E. S., and KENDALL, M. G., eds., *Studies in the History of Statistics and Probability*. New

York: Hafner Press, 1970.

3. STIGLER, S. M., *The History of Statistics*. Cambridge, Mass.: Harvard University Press, 1986.

- 以下書籍討論統計資料的本質，以及使用不同測度尺度(scaling)時所可能遭遇到的問題：

  1. HILDEBRAND, D. K., LAING, J. D., and ROSENTHAL, H., *Analysis of Ordinal Data*. Beverly Hills, Calif.: Sage Publications, Inc., 1977.

  2. REYNOLDS, H. T., *Analysis of Nominal Data*. Beverly Hills, Calif.: Sage Publications, Inc., 1977.

  3. SIEGEL, S., *Nonparametric Statistics for the Behavioral Sciences*. New York: McGraw-Hill Book Company, 1956.

- 以下是專門寫給非專業人士閱讀的統計學書籍：

  1. BROOK, R. J., ARNOLD, G. C., HASSARD, T. H., and PRINGLE, R. M., eds., *The Fascination of Statistics*. New York: Marcel Dekker, Inc., 1986.

  2. CAMPBELL, S. K., *Flaws and Fallacies in Statistical Thinking*. Englewood Cliffs, N.J.: Prentice Hall, 1974

  3. FEDERER, W. T., *Statistics and Society: Data Collection and Interpretation*. New York: Marcel Dekker, Inc., 1991.

  4. GONICK, L., and SMITH, W., *The Cartoon Guide to Statistics*. New York: HarperCollins, 1993.

  5. HOLLANDER, M., and PROSCHAN, F., *The Statistical Exorcist: Dispelling Statistics Anxiety*. New York: Marcel Dekker, Inc., 1984.

  6. HOOKE, R., *How to Tell the Liars from the Statisticians*. New York: Marcel Dekker, Inc., 1983.

  7. HUFF, D., *How to Lie with Statistics*. New York: W.W. Norton & Company, Inc., 1993.

  8. JAFFE, A., and SPIRER, H. F., *Misused Statistics: Straight Talk for Twisted Numbers*, New York: Marcel Dekker, Inc., 1987.

  9. MOSTELLER, F., PIETERS, R. S., KRUSKAL, W. H., RISING, G. R., LINK, R. F., CARLSON, R. and ZELINKA, M., *Statistics by Example*. Reading, Mass.: Addison-Wesley Publishing, Inc., 1973.

  10. PAULOS, J. A., *Innumeracy: Mathematical Illiteracy and Its Consequences*. New York: Hill and Wang, 2001.

  11. WANG, C., *Sense and Nonsense of Statistical Inference*. New York: Marcel Dekker, Inc., 1993.

  12. WEAVER, W., *Lady Luck: The Theory of Probability*. New York: Dover Publications Inc., 1982.

2 ▸ 資料彙整：列表與編組
SUMMARIZING DATA: LISTING AND GROUPING

與我們日常生活直接相關的資訊，如果沒有經過事先彙整或處理的話，我們多半不知其然。而在過去十幾二十年來，隨著資料量的巨幅成長，更突顯出這個問題的重要性。這一方面歸功於電腦的發展與普及，使得以往必須以人力花費數個月甚至好幾年才能求算解答的問題，現在只要幾分鐘就完成了。另一方面，電腦也協助人們記錄與處理科學數量方法所產生的大量資料，尤其是行為科學與社會科學的研究，幾乎把人類活動的每一個面向，都鉅細靡遺地用量化的指標加以衡量記錄。

在第2.1節與第2.2節中，我們將討論一些將資料列表的方法，以便讓這些資料明瞭易懂且易於使用。我們所謂的**列表**(listing)，指的是把資料重新排列，並沒有改變資料中每筆數據的數值；每筆數據本身都還是完整地儲存在資料列表中。時速63英里就是時速63英里，薪水七萬五千美金就是薪水七萬五千美金。若是在民意測驗抽樣時，共和黨人就是共和黨人，而民主黨人就是民主黨人。在第2.3節與第2.4節中，我們要討論如何將資料**編組**(grouping)，並把結果以表格或圖形的方式呈現出來，以便把資料精簡成易於使用的格式。不過如此一來，難免會佚失不少原始資料當中的資訊。舉例來說，我們可能無法確知某人的真實體重，只能知道是在160至169磅之間；或是無法確定在空氣中漂浮的花粉數目，頂多知道是「普通」等級，大約是每立方公尺中有11-25個花粉粒子。

2.1 數值資料列表

把資料以列表的方式整理一下，通常是進行任何統計分析時的第一個步驟。以下的資料是某商業拖網漁船在德拉威灣(Delaware Bay)海域所捕獲的六十尾鱒魚的個別身長，以公分為單位：

19.2	19.6	17.3	19.3	19.5	20.4	23.5	19.0	19.4	18.4
19.4	21.8	20.4	21.0	21.4	19.8	19.6	21.5	20.2	20.1
20.3	19.7	19.5	22.9	20.7	20.3	20.8	19.8	19.4	19.3
19.5	19.8	18.9	20.4	20.2	21.5	19.9	21.7	19.5	20.9
18.1	20.5	18.3	19.5	18.3	19.0	18.2	21.9	17.0	19.7
20.7	21.1	20.6	16.6	19.4	18.6	22.7	18.5	20.1	18.6

　　光是要測量這六十尾鱒魚的身長就不是件容易的事，不過顯然這些資料應該還要再整理一下，以便取得有用的資訊。

　　該如何整理這些資料以獲得有用的資訊呢？有些人認為應該把極端值找出來：這六十筆資料中，最大的是23.5，最小的是16.6。有時候，把資料由大到小或由小到大排序，是非常有幫助的。以下的資料將這六十尾鱒魚的身長由小到大排列：

16.6	17.0	17.3	18.1	18.2	18.3	18.3	18.4	18.5	18.6
18.6	18.9	19.0	19.0	19.2	19.3	19.3	19.4	19.4	19.4
19.4	19.5	19.5	19.5	19.5	19.5	19.6	19.6	19.7	19.7
19.8	19.8	19.8	19.9	20.1	20.1	20.2	20.2	20.3	20.3
20.4	20.4	20.4	20.5	20.6	20.7	20.7	20.8	20.9	21.0
21.1	21.4	21.5	21.5	21.7	21.8	21.9	22.7	22.9	23.5

　　以人工手動的方式對大量資料進行排序是非常困難的工作。交給電腦來執行的話就簡單多了，不過在這種情況下輸入每個數字的時候就要很小心。

　　如果資料中所出現的數值其實不多，但是分別重複出現很多次的話，那麼我們只要計算每個數值出現的次數，然後以表格或是「**點圖**」(dot dia-gram)，把所有資料呈現出來。在點圖中，每個點都代表一筆資料。

範例 2.1　舉例來說，以下的資料表示某航空公司每週48次例行航班的誤點次數：

```
2 1 5 0 1 3 2 0 7 1 3 4
2 4 1 2 2 5 1 3 4 3 1 1
3 2 6 4 1 0 2 2 3 5 2 3
0 2 4 1 1 3 2 3 5 2 4 4
```

計算每個數值出現的次數之後，我們可得到如圖 2.1 的點圖。這個圖看起來要比原本的資料清楚多了。

解答

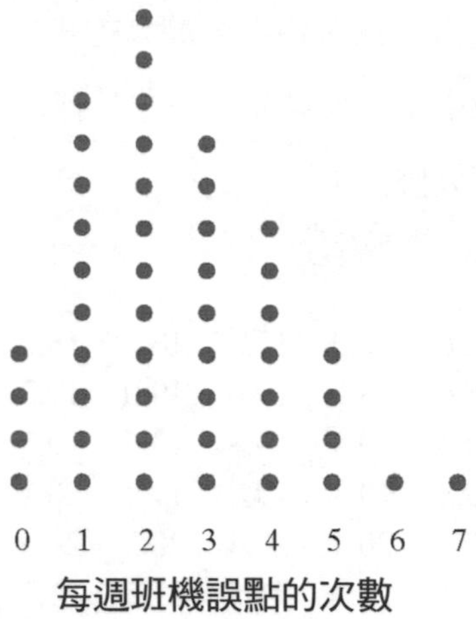

每週班機誤點的次數

圖2.1　每週班機誤點的點圖

範例 2.2　點圖可以有很多種變化，例如用其他的符號來代替「點」，像用╳或★。此外我們也可以把點改成以水平的方式排列。舉例來說，倘若我們向30個人詢問他們最喜歡的顏色，得到以下的結果：

```
藍    紅    綠    藍    紅    藍
棕    藍    紅    紅    紅    黃
白    紅    藍    綠    藍    藍
橙    綠    藍    藍    藍    紅
綠    藍    紅    藍    棕    綠
```

我們計算每個顏色出現的次數，可得到如圖 2.2 的點圖。圖中每個顏色的點的個數，即是該顏色出現的次數。

解答

藍	＊ ＊ ＊ ＊ ＊ ＊ ＊ ＊ ＊ ＊ ＊ ＊
紅	＊ ＊ ＊ ＊ ＊ ＊ ＊ ＊
綠	＊ ＊ ＊ ＊ ＊
棕	＊ ＊
白	＊
橙	＊
黃	＊

圖2.2　顏色偏好的點圖

範例 2.3

　　另一種呈現點圖的方式，則是用長方形來代替點的個數，而每個數值的長方形長度與相對應的點的個數成正比。這樣的圖我們稱為「**長條圖**」(bar chart)，或者更精確地說，**垂直長條圖**(vertical bar chart)或**水平長條圖**(horizontal bar chart)。一般我們會在長方形的上方註明次數，如圖2.3。

　　這些圖繪出上述顏色偏好範例的垂直長條圖與水平長條圖，並以各顏色出現次數遞減的方式來呈現。圖中顯示出偏好藍色與紅色的人是偏好其他顏色的人數總和的兩倍。圖2.2與2.3的圖，有時也稱作**柏拉圖**(Pareto Diagram)，用以紀念一位義大利經濟學家Vilfredo Pareto。他發明這種圖示方法來說明一個國家大約百分之八十的財富是集中在大約百分之二十的人身上。

解答

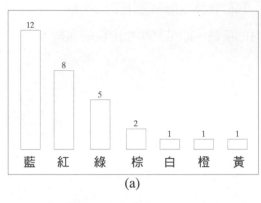

(a)

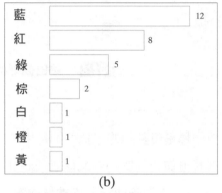

(b)

(a)垂直長條圖,(b)水平長條圖

圖2.3 **顏色偏好的長條圖**

2.2 莖葉圖

　　當資料中出現許多不同的數值、類別,或是單一數值大量地重複出現時,點圖就顯得有點礙手礙腳的。以美國職業高爾夫球協會巡迴賽(PGA)的第一回合比賽成績為例,假設最低的成績是62杆,最高的是88杆,而且126位參賽者中有27人擊出平標準杆的72杆。這正是個不適用點圖的例子:從62到88之間有許多不同的數值,而且72這個值就出現了27次!

　　近年來,有人提出「**莖葉圖**」(stem-and-leaf display)的概念,用以呈現資料筆數不會太多的數值資料。這個方法可以讓整個資料一目了然,而且沒

有嚴重的資訊佚失問題：每個資料都完整地保留著，只是排列順序略有更動而已。

以下列資料為例：這是某個位於度假勝地的旅社在六月份的每日有遊客住房的數目：

```
55   49   37   57   46   40   64   35   73   62
61   43   72   48   54   69   45   78   46   59
40   58   56   52   49   42   62   53   46   81
```

我們把十位數相同的數值放在一起，變成以下的形式：

```
37   35
49   46   40   43   48   45   46   40   49   42   46
55   57   54   59   58   56   52   53
64   62   61   69   62
73   72   78
81
```

這樣的排列方式呈現出許多資訊，不過我們還可以再進一步簡化，成為一般常用的格式。我們把十位數寫在每一列的前面，然後把個位數一個接一個往右邊排列下去，如下：

```
3 | 7  5
4 | 9  6  0  3  8  5  6  0  9  2  6
5 | 5  7  4  9  8  6  2  3
6 | 4  2  1  9  2
7 | 3  2  8
8 | 1
```

這就是我們一般所謂的莖葉圖：每一列稱之為一個「**莖**」(stem)，每一列左側的數值（十位數）稱之為「**莖標**」(stem label)，而右側的數值（個位數）則稱為「**葉**」(leaf)。之後我們會發現，如果把葉子部分的數值排序一下，整個圖會更簡單明瞭：

```
3 | 5 7
4 | 0 0 2 3 5 6 6 6 8 9 9
5 | 2 3 4 5 6 7 8 9
6 | 1 2 2 4 9
7 | 2 3 8
8 | 1
```

　　莖葉圖其實是把列表與編組的技巧混合運用。以這個例子來說，所有的資料被分成六組，不過每一筆資料都完整保留。我們可以從上面的莖葉圖中輕易地把原始資料還原出來，只不過排列的順序跟一開始不太一樣而已。

　　莖葉圖還有其他不同的呈現方式。舉例來說，莖標或葉的部分可採用兩位元數，如下：

$$24 \mid 0 \quad 2 \quad 5 \quad 8 \quad 9$$

表示240、242、245、248、249，而

$$2 \mid 31 \quad 45 \quad 70 \quad 88$$

則表示231、245、270、288。

　　現在假設在旅館住房的範例中，我們想要把莖的數目增加一些。我們可以把每個莖標使用兩次，排成兩列，第一列的葉由0排列到4，第二列則從5到9，詳如下表：

```
3 | 5 7
4 | 0 0 2 3
4 | 5 6 6 6 8 9 9
5 | 2 3 4
5 | 5 6 7 8 9
6 | 1 2 2 4
6 | 9
7 | 2 3
7 | 8
8 | 1
```

如此我們稱為「**雙莖圖**」(double-stem display)。莖葉圖還有其他變形方式。

如果使用電腦軟體，我們將得到如下列的莖葉圖及雙莖圖。有些讀者可能會對圖2.4中最左側那欄數字感到好奇。該欄是每一列所包含的數字個數。8與3被括號起來是表示整組資料的中間位置落在該列。至於尋找整組資料的中間位置的方法，將在第3.4與3.5節中介紹。

```
Stem-and-Leaf Display: Room Occupancy

Stem-and-leaf of Room occ
N = 30
Leaf Unit = 1.0

    2    3 57
   13    4 00235666899
   (8)   5 23456789
    9    6 12249
    4    7 238
    1    8 1
```

```
Stem-and-Leaf Display: Room Occupancy

Stem-and-leaf of Room occ
N = 30
Leaf Unit = 1.0


    2    3 57
    6    4 0023
   13    4 5666899
   (3)   5 234
   14    5 56789
    9    6 1224
    5    6 9
    4    7 23
    2    7 8
    1    8 1
```

圖2.4 電腦所產生之旅館住房範例資料的莖葉圖與雙莖圖

我們對莖葉圖的介紹至此先告一段落，在往後的章節中，我們會進一步探討**探究性資料分析**(exploratory data analysis)的技巧，屆時會再對莖葉圖多作解說。這些方法其實都很簡單直接，而且透過電腦與軟體協助，這些方法使用起來更是方便。

精選習題

2.1 在40個營業日中，某藥房所開出的某種安眠藥處方箋張數，分別為7、4、6、9、5、8、8、7、6、10、7、7、6、9、6、8、4、9、8、7、5、8、7、5、8、10、6、9、7、7、8、10、6、6、7、8、7、9、7，以及8。

(a) 請繪製表格說明此藥房開出4、5、6、7、8、9、與10張該安眠藥處方箋的天數。

(b) 請根據此資料以星號繪製點圖。

2.2 在某狗兒大展的會場中，某研究人員訪談30位在場人士，詢問他們在獵犬類別中最喜愛的品種為何。此研究人員所得到的結果如下：dachshund、greyhound、basset、beagle、afghan、afghan、beagle、dachshund、beagle、afghan、dachshund、greyhound、beagle、greyhound、dachshund、dachshund、afghan、dachshund、greyhound、beagle、afghan、greyhound、beagle、dachshund、dachshund、beagle、bloodhound、greyhound、basset，以及beagle。請依此類別資料繪製點圖。

2.3 承上題，請繪製水平長條圖。

2.4 倘若在點圖中，類別的排列順序，是根據每個類別的次數（點的個數）由大至小依序排列的話，稱為帕雷托圖(Pareto diagram)。請根據習題2.2的資料繪製帕雷托圖。

2.5 請將下列莖葉圖還原成原始資料。

(a) 3 | 6 1 7 5 2
(b) 4 | 15 38 50 77
(c) 25 | 4 4 0 3 9

2.6 請將下列莖葉圖還原成原始資料。

(a)
5 | 3 0 4 4 1 2
5 | 9 9 7 5 8 6

(b)
6 | 7 8 5 9 6
7 | 1 1 0 4 3
7 | 5 5 8 9 6

2.7 以下資料是某電子零件廠於某生產批次中，隨機抽樣出25件零件進行測試所得到的連續使用壽命：834、919、865、839、912、888、783、655、831、886、842、760、854、939、961、826、954、866、675、760、865、901、632、718（單位為小時）。請繪製莖標為一位數、葉為兩位數的莖葉圖。

2.8 以下資料是音波在兩個點之間傳遞時間的測量數據，四捨五入至百分之一秒：1.53、1.66、1.42、1.54、1.37、1.44、1.60、1.68、1.72、1.59、1.54、1.63、1.58、1.46、1.52、1.58、1.53、1.50、1.49，以及1.62。請繪製這組數據的莖葉圖，以1.3、1.4、1.5、1.6，與1.7為莖，單一位數為葉。

2.9 承上題，請將莖葉圖改為雙莖圖。

2.3 次數分配表

在處理大量資料的時候，我們常常感到雜亂無章，理不出頭緒。如同在2.1與2.2節中，本節將介紹一些將**原始資料**(raw data)重新排列成特定格式的方法。一般來說，這些方法包括「**次數分配表**」(frequency distribution)或是

「**圖形呈現**」(graphical presentation)。

我們來看看兩個例子。最近某個研究針對4,757家法律事務所的廣告費用進行調查，由於不可能把四千多筆資料一一列出，這些資料整理如下表。

總廣告費用	法律事務所的家數
小於 $300,000	2,405
$300,000至 $499,999	1,088
$500,000至 $749,999	271
$750,000至 $999,999	315
大於 $1,000,000	678
總和	4,757

總廣告費用(Total billings) 法律事務所的家數(Number of law firms) 總和(Total)

這個表格可能無法提供詳盡的訊息，不過對某些用途而言，這樣就已經足夠了。另一份資料是美國交通部消費者事務處，在一九九四年整理美國境內航空公司的旅客抱怨案件數：

抱怨案件類別	抱怨案件數
航班取消與誤點	1,586
顧客服務	805
行李托運	761
票務與登機	598
退費	393
機位超賣	301
機票費用查詢	267
其他	468
總和	5,179

當這些資料是根據數值的大小來作為編組標準時，如上述第一個例子，則所整理得出的表格稱之為**數值**或**數量分配**(numerical or quantitative distribution)；而當資料是根據非數值的類別(non-numerical category)來編組時，如第二個例子，則所得之表格稱為**類別**或**定性分配**(categorical or qualitative distribution)。不過通常都可合稱為**次數分配**(frequency distribution)。

次數分配表以濃縮簡化的形式把資料呈現出來，不但讓看的人一目了然，而且它所提供的資訊已可滿足一般用途。不過，我們之前曾提到，次數分配表難免會佚失一些資訊；有些從原始資料可以看出來的資訊，若換成次數分配表的話就看不出來了。以第一個例子而言，我們無法從表中得知最高與最低的廣告費用，也無法得知這四千多家法律事務所全部的廣告費用加總起來是多少。同樣的，在第二個例子中，我們無從判斷這些旅客抱怨案件中，有多少行李托運處理的案件與行李損壞有關，也無從得知這些抱怨案件有多少與轉機誤點有關。

然而，次數分配表簡單明瞭又便於使用，雖然某些資訊因而佚失，這個代價其實不會太高。

建立次數分配表的程序，可分為下列三個步驟：

一、決定**編組的標準**（區間或是類別）

二、把資料依照編組標準排序(sort)或清點(tally)

三、計算每個組別當中的個數

第二與第三個步驟就只是機械式的操作，所以我們不多贅述，把討論重點放在第一個步驟，也就是如何找到合適的編組標準。

對數值分配來說，我們必須考慮應該要把資料分成幾組，以及各組的間距應該是多少。原則上這都是可以任意選定的，不過通常我們還是依照下列的規則：

> 我們通常不會把資料分成少於五組或是多於十五組，而確實的分組數目得視我們有多少觀察值而定。

倘若我們只有五個觀察值，但是卻要分成十二組，這顯然沒什麼道理；反過來說，倘若我們有一千筆資料，卻只分成三組，那麼當中一定流失許多有用的資訊。

> **要確認每個觀察值只被分派到一個組別。**

此外，我們還要確認我們的分組範圍有將觀察值中的最大值與最小值涵蓋進去。組別與組別之間既不能有空隙，也不能有重疊，換句話說，鄰近的組別在分界處不可以兩邊都算，只能列入其中一組。

> **盡可能每個組別的組距都相同。**

此外，儘量把分界點設定在比較容易處理的數位上，比如說5、10、或100，如此一來，次數分配表比較容易編排，也比較容易使用。

倘若我們假設這些法律事務所的廣告費用的資料都是小數點四捨五入到整數的結果，那麼之前那個表格的設計就違反了第三條規則。假如某筆廣告費用的值是499,999.54美元，那麼這筆資料就落在第二組和第三組中間，卻不屬於任何一組；這就違反了第二條規則。同樣的，這也違反了第三條規則，因為各組的組距並不相同。事實上，第一組和最後一組，都沒有把分組的下界和上界定義清楚。

分組時倘若組界出現「小於」或是「大於」的組別，稱之為**開放組**(open classes)。當有少部分資料比其他的數據大很多或是小很多時，通常用這種方式來減少組數。不過一般來說，開放組最好避免使用，因為如此一來某些我們想知道的資訊就無法計算了，例如平均或是總和。

在討論第二條規則時，我們必須斟酌衡量數據時所採用的尺度，是四捨五入到元(dollar)還是四捨五入到分(cent)？是四捨五入到英吋還是四捨五入到十分之一英吋？是四捨五入到盎司還是四捨五入到百分之一盎司？舉例而言，倘若我們要將某群動物的體重編組，我們有好幾種度量單位可以採用，例如公斤、公兩（十分之一公斤）、公錢（百分之一公斤）：

重量（公斤）	重量（公斤）	重量（公斤）
10–14	10.0–14.9	10.00–14.99
15–19	15.0–19.9	15.00–19.99
20–24	20.0–24.9	20.00–24.99
25–29	25.0–29.9	25.00–29.99
30–34	30.0–34.9	30.00–34.99
⋮	⋮	⋮

下面的範例把我們在本節討論的次數分配表編組方法，逐步實際操作一次。

範例 2.4

根據黃石國家公園的博物學家所提供的資料，以及從網路上所取得的更新資料，下列的110筆資料乃是「老忠實間歇噴泉」(Old Faithful geyser)噴發間隔時間的模擬數據：

```
81  83  94  73  78  94  73  89  112  80
94  89  35  80  74  91  89  83  80   82
91  80  83  91  89  82  118 105 64   56
76  69  78  42  76  82  82  60  73   69
91  83  67  85  60  65  69  85  65   82
53  83  62  107 60  85  69  92  40   71
82  89  76  55  98  74  89  98  69   87
74  98  94  82  82  80  71  73  74   80
60  69  78  74  64  80  83  82  65   67
94  73  33  87  73  85  78  73  74   83
83  51  67  73  87  85  98  91  73   108
```

我們可以很輕易的看出這些數據中，最小的值是33，最大的值是118，因此最方便的分組方式之一，就是以十為單位：30−39、40−49、50−59、60−69、70−79、80−89、90−99、100−109，以及110−119。這樣的分組方式足以把所有的資料都含括進去了；組別之間沒有重疊的部分，各組組距也都相同。當然還有其他的分組方式，例如：25−34、35−44、45−54、55−64、65−74、75−84、85−94、95−104、105−114，以及115−124，但顯然第一種分組方式在清點並記錄時，便利許多。我們採用這些組別，畫出

這些間隔時間的次數分配表。

解答　我們把這110筆資料清點記錄之後，得到以下的表格：

噴發間隔時間(分鐘)	記錄清點	次數
30–39	||	2
40–49	||	2
50–59	||||	4
60–69	|||| |||| |||| ||||	19
70–79	|||| |||| |||| |||| ||||	24
80–89	|||| |||| |||| |||| |||| |||| |||| ||||	39
90–99	|||| |||| ||||	15
100–109	||||	3
110–119	||	2
	總和	110

　　表格右欄的數字，乃是各組別所包含的資料筆數，稱為**組次數**(class frequency)。各組當中所能出現的最小與最大值，稱為**組限**(class limit)，以這個例子而言，組限就是30和39，40和49，50和59……以及110和119。更精確地說，30、40、50……與110稱為**下組限**(lower class limit)，而39、49、59……與119稱為**上組限**(upper class limit)。

　　這個例子中所用的數據，都已經四捨五入，以「分鐘」為單位，所以其實這裡的30所包含的範圍乃是從29.5至30.5，而39是從38.5至39.5，依此類推，到最後的109.5至119.5。慣例上，我們把29.5、39.5、49.5……至119.5稱為**組界**(class boundary)或是**實際組限**(real class limit)。雖然39.5同時是第一組的**上組界**(upper boundary)與第二組的**下組界**(lower boundary)，而49.5同時是第二組的上組界與第三組的下組界，依此類推，不過這沒有什麼好擔心的。組界的值是我們刻意選定的，是在實際資料中不可能出現的數目字。倘若我們回顧一下法律事務所廣告費用的例子，假設那些數據已經四捨五入到單位「美元」，則組界就是$299,999.50、$4999,999.50、$749,999.50與

統計學
MODERN ELEMENTARY STATISTICS

$999,999.50，同樣都是不可能在實際數據中出現的數目字。

我們特別強調這點，因為在某些統計學教科書上、某些常用的電腦軟體中、或是某些具有繪圖功能的計算機上，下組界的值都被包括在每個組別之中，而數值最高的組別也把其上組界包含進去，這是為了避免當資料為連續時，組與組之間出現不連續的漏洞。在噴泉的例子中，第一組就包括29.5但不含39.5，第二組包括39.5但不含49.5，依此類推；不過到了最後一組，109.5與119.5都包括在內。嚴格說起來，這其實沒什麼重要的，因為只要確定我們所選定的組界的值是不可能在實際資料中出現的，就不會發生什麼問題。

數值分配(numerical distribution)中，還有一些名詞要介紹一下。**組標**(class mark)以及**組間**(class interval)。組標就是每組的中間點，把每組的上組限與下組限（或是上組界和下組界）相加除以二就是了。組間就是各組的長度，也就是各組所能包含的值域，通常就是各組界之間的差距。倘若某次數分配中各組的長度都相同的話，那麼這個相同的組間稱為該**分配的組間**(class interval of the distribution)，而且也可以用鄰近兩個組別的組標相減求得。噴泉噴發間隔時間分配的組標是34.5、44.5、54.5……至114.5。而組間以及該分配的組間，都一樣是10。

根據不同的需求，次數分配表主要有兩種延伸的格式。第一種是把每組的次數除以總次數再乘以100，即成為**百分比分配表**(percentage distribution)。

範例 2.5　將上一個例子中的噴泉噴發間隔時間的次數分配表改成百分比分配表。

解答　第一組所包含的次數乃是2／110・100＝1.82%（四捨五入至百分位）。第二組相同。第三組則是4／110・100＝3.64%，第四組是19／110・100＝17.27%……最後一組則是1.82%。整理如下表：

噴發間隔時間 （分鐘）	百分比
30–39	1.82
40–49	1.82
50–59	3.64
60–69	17.27
70–79	21.82
80–89	35.45
90–99	13.64
100–109	2.73
110–119	1.82

百分比的總和是100.01，不過這沒關係，因為這是四捨五入所產生的誤差。

另一個改換次數分配表的方法，則是利用「多於」或「少於」的概念來整理成累積分配表(cumulative distribution)。這種表格很容易製作，可以從最小的組別或最大的組別開始，逐一把每組的次數累加起來。

範例 2.6 將範例2.4中的噴泉噴發間隔時間的次數分配表改成累積分配表。

解答 這些資料中，沒有比30小的，有兩筆小於40（0＋2），四筆比50小（0＋2＋2），八筆比60小（0＋2＋2＋4）……而全部110筆資料都小於120，因此我們得出下表：

噴發間隔時間 （分鐘）	百分比
30–39	1.82
40–49	1.82
50–59	3.64
60–69	17.27
70–79	21.82
80–89	35.45
90–99	13.64
100–109	2.73
110–119	1.82

順便一提，「小於30」可以改成「29或以下」、「小於40」可以改成「39或以下」、「小於50」可以改成「49或以下」，依此類推。

同樣的，我們也可以把百分比分配表轉換成**累積百分比分配表**(cumulative percentage distribution)。只要從最小的組別或最大的組別開始，把百分比逐一累加起來即可。

到目前為止，我們探討的都是數值分配的結構，不過類別（或定性）分配的結構也大同小異。我們必須先決定要把資料分成幾個類別，每個類別中所包含的項目該有哪些，確定每筆資料都可以被分類到某個類別，還要確定這過程當中沒有模稜兩可的情形發生。一般來說，早在開始蒐集資料之初，我們就應該已經把各個類別都分清楚了，不過為了謹慎起見，我們還是可以多加一個類別，稱為「其他」或「雜項」。

在處理類別分配的資料時，我們不必費神處理組限、組界、或組標這些數字。不過另一方面，我們要特別小心不要發生模稜兩可、定義不清的情形；每個類別該包含哪些項目要說明清楚。舉例而言，倘若我們要把超級市場中所販售的物品分成以下幾類：「肉品」、「冷凍食品」，以及「烘烤類食品」等等，那麼「冷凍牛肉派」這項商品應該分到哪個類別？同樣的，倘若我們要將職業別進行分類，而類別清單中包括「農人」與「管理階層」兩類，那麼「農場經理」這個職業應被分到哪個類別？基於這個原因，在處理類別資料時，建議採用人口普查局(Bureau of the Census)或是其他政府單位所用的分類標準。

精選習題

2.10 某醫學實驗中使用125隻老鼠，其體重介於231公克與365公克之間。若我們擬將這些體重資料分成八組，請列出所建議的組限 (四捨五入至整位數)。

2.11 某退休員工宿舍的每月電費帳單金額最少$37.65、最多 $184.66。之所以會出現這麼大的差異，是因為夏天開空調的關係。若我們要將這些資料分成數個組別以方便製表，

請問組限分別應該是多少？

(a) 只分成四組；

(b) 分成六組；

(c) 分成八組。

2.12 以下資料為某次實地探勘時所採集到的133個礦物樣本的重量：

重量（克）	樣本個數
5.0–19.9	8
20.0–34.9	27
35.0–49.9	42
50.0–64.9	31
65.0–79.9	17
80.0–94.9	8

請分別找出：

(a) 下組限；

(b) 上組限；

(c) 組界；

(d) 組間。

2.13 某個次數分配表中的組界為19.5、24.5、29.5、34.5、39.5，與44.5。請問，這五個組的

(a) 組限；

(b) 組標；

(c) 組間分別是多少？

2.14 某種食品的零售價格分配表中，組標分別為27、42、57、72、87，與102。請問

(a) 組界；

(b) 組限分別是多少？

2.15 某種鳥類的伸展翼長可分組繪製次數分配表，而該表的組界為59.95、74.95、89.95、104.95、119.95，與134.95公分，請問，此

分配表中，

(a) 組限；

(b) 組標分別是多少？

2.16 以下60筆數據為某電鍍過程中所測量到的鋁合金電鍍薄膜的厚度，單位為0.00001英吋：

```
24  24  41  36  32  33  22  34  39  25  21  32
36  26  43  28  30  27  38  25  33  42  30  32
31  34  21  27  35  48  35  26  21  30  37  39
25  33  36  27  29  28  26  22  23  30  43  20
31  22  37  23  30  29  31  28  36  38  20  24
```

請將這些數據繪製成次數分配表，組別為20~24、25~29、30~34、35~39、40~44，以及45~49。

2.17 承上題，請利用次數分配表繪製百分比分配表。

2.18 承上題，請繪製「小於」的累積百分比分配表。

2.19 以下數據為120株小麥草幼苗在種植一個月之後，其根部深入土壤的深度，單位為英尺：

```
0.95  0.88  0.90  1.23  0.83  0.67  1.41  1.04  1.01  0.81
0.78  1.21  0.80  1.43  1.27  1.16  1.06  0.86  0.70  0.80
0.71  0.93  1.00  0.62  0.80  0.81  0.75  1.25  0.86  1.15
0.91  0.62  0.84  1.08  0.99  1.38  0.98  0.93  0.80  1.25
0.82  0.97  0.85  0.79  0.90  0.84  0.53  0.83  0.83  0.60
0.95  0.68  1.27  0.97  0.80  1.13  0.89  0.83  1.47  0.96
1.34  0.87  0.75  0.95  1.13  0.95  0.85  1.00  0.73  1.36
0.94  0.80  1.33  0.91  1.03  0.93  1.34  0.82  0.82  0.95
1.11  1.02  1.21  0.90  0.80  0.92  1.06  1.17  0.85  1.00
0.88  0.86  0.64  0.96  0.88  0.95  0.74  0.57  0.96  0.78
0.89  0.81  0.89  0.88  0.73  1.08  0.87  0.83  1.19  0.84
0.94  0.70  0.76  0.85  0.97  0.86  0.94  1.06  1.27  1.09
```

請將這些資料以0.50~0.59、0.60~0.69、

0.70~0.79、……，與1.40~1.49等組別分組，繪製次數分配表。

2.20 承上題，請繪製「大於」的累積次數分配表。

2.21 某大學的校友聯絡室每個月幫單身校友舉辦聯誼活動，以下的資料是最近四年來每月聯誼活動的出席人數：

28	51	31	38	27	35	33	40	37	28	33	27
33	31	41	46	40	36	53	23	33	27	40	30
33	22	37	38	36	48	22	36	45	34	26	28
40	42	43	41	35	50	31	48	38	33	39	35

請用以下的分組方式製作上列資料的次數分配表：20－24, 25－29, 30－34, 35－39, 40－44, 45－49, 以及50－54。

2.22 承上題，請繪製「大於」的累積次數分配表。

2.4 圖形呈現

　　次數分配表把大量的資料濃縮成便於消化吸收的表格形式，不過通常以圖形的方式呈現出來，效果更好。早在電腦圖表廣為盛行之前，就已經有俗諺告訴我們：千言萬語不如一幅圖畫傳神(A picture speaks louder than a thousand words.)。當今市面上每種統計套裝軟體程式，都競相強調自家產品具有強大的繪圖功能，能夠協助使用者製作更多樣更精緻的圖表，以吸引更多消費者購買使用。

　　就次數分配表而言，最常見的圖，就是**直方圖**(histogram)，如圖2.5。直方圖以資料編組的標準為基礎，置為水平座標（如圖2.5為老忠實間歇噴泉的噴發間隔時間）；以各組組距為寬，各組次數為長，分別繪製長方形。直方圖的橫軸座標上的標示，可以採用組標，如圖2.5所示，也可以採用組限、組界、或任意關鍵值。從實用的角度來說，雖然我們在畫長方形的時候多半以組界為準，但一般在橫軸上所標示的數字還是常用組限。畢竟，組限告訴我們哪個數值應該分到哪一組。提醒一下，直方圖不適用於有開放組的資料，而且當各組組距不同時，使用上要特別謹慎（參考習題2.28）。

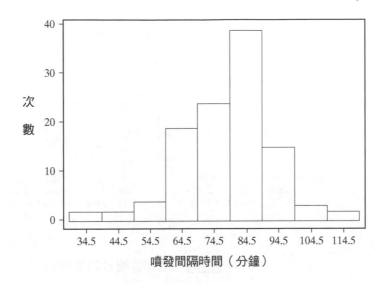

圖2.5 老忠實噴泉的直方圖

　　圖2.5是用電腦畫出來的，不過照著之前的次數分配表，我們也可以輕易地用紙筆繪出相同的圖。

　　這裡所指稱的直方圖，其實並未嚴格規定非畫成長方形不可；現在有許多圖案都可以用以取代長方形來表示各組的次數。

　　有時候長條圖也會被稱做直方圖（長條圖，參考第2.1節），如圖2.6。長方形的高度、或是長條的長度，就代表著該組的次數。不過長條圖的水平座標並不是連續的。

　　另一個比較不常用的次數分配圖稱為**次數折線圖**(frequency polygon)，如圖2.7。在此圖中，各組的次數以圓點標示在各組組標的垂直方向上，而相鄰兩點以直線連接起來。在折線的最左右兩側，我們把折線連接至橫軸上，以標示次數為零。

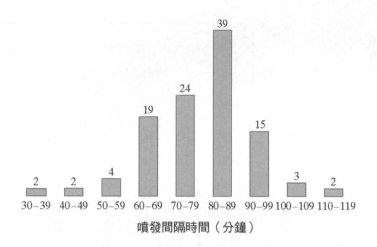

噴發間隔時間（分鐘）

圖2.6　老忠實噴泉的長條圖

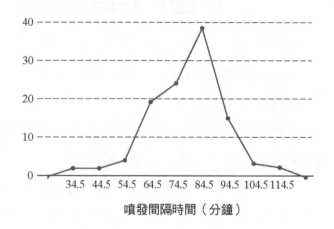

噴發間隔時間（分鐘）

圖2.7　老忠實噴泉的次數折線圖

　　倘若我們把這個方法應用到累積次數分配的話，所得的圖稱為「**累積次數折線圖**或**頻度曲線**」(ogive)。要注意的是，在頻度曲線中，各組的累積次數是標示在各組組界的垂直方向上，而不是組標，因為「累積」乃是表示「少於某值」，所以把次數標示在該值上是相當合理的。圖2.8為老忠實間歇噴泉的噴發間隔時間的累積次數折線圖。

　　雖然直方圖、長條圖、次數折線圖，以及頻度曲線都能讓人一目了然，

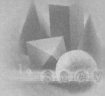

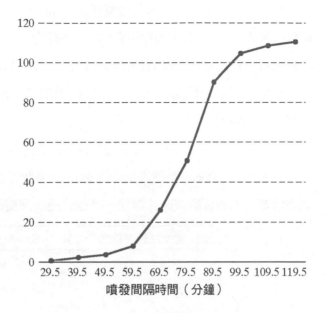

圖2.8　老忠實噴泉的累積次數折線圖

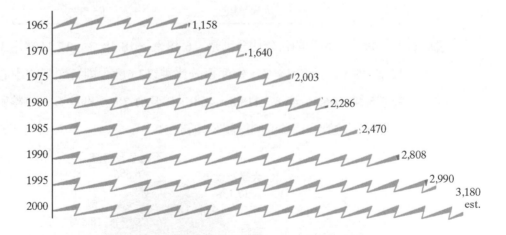

圖2.9　美國境內所產生的總電能

還是有許多不同的圖表呈現方式可以讓人眼睛一亮。如圖2.9的**象形圖**(pic-
togram)，常常在報章雜誌或是各式報導中見到相似的圖。

類別資料常用的圖，稱為**圓瓣圖**(pie chart)，如圖2.10。圖中一個圓形被切割成好幾部分，像切蛋糕那樣。每一個圓瓣的大小都與其所代表的類別的次數或百分比成正比。在繪製圓瓣圖之前，我們必須先把次數分配轉換成百分比分配，再依一個圓有360度的比例，切割每個類別該分得的角度；每一個百方比為3.6度。

範例 2.7

下表列出 2006年臺灣地區十五歲以上婦女之教育程度，這些資料摘自臺灣地區人力資源調查統計年報。請依此繪製圓瓣圖。

婦女之教育程度	人數（單位：千人）
不識字及自修	595
國小	1,696
國中	1,111
高中（職）	3,029
專科	1,172
大學及以上	1,573

解答　這六個類別的百分比分別是：6.48 %、18.48 %、12.11 %、33.01 % 、12.77 %、以及17.14 %，每個百分比乘以3.6度，則各類別的中心角度分別為：6.48、66.5、43.6、118.8、46.0、以及61.7度。四捨五入取整數，利用分角器，可繪製一標準的圓瓣圖，如圖2.10。

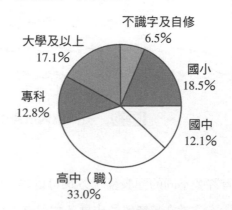

圖2.10　2006年臺灣地區十五歲以上婦女教育程度的圓瓣圖

　　許多統計軟體程式都有相當實用的設計。譬如使用EXCEL作圓瓣圖，把資料如上表的格式輸入之後，在圖表精靈的視窗內指定資料範圍，並在資料標籤內選擇類別名稱及百分比，將得到如圖2.11 的立體圓瓣圖。以統計軟體得到的輸出可以是彩色的，甚至可以把所要強調的部分特別分離出來，或是以不同深淺的陰影來區隔不同類別。

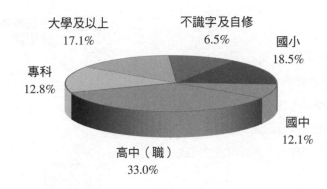

圖2.11　**EXCEL輸出之立體圓瓣圖**

精選習題

2.23　下列為2006年臺灣地區十五歲以上男士之教育程度的統計資料：

男士之教育程度	人數（單位：千人）
不識字及自修	210
國小	1,368
國中	1,475
高中（職）	2,948
專科	1,177
大學及以上	1,814

請依此數據繪製圓瓣圖，並與圖2.10比較，分析臺灣地區婦女與男士之教育程度分佈之差異。

2.24　承習題2.12，請繪製這些礦物樣本的直方圖。

2.25　承習題2.16，請繪製直方圖。

2.26　承習題2.16，請繪製次數折線圖。

2.27　下列的次數分配表為某墨西哥餐廳在連續60個營業日中，午餐時間所賣出的鮮魚烤玉米餅的份數：

玉米餅份數	日數
30–39	4
40–49	23
50–59	28
60–69	5

請依此數據繪製

(a) 直方圖；

(b) 長條圖；

(c) 次數折線圖；

(d) 累積次數折線圖（頻度曲線）。

2.28 圖2.12為參加某法語課程分班能力測驗的80名大一新生的成績分配圖。請說明為什麼這個圖會產生誤導作用，並說明該如何改進以避免此缺點。

2.29 圖2.13是用來說明美國境內的個人平均收入，從1980年時的 $10,000倍增至1992年時的 $20,000。請說明為什麼此圖有誤導作用，並說明該如何改進。

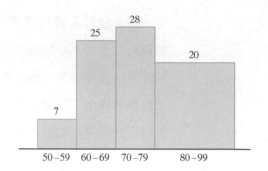

圖2.12 法語課程分班能力測驗的成績分配圖

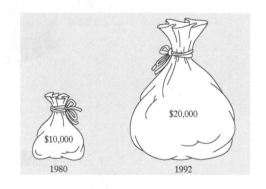

圖2.13 個人平均收入

2.5 兩個變數的資料彙整

到目前為止，我們討論的範圍只針對單一變數，如之前各小節當中的例子或習題。在現實世界中，有許多統計學方法是用來處理兩個甚至是多個變數的。舉例來說，倘若我們要對適合單一家庭居住的房子進行估價，所要考慮的因素可能包括房子的年齡、所在的地點、臥房的數目、衛浴設備的數目、車庫的大小、屋頂所用的材質，壁爐的數目、佔地面積大小、鄰近房地產的價格，以及鄰近學區的便利性。

在往後的章節中我們會探討這個問題中的一小部分，另外的部分則超過

本書的範圍，屬於高等統計學的範疇。不過在這裡我們可以探討如何對兩個變數進行編組、列表、或繪圖；這裡所謂的兩個變數，主要指的是「成對」的資料(paired data)。大部分的情況中，我們試圖找出這兩個變數之間是否有關連性，若有的話，是什麼樣的關係？如此一來，我們就可以用其中一個變數x，來預測另一個變數y。舉例來說，x可能是家庭的收入，而y是家庭的醫療支出；或者x可能是煉鋼時的溫度，而y是鋼鐵的硬度；或者x可能是游泳池完成消毒作業之後所經過的時間，而 y 是水中殘留的氯含量。

成對的x和y值，一般稱為**資料點**(data point)，以$(x、y)$表示，如同我們在平面座標系上的標示方式，x和y分別為橫軸與縱軸。當我們把所有的資料點都標示在圖上之後，所完成的圖稱為**散佈圖**(scatter diagram, scatter plot, or scattergram)。在分析x與y的關連性時，散佈圖是非常有用的工具，可以用以觀察x與y之間是否存在任何可辨識的型態。

範例 2.8

在某個沒有濕度控制的倉庫中，儲藏著用來製造人造纖維的原料。以下的數據中，x是該倉庫中不同位置的相對濕度，而y是在該位置的原料，存放十五天之後所含的濕度。請繪出散佈圖。

x 百分比	y 百分比
36	12
27	11
24	10
50	17
31	10
23	12
45	18
44	16
43	14
32	13
19	11
34	12
38	17
21	8
16	7

解答　　散佈圖很容易繪製，不過用電腦或是有繪圖功能的計算機來處理還是便
利許多。

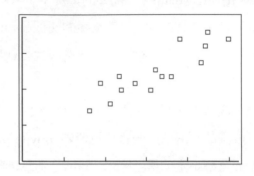

圖2.14　　倉庫空氣濕度與原料濕度的散佈圖

在上圖中，我們可以看到，雖然點的分佈範圍相當廣，但是有個蠻明顯
的上揚趨勢；當空間中的濕度越高，原料中所含有的濕度也相對增加。圖
2.14中的點用小正方形表示，我們也可以用圓點、叉叉、圓圈、或其他符號
來標示。圖中並未顯示座標軸的單位，不過在此橫軸座標分別是10、20、
30、40、和50，而縱軸座標則是5、10、15、與20。

當有兩筆以上的數據完全一樣時，散佈圖上所顯示的點都在同一個位
置，如以下的例子。

範例 2.9

以下的數據是不同電阻值的電阻器，在電流超載的情況中，出現故障的時間。請繪出散佈圖。

電阻值 x	故障時間 y
33	39
36	36
30	34
44	51
34	36
25	21
40	45
28	25
40	45
46	36
42	39
48	41
47	45
25	21

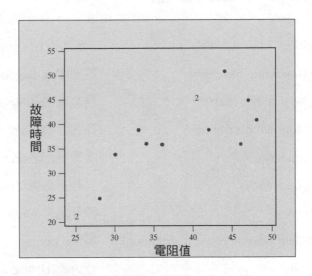

圖2.15 電阻值與故障時間的散佈圖

解答 在圖2.15上可見，有兩個點的標示與其他不同：(40、45)以及(25、21)。

精選習題

2.30 以下資料是10名學生的高中平均成績 x，以及大一平均成績 y：

x	y
3.0	2.6
2.7	2.4
3.8	3.9
2.6	2.1
3.2	2.6
3.4	3.3
2.8	2.2
3.1	3.2
3.5	2.8
3.3	2.5

請繪製散佈圖，並描述這些數據所呈現出來的關係。

2.6 本章專有名詞彙整

長條圖(Bar chart)

水平長條圖(Horizontal bar chart)

垂直長條圖(Vertical bar chart)

類別分配(Categorical distribution)

組界(Class boundary)

組次數(Class frequency)

組間(Class interval)

分配的組間(Class interval of the distribution)

組限(Class limit)

組標(Class mark)

累積分配表(Cumulative distribution)

累積百分比分配表(Cumulative percentage distribution)

資料點(Data point)

點圖(Dot diagram)

雙莖圖(Double-stem display)

探究性資料分析(Exploratory data analysis)

次數分配表(Frequency distribution)

次數折線圖(Frequency polygon)

圖形呈現(Graphical presentation)

編組(Grouping)

直方圖(Histogram)

葉(Leaf)

列表(Listing)

下組界(Lower boundary)

下組限(Lower class limit)

數值分配(Numerical distribution)

累積次數折線圖或頻度曲線(Ogive)

開放組(Open class)

柏拉圖(Pareto diagram)

百分比分配表(Percentage distribution)

象形圖(Pictogram)

圓瓣圖(Pie chart)

定性分配(Qualitative distribution)

數量分配(Quantitative distribution)

原始資料(Raw data)

實際組限(Real class limits)

散佈圖(Scatter diagram、scatter plot，或 scattergram)

莖(Stem)

莖葉圖(Stem-and-leaf display)

莖標(Stem label)

上組界(Upper boundary)

上組限(Upper class limit)

2.7 參考書籍

- 以下書籍對統計圖表有詳盡的介紹：

  1. CLEVELAND, W. S., *The Elements of Graphing Data*. Monterey, Calif: Wadsworth Advanced Books and Software, 1985.

  2. SCHMID, C. F., *Statistical Graphics: Design Principles and Practices*. New York: John Wiley & Sons, Inc., 1983.

  3. TUFTE, E.R., *The Visual Display of Quantitative Information*. Cheshire, Conn.: Graphics Press, 1985.

  4. PEARSON, E. S., and KENDALL, M. G., eds., *Studies in the History of Statistics and Probability*. New York: Hafner Press, 1970.

- 以下書籍討論在製作統計圖表時，所應注意的事項：

  1. CAMPBELL, S.K., *Flaws and Fallacies in Statistical Thinking*. Upper Saddle River, N.J.: Prentice Hall, Inc., 1974.

  2. HUFF, D., *How to Lie with Statistics*. New York: W.W. Norton & Company, Inc., 1954.

  3. REICHMAN, W. J., *Use and Abuse of Statistics*. New York: Penguin Books, 1971.

  4. SPIRER, H. E., SPIRER, L., and JAFFE, A. J., *Misused Statistics,* 2nd ed. New York: Marcel Dekker, Inc., 1998.

- 標準分類表值得參考的書籍:

  1. HAUSER, P. M., and LEONARD, W. R., *Government Statistics for Business Use,* 2nd ed. New York: John Wiley & Sons, Inc., 1956.

- 以下書籍對探究性資料分析以及莖葉圖都有詳細的討論:

  1. HARTWIG, F., and DEARING, B. E., *Exploratory Data Analysis.* Beverly Hills, Calif.: Sage Publications, Inc., 1979.

  2. HOAGLIN, D. C., MOSTELLER, F., and TUKEY, J. W., *Understanding Robust and Exploratory Data Analysis.* New York: John Wiley & Sons, Inc., 1983.

  3. KOOPMANS, L. H., *An Introduction to Contemporary Statistics.* North Scituate, Mass.: Duxbury Press, 1981.

  4. TUKEY, J.W., *Exploratory Data Analysis.* Reading, Mass.: Addison-Wesley Publishing Company, Inc., 1977.

  5. VELLEMAN, P. F., and HOAGLIN, D. C., *Applications, Basics, and Computing for Exploratory Data Analysis.* North Scituate, Mass.: Duxbury Press, 1980.

3 資料彙整：位置的測度
SUMMARIZING DATA: MEASURES OF LOCATION

當我們要描述一組資料時，講太多也不是，說太少也不行，要恰到好處。根據我們使用這些資料的目的，以及資料本身的性質，統計學的敘述可以非常簡潔有力，也可以鉅細靡遺。有時候我們根本不需要進行加工處理，忠實地把原始資料呈現出來即可；有時候我們必須把資料彙整一下，以圖表的形式呈現資料的分配型態。不過大部分的時候，我們採用許多不同的方式來描述資料。通常我們會精心選出一些數字來代表整組資料，至於該選什麼樣的數字，則必須根據資料本身與我們的需求而定。在某項研究中，我們可能比較想知道整組資料的中間值，或是出現次數最多的數值；在另一項研究中，我們可能對前25%的數據比較感興趣；而在又另外一項研究中，我們要調查的是整組資料中最大值與最小值的差距。前兩個情形中，我們所要探討的項目與「**位置的測度**」(measures of location)有關，而第三種情形中，「**變異的測度**」(measures of variation)則是我們所關心的重點。

本章中我們先探討位置的測度，尤其是**中央位置的測度**(measures of central location)，用以標示整組資料的中心或是中間點。變異的測度則留待第四章探討。

3.1 母體與樣本

當我們說，在選擇統計學的敘述必須要根據資料本身的性質時，我們真正要講的其實是母體與樣本的差異：倘若我們的資料包含了所有想像得到（理論上可能出現）的數值時，這樣的資料稱為「**母體**」(population)；倘若我們的資料只包括了母體的一部份，則稱為「**樣本**」(sample)。

我們之所以在上一段中加上「理論上可能出現」，是因為在某些情況中，我們探討的是假設性的情況，比如說把一個銅板連續投擲多次中，其中十二次所可能出現的正反面排列組合。事實上，我們常常把單一實驗的結果視為連續無限多次實驗的結果的「樣本」。

在統計學發展的早期階段，統計學本來是用以描述人口的資料、普查的

結果等等，隨著應用範圍的擴大，母體(population)這個詞所指稱的範圍也開始變得包羅萬象。在統計學中，母體所指的可能是整片森林裡所有樹木的高度，也可能是賽車比賽中所有車輛通過某個定點時的速度。總之，母體這個詞在統計學中是有特殊意義的專有名詞。

　　雖然我們可以任意界定我們想要的母體範圍，但在實務上，根據不同的研究性質與內容，定義母體的方法是有規則可循的。舉例來說，假設我們現在有四百片磁磚，而且必須根據它們的強度來決定是否要購買。倘若我們從當中挑了二十片，測試其破裂強度，藉以推測這整批四百片磁磚的強度的話，那麼這四百片就是母體，被選出來的二十片就是樣本。在另一個情境中，倘若我們考慮的是要不要跟生產這批磁磚的廠商簽定長期合作契約、購買數十萬片磁磚的話，那麼這四百片磁磚就只是「樣本」。同樣的，某一年當中聖地牙哥郡內發生的所有離婚訴訟案件結案所需的時間，也可視為是母體或是樣本。倘若我們只對聖地牙哥郡當年的案件感興趣，那麼這些資料就是母體。另一方面，倘若我們想要用這些資料來推論概括整個美國境內、或是其他郡、或是其他年份的情形的話，那麼這些資料就是樣本。

　　「樣本」這個詞在統計學中的定義與一般日常生活中的用法相去不遠。假設某報紙針對某政府政策對一百五十名讀者進行意見調查，那麼這份調查資料就是樣本；或者，某消費者所購買的某廠牌的糖果盒，也是該廠牌生產的所有糖果盒中的一個樣本。在往後的章節中，我們所謂的「樣本」，指的是那些能夠幫助我們對其母體進行有效推論的資料數據。更進一步說，從技術性的角度來看，有些名為「樣本」的資料，其實根本不是樣本。

　　在本章與第四章中，我們只探討如何進行統計的「描述」，暫時不討論推論或一般化。不過為了往後的討論，我們在此還是把母體與樣本的差別區分清楚，如此一來，我們就可以採用不同的符號來分別表示母體或是樣本。

3.2 平均數

最常用的中央位置測度，就是一般人常說的「平均」(average)，統計學家稱之為「**算數平均數**」(arithmetic mean)，或簡稱「**平均數**」(mean)[1]。它的定義如下：

> *n*個數的平均數，即是其總和除以*n*。

一般來說「平均 (average)」這個詞也是可以使用，沒有什麼問題，我們自己偶爾也會用。不過在統計學中還有其他的平均，所以在使用這些字詞上還是謹慎為要。

範例 3.1

法務部統計出自民國89年至93年，警、調、憲及海巡等司法警察機關每年查扣的海洛因毒品重量分別為277.3、362.5、599.1、532.6、與644.5公斤。請計算在這五年期間，司法警察機關每年平均所查扣的海洛因重量。

（資料來源：法務部統計處）

解答 這五年的總和是：277.3 ＋ 362.5 ＋ 599.1 ＋ 532.6 ＋ 644.5 ＝ 2416所以平均數是 2416 / 5 ＝ 483.2 公斤

範例 3.2

民國九十一年，第15屆議員選舉候選人中，在臺灣中北部的11個行政地區，六十歲以上的分別有 15、3、5、7、11、7、4、5、3、3、以及7位。請計算其平均數。（資料來源：中央選委會）

解答 這 11 個數字的總和是70，因此平均數為 6.36。

註1.「算術平均數」(arithmetic mean)一詞主要是用來區別此平均數與**幾何平均數**(geometric mean)及**調和平均數**(harmonic mean)之間的差異。幾何平均數及調和平均數只有在某些特殊情況才會用到，參考習題3.8與3.9。

平均數的計算在日常生活中到處都用得到，所以我們要寫下一個便於使用的計算公式。我們先用一般常用以代表數字的符號，如x、y、或z，來代表我們的資料數據，然後用n來表示「**樣本數**」(sample size)，也就是我們的資料數據的個數。倘若我們有n筆數據，則這些資料可以分別寫為x_1、x_2、……、以及 x_n，而樣本平均數的公式為：

$$\frac{x_1 + x_2 + \cdots + x_n}{n}$$

這個公式適用於所有的樣本資料，而透過這個公式所得到的數字，我們用$\bar{x}$這個符號來表示，倘若我們是用y或z來代表資料數據的話，則其平均數用 $\bar{x}$ 或 $\bar{y}$ 表示。而以大寫的希臘字母 $\sum$ 來表示加總的計算過程，所以 $\sum x$ 就是所有x的加總，亦即 $\sum x = x_1 + x_2 + \cdots + x_n$。全部連接起來，則得：

樣本平均數

$$\bar{x} = \frac{\sum x}{n}$$

就母體而言，「母體大小」(population size)用大寫的N來表示，而母體平均數用希臘字母 μ：

母體平均數

$$\mu = \frac{\sum x}{N}$$

請留意，此處 $\sum x$ 表示母體 x中全部 N 個數字的總和。[2]

為了區別樣本或是母體，除了用不同的符號，$\bar{x}$與μ，我們把關於樣本的描述值稱為「**統計量**」(statistic)，而把關於母體的敘述值稱為「**參數**」(parameter)。通常我們用希臘字母來代表參數。

註2. 當**母體大小**是無限大的時候，母體平均數就無法用這個方式來定義。至於無限大母體的平均數的定義方式，大部份的數理統計學教科書中會介紹。

我們用個例子來說明這些術語與符號的用法。假設我們現在要測試四萬個燈泡的平均使用壽命，$N=40,000$。我們當然不可能把這四萬個燈泡全部拿來測驗，因為全部實驗完之後我們也就沒有燈泡可以賣了。所以我們挑出幾個來測試，計算樣本平均數 $\bar{x}$，藉以推估母體平均數 μ。

範例 3.3

倘若五個燈泡在連續使用的情形下，使用壽命分別為967、949、952、940，及922個小時，請問這四萬個燈泡的平均使用壽命可能是多少？

解答 此時 $n=5$，樣本平均數為：

$$\bar{x} = \frac{967 + 949 + 952 + 940 + 922}{5} = 946$$

假設依據抽取的技術，這組資料可視為一個樣本，也就是說這個樣本是具有代表性的，那麼我們可以推估說這四萬個燈泡的平均使用壽命 μ 為946個小時。

對非負的數據資料而言，平均數不僅描述其中央值，也對其數值大小設下了限制。把公式換個方式寫，$\sum x = n \cdot \bar{x}$ ，則可以發現，所有的數據都應該小於 $n \cdot \bar{x}$ 。

範例 3.4

倘若在這次的NBA球季中，三位球員的平均薪資是$3,650,000，請問，

(a) 有沒有可能其中一人的薪資是$6,000,000？

(b) 有沒有可能其中兩人的薪資都是$6,000,000？

解答 這三位球員的薪資總和應該是3 ($3,650,000)＝$10,950,000。所以

(a) 倘若其中一人的薪資是$6,000,000的話，那麼其他兩人的薪資加起來應該是 10,950,000－6,000,000＝4,950,000。這是有可能發生的。

(b) 倘若其中兩人的薪資都是$6,000,000，那這兩人的薪資總和$12,000,000就已經超過10,950,000了，所以這個情況是不可能發生的。

範例 3.5

倘若六個國中生的英語字彙測驗的平均分數是57分，請問最多有幾個人的分數有可能高於72分？

解答　此時$n＝6$，$\bar{x}＝57$，所以這六個學生的總分為 $6(57)＝342$。而 $342＝4 \cdot 72＋54$，所以最多能有四個學生的分數超過72分。

平均數之所以成為應用最廣的中央位置測度，並不是沒有原因的。當我們必須只用一個數字來代表整組資料時，這個具有代表性的數字必須有幾項特質。平均數除簡單好用之外，還有一些特質是我們必須瞭解的：

(1) 大部分的人都知道平均數，雖然可能有些人用的不是『平均數』這個詞。

(2) 任何數值資料都可以計算出平均數，所以平均數一定存在。

(3) 任何一組數據資料的平均數只有一個，而且是唯一的，所以平均數是獨一無二的。

(4) 平均數的計算涵蓋資料中的每一筆數據。

(5) 平均數相當值得信賴。由同一母體重複抽樣，多次抽樣得到的平均數通常相差不會太大；而某些位置測值會因樣本不同出現滿大的變異。

上述第五項是統計推論中非常重要的基礎，我們會在第十章的時候再來詳細討論。

而第(5)項特質在某些方面來說是有疑問的。資料中若出現一個極大或極小的數值，則算出來的平均數可能會過於偏差，而使得該平均數的代表性

統計學
MODERN ELEMENTARY STATISTICS

受到質疑。舉例來說，倘若在範例3.3中我們不小心犯了個錯，949那筆資料其實應該是499才對，如此一來，平均數應該是

$$\frac{967 + 499 + 952 + 940 + 922}{5} = 856$$，而不是之前算出的946。

這個例子同時說明，資料中若出現粗心的小錯誤，平均數可能會受到極大的影響。

範例 3.6

某本營養學書籍的編輯，想要知道一片12吋的義大利臘味香腸披薩含有多少熱量，於是她找個實驗室請裡面的研究人員幫她進行測量。以下是六家速食連鎖店所買的披薩所含的熱量資料：265、332、340、225、238，與346。

(a) 若該編輯只要在書上列出平均數的話，請問是多少？

(b) 假設在計算平均數時，該編輯在計算機上把238按成832。請問如此所得到的數值與真正的數值相差多少？

解答　(a) 正確的平均數是：

$$\overline{x} = \frac{265 + 332 + 340 + 225 + 238 + 346}{6}$$
$$= 291$$

(b) 錯誤的平均數是：

$$\overline{x} = \frac{265 + 332 + 340 + 225 + 832 + 346}{6}$$
$$= 390$$

所以誤差是390－291＝99。

範例 3.7

某高中有九位學生到動物園參觀，他們的年紀分別是18、16、16、17、18、15、17、17，與17；帶隊的生物老師的年紀則是49。請問這一行十人的平均年齡是多少？

解答　經過計算之後，平均數是20。但是要注意的是，光是說參加這次參觀活動的成員的平均年齡是20歲，是很容易產生誤導的。

為了避免極端值所引發的誤導，通常在計算平均數時建議省略這些「**離群值**」(outliers)，或是採用其他的統計量。一般來說，**中位數**(median)比較不會受到離群值的影響，參見第3.4節。

3.3 加權平均數

倘若我們的資料中，並不是每筆數據都一樣重要的話，那麼之前的平均數計算方式所得出來的結果其實是毫無用處的。來看看下面這個例子。

範例 3.8

每個星期三，福瑞肉舖都有特價促銷活動。本週他們的特價品包括：頸肩牛排每磅3.99美元、丁骨牛排每磅7.99美元、以及菲力牛排每磅11.85美元。請計算這三種牛排的每磅平均售價。

解答　應用之前的公式，把三個數字加起來除以三，得到7.9433，四捨五入之後這三種牛排的每磅平均售價是7.94美元。

這就是照著前面的公式所算出來的解答，不過這個數字對顧客或肉舖經理有什麼意義嗎？事實上，除非顧客三種牛排都要買一磅，要不然這個數字對顧客而言是沒有任何意義的。何況肉舖老闆在切肉的時候，一定是先切好

再秤重計價的，所以不太可能三種牛排的重量都完全一樣。對肉舖經理來說，他感興趣的應該是三種牛排賣出去的總額，這他收銀機的收據存根中就可以知道了。所以7.94這個數字是沒有用的。倘若我們從收銀機的收據存根中得知這三種牛排賣出去的重量分別是頸肩牛排83.52磅、丁骨牛排140.72磅、以及菲力牛排35.60磅，那麼當日這三種牛排的收入應該是 (83.52)(3.99)＋(140.72)(7.99)＋(35.60)(11.85)＝$1,879.46，四捨五入至美分，總重量為259.84磅。所以每磅的平均售價應該是 1,879.46 / 259.84＝$7.23，四捨五入至美分。

為了計算這個平均數，我們必須針對每個價格給予「**相對重要性權數**」(relative importance weight)，然後計算「**加權平均數**」(weighted mean)。一般來說，加權平均數以 $\overline{x}_w$ 表示，而每筆數據的權數以 w_1、w_2、……、w_n 表示。

加權平均數

$$\overline{x}_w = \frac{w_1 x_1 + w_2 x_2 + \cdots + w_n x_n}{w_1 + w_2 + \cdots + w_n} = \frac{\sum w \cdot x}{\sum w}$$

這裡的 $\sum w \cdot x$ 是先將每筆資料乘上其相對應的權數之後，再予以加總，而 $\sum w$ 就是權數的總和。要特別留意的是，當所有的權數都相等的時候，這個公式就簡化成最一開始的（算數）平均數公式。

範例 3.9

這個例子中，我們來看看如何計算中華職棒大聯盟打擊排行榜前五名的平均打擊率。倘若今天是2007年8月10日，打擊排行榜前五名的紀錄如下。（資料來源：2007年中華職棒大聯盟全球資訊網）

打擊者	屬隊	打擊率	打擊數
高國慶	獅	0.368	302
陳金鋒	熊	0.365	203
張冠任	象	0.357	249
彭政閔	象	0.345	249
謝佳賢	誠	0.342	281

我們來計算前五名的平均打擊率。

解答　把打數當成權數，計算如下：

$$\overline{x}_w = \frac{(302)(0.368) + (203)(0.365) + (249)(0.357) + (249)(0.345) + (281)(0.342)}{302 + 203 + 249 + 249 + 281}$$

$$= \frac{356.131}{1{,}284} = 0.355$$

在範例3.8與3.9中，權數的選擇並沒有太大的困難，但是在某些情況中，權數的選擇則不是那麼顯而易見的。舉例來說，倘若我們想要設計一套生活費用指標，那麼我們得仔細衡量對一般大眾的預算而言，許多事物的相對重要性，例如飲食、房租、娛樂、醫療等等。常用的標準與範例3.8的作法相當接近，得先找出相對應的賣出、生產、或是購買數量。

加權平均數還有另一個用途。假設我們有 k 組資料，每組的平均數分別為 $\overline{x}_1$、$\overline{x}_2$、……、與 $\overline{x}_k$，而且每組的數據筆數分別為 n_1、n_2、……、及 n_k，則**總平均**(grand mean)的公式如下：

總平均

$$\overline{\overline{x}} = \frac{n_1\overline{x}_1 + n_2\overline{x}_2 + \cdots + n_k\overline{x}_k}{n_1 + n_2 + \cdots + n_k} = \frac{\sum n \cdot \overline{x}}{\sum n}$$

此時權數就是每組的資料筆數，分子是全部資料數據的總和，而分母則是所有的資料筆數。

範例 3.10

在心理學的課堂中，有十四個大一新生，二十五個大二學生，以及十六個大三學生。假設期末考中，大一新生的平均分數是76分，大二學生的平均分數是83分，而大三學生的平均分數是89分，請問這堂課的總平均是多少？

解答　此時，$n_1 = 14$，$n_2 = 25$，$n_3 = 16$，而 $\bar{x}_1 = 76$、$\bar{x}_2 = 83$、$\bar{x}_3 = 89$。帶入上列公式得，總平均為82.96，四捨五入至整數位，為83。

精選習題

3.1 某書店詳細記錄某暢銷神秘小說家最近出版的三本精裝小說的每日銷售量。請問，在以下的情形中，此書店的紀錄資料，是為樣本，還是母體？

(a) 記錄資料以為稅務之用；

(b) 利用此資訊進行促銷廣告，以刺激潛在消費者的購買慾望；

(c) 利用此資訊來估計平裝版的可能銷售量；

(d) 觀察這三本神秘小說哪一本可能會成為當月排行榜冠軍。

3.2 以下資料為12隻昆蟲在被噴灑某種殺蟲劑之後的存活時間，單位為秒：112、83、102、84、105、121、76、110、98、91、103，與85。請找出這些存活時間的平均數。

3.3 以下資料為20部車子在某高速公路深夜時段所測得的車速，單位為每小時英里數：77、69、82、76、69、71、80、66、70、77、72、73、80、86、74、77、69、89、74，與

75。

(a) 請求出其平均數；

(b) 請先將這些數據扣掉75之後，再計算平均數，之後再把75加回所得出的結果。請問這個方法用於計算平均數時，有什麼隱含的意義？

3.4 某百貨公司的電梯最大承重量為3,200磅。倘若現在電梯內有18個人，且平均體重為166磅，請問此電梯是否已經超重？

3.5 某貨機的最大載重限制為15,000磅，倘若現在該貨機已經裝了214箱貨物，平均每箱的重量是65磅，請問這架貨機是否有超重的危險性？

3.6 某班統計學的學生有32人，在某次正式考試中全班平均為78分。另一班統計學的學生則有48人，該班該次正式考試的全班平均為84分。請問這兩班學生的總平均分數是多少？

3.7 根據範例3.4與3.5的討論，我們可以證明，對任何平均數為$\bar{x}$的非負資料數據而言，其

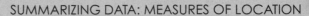

3. 資料彙整：位置的測度
SUMMARIZING DATA: MEASURES OF LOCATION

中大於或等於任意正數k的數據比例不會超過 $\bar{x}/k$。這個結果稱為**馬可夫定理**(Markov's theorem)。請在以下的情況中，使用此定理：

(a) 倘若某絲線的張力強度為33.5盎司，請問最多有多少比例的絲線張力強度大於或等於50.0盎司？

(b) 倘若在某果園中，橘子樹的主幹平均直徑為17.2公分，請問最多有多少比例的橘子樹其主幹直徑大於或等於20.0公分？

3.8 n 個正數的**幾何平均數**(geometric mean)是這 n 個正數的連乘積的n次方根。

舉例來說，3與12的幾何平均數為 $\sqrt{3\cdot12}=6$，而 1、3，與 243 的幾何平均數為 $\sqrt[3]{1\cdot3\cdot243}=9$。

(a) 請求出9與36的幾何平均數。

(b) 請求出1、2、8，與81的幾何平均數。

(c) 在某傳染病流行期間，第一天有12個病例，第二天有18個病例，第三天有48個病例。因此，從第一天至第二天，病例數增加了 $\frac{3}{2}$ 倍，而從第二天至第三天，病例數增加了 $\frac{8}{3}$ 倍。請求算此兩個增加率的幾何平均數。若假設此增加率繼續的話，請預測第四天與第五天的可能病例數。

3.9 n 個正數的**調和平均數**(harmonic mean)是這 n 個正數的倒數的平均數的倒數。調和平均

數的用途有限，不過在某些情況下非使用它不可。舉例來說，倘若某人在十英里的高速公路路段上，去程時速為60英里，返程時速為30英里，則此人的平均時速可不是 $\frac{60+30}{2}=45$英里。此人總共在30分鐘之內行駛了20英里，所以其平均時速應該是40英里。

(a) 請驗證60與30的調和平均數為40。

(b) 倘若某投資人以每股$45的價錢買了某公司總價值$18,000的股票，又再以每股$36的價錢買了該公司總價值$18,000的股票，則他總共所持有的股數為

$$\frac{18,000}{45}+\frac{18,000}{36}=900$$

而每股單價為$40。請驗證40為45與36的調和平均數。

3.10 某業務人員決定提早退休，公司給他$20,000的退休金。此人將其中的$6,000投資市府公債，報酬率3.75%。另外又投資$10,000於共同基金，報酬率3.96%。剩下的$4,000則存入定存，年利率3.25%。請求算加權平均報酬率。

3.11 某大學2005年度的畢業生中，主修人文科學的382名學生的年平均收入為$33,373，主修社會科學的450名學生的年平均收入為$31,684，而主修電腦科學的113名學生的年平均收入為$40,329。請問這945名畢業生的年平均收入是多少。

3.4 中位數

為了避免過大或過小的極端值影響到我們對中間值的估計，有時候我們用「**中位數**」(median)來取代平均數。在求取中位數時，我們先把所有的數據資料由小至大或由大至小依序排列，然後以下列的方式找尋中位數。

> 當 n 為奇數時，中位數是所有資料中，位置在最中間的該筆資料的值；當 n 為偶數，中位數則是位置在最中間的兩筆資料的平均數。

不論是在哪種情形，倘若所有資料的數值都不相同時，那麼所有的資料中，有一半都大於中位數，另一半都小於中位數。倘若有部分資料的數值相同時，就不一定如此。

範例 3.11

某英國小鎮在最近五週內所發生的竊盜案件數分別為14、17、20、22，與17件。請找出這個小鎮這五週內竊盜案件數的中位數。

解答　將上列五個數依照大小排列之後，依序為14、17、17、20、22，所以中位數是17。

請注意，這裡雖然有兩個17，但是我們的中位數並沒有特別指稱是其中哪一個；中位數只是個數值，並不是指特定的一個數據資料。

範例 3.12

在美國的某些城市中，輕度違反交通規則的駕駛人，可選擇以參加道安講習的方式來替代繳交罰款。倘若在亞利桑納州的鳳凰城，12堂道安講習中，出席的違規駕駛人人數分別為37、32、28、40、35、38、40、24、30、37、32，與40。請求出其中位數。

解答　將這些數據依照大小順序排列，得

24　28　30　32　32　35　37　37　38　40　40　40

中位數是最中間兩個數的平均數，亦即 $\frac{35+37}{2}=36$。

　　本範例中，雖然有許多資料的值是相同的，但是這並不影響中位數的數值，而且比中位數大的資料有六筆，比中位數小的資料也有六筆。不過在下個範例中，情況則有所不同。

範例 3.13

　　在加州棕櫚泉高爾夫球賽中，九個參賽者的第七洞的成績分別如下：平標準桿、博蒂（低於標準桿一桿）、平標準桿、平標準桿、博忌（高於標準桿一桿）、老鷹（低於標準桿兩桿）、平標準桿、博蒂、博蒂。試求其中位數。

解答　將上列資料排序之後，排在第五個的數值為「平標準桿」；此即為中位數。

　　請注意，這個範例中，比中位數小的資料有四筆，但是比中位數大的只有一筆。這看起來似乎令人有點困惑，但是根據中位數的定義，此範例的中位數還是「平標準桿」。

　　倘若我們以 x_1、x_2、……，及 x_n 來代表我們的數據的話，那麼一般用 $\tilde{x}$ 來表示中位數。如果我們的資料是母體資料的話，則用 $\tilde{\mu}$ 來表示中位數。

　　到目前為止，我們有中位數的符號，但是沒有中位數的公式。事實上，有個關於「**中位數位置**」(median position)的公式：把資料由小到大依序排好，則中位數出現的位置在第 $(n+1)/2$ 個位置上。

範例 3.14

請找出以下的中位數位置：

(a) $n=17$；

(b) $n=41$。

解答 數據資料由小至大或由大至小依序排列：

(a)（$17+1$）／$2=9$，所以在第九個位置上的數值，即為中位數。

(b)（$41+1$）／$2=21$，所以在第二十一個位置上的數值，即為中位數。

範例 3.15

請找出以下的中位數位置：

(a) $n=16$；

(b) $n=50$。

解答 數據資料由小至大或由大至小依序排列：

(a)（$16+1$）／$2=8.5$，所以中位數是第八個與第九個位置上的數值的平均數。

(b)（$50+1$）／$2=25.5$，所以在中位數是第二十五個與第二十六個位置上的數值的平均數。

切記，$(n+1)$／2 算出來的是「中位數位置」，而不是「中位數」本身。此外，把資料用莖葉圖繪製出來，也有助於快速地找出中位數。

範例 3.16

在第2.2節中，我們有個關於旅社住房數目的雙莖圖範例，重製如下：

2	3	57
6	4	0023
13	4	5666899
(3)	5	234
14	5	56789
9	6	1224
5	6	9
4	7	23
2	7	8
1	8	1

表中最左欄的數字表示從上下兩端開始，每段莖葉分支的累積資料筆數，而括號(3)表示這整組資料的中位數落在該莖葉分支中。請依此找出中位數。

解答　這整組資料總共有30筆資料，所以中位數該出現在第15.5個位置上。前三個莖葉分支就已經有13筆資料了，所以中位數就是 (53＋54)／2＝53.5。這個範例同時告訴我們，在莖葉圖中，若將每個分支的數據也都依照大小順序排列，是很有幫助的。

在此比較一下中位數與平均數的差異。這個範例的平均數是54.4，與中位數53.5顯然不同。這其實沒有什麼好訝異的，因為這兩種資料中間值的計算方式本來就不同。就中位數而言，它之所以算是中間值，乃是因為有一半的數據比它大，而另一半的數據比它小（假設資料中沒有重複出現的數值）。而就平均數而言，表示資料中每筆數據都被某定值所代替之後，總和還是不變（還記得 $\sum x = n \cdot \bar{x}$ ）；這個定值就是平均數。換句話說，平均數可比擬為「重心」的概念。

第3.2節所探討的平均數的特質，中位數只符合了其中幾項。與平均數相同的是，對任何一組資料而言，中位數一定存在，而且是獨一無二的；另一方面，中位數也很容易找到。不過之前有提到，當資料數量龐大時，把每筆數據依照大小順序排列可能就已經是一項艱鉅的工作了。

與平均數不同的是，不同組資料的中位數，不能直接整合起來成為新的

整組資料的中位數,而且針對中位數所進行的統計推論,一般來說,都比針對平均數所進行的統計推論來得不可靠。這個意思是說,倘若在同一個母體進行重複抽樣實驗時,每次實驗所得到的資料的中位數,其變動範圍會比相對應的各次平均數來得大(參閱習題3.18與4.9)。不過,有時候中位數反而好用,因為它比較不容易受到極端值的影響。舉例來說,在範例3.6中,倘若把238輸入錯誤變成832,那麼所計算出來的平均數誤差高達99。在習題3.16中,請讀者自行驗證,上述的輸入錯誤所造成的中位數誤差只有37.5。

最後,與平均數不同的地方在於,中位數可應用於任何可以排序的資料上,亦即,順序資料(ordinal data)。舉例來說,我們可以將工作依照難易程度進行排序,而把位於中間的那個訂為「平均難度」。或者,我們可以依照巧克力鬆糕的濃稠度進行排序,而把位於中央的那個訂為「平均濃稠度」。

除了平均數與中位數之外,還有一些測度中央位置的方式,如:習題3.20中的**全距中值**(midrange),以及第3.5節中的**四分位距中值**(midquartile)。這兩種衡量資料中間值的方式,所得的數字當然會與平均數或中位數不同。在第3.6節中,我們還要討論**眾數**(mode)。

3.5 其它的分位數

其實,中位數只是許多「**分位數**」(fractile)之一;這些分位數把整組資料均分成幾段,其中常用的包括**四分位數**(quartile)、**十分位數**(decile),與**百分位數**(percentile),分別把資料均分成四段、十段,與一百段。這些分位數多半在資料量很大的時候才比較有用,我們在第3.7節會進一步討論。

本節中我們要探討「**探究性資料分析**」(exploratory data analysis)中所可能產生的問題。我們通常會針對小型的資料先進行探究性資料分析。問題在於,如何把整組資料分成差不多的四等分,在此用差不多,是因為有時資料筆數沒有辦法被4整除,例如$n=27$或$n=33$。統計學當中提到四分位數,指的通常是三個數值:Q_1、Q_2,及Q_3。Q_2的定義沒有問題,就是中位數;不

過對於Q_1及Q_3的定義，統計學界就不是那麼有共識了。

四分位數把整組資料分成四段，小於Q_1的、介於Q_1與Q_2的、介於Q_2與Q_3的、以及大於Q_3的。這四段的資料筆數應該是一樣的。假設所有資料數據都沒有重複的值出現，那麼

> ### Q_1是小於中位數的資料的中位數，

而且

> ### Q_3是大於中位數的資料的中位數。

對於這個定義，我們必需要說明如此處理之後，小於Q_1的、介於Q_1與中位數的、介於中位數與Q_3的，以及大於Q_3的四段資料中，各段的資料筆數是一樣的。我們討論四種情況：$n=4k$、$n=4k+1$、$n=4k+2$，以及$n=4k+3$，取$k=3$，則$n=12$、$n=13$、$n=14$，以及$n=15$。

範例 3.17

試證明在上述四種情況中，小於Q_1的、介於Q_1與中位數的、介於中位數與Q_3的，以及大於Q_3的四組資料中，每組的資料筆數都是3個。

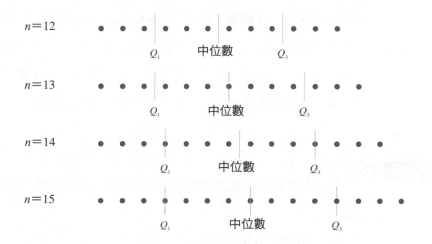

圖3.1 當$n=12$、$n=13$、$n=14$，與$n=15$時的Q_1、中位數，與Q_3

解答　　　(a) 當$n=12$時，中位數位置在 6.5；比中位數小的六個數中，其中位數位置在 $(6+1)／2=3.5$。而比中位數大的六個數中，其中位數位置則是反方向計算，為9.5。在圖3.1中，我們可以清楚地看見，小於Q_1的、介於Q_1與中位數的、介於中位數與Q_3的，以及大於Q_3的四組資料中，每組的資料筆數都是3個。

　　　(b) 其他三種情況中，也是用同樣的標準來找四分位數。同樣地，在圖3.1中，我們可以清楚地看見，小於Q_1的、介於Q_1與中位數的、介於中位數與Q_3的，以及大於Q_3的四組資料中，每組的資料筆數也都是3個。

　　　倘若資料有重複出現的值的話，Q_1及Q_3的定義則要稍微修改一下：把「小於」改成「位於中位數位置左側」，把「大於」改成「位於中位數位置右側」。

　　　四分位數並不是特別用來指稱整組資料的中點或是中央值，我們之所以在這裡討論它們，是因為它們的計算方式與中位數大同小異。另一方面，$(Q_1+Q_3)／2$稱為**四分位距中值**(midquartile)，也是用以測度資料中央位置的統計量之一。

　　　中位數、四分位數，以及最大值與最小值，可以畫成「**盒形圖**」(box-plot)，或稱為「**盒鬚圖**」(box-and-whisker plot)。以Q_1及Q_3的值畫出一個長方形，兩端分別以一條橫線延伸出去到最小值與最大值。長方形當中再以一條直線標示出中位數。在實際應用上，盒形圖有多種不同變化，但是我們在這裡所介紹的基本樣式就已經足以供大部分的情形使用了。

範例 **3.18**

　　　在範例3.16中，我們用雙莖圖找出旅社住房數目的中位數，53.5。請用該圖找出

　　　(a) 找出最小值與最大值。

　　　(b) 找出Q_1及Q_3。

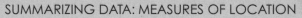

(c) 繪出盒形圖。

解答　(a) 直接觀察，得知最小值為35，最大值為81。

(b) 此時$n=30$，所以中位數位置為15.5。有15筆資料小於53.5，而這些資料的中位數位置是 $(15+1)／2=8$，因此Q_1是位於第八個位置的數，46。以此法類推，Q_3是62。

(c) 將這些數字整合起來，得到圖3.2。

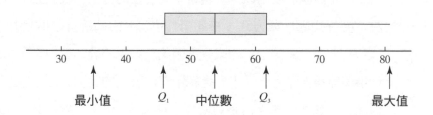

圖3.2　旅社住房數目的盒形圖

3.6 眾數

另一個統計學中常用以測度資料中央位置的統計量，稱為「**眾數**」(mode)。出現次數大於一而且最多次的數值或是組別，就是眾數。它有兩個優點：一、不需計算，只要清點就好；二、不論是數值資料或是類別資料都可以使用。

範例 3.19

某方塊舞社團的20次練習中，出席的團員人數分別為22、24、23、24、27、25、24、20、24、26、28、26、23、21、24、25、23、28、24、26，與25。請找出其眾數。

解答　這些數字中，20、21、22，與27各只出現一次，28出現兩次，23、25，及26出現三次，而24出現六次。所以眾數為24。

範例 3.20

在範例3.13中，九個高爾夫球選手的成績分別為：老鷹（低於標準桿兩桿）、博蒂（低於標準桿一桿）博蒂、博蒂、平標準桿、平標準桿、平標準桿、平標準桿、博忌（高於標準桿一桿）。試求其眾數。

解答 可得知平標準桿出現四次，是為眾數。

本章討論許多用以測度資料中央位置的方法，我們必須視情況及需求來決定要採用哪一種方法（參閱第7.3節）。由於統計學的使用或多或少有些「自主」、「任意決定」的成分，因此有人說統計的魔力是，可以用來為任一件事情辯證。事實上，十九世紀中有位著名的英國政治家就說過，世上有三種謊言：謊言、罪大惡極的謊言，以及統計學。習題3.19與3.20中說明，有些時候這種情況是情有可原的。

精選習題

3.12 請找出以下的中位數位置：
(a) $n=55$；
(b) $n=34$；
(c) $n=33$；
(d) $n=45$。

3.13 以下數據是某早餐店在連續15天之內所服務的顧客人數：38、50、53、36、38、56、46、54、54、58、35、61、44、48、59。請問中位數為何？

3.14 32場NBA籃球賽所使用的比賽時間分別為138、142、113、164、159、157、135、122、126、139、140、142、157、121、143、140、169、130、142、146、155、117、158、148、145、151、137、128、133、150、134，與147分鐘。請求出中位數。

3.15 某款客運巴士在乾燥乾淨且平坦的路面上進行煞車測試。21位駕駛員在時速30英里的速度下煞車，得到以下的煞車距離數據：78、69、79、91、66、72、74、85、84、66、76、67、79、83、70、77、67、79、79、77、67，單位為英尺。請求算這些煞車距離的中位數。

3.16 承範例3.6，假設該營養學書籍的編輯採用

的是中位數而不是平均數的話，請驗證當他將238誤寫成832時，所導致的中位數誤差只有37.5。

3.17 以下數據為某缺乏維生素的研究當中，所使用的60隻蜥蜴的體重，單位為公克：

```
125 128 106 111 116 123 119 114 117 143
136  92 115 118 121 137 132 120 104 125
119 115 101 129  87 108 110 133 135 126
127 103 110 126 118  82 104 137 120  95
146 126 119 113 105 132 126 118 100 113
106 125 117 102 146 129 124 113  95 148
```

請以8、9、10、11、12、13，與14為莖，繪製莖葉圖，並利用此莖葉圖求出這組資料的中位數。

3.18 為了要驗證「平均數比中位數可靠」的說法，某學生進行實驗，投擲三顆骰子12次，記錄所出現的結果：

2、4、與6，5、3、與5，4、5、與3，5、2、與3，6、1、與5，3、2、與1，3、1、與4，5、5、與2，3、3、與4，1、6、與2，3、3、與3，4、5、與3

(a) 請計算12個中位數與平均數。

(b) 請利用以下的組別將 (a) 中的中位數與平均數分組，計算次數分配。

1.5~2.5、2.5~3.5、3.5~4.5、4.5~5.5

注意，此分組方法並不會產生模糊不清的情形，因為三個正整數的中位數以及平均數，不可能等於2.5、3.5、或4.5。

(c) 請將 (b) 中的次數分配繪製成直方圖，並說明應該如何使用該圖來驗證「平均數比中位數可靠」的說法。

3.19 某消費者服務中心對三部車子的耗油量分別進行五次檢測，得到以下每加侖汽油所行駛

的英里數的數據：

A車：27.9 30.4 30.6 31.4 31.7
B車：31.2 28.7 31.3 28.7 31.3
C車：28.6 29.1 28.5 32.1 29.7

(a) 倘若生產A車的廠商打算宣稱他們的車子在此測試中表現最好，請問本章所討論到的各種「平均」中，哪一個可以用來證明此宣稱？

(b) 倘若生產B車的廠商打算宣稱他們的車子在此測試中表現最好，請問本章所討論到的各種「平均」中，哪一個可以用來證明此宣稱？

3.20 承上題，倘若生產C車的廠商雇用某個大言不慚的統計學家，要求他找出某種「平均」來證明他們所生產的車子在此測試中表現最好。請驗證**全距中值**(midrange)即可符合該廠商的要求。（全距中值為最大值與最小值的平均數。）

3.21 請找出以下的中位數、Q_1，與Q_3位置：

(a) $n=32$；

(b) $n=35$；

(c) $n=41$；

(d) $n=50$。

3.22 以下數據是在某個大型燒窯內部14個不同點所測得的華氏溫度：409、412、439、411、432、432、405、411、422、417、440、427、411，與417。請找出其中位數、Q_1，與Q_3。並請驗證Q_1左側、Q_1與中位數之間、中位數與Q_3之間，以及Q_3右側，所包含的數據筆數都是相同的。

3.23 承上題，請找出該組資料的最大值與最小

值,並請繪製盒形圖。

3.24 承習題3.17,請利用電腦統計軟體將該60筆數據由小至大排序,並找出其中位數、Q_1,與Q_3。

3.25 承上題,請利用排序所得結果,找出最大值與最小值,並請繪製盒形圖。

3.26 請找出下列數據的眾數:

(a) 6、8、6、5、5、7、7、9、7、6、8、4,與7;

(b) 57、39、54、30、46、22、48、35、27、31,與23;

(c) 11、15、13、14、13、12、10、11、12、13、11,與13。

3.27 以下數據為某餐廳在40個週日晚餐時段中,所賣出的雞排餐的數量:

41、52、46、42、46、36、46、61、58、44、49、48、48、52、50、45、68、45、48、47、49、57、44、48、49、45、47、48、43、45、45、56、48、54、51、47、42、53、48,與41。請找出其眾數。

3.28 在某次七天的遊輪航行中,船上20名乘客抱怨有暈船現象的天數分別為0、4、5、1、0、0、5、4、5、5、0、2、0、0、6、5、4、1、3、2天。請找出眾數,並說明這個數字跟真實情況之間可能會出現什麼樣的問題。

3.29 當資料中出現一個以上的眾數時,很可能表示資料內存在多組不同的小資料群。若習題3.28中,第四筆資料由1改成5,請重新進行分析。

*3.7 分組資料的描述

　　過去,統計學家花費了很多心血進行分組資料的描述,因為當資料量相當大時,先將資料分組整理之後再來計算所需的統計數據,相對來說比較方便。現在則不然,透過電腦的使用,我們可以輕而易舉地對大量資料進行統計分析。然而,我們還是在本節以及第4.4節中討論分組資料的描述,因為現實世界中,還是有許多資料只能以次數分配表等分組資料的格式取得,例如政府部門的統計數據。

　　我們已經在第二章看過,分組資料無可避免地會佚失一些原始數據中的資訊。舉例來說,每筆資料的確實數值就無法知道了;我們只知道每個組別或類別中有多少筆資料。換句話說,我們只能處理近似值。有時候我們把同一組中的數據都一視同仁,以該組組標的值代表,並據此得到分配的平均

數。有時候我們則假設同一組中的數據，是平均分佈在該組的組距範圍之內的；並據此得到次數分配表中的中位數。但不論是哪種作法，我們所得到的近似值通常都還不錯，因為所產生的誤差都很可能被中和掉了。

假設我們現在有個次數分配表，有 k 組，每組的組標分別為 x_1、x_2、⋯⋯、及 x_k，而每組的次數則分別為 f_1、f_2、⋯⋯及 f_k，那麼此次數分配表的資料總和應該近似於

$$x_1 \cdot f_1 + x_2 \cdot f_2 + \cdots + x_k \cdot f_k = \sum x \cdot f$$

而此次數分配的平均數計算公式則為

分組資料平均數

$$\bar{x} = \frac{\sum x \cdot f}{n}$$

此處 $f_1 + f_2 + f_3 \cdots + f_k = n$，是為總樣本數。倘若是母體資料的話，則母體平均數的公式如下：

$$\mu = \frac{\sum x \cdot f}{N}$$

範例 3.21

請計算範例2.4中，老忠實間歇噴泉之噴發間隔時間的次數分配的平均數。

解答 我們使用以下的表格來求算 $\sum x \cdot f$。

分鐘	組織 x	次數 f	$x \cdot f$
30–39	34.5	2	69.0
40–49	44.5	2	89.0
50–59	54.5	4	218.0
60–69	64.5	19	1,225.5
70–79	74.5	24	1,788.0
80–89	84.5	39	3,295.5
90–99	94.5	15	1,417.5
100–109	104.5	3	313.5
110–119	114.5	2	229.0
		110	8,645.0

因此，依據上述公式，平均數為8,645.0／110＝78.59，四捨五入至小數點後兩位。

當我們把資料中每組裡頭的數據都以該組的組標替代時，所算出的數值會與之前用原始數據所得到的結果不同，這兩者之間的差異稱為**分組誤差**(grouping error)。這個範例的真正平均值是78.27，所以分組誤差是78.59 - 78.27＝0.32，算是非常小的。

至於分組資料的其他關於中央位置的測度，如中位數，還是可以求出來，不過有些假設或定義要稍微修改一下。以中位數而言，我們必須採用先前的第二種假設，也就是假設同一組中的數據，是平均分佈在該組的組距範圍之內的。因此，根據直方圖，

次數分配的中位數將使得其左側直方圖的面積，與在其右側的直方圖的面積相等。

尋找分組資料(grouped data)中位數位置的方法與尋找未分組資料(ungrouped data)中位數位置的方法有些微差異。其實就是$n／2$。舉例來說，倘若某資料的總次數為100，則第50筆就是中位數位置。倘若累積到某一組

時已有46筆資料了，那麼算出下一組中前進4筆資料的位置就是中位數。

要找到將直方圖分割成左右面積相等的兩半的直線，我們必須從左右其中一端計算$n/2$的位置，如以下的範例：

範例 3.22

請找出老忠實間歇噴泉之噴發間隔時間的次數分配的中位數。

解答　$n/2 = 110/2 = 55$，所以我們必須從左右其中一端開始算55個。假設我們從最小值開始，則前五個組別的累積次數為$2+2+4+19+24=51$，因此，我們必須在第六組中繼續再數四個數。記得我們假設第六組中的39筆資料，是在這組的組距中平均分佈的，所以我們要從這組的下組界上再加上組距10當中的$4/39$，亦即

$$\tilde{x} = 79.5 + \frac{4}{39} \cdot 10 = 80.53$$

四捨五入至小數點後第二位。

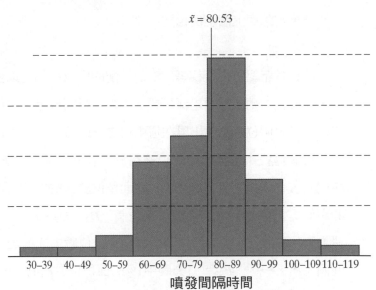

圖3.3　老忠實噴泉的噴發間隔時間的中位數

統計學

MODERN ELEMENTARY STATISTICS

總結來說，倘若中位數所在組別的下組界為L，次數為f，組距為c，而由L到中位數相差的個數為j的話，中位數的公式可以整理如下：

分組資料中位數

$$\tilde{x} = L + \frac{j}{f} \cdot c$$

我們也可以從另一端開始尋找中位數（從最大值開始往下找），到了中位數所在組別後，以上組界減去適當的比例。如以下範例。

範例 3.23

請用此法找出老忠實間歇噴泉之噴發間隔時間的次數分配的中位數。

解答　從最大值開始，則後三個組別的累積次數為$2+3+15=20$，所以還要往下數$55-20=35$個。中位數所在組的上組界為89.5，所以

$$\tilde{x} = 89.5 - \frac{35}{39} \cdot 10 = 80.53$$

結果當然與上個範例相同。

不論各組組距是否相等，次數分配的中位數都可以依照此法求出。事實上，即使左右兩端的兩組都是或其中之一是開放組，這個方法仍然可以照常使用，只要中位數不會出現在這兩組之一即可。（參見習題3.30）

這個尋找中位數的方法也適用於尋找其它的分位數。舉例來說，Q_1及Q_3的定義修正為，直方圖中25%的面積位於Q_1的左側，而25%的面積位於Q_3的右側。同樣的，十分位數（有九個：D_1、D_2、D_3、……，及D_9）也可如法炮製，界定出10%的面積介於每個十分位數中間。最後，百分位數有九十九個，P_1、……、P_{99}，直方圖中1%的面積位於P_1的左側，而1%的面積位於P_{99}的右側。要注意的是，D_5與P_{50}都等於中位數，而P_{25}等於Q_1，P_{75}等於Q_3。

範例 3.24

請求出老忠實間歇噴泉之噴發間隔時間的次數分配的Q_1及Q_3。

解答　求Q_1我們必須從最小值開始順著次數分配表數110／4＝27.5 筆資料。前四個組的累積次數已經為2＋2＋4＋19＝27，所以還要在第五組的24筆資料中計算27.5－27＝0.5的距離來求取Q_1，因此

$$Q_1 = 69.5 + \frac{0.5}{24} \cdot 10 \approx 69.71$$

而後三組的累積次數已經為2＋3＋15＝20，所以要在倒數第四組的39筆資料中計算27.5－20＝7.5的距離來求取Q_3，因此

$$Q_3 = 89.5 - \frac{7.5}{39} \cdot 10 \approx 87.58$$

範例 3.25

請求出老忠實間歇噴泉之噴發間隔時間的次數分配的十分位數D_2及D_8。

解答　求D_2我們必須從最小值開始順著次數分配表數110・2／10＝22 筆資料。前三個組的累積次數已經為2＋2＋4＝8，所以還要在第四組的19筆資料中計算22－8＝14的距離來求取D_2，因此

$$D_2 = 59.5 + \frac{14}{19} \cdot 10 \approx 66.87$$

而後三組的累積次數已經為2 ＋ 3 ＋ 15 ＝ 20，所以要在倒數第四組的39筆資料中計算22 － 20 ＝ 2 筆資料的距離才能求取D_8，因此

$$D_8 = 89.5 - \frac{2}{39} \cdot 10 \approx 88.99$$

注意，當我們在求算某分配中的某一分位數時，需要計算的數量以及前述中位數公式中的j，都可以不為整數。

當各組組距都相同時，次數分配表的平均數的計算過程可以透過以下的方法簡化，這個方法稱為**編碼**(coding)。先將接近中央位置的組標標示為0，然後此該組標為中心，將組標分別以……、-3、-2、-1、0、1、2、3、……標示。假設原始組標以x_0表示，而這些重新編碼之後的組標以u來表示，則可採用以下的公式：

$$\overline{x} = x_0 + \frac{\sum u \cdot f}{n} \cdot c$$

其中，c為組距，n為資料總筆數，而$\sum u \cdot f$為重新編碼組標與每組次數的乘積。

使用編碼的方法，我們重新計算範例 3.21 中的平均數，所得到的答案是一樣的。

組標	次數	編碼組標	$u \cdot f$
34.5	2	−4	−8
44.5	2	−3	−6
54.5	4	−2	−8
64.5	19	−1	−19
74.5	24	0	0
84.5	39	1	39
94.5	15	2	30
104.5	3	3	9
114.5	2	4	8
	$n = 110$		$\sum u \cdot f = 45$

$$\overline{x} = 74.5 + \frac{45}{110} \cdot 10 = 74.5 + 4.0909 = 78.59 \quad 四捨五入到小數第二位。$$

精選習題

3.30 請分析下列次數分配表中，是否可求算出其平均數或中位數？

(a)

成績	次數
40–49	5
50–59	18
60–69	27
70–79	15
80–89	6

(b)

智商	次數
90 以下	3
90–99	14
100–109	22
110–119	19
119 以上	7

(c)

智商	次數
100 以下	41
101–110	13
111–120	8
121–130	3
131–140	1

3.31 以下資料是五十所小學中，學生具備雙語能力的百分比，請求算平均數與中位數。

百分比	學校數
0–4	18
5–9	15
10–14	9
15–19	7
20–24	1

3.32 以下資料為120個混凝土樣本的抗壓強度，單位為磅／平方英吋：

抗壓強度	樣本數
4.20–4.39	6
4.40–4.59	12
4.60–4.79	23
4.80–4.99	40
5.00–5.19	24
5.20–5.39	11
5.40–5.59	4
	120

請求出其平均數與中位數。

3.33 承上題，請找出

(a) Q_1 與 Q_3；

(b) D_1 與 D_9；

(c) P_{15} 與 P_{85}。

3.34 承習題2.12，我們已知某次實地探勘時，所採集到的133個礦物樣本的重量：

重量	樣本數量
5.0–19.9	8
20.0–34.9	27
35.0–49.9	42
50.0–64.9	31
65.0–79.9	17
80.0–94.9	8

請找出平均數與中位數。

3.35 承習題2.27，我們已知某墨西哥餐廳在連續60個營業日中，午餐時間所賣出的鮮魚烤玉米餅的份數：

鮮魚烤玉米餅的份數	天數
30–39	4
40–49	23
50–59	28
60–69	5

請找出

(a) 平均數與中位數；

(b) Q_1 與 Q_3。

3.36 承上題，倘若第四組改成「60或以上」的話，請問是否能求出 P_{95} ？

3.8 數學公式補述：加總

之前章節所用的數學加總符號，並沒有明確指出要把哪些項目加總在一起。精確的符號表示應該如下：

$$\sum_{i=1}^{n} x_i = x_1 + x_2 + \cdots + x_n$$

我們以下標 i 來區分不同筆的資料數據。本書中這種精確表達的加總符號並不常見，因為我們假設在一般情況中，該列入加總的資料項目都相當清楚、一目了然。

在使用這個加總符號時，以下數列的加總很常見，$\sum x^2$，$\sum xy$，與 $\sum x^2 f$，分別表示

$$\sum_{i=1}^{n} x_i^2 = x_1^2 + x_2^2 + x_3^2 + \cdots + x_n^2$$

$$\sum_{j=1}^{m} x_j y_j = x_1 y_1 + x_2 y_2 + \cdots + x_m y_m$$

$$\sum_{i=1}^{n} x_i^2 f_i = x_1^2 f_1 + x_2^2 f_2 + \cdots + x_n^2 f_n$$

有時候我們會採用兩組下標，進行**雙重加總**(double summation)，如：

$$\sum_{j=1}^{3} \sum_{i=1}^{4} x_{ij} = \sum_{j=1}^{3} (x_{1j} + x_{2j} + x_{3j} + x_{4j})$$
$$= x_{11} + x_{21} + x_{31} + x_{41} + x_{12} + x_{22} + x_{32} + x_{42}$$
$$+ x_{13} + x_{23} + x_{33} + x_{43}$$

底下列出一些，本書中其他章節會用到、但是我們不提出嚴謹證明的加總公式規則：

加總公式 規則

$$規則一：\sum_{i=1}^{n}(x_i \pm y_i) = \sum_{i=1}^{n} x_i \pm \sum_{i=1}^{n} y_i$$

$$規則二：\sum_{i=1}^{n} k \cdot x_i = k \cdot \sum_{i=1}^{n} x_i$$

$$規則三：\sum_{i=1}^{n} k = k \cdot n$$

上列第一條規則說明，總和（或差距）的加總，等於兩個項各自加總的總和（或差距），而這個結果可以推廣應用到多個項目的總和（或差距）加總上。第二條規則是說，我們可以從加總的項目中，提出公因數到外面來。第三條規則則說，若將某個常數加總n次的話，則等於n乘上該常數。只要將所有的加總項目展開，整理之後即可得出這三條的規則的證明。

精選習題

3.37 請將以下的加總公式展開：

(a) $\displaystyle\sum_{i=1}^{6} x_i$;

(b) $\displaystyle\sum_{i=1}^{5} y_i$;

(c) $\displaystyle\sum_{i=1}^{3} x_i y_i$;

(d) $\displaystyle\sum_{j=1}^{8} x_j f_j$;

(e) $\displaystyle\sum_{i=3}^{7} x_i^2$;

(f) $\displaystyle\sum_{j=1}^{4} (x_j + y_j)$.

3.38 請將以下的式子以加總公式整理：

(a) $z_1 + z_2 + z_3 + z_4 + z_5$;

(b) $x_5 + x_6 + x_7 + x_8 + x_9 + x_{10} + x_{11} + x_{12}$;

(c) $x_1 f_1 + x_2 f_2 + x_3 f_3 + x_4 f_4 + x_5 f_5 + x_6 f_6$;

(d) $y_1^2 + y_2^2 + y_3^2$;

(e) $2x_1 + 2x_2 + 2x_3 + 2x_4 + 2x_5 + 2x_6 + 2x_7$;

(f) $(x_2 - y_2) + (x_3 - y_3) + (x_4 - y_4)$;

(g) $(z_2 + 3) + (z_3 + 3) + (z_4 + 3) + (z_5 + 3)$;

(h) $x_1 y_1 f_1 + x_2 y_2 f_2 + x_3 y_3 f_3 + x_4 y_4 f_4$.

3.39 已知$x_1=2$、$x_2=3$、$x_3=4$、$x_4=5$、$x_5=6$、$f_1=2$、$f_2=8$、$f_3=9$、$f_4=3$，與 $f_5=2$，請求出：

(a) $\displaystyle\sum_{i=1}^{5} x_i$;   (c) $\displaystyle\sum_{i=1}^{5} x_i f_i$;

(b) $\displaystyle\sum_{i=1}^{5} f_i$;   (d) $\displaystyle\sum_{i=1}^{5} x_i^2 f_i$.

3.40 已知 $x_{11}= 4$、$x_{12}= 2$、$x_{13}=-1$、$x_{14}= 3$、$x_{21}=2$、$x_{22}=5$、$x_{23}=-1$、$x_{24}=6$、$x_{31}=4$、$x_{32}=-1$、$x_{33}=3$，與 $x_{34}=4$：

(a) 請針對 $j=1$、2、3，與4分別求出 $\displaystyle\sum_{i=1}^{3} x_{ij}$

(b) 請針對 $i=1$、2、3，分別求出 $\displaystyle\sum_{j=1}^{4} x_{ij}$

3.41 承上題，請在以下條件下，計算雙重加總 $\displaystyle\sum_{i=1}^{3}\sum_{j=1}^{4} x_{ij}$：

(a) 使用上題 (a) 小題的結果；

(b) 使用上題 (b) 小題的結果。

3.42 請問右列式子是否為真 $\left(\displaystyle\sum_{i=1}^{n} x_i\right)^2 = \displaystyle\sum_{i=1}^{n} x_i^2$?

（提示：檢驗此式在 $n=2$ 時是否為真）

3.9 本章專有名詞彙整

算數平均數(Arithmetic mean)

盒形圖(Boxplot)

盒鬚圖(Box-and-whisker plot)

*編碼(Coding)

十分位數(Decile)

雙重加總(Double summation)

探究性資料分析(Exploratory data analysis)

分位數(Fractile)

幾何平均數(Geometric mean)

總平均(Grand mean)

*分組誤差(Grouping error)

調和平均數(Harmonic mean)

馬可夫定理(Markov's theorem)

平均數(Mean)

中央位置的測度(Measures of central location)

位置的測度(Measures of location)

變異的測度(Measures of variation)

中位數(Median)

中位數位置(Median position)

四分位距中值(Midquartile)

全距中值(Midrange)

眾數(Mode)

離群值(Outlier)

參數(Parameter)

百分位數(Percentile)

母體(Population)

母體大小(Population size)

四分位數(Quartile)　　　　　　　　　　統計量(Statistics)

相對重要性權數(Relative importance weight)　加權平均數(Weighted mean)

樣本(Sample)

3.10 參考書籍

- 以下書籍討論統計學中的道德相關問題：

  1. HOOKE, R., *How to Tell the Liars from the Statisticians*. New York: Marcel Dekker, Inc., 1983.

  2. HUFF, D., *How to Lie with Statistics*. New York:W.W. Norton & Company, Inc., 1954.

- 另可參考上一章關於探索性資料分析的參考書籍。

4 ▸ 資料彙整：變異的測度

SUMMARIZING DATA: MEASURES OF
VARIATION

絕 大部分的資料組(data set)都有個特點：裡頭所包含的每一筆數據都不一樣。因此，統計學的另一個重點，就是探討一組資料中，數據之間的變異程度。參考下面這個例子。

在某個醫院中，住院病患的脈搏速率一天要測量三次。病患甲是72、76，與74，而病患乙是72、91，與59。這兩個病患的平均脈搏速率相同，都是74，但是請注意，他們脈搏速率的變異程度不太一樣；病患甲的脈搏速率明顯比病患乙穩定得多。

某超級市場中販售每包一磅重的混合堅果，通常一包裡頭含有12顆杏仁。倘若在一包混合堅果中，杏仁的顆數多至14顆，少至10顆，表示包裝作業還算是滿穩定的；倘若有的包裝裡頭有二十幾顆的杏仁，另一包卻一顆也沒有的話，顯然我們應該檢查一下包裝作業是否出現異常。

變異性的測度在統計推論中是個非常重要的課題。舉例而言，假設現在我們手上有枚略微彎曲的硬幣，想要測試這枚硬幣投擲之後出現正面與反面的機率是否各為一半。倘若我們投擲一百次，出現28次正面、72次反面的話，我們該如何判定這枚硬幣不是「正常的、公平的」？要回答這個問題，我們必須先有「波動的強度」(magnitude of fluctuations)或「變異」(variation)的概念，以瞭解投擲一百次硬幣時「機遇」所可能造成的影響。

由以上三個例子可知，我們為了衡量資料分散程度，必須要建立一套**變異測度**(measures of variation)標準。從第4.1節至4.3節，我們將介紹被廣泛使用的變異測度標準，以及其特殊的應用方式。其他有別於位置測度與變異測度的統計量，則於第4.5節中討論。

4.1 全距

我們用之前的第一個例子來介紹最簡單的變異測度。病患甲的脈搏速率從72變動至76，而病患乙的脈搏速率從59變動至91。我們分別計算這兩個病患脈搏速率最小值與最大值之間的差異，即可分別顯示出變異程度的大小。

因此，「全距」(range)的定義如下：

> 一組資料的全距，即是該組資料內最大值與最小值的差異。

病患甲脈搏速率的全距是76−72＝4，而病患乙的則是91−59＝32。此外，第2.1節的鱒魚長度範例中，全距為23.5−16.6 ＝ 6.9公分；而範例2.4中的老忠實噴泉，其噴發間隔時間的全距為118−33 ＝ 85分鐘。

全距的概念很容易瞭解，計算也很簡單，而且一組資料中的最大值與最小值通常都讓人蠻感興趣的。但是，全距的用處並不大，因為它沒辦法告訴我們整組資料在兩個極端值中，所有數據的分佈狀況。舉例來說，倘若我們有以下三組資料：

第一組：	5	18	18	18	18	18	18	18	18	18
第二組：	5	5	5	5	5	18	18	18	18	18
第三組：	5	6	8	9	10	12	14	15	17	18

這三組資料的全距都是18−5＝13，但是其間的數據分佈卻是完全不同。

在實務上，全距只是拿來當作「快速簡便」的變異測量工具，比方說，在工業品質管制中，針對原料與成品，定時抽取少數樣本，計算其全距，以確保生產作業的品質。

除了涵蓋整組資料範圍的全距；還有其他概念類似的變異測量方式，如「**內四分位距**」(interquartile range)，$Q_3 - Q_1$（記得上一章所討論的四分位數）。有些統計學家則使用「**半內四分位距**」(semi-interquartile range)，$(Q_3 - Q_1)／2$，也稱為「**四分位離差**」(quartile deviation)。

4.2 標準差與變異數

當今最常用的變異測度，就是**標準差**(standard deviation)。倘若我們觀察某一組資料時，發現這組資料大多分佈在平均數的附近，而在觀察另一組資料時，發現其數據的散佈程度比較分散、離平均數比較遠。很自然地，我們會想說，每筆數據離平均數的距離，應該可以作為衡量變異的標準。倘若有一組資料有n筆數據，分別標示為

x_1、x_2、……，以及x_n

假設其平均數為$\bar{x}$，則每筆數據與平均數的差異稱為「**與平均數的離差**」(deviation from mean)，可標示為

$x_1 - \bar{x}$、$x_2 - \bar{x}$、……，以及$x_n - \bar{x}$

我們或許會想說，這些數值的平均數應該可以當作整組資料的變異測度標準，但不幸的是，這個辦法不可行。除非每筆數據都相同，不然每個「與平均數的離差」不是正數就是負數；而把這些「與平均數的離差」全部加起來會等於零，$\sum(x - \bar{x})$，因此其平均數也是零。

換個角度想，我們感興趣的是離差的程度，而不是它們是正數或是負數，所以不如忽略正負號，看看能否找到其他的變異測度標準。事實上，**平均離差**(mean deviation)就是「與平均數的離差之絕對值」的平均數。直覺上，平均離差似乎是個不錯的主意，但是因為絕對值在統計推論上是個相當不易處理的難題，因此很少使用。

另外一個方法，則是使用「與平均數的離差的平方」，來處理正負號的問題。實數的平方不可能是負數；事實上，除非該數據的數值恰好等於平均數，不然「與平均數的離差的平方」應該都是正數。然後我們求取這些「與平均數的離差的平方」的平均數，再開根號（以還原先前「平方」的處理），得到

$$\sqrt{\frac{\sum (x - \overline{x})^2}{n}}$$

此即為傳統標準差的定義；其正式名稱為「**均方根離差**」(root-mean-square deviation)。

現在一般習慣上把上面式子中的分母以$n-1$代替，所得的公式稱為「**樣本標準差**」(sample standard deviation)，以s來表示；我們會往後的章節中探討為什麼要這樣處理的理由。

樣本標準差

$$s = \sqrt{\frac{\sum (x - \overline{x})^2}{n - 1}}$$

樣本標準差的平方，稱為「**樣本變異數**」(sample variance)，以s^2表示。樣本變異數的公式，就是把上式的開根號符號去掉即是。與樣本變異數相對應的稱為「**母體變異數**」(population variance)，以σ^2。

以上這些標準差與變異數的公式，是應用在樣本上的，倘若我們以μ代替$\overline{x}$、以N代替n，則所得的式子即是求算母體標準差與母體變異數的方法。就**母體標準差**(population standard deviation)而言，如果我們分母用N的話，以σ表示；若分母用$N-1$的話，則以S表示。

母體標準差

$$\sigma = \sqrt{\frac{\sum (x - \mu)^2}{N}}$$

一般來說，計算樣本統計量（如平均數、標準差、或變異數）的目的，是為了估計相對應的母體參數。倘若我們從實際平均數為的母體中抽出許多組樣本來估計μ，分別計算每組樣本的平均數$\overline{x}$，再加以平均的話，會發現所得出來的數字和μ蠻接近的。然而，倘若我們用$\dfrac{\sum (x - \overline{x})^2}{n}$這個公式計算

樣本變異數來估計σ^2的話,會發現所得出來的數字都比σ^2小。在統計理論上,我們把上面這個式子的分母用$n-1$取代n,即為前述之s^2。倘若我們所採用的**估計量**(estimator),平均而言其數值與我們所想要估計的實際參數值相等的話,此估計量稱為**不偏估計量**(unbiased estimator);不然則稱為**偏差估計量**(biased estimator)。由此,我們說,$\bar{x}$是母體平均數μ的不偏估計量,而s^2是母體變異數σ^2的不偏估計量。請注意,這並不表示s就是σ的不偏估計量,不過當n很大的時候,偏誤會很小,通常可以忽略。

在計算樣本標準差時,我們必須(1)計算$\bar{x}$;(2)計算每筆數據的「與平均數的離差」;(3)計算這些離差的平方;(4)計算離差平方的總和;(5)除以$n-1$;(6)開根號。在實際操作上,這個方法很少被使用,因為有許多不同的捷徑可以採用;不過我們還是要透過例子來說明標準差的含意與用途。

範例 4.1

某個病理學實驗室在八個健康的受試者身上取樣,進行細菌培養,之後在各自的培養皿上發現某種細菌的個數分別為8、11、7、13、10、11、7,與9。請計算其s。

解答　先計算平均數:

$$\bar{x} = \frac{8+11+7+13+10+11+7+9}{8} = 9.5$$

$\sum(x-\bar{x})^2$的計算以下表顯示:

x	$x-\bar{x}$	$(x-\bar{x})^2$
8	−1.5	2.25
11	1.5	2.25
7	−2.5	6.25
13	3.5	12.25
10	0.5	0.25
11	1.5	2.25
7	−2.5	6.25
9	−0.5	0.25
76	0.0	32.00

最後，32除以7（＝8－1），再開根號，得到：

$$s = \sqrt{\frac{32.00}{7}} = \sqrt{4.57} = 2.14$$

四捨五入到小數點後兩位。

請留意到上面的表格中，中間那欄的總和為零。這個性質可以用來檢驗計算是否出現失誤。

在這個例子中，s很好計算，因為每筆資料都是整數，而且平均數也是整數，不然的話標準差的計算是相當繁瑣的。底下列出一個常用的公式：

標準差的便捷計算公式

$$s = \sqrt{\frac{S_{xx}}{n-1}} \quad \text{其中} \quad S_{xx} = \sum x^2 - \frac{(\sum x)^2}{n}$$

範例 4.2

請用上面的公式重新計算範例4.1。

解答　首先我們計算 $\sum x$ 與 $\sum x^2$，得到

$$\sum x = 8 + 11 + 7 + \cdots + 7 + 9$$

$$= 76$$

以及

$$\sum x^2 = 64 + 121 + 49 + 169 + 100 + 121 + 49 + 81$$

$$= 754$$

代入$n=8$，算出S_{xx}：

$$S_{xx} = 754 - \frac{(76)^2}{8} = 32$$

然後，$s = \sqrt{\frac{32}{7}} = 2.14$，四捨五入至小數點後兩位。與範例4.1的結果相同。

統計學

第二個公式中，我們不必算平均數，也不用算「與平均數的離差」。另一方面，這個式子也可以用來計算 σ，把根號中的 $n-1$ 與 S_{xx} 裡的 n 都用 N 替代即可。

4.3 標準差的應用

在往後的章節中，樣本標準差的主要用途是在統計推論中進行母體標準差的估計。本節中將介紹一些標準差的應用，以協助讀者對標準差有更清楚的理解與體會。

在上一節一開始討論標準差時，我們說，倘若我們觀察某一組資料時，發現這組資料大多分佈在平均數的附近的話，則這組資料的散佈程度較小；反之，若其數據的分佈範圍離平均數比較遠，則其散佈程度比較大。我們現在也可以說，倘若某組資料的標準差小的話，則該組資料比較集中在平均數附近；若標準差大的話，則該組資料在平均數兩側，分散的程度比較大。這個概念有個正式的理論，稱為**柴比雪夫定理**(Chebyshev's theorem)，用以紀念俄羅斯的數學家柴比雪夫(P. L. Chebyshev, 1821-1894)。

柴比雪夫定理

> 對任何資料而言，不論是樣本還是母體資料，給定任何一個大於 1 的常數 k，則該組資料中，落於平均數加減 k 個標準差之間的數據的比例，至少是 $1-\dfrac{1}{k^2}$

這個定理看起來頗令人訝異，但是的確任何一組資料，一定至少有 $1-\frac{1}{2^2}=\frac{3}{4}$，或75%的數據，落在平均數加減兩個標準差之間；一定至少有 $1-\frac{1}{5^2}=\frac{24}{25}$，或96%的數據，落在平均數加減五個標準差之間；或一定至少有 $1-\frac{1}{10^2}=\frac{99}{100}$，或99%的數據，落在平均數加減十個標準差之間。這裡所用的 k，分別是2、5，與10。

範例 4.3

　　某個針對低脂乳酪所做的營養成分研究指出，平均來說，一片一盎司的乳酪包含3.50公克的脂肪，標準差為0.04公克。

　　(a) 根據柴比雪夫定理，請問這種乳酪中，至少有多少比例以上的產品，其一盎司中的脂肪含量介於3.38公克與3.62公克之間？

　　(b) 根據柴比雪夫定理，93.75%以上的這種乳酪，其一盎司中的脂肪含量的範圍應該是多少？

解答

　　(a) 可知3.62－3.50＝3.50－3.38＝0.12，而k (0.04)＝0.12，所以k＝3。因此，至少有 $1 - \frac{1}{3^2} = \frac{8}{9}$ ，或 88.9%的這種乳酪，其一盎司中的脂肪含量，介於3.38公克與3.62公克之間。

　　(b) 根據題意，$\frac{1}{k^2} = 1 - 0.9375 = 0.0625$ ，知 $k^2 = 1 / 0.0625 = 16$，k＝4。因此，有93.75%以上的這種乳酪，其一盎司中的脂肪含量，介於3.50－4(0.04)＝3.34公克與3.50＋4(0.04)＝3.66公克之間。

　　柴比雪夫定理適用於任何資料，不過也有其缺點。這個定理只告訴我們「至少有多少比例」的資料，落於某個特定的界線之內，換句話說，它只能提供「真正比例」的最低參考界線，因此，在實際應用上，這個定理的用途並不廣。我們之所以在這裡介紹這個定理，是為了讓讀者能夠對整組資料的變異程度與標準差之間的相互關係，能有更深層的認識。

　　對那些呈現鐘型分佈（參閱圖4.1）的次數分配而言，我們可以使用更強烈的陳述來表達：

大約有68%的資料，落於平均數加減一個標準差之間的範圍，即$\bar{x}$ $-s$與$\bar{x}+s$之間。

大約有95%的資料，落於平均數加減兩個標準差之間的範圍，即$\bar{x}$ $-2s$與$\bar{x}+2s$之間。

大約有99.7%的資料，落於平均數加減三個標準差之間的範圍，即$\bar{x}-3s$與$\bar{x}+3s$之間。

上述的結果，有時候稱為「**經驗法則**」(empirical rule)，因為在實際的資料中，這些數值是真的可以觀察到的。事實上，這個結果是可以透過統計理論的常態分配推導出來的，我們在第九章會進一步探討。（參考習題9.9和9.10）

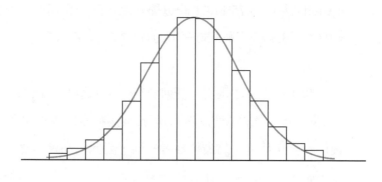

圖4.1 **鐘型分佈**

範例 **4.4**

在範例3.21中，我們將老忠實間歇噴泉的噴發間隔時間先進行分組之後，再計算平均數，所得的結果是78.59。在後面的範例4.7中，我們會得到相對應的標準差是14.35。請用這些數據，判斷在範例2.4的原始資料中，有多少比例的資料落於平均數加減三個標準差之間的範圍內。

解答   此時$\bar{x}=78.59$、$s=14.35$，而平均數加減三個標準差之間的範圍則是

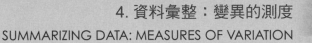

78.59－3(14.35)＝35.54與78.59＋3(14.35)＝121.64。原始資料中，有兩個數據小於35.54，分別是33與35；但是沒有比121.64大的數據。因此，我們有110－2＝108筆數據落在這個範圍之內：

$$\frac{108}{100}.100\% = 98.2\%$$

98.2%的資料落於平均數加減三個標準差之間的範圍內。這個數字與理論值 99.7%相去不遠，不過此範例中噴發間隔時間的次數分配並不是完美的鐘型分佈。

在本章一開始，舉了三個例子來說明資料變異程度的重要性。另一方面，當我們在比較不同組的資料時，資料的變異程度也相當的重要。舉例來說，倘若在法語的期末測驗中包含兩個部分，字彙與文法。某個學生在字彙部分得到66分，在文法部分得到80分。乍看之下，一般會認為這個學生在文法的成績表現比字彙好；但是，倘若全班的測驗成績，字彙部分的平均為51分，標準差為12分；而文法部分的平均為72分，標準差為16分。如此一來，我們可以說，這個學生在字彙部分的表現，是優於平均1.25個標準差以上（66－51）／12＝1.25），而在文法部分則只優於平均0.5個標準差以上（80－72／16＝0.50）。因此，就成績數字而言，我們會認為這個學生在文法上的表現比較好，但是實際上，與全班平均相較，這個學生在字彙上的表現比一般同學好得多。

我們在這個例子當中所進行的處理，是把原始成績轉換成「**標準單位**」(standard units)或是「***z* 值**」(z-scores)。一般來說，若以*x*表示某組資料中的數據，其平均數為$\bar{x}$（或是μ），標準差為s（或是σ），則其標準單位，以z表示，計算如下：

轉換成標準單位的公式

$$z = \frac{x - \bar{x}}{s} \quad 或 \quad z = \frac{x - \mu}{\sigma}$$

標準單位（或是z值）告訴我們某筆數據在整組資料中，位於平均數以上或以下，多少個標準差以外的距離。標準單位在往後的章節裡會常常用到。

範例 4.5

對克拉克女士而言，跟她同一個年齡層的人們，體重平均是112磅，標準差是11磅。對她的丈夫，克拉克先生而言，跟他同一個年齡層的人，體重平均是163磅，標準差是18磅。倘若克拉克女士與克拉克先生的體重分別是132磅與193磅，請問兩人之中誰相對於其年齡層的人來說，其體重是比較超重的？

解答　克拉克先生的體重比平均值多了30磅，而克拉克女士的體重「只」比平均數多了20磅。不過換算成標準單位，克拉克先生是 $\frac{193-163}{18} \approx 1.67$，克拉克女士則是 $\frac{132-112}{11} \approx 1.82$ ，因此與其各自的年齡層而言，克拉克女士比克拉克先生還要更超重一些。

把標準差當作變異的測度標準時，有個缺點要注意，那就是標準差很容易受到測度單位的影響。舉例來說，某項物品重量的標準差可能是0.10盎司，但是我們無從得知這0.10的值是大是小。如果我們測量的是鵪鶉蛋的重量，那麼這個0.10盎司的標準差可說是相當大的變異；不過倘若我們測量的是每袋平均100磅重的馬鈴薯的話，這0.10盎司的標準差就算不上什麼了。在這種情況下，我們需要的是「**相對變異的測度**」(measure of relative variation)標準，例如「**變異係數**」(coefficient of variation)：

變異係數

$$V = \frac{s}{\bar{x}} \cdot 100\% \ \text{或} \ V = \frac{\sigma}{\mu} \cdot 100\%$$

變異係數是標準差除以平均數，計算變異程度相對於平均數而言的比例是多少。

4. 資料彙整：變異的測度
SUMMARIZING DATA: MEASURES OF VARIATION

範例 4.6

我們用某台測微計來測量某滾珠軸承，得平均數為2.49mm，標準差為0.012mm。再用另一台測微計去測量某未伸展的彈簧，得平均數0.75英吋，標準差0.002英吋。請問這兩台測微計中，哪一個的準確度比較高？

解答 分別計算兩者的變異係數，得到

$$\frac{0.012}{2.49} \cdot 100\% \approx 0.48\% \text{ 和 } \frac{0.002}{0.75} \cdot 100\% \approx 0.27\%$$

因此，測量彈簧的那台測微計的變異程度比較小，顯示其準確度較高。

精選習題

4.1 以下四筆數據是某鋁塊的質量測量值：2.64、2.70、2.67、2.63，請求出

　　(a) 全距；

　　(b) 標準差（請使用標準差的定義公式）。

4.2 某私立療養院的十名員工，參加心肺復甦術 (CPR)的課程，課程結束之後所得到的測驗成績分別為17、20、12、14、18、23、17、19、18，與15分，請求出

　　(a) 全距；

　　(b) 標準差（請使用便捷計算公式）。

4.3 有人宣稱，當樣本數$n=10$時，全距應該是標準差的三倍。請利用上題所求出的結果，驗證此宣稱是否正確。

4.4 承習題4.2，請求出四分位距，並比較全距與兩倍的四分位距。何者為大？

4.5 承習題3.2，已知12隻昆蟲在被噴灑某種殺蟲劑之後的存活時間，單位為秒：112、

83、102、84、105、121、76、110、98、91、103，與85。請利用以下公式求算存活時間的標準差。

　　(a) 標準差的定義公式；

　　(b) 標準差的便捷計算公式。

4.6 在某次化學實驗中，化學家使用一支有刻度的玻璃滴管，將少量的酸性液體滴入另一化學溶液中以中和酸鹼度。在五次的實驗中，刻度上分別顯示滴入8.96、8.92、8.98、8.96以及8.93ml的酸性液體。

　　(a) 請求算上述五個數值的s；

　　(b) 將上數五個數值都減去8.90，然後以所得到的數字重新計算s。

4.7 請求算4.6(a)與4.6(b)中的全距。在上例中，s並未受到減去某數值(8.90)的影響。請問將所有資料都減去某固定數值對於全距是否有影響？

4.8 根據柴比雪夫定理，請問任何一組資料，在以下的情況中，落於平均數兩側k個標準差之間的數據的比例，分別是多少？

(a) $k=6$；

(b) $k=12$；

(c) $k=21$。

4.9 某醫院的資料顯示，某種外科手術的平均手術時間為111.6分鐘，標準差為2.8分鐘。請問手術時間在以下範圍內的比例至少是多少？

(a) 106.0與117.2分鐘；

(b) 97.6與125.6分鐘。

4.10 承上題，請問在以下的情況中，手術時間的範圍是多少？

(a) 至少35／36的手術在此時間範圍之內完成；

(b) 至少99％的手術在此時間範圍之內完成。

4.11 某投資顧問公司的報表中，列出該公司進行交易股票的當日成交價、過去六個月的平均成交價，以及該股票價格的波動變異度。股票A的當日成交價為\$76.75、過去六個月的平均成交價為\$58.25、而標準差為\$11.00。

股票B的當日成交價為\$49.50、過去六個月的平均成交價為\$37.50、而標準差為\$4.00。請問，假設不考慮其他的條件，這兩支股票中，哪一支股票的股價被高估的程度比較高？

4.12 在某高爾夫球的十回合比賽中，甲選手的平均桿數是76.2，標準差是2.4；乙選手的平均桿數是84.9，標準差是3.5。請問這兩位選手中哪一位的表現比較穩定？

4.13 根據病歷記錄，過去幾個月來，某病患的早餐前血糖濃度，平均數為118.2，標準差為4.8；另一名病患的早餐前血糖濃度，平均數為109.7，標準差為4.7。請問這兩名病患中，哪一位的血糖濃度的變異程度比較大？

4.14 另一個相對變異的測度標準為**四分位變異係數**(coefficient of quartile variation)，其定義為

$$\frac{Q_3 - Q_1}{Q_3 + Q_1} \cdot 100$$

請求算習題4.5中，昆蟲存活時間的四分位變異係數。

4.15 承習題3.22，請求算這些溫度的四分位變異係數。

*4.4 分組資料的敘述

　　之前我們在第二章與第3.7節中曾經討論過，把資料分組整理的過程會佚失一些資訊。每筆數據的確實數值就無從得知了；我們只知道在某一組中有多少筆數據。為了計算標準差，我們必須接受這種「近似」的結果。上一章討論分組資料的平均數時，我們假設同一組別內的數據皆等於該組別的組

標。我們在計算分組資料的標準差時，也是採用同樣的假設。倘若x_1、x_2、……，及x_k分別表示k個組的組標，而f_1、f_2、……，及f_k則是每組的次數，我們用以下的式子來大致估計所有資料的總和：

$$\sum x \cdot f = x_1 f_1 + x_2 f_2 + \cdots + x_k f_k$$

而所有資料的平方的總和則是：

$$\sum x^2 \cdot f = x_1^2 f_1 + x_2^2 f_2 + \cdots + x_k^2 f_k$$

接著，分組樣本資料的標準差計算公式如下：

$$s = \sqrt{\frac{S_{xx}}{n-1}} \quad \text{其中} \quad S_{xx} = \sum x^2 \cdot f - \frac{\left(\sum x \cdot f\right)^2}{n}$$

這個式子與之前所介紹的未分組資料的標準差計算公式，相差不多。倘若我們要計算的是母體標準差σ的話，則把S_{xx}中的n用N代替，然後把s中的$n-1$也用N代替。

當組標的數值很大、或是小數點之後有好幾位數的話，我們可以採用以下的辦法來協助標準差的計算。切記，只有當各組組距都相等的時候，才可以這樣做。首先，把各組組標用連續整數重新編碼，而在整個分佈狀態裡位居中間位置的組標，標示為零。倘若這些重新編碼之後的組標以u來表示，則我們計算S_{uu}之後，代入以下公式：

$$s_u = \sqrt{\frac{S_{uu}}{n-1}}$$

這個重新編碼的辦法，可用圖4.2說明。圖中顯示，當u變動1單位時（不論增加或是減少），x的變動幅度都是其組距c，因此，我們只要把s_u乘上c，就可以得到原本的標準差了。

$x-2c$	$x-c$	x	$x+c$	$x+2c$	x-scale
-2	-1	0	1	2	u-scale

圖4.2 組標重新編碼

範例 **4.7**

在範例2.4與範例3.21中，我們討論了老忠實間歇噴泉的噴發間隔時間。
請用計算其標準差(a)不重新編碼；(b)重新編碼。

解答 (a)

x	f	$x \cdot f$	$x^2 \cdot f$
34.5	2	69.0	2,380.50
44.5	2	89.0	3,960.50
54.5	4	218.0	11,881.00
64.5	19	1,225.5	79,044.75
74.5	24	1,788.0	133,206.00
84.5	39	3,295.5	278,469.75
94.5	15	1,417.5	133,953.75
104.5	3	313.5	32,760.75
114.5	2	229.0	26,220.50
	110	8,645.0	701,877.50

因此， $S_{xx} = 701,877.5 - \dfrac{(8,645)^2}{110} \approx 22,459.1$

$$s = \sqrt{\dfrac{22,459.1}{109}} \approx 14.35$$

(b)

u	f	$u \cdot f$	$u^2 \cdot f$
-4	2	-8	32
-3	2	-6	18
-2	4	-8	16
-1	19	-19	19
0	24	0	0
1	39	39	39
2	15	30	60
3	3	9	27
4	2	8	32
	110	45	243

因此， $S_{uu} = 243 - \dfrac{(45)^2}{110} \approx 224.59$

$$s_u = \sqrt{\dfrac{224.59}{109}} \approx 1.435$$

最後，$s=10\,(1.435)=14.35$，與(a)的答案相同。這個例子顯示這個重新編碼的辦法，可以大幅簡化計算的複雜度。

4.5 更進一步的描述

到目前為止，我們所探討的統計敘述，只包含位置的測度以及變異的測度。事實上，統計學當中對於資料數據的描述方法，可以有無限多種；而統計學家們也持續不斷地針對不同的特定問題，發展出用以描述數值資料特性的新方法。本節中，我們將簡單介紹一些針對分佈形狀(shape of distribution)的統計敘述。

雖然分佈的形狀可能有無限多種，但是我們在實際應用上所碰到的機率分佈，大部分都可以用少數幾種標準形式來代表。這些標準形式中，最重要的就是左右對稱的**鐘型分配**(bell-shaped distribution)，如圖4.1。圖4.3所呈現的是兩個想像出來的分佈，雖然它們也都是鐘型的，但是卻不是左右對稱。這樣的分佈我們稱為「**偏斜的**」(skewed)，因為其中一側有拖得比較長的「尾巴」(tail)；倘若尾巴在左側的話，稱為「**負偏斜**」(negatively skewed)分配，尾巴在右側的話，稱為「**正偏斜**」(positively skewed)分配。薪資收入的分佈形狀通常是正偏斜分配，因為領極高薪水的人數通常遠少於領一般薪水的人數。

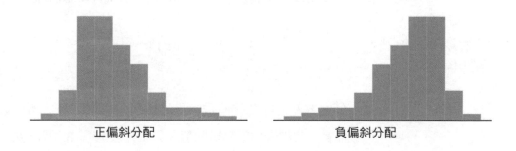

正偏斜分配　　　　　負偏斜分配

圖4.3 偏斜分配

　　左右對稱與偏斜的概念適用於所有型態的資料，並不僅限於使用在次數分配上。當資料量很多時，我們可以先將資料分組彙整之後，畫出直方圖。若要更進一步的分析，則可以任選一種統計理論中的「**偏斜度測度**」(measures of skewness)來使用。最基本的偏斜度測度的概念，就是倘若分佈是左右對稱的話，如圖4.1，那麼平均數與中位數應該是相同的、重合的。如果分佈形狀是正偏斜的話，表示在分佈的最右側多了幾組數值，而在分佈的最左側卻沒有相對應的數值出現，如圖4.4，則平均數會比中位數來得大。而若分佈形狀是負偏斜的話，表示在分佈的最左側多了幾組數值，而在分佈的最右側卻沒有相對應的數值出現，則平均數會比中位數來得小。

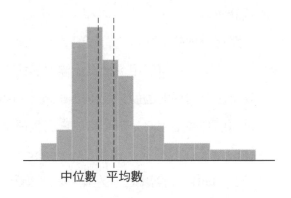

中位數　平均數

圖4.4　正偏斜分配的平均數與中位數

　　這種平均數與中位數之間的關係，可以用來定義一般最簡單的偏斜度測度，稱為「**皮爾森偏態係數**」(Pearsonian coefficient of skewness)公式為：

**皮爾森
偏態係數**

$$SK = \frac{3（平均數 - 中位數）}{標準差}$$

　　對一個左右對稱的分配而言，平均數與中位數相等，所以偏態係數為零。一般而言，皮爾森偏態係數的值，必須介於3與－3之間。要留意的是，式子中的分母是標準差，所以偏態係數並不會受到測量尺度(scale of measurement)的影響。

範例 4.8

請利用範例3.21、3.22，與4.7的結果，計算老忠實間歇噴泉的噴發間隔時間的 SK 係數。$\bar{x} = 78.59$，$\tilde{x} = 80.53$，$s = 14.35$。

解答　把這些數值代入偏態係數的公式中，得到

$$SK = \frac{3(78.59 - 80.53)}{14.35} \approx -0.41$$

這個結果表示這是個負偏斜分配，但是偏斜的程度並不是很明顯。在原本圖2.3的直方圖中，我們也可以觀察到負偏斜的分佈情形，如圖4.5。

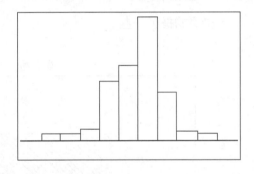

圖4.5　老忠實間歇噴泉的噴發間隔時間的直方圖

倘若我們手上的資料組裡頭的數據筆數不甚多，因而無法繪製直方圖的話，則可以利用盒形圖(boxplot)來觀察分佈的形狀。記得在皮爾森偏態係數中，偏斜的程度是以平均數與中位數的差異來衡量；當我們採用盒形圖來測度偏斜程度時，要觀察的則是中位數與兩個四分位數，Q_1 與 Q_3，之間的相對位置。更精確地說，倘若標示中位數的線大約位於盒形圖的中央位置的話，就表示這組資料左右還蠻對稱的；倘若中位數明顯偏左的話，則表示這組資料屬於正偏斜分配；倘若中位數明顯偏右的話，則表示這組資料屬於負偏斜分配。盒形圖中，左右兩邊分別從 Q_1 與 Q_3 延伸至最小值與最大值的「長鬚」，也可以作為判斷對稱性的輔助工具。

統計學
MODERN ELEMENTARY STATISTICS

範例 4.9

底下是15位會計師(CPA)的年薪資料，以千元為單位：88、77、70、80、74、82、85、96、76、67、80、75、73、93，以及72。請畫出盒形圖，並由該圖判斷這組資料的對稱性。

解答　把這些數據由小到大順序排列，得到67、70、72、73、74、75、76、77、80、80、82、85、88、93，與96，其中最小值是67，最大值是96。中位數是第八個位置的數值，77；Q_1是由左側數來第四個數值，73，而 Q_3則是由右側數來第四個數值，85。其盒形圖如圖4.6。由圖中可以明顯的看到，這組資料是正偏斜分配；標示中位數的線靠向長方形的左側，而右邊的「長鬚」也比左邊的長了一些。

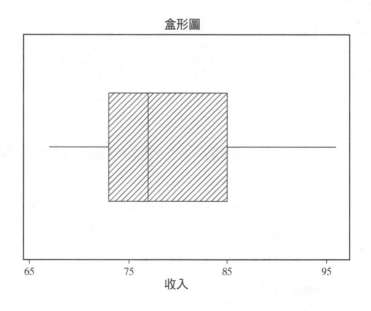

圖4.6　會計師年薪收入的盒形圖

實務上，還有兩種分佈的形狀也是滿常見的：「**反J型**」(reverse J-shaped)以及「**U型**」(U-shaped)，如圖4.7。從圖中可觀察到，它們的名稱與其分佈形狀算是相當貼切的。這兩種分配的應用，請參考習題4.25與4.27。

綜合練習題

1 2 3 4

R.1 某長途客運巴士在即將抵達下一站之前、快要下交流道的時候,下一站的站務人員會透過衛星電話與巴士司機聯絡。請問以下哪些問題的回答可歸類為數值資料,而哪些是類別資料?

(a) 車上有多少乘客?

(b) 車上乘客有幾位是坐著的?有幾位是站著的?

(c) 巴士離到站還有多少公里的路程?

(d) 巴士的長度是多少?

(e) 這班巴士的起站是哪裡?

(f) 巴士到站之後估計需要加多少加侖的汽油?

R.2 20名飛行員在飛行模擬器上進行測試。以下數據是他們面臨某種緊急狀況時的反應時間,單位為秒:4.9、10.1、6.3、8.5、7.7、6.3、3.9、6.5、6.8、9.0、11.3、7.5、5.8、10.4、8.2、7.4、4.6、5.3、9.7、與7.3。請求算

(a) 中位數;

(b) Q_1 與 Q_3。

R.3 承上題,請繪製盒形圖。

R.4 以下次數分配表是80位研究生參加法語—英語翻譯測驗時,所出錯的個數:

錯誤個數	學生人數
0–4	34
5–9	20
10–14	15
15–19	9
20–24	2

請求算

(a) 平均數；

(b) 中位數；

(c) 標準差；

(d) 皮爾森偏態係數。

R.5 承上題，請將該次數分配表改成「小於」的累積次數分配表。

R.6 根據柴比雪夫定理，請問 (a) $k = 3.5$; (b) $k = 4.5$時，我們可以推斷多少比例的資料會落在距離平均數k個標準差之內的範圍中？

R.7 某氣象學家完成一項統計調查，紀錄最近十年內美國加州棕櫚泉這個城市，在六月份中，每日最高溫超過華氏110度的天數。請問在什麼樣的情況下，該氣象學家所完成的資料，會被視為

(a) 母體；

(b) 樣本。

R.8 某系列的音樂學研討會共有十二堂演講，每一堂演講所出席的音樂家人數分別為 22、16、20、20、15、16、12、14、16、14、11、與 16。請求算

(a) 音樂家人數的平均數；

(b) 音樂家人數的中位數；

(c) 音樂家人數的眾數；

(d) 此十二堂研討會出席人數的標準差；

(e) 皮爾森偏態係數。

R.9 以下資料是某校40位教授在專業期刊上所發表的論文數：12、8、22、45、3、27、18、12、6、32、15、17、4、19、10、2、9、16、21、17、18、11、15、2、13、15、27、16、1、5、6、15、11、32、16、10、18、4、18、與19。

請求算

(a) 平均數；

(b) 中位數。

R.10 某校畢業生中，45位主修電腦科學的學生的平均年薪為$31,100（四捨五入至百位數），63位主修數學的學生的平均年薪為$30,700，112位主修工程的學生的平均年薪為$35,000，而35位主修化學的學生的平均年薪為$30,400。請求算這255位學生的平均年薪。

R.11 承習題R.4，請問是否能算出出現以下錯誤次數的學生人數是多少？

(a) 超過14個錯誤；

(b) 介於5至19個錯誤；

(c) 剛好17個錯誤；

(d) 介於10至20個錯誤；

如果可以算出來的話，請問答案各是多少？

R.12 以下資料為60次賞鯨航程中，所分別見到的鯨魚數量：

```
10   18   14    9    7    3   14   16   15    8   12   18
13    6   11   22   18    8   22   13   10   14    8    5
 8   12   16   21   13   10    7    3   15   24   16   18
12   18   10    8    6   13   12    9   18   23   15   11
19   10   11   15   12    6    4   10   13   27   14    6
```

請將這些資料分組，繪製次數分配表，組別為0~4、5~9、10~14、15~19、20~24，以及25~29。

R.13 承上題，請求算平均數、中位數，以及標準差。

R.14 承上題，請求算變異係數。

R.15 某關於重量的分組資料的組限為10－29、30－49、50－69、70－89，

統計學

與90－109。請求算此分組資料分配的

(a) 組界；

(b) 組標；

(c) 組距。

R.16 某資料中，最小值為5.0，最大值為65.0，中位數為15.0。Q_1為11.5，Q_3為43.5。請繪製盒形圖，並討論此資料分配的偏態或對稱性。

R.17 已知$x_1＝3.5$、$x_2＝7.2$、$x_3＝4.4$，與 $x_4＝2.0$，請求算

(a) $\sum x$ ；

(b) $\sum x^2$ ；

(c) $(\sum x)^2$ 。

R.18 倘若某母體的資料為整數1、2、3、……，與k，其變異數為σ^2 $=\frac{k^2-1}{12}$ 。

請驗證此公式：

(a) $k＝3$ ；

(b) $k＝5$ 。

R.19 某數據資料的平均數為19.5，變異係數為32%，請求算其標準差。

R.20 在製作類別資料的次數分配表時，男士襯衫的分組標準為其所使用的材質：羊毛、蠶絲、亞麻、或人造纖維。請說明這樣的分組方式可能會出現什麼樣的問題。

R.21 倘若某組資料的平均數 $\bar{x}＝45$，標準差為$s＝8$，請將以下的原始資料x轉換成標準單位：

(a) $x＝65$ ；

(b) $x＝39$ ；

(c) $x＝55$ 。

R.22 連續觀察並記錄100名員工的生產力兩週之後，得到以下的次數分配表

所生產的良品數量	員工人數
15–29	3
30–44	14
45–59	18
60–74	26
75–89	20
90–104	12
105–119	7

請求算

(a) 組界；

(b) 組標；

(c) 組間。

R.23 承上題，請繪製直方圖。

R.24 承習題R.22，請將次數分配表改成「小於」的累積次數分配表，並請繪製累積次數折線圖。

R.25 承習題R.22，請求算平均數、中位數、標準差，以及皮爾森偏態係數。

R.26 以下數據為某醫院22名病患的心臟收縮壓：

```
151   173   142   154   165   124   153   155   146   172   162
182   162   135   159   204   130   162   156   158   149   130
```

請繪製莖葉圖，莖標為12、13、14、……，與20。

R.27 承上題，利用莖葉圖中的資訊，求算盒形圖所需的資訊，並繪製盒形圖。請討論此組資料的分配型態是否出現對稱或是偏斜的情形。

R.28 在某個空氣污染的研究中，八個不同的空氣樣本所檢驗出來的每立方公尺苯溶性有機微粒子的濃度分別為2.2、1.8、3.1、2.0、2.4、2.0、2.1，與1.2。請求算這組資料的變異係數。

5 ▸可能性與機率
POSSIBILITIES AND PROBABILITIES

直到科學觀念興起，強調觀察與實驗，對於不確定性的研究，才逐步發展成**機率論**(theory of probability)或是**機運的數學**(mathematics of chance)。我們把這部分教材分成三個部分：第五章先針對機率論作非正式的簡介；第六章則從較嚴格的層面探討機率；第七章討論的則是與不確定性相關的決策問題。

在第五章中，我們會討論不確定性要如何測度、如何以數字量化、以及如何詮釋這些量化之後的數字。在往後的章節中，這些量化之後的數字稱為「**機率**」(probability)，用以表示不確定性，並探討該如何運用這些數字來輔助決策，以得到我們心目中最想要的結果。

從第5.1節至5.3節，我們先解釋一些基本的數學工具，以便討論在特定情況下該如何處理「什麼是有可能發生的」(what is possible)的問題。畢竟，我們總得先知道哪兩支足球隊要比賽，才能預測哪支球隊可能獲勝；或是我們總得先知道參與競選的候選人有哪些，才能預測誰有可能選上。第5.4節中，我們將探討對這些事件「什麼是發生的機率」(what is probable)的問題。我們會討論好幾種定義與詮釋機率的方式，以及決定其數值的方法。

5.1 計數

即使現代科技高度發展，計數(counting)仍是生活上最基本且重要的工具。舉例來說，我們還是得1、2、3、4、5……一個一個數上去，才知道參加會議的人數有多少、回覆問卷的人數有多少、從國外海運進口的紅酒有幾箱受到損害，或是在某個城市氣溫超過華氏100度的日子有幾天。有時候這種計數的過程可以用機械裝置代勞（例如，計算有多少觀眾通過旋轉門），或是用間接的方式算出（例如，在計算營業總額時，用發票上的流水號相減得出總交易筆數）。不過有的時候，計數的過程可以透過特殊的數學技巧大幅簡化，這正是這一節中我們所要討論的主題。

當我們問，「什麼是有可能發生的」(what is possible)這個問題時，其實

這當中包含了兩個問題。第一,我們必須列出在特定情況下,所有可能發生的事件的清單;第二,有多少件不同的事件會發生(但是不需要列出詳細清單)。第二個問題特別重要,因為在許多情況下我們根本不需要列出詳細的清單,因此可以節省大量的時間與力氣。第一個問題看起來很直接、很簡單,但是底下這個例子告訴我們,事情不是永遠都這麼簡單。

範例 5.1

某家餐廳提供三種杯裝的酒類飲料給顧客享用:紅酒、白酒、以及玫瑰紅葡萄酒。倘若現在有三位顧客前來用晚餐,每個人都點一杯酒,請列出可能出現的點酒組合(先忽略誰點什麼酒)。

解答 這個問題顯然有很多種可能出現的組合。這三位顧客可能都點紅酒、也可能兩杯紅酒加一杯玫瑰紅葡萄酒、也可能是一杯白酒加兩杯玫瑰紅葡萄酒、也可能三種酒各點一杯。我們最後可以列出十種組合,但是一不小心,很容易漏掉其中一兩種。

類似這樣的問題可以用系統化的方式來解決,如圖5.1所示的「**樹圖**」(tree diagram)。圖中顯示,紅酒被點的杯數有四種可能(四支分支):0、1、2,或3。接著,最上面的分支(0杯紅酒)後面,白酒被點的杯數有四種可能;下一支分支(1杯紅酒)後面,白酒被點的杯數有三支分支;再下一支分支(2杯紅酒)後面,白酒被點的杯數有兩支分支;最底下的分支(3杯紅酒)之後,白酒被點的杯數只有一種可能,0杯。白酒畫完之後,後頭再接上玫瑰紅葡萄酒可能被點的杯數。每一支分支,總數都是三杯酒。最後總共有十種可能出現的結果。

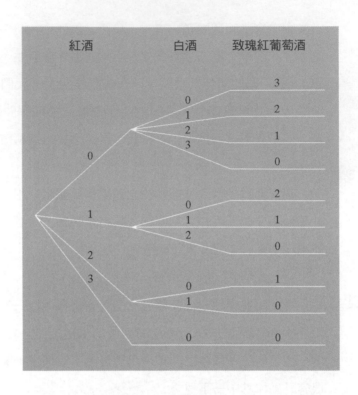

圖5.1 範例5.1之樹圖

範例 5.2

　　某個醫學研究中，病患依據其血型分成四類：A、B、AB、與O型；另一方面，同時根據其血壓高低分成三類：偏低、中等、偏高。請問根據這樣分類，總共有多少種病患？

解答　　由圖5.2可知，答案是12種。從最上面開始，第一支分支是血型為A型而且血壓偏低的病患，第二支分支是血型為A型而且血壓中等的病患……，最後一支分支則是血型是O型而且血壓偏高的病患。

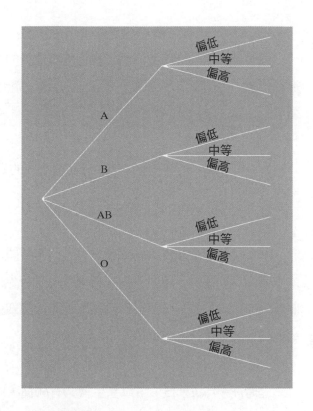

圖5.2 範例**5.2**之樹圖

範例**5.2**中，我們得到答案是，也就是四種血型乘上三種血壓。把這個例子一般化，我們得到以下的規則：

選項乘法律

> **倘若我們的選擇可分成兩階段，而其中第一階段有m種選擇，第二階段有n種選擇的話，則我們總共有$m×n$種選擇。**

這個規則我們稱為**選項乘法律**(multiplication of choices)，已經標註在上方的解說方格旁。要證明這個規則時，我們得先畫出類似圖5.2這樣的樹圖。首先，m個分支代表第一階段中有m種選擇，而每個分支之後分別在延伸出n個分支，代表第二個階段有n種選擇。因此，在樹圖中我們總共有$m \cdot n$個分支，也就是表示我們總共有$m \cdot n$種選擇。

範例 5.3

　　假設某研究人員想要測試12種治療鼻竇炎的方法,而他有三種動物可以進行實驗:小老鼠、天竺鼠、以及大老鼠。請問他總共進行幾種不同的實驗?

解答　　此時$m=12$、$n=3$,所以總共有36種不同的實驗組合方式。

範例 5.4

　　某大學物理系的大一課程中,有一門課有四個上課時段,而且有15個進行實驗操作的時段。請問新生在選課時,有多少種可以選擇的組合?倘若某個新生在選課的時候,發現有兩個上課時段與四個實驗時段已經額滿了,請問他仍有幾種組合可以選擇?

解答　　此時$m=4$、$n=15$,所以新生總共有60種不同的選課方式。倘若有兩個上課時段與四個實驗時段已經額滿,則$m=4-2=2$、$n=15-4=11$,所以還有22種不同的選課方式。

　　藉由適當的樹圖,我們可以把上述的規則一般化,推廣到兩個階段以上的選擇過程。假設有k個階段,k為整數,則可得到以下的規則:

選項乘法律（一般式）　倘若我們的選擇過程有k個階段,第一階段有n_1種選擇,每種選擇到了第二階段都各有n_2種選擇,前兩階段的所有選擇組合進入第三階段之後,都各有n_3種選擇,……,前$k-1$階段的所有選擇組合進入第k個階段之後,都各有n_k種選擇的話,則我們總共有$n_1 \cdot n_2 \cdot n_3 \dots n_k$種選擇。

範例 5.5

某新車經銷商有四種車款，每一種車款各有十種顏色與三種引擎可供顧客選擇搭配。請問顧客在訂車的時候有幾種搭配方式可以選擇？

解答　此時$n_1＝4$、$n_2＝10$、而$n_3＝3$，所以總共有120種搭配方式可以選擇。

範例 5.6

承上例，倘若現在該經銷商又多了兩樣配備可供顧客選擇搭配：自排或手排，以及是否安裝空調系統。請問如此一來，顧客有幾種搭配方式可以選擇？

解答　此時$n_1＝4$、$n_2＝10$、$n_3＝3$、$n_4＝2$、而$n_5＝2$，所以總共有480種搭配方式可以選擇。

範例 5.7

某項測驗中有15題選擇題，每一題都有四個答案供考生選擇作答。請問在每題只能選一個答案的情況下，考生總共會有幾種可能的答題組合？

　　此時$n_1＝n_2＝n_3＝\cdots\cdots n_{15}＝4$，所以總共有$4^{15}＝1,073,741,824$種答題組

解答　合。（其中只有一種是全部15題都答對。）

5.2　排列

　　當我們必須從同一組資料中選擇好幾個項目時，而且還要考慮到被選中項目的排列順序時，上一節中所討論的乘法運算是非常有用的。

範例 5.8

倘若有20位佳麗進入奧瑞岡小姐選拔的決選，請問評審在決定第一名與第二名時，有幾種可能性？

解答 第一名有20個人可以選，而第二名必須從剩下的19個人裡頭選，所以評選過程總共有20×19＝380種可能性。

範例 5.9

假設某個工會有48名成員，請問若他們之間要互相推舉出一位主席、一位副主席、一位秘書、以及一位總務的話，有多少種可能性？

解答 此時$n_1＝48$、$n_2＝47$、$n_3＝46$、而$n_4＝45$，所以總共會有48×47×46×45＝4,669,920種可能性。

一般來說，倘若我們從n項物品中選出r項時，這r項物品的任何一種排列方式，都稱為「**排列**」(permutation)。舉例而言，4 1 2 3是前四個正整數的一種排列方式；緬因州(Maine)、佛蒙特州(Vermont)，與康乃狄克州(Connecticut)則是新英格蘭六個州裡頭其中三州的一種排列方式。

範例 5.10

五個母音，a、e、i、o，與u，任選兩個排列，請問總共有幾種排列方式？並請把可能的排列方式全部列出。

解答 此時$m＝5$、$n＝4$，所以總共有20種排列方式，分別是ae、ai、ao、au、ea、ei、eo、eu、ia、ie、io、iu、oa、oi、oe、ou、ua、ui、ue，與uo。

當我們從n項不同的物品中選出r項時，有沒有合適的公式可以告訴我們

有多少種可能的排列方式呢？當我們第一次選擇的時候，有n項物品可供選擇；第二次選擇時，還有剩下的$n-1$項可供選擇；第三次選擇時，還有剩下的$n-2$項可供選擇；……第r次選擇時，還有剩下的$n-(r-1)=n-r+1$項可供選擇。因此，直接套用前面所討論的乘法運算，就可以知道多少種可能的排列方式。我們將「從n項不同的物品中選出r項」以$_nP_r$這個符號表示，而其可能的排列方式則是：

$$n(n-1)(n-2)\cdots\cdots(n-r+1)$$

因為整數的連乘在許多與排列或選擇相關的問題都用得到，基於便利性的考量，我們採用「**階乘符號**」(factorial notation)。在這個符號中，小於或等於n的整數的連乘積，稱為「n階乘」(n factorial)，以「n！」符號表示。因此，

$$1! = 1$$
$$2! = 2 \cdot 1 = 2$$
$$3! = 3 \cdot 2 \cdot 1 = 6$$
$$4! = 4 \cdot 3 \cdot 2 \cdot 1 = 24$$
$$5! = 5 \cdot 4 \cdot 3 \cdot 2 \cdot 1 = 120$$
$$6! = 6 \cdot 5 \cdot 4 \cdot 3 \cdot 2 \cdot 1 = 720$$
$$\cdots\cdots$$

而且，

$$n! = n(n-1)(n-2)\cdots\cdot 3 \cdot 2 \cdot 1$$

另外，我們定義0！＝1。

因為階乘增加的速度非常快，因此有人說階乘符號之所以用驚嘆號，乃是反映我們的驚訝程度。事實上，10！就已經超過三百萬，而70！就超過一般掌上型計算機的記憶容量了。

現在我們用階乘符號來使得排列的公式，$_nP_r$，更為精簡扼要。請留

意，$12 \cdot 11 \cdot 10! = 12!$，$9 \cdot 8 \cdot 7 \cdot 6! = 9!$，而$37 \cdot 36 \cdot 35 \cdot 34 \cdot 33! = 37!$；所以，

$$_{n}P_{r} \cdot (n-r)! = n(n-1)(n-2) \cdots (n-r+1) \cdot (n-r)!$$
$$= n!$$

因此，$_{n}P_{r} = \frac{n!}{(n-r)!}$。總結來說，

> **從n項不同的物品中選出r項，可能出現的排列方式的數目，可用以下公式求算：**
>
> $$_{n}P_{r} = n(n-1)(n-2) \cdots (n-r+1)$$
> $$_{n}P_{r} = \frac{n!}{(n-r)!}$$

當$r = 1$、2、……，或n時，上面兩個式子都可以用。但是當$r = 0$時，第一個式子不能用，只能用第二個式子，因為當$r = 0$時結果如下：

$$_{n}P_{0} = \frac{n!}{(n-0)!} = 1$$

第一個式子顯然比較好用，因為所需計算的步驟比較少，但是許多學生認為第二個階乘的式子比較好記。

範例 5.11

當$n = 12$、$r = 4$時，請問有多少種排列方式？（假設有12部影片參加競賽，有幾種排出前四名的方式？）

解答 根據第一個公式

$$_{12}P_{4} = 12 \cdot 11 \cdot 10 \cdot 9 = 11,880$$

根據第二個公式

$$_{12}P_4 = \frac{12!}{(12-4)!} = \frac{12!}{8!} = \frac{12 \cdot 11 \cdot 10 \cdot 9 \cdot \cancel{8!}}{\cancel{8!}} = 11,880$$

兩個公式得到的答案當然是一樣的，不過顯然第二個式子所需的計算步驟比較多。

如果要排列 n 項不同的物品的話，只要把上述公式中的 r 以 n 代入即可。

$$_nP_n = n!$$

範例 5.12

經濟學實習課有八個時段，有八個助教可以分派，請問有幾種分派方式？

解答　此時 $n = 8$，所以 $_8P_8 = 8! = 40,320$。

以上的討論中，我們假設這 n 項物品都是不同的。如果這個假設不成立的話，那麼排列公式 $_nP_n$ 就要修改。習題5.16與5.17會討論這方面的特例。

5.3 組合

有些時候，我們討論的問題也是從 n 項物品中選出 r 項，但是它們排列的順序倒不是那麼重要。舉例來說，由某大學的兄弟會四十五名成員中，相互推選出四人擔任委員，或是美國國稅局中的某個審計人員，要從三十六件退稅案件中選出五件做進一步的審查工作，有幾種可能的組合方式？要找出這類問題的公式，我們先來看看前面由四個英文字母中，任選三個出來排列的例子，總共有下列24種可能：

abc	*acb*	*bac*	*bca*	*cab*	*cba*
abd	*adb*	*bad*	*bda*	*dab*	*dba*
acd	*adc*	*cad*	*cda*	*dac*	*dca*
bcd	*bdc*	*cbd*	*cdb*	*dbc*	*dcb*

倘若我們不管排列的順序的話，那麼從 *a*、*b*、*c*、*d* 四個字母中任選三個出來，只有四種可能的結果：*abc*、*abd*、*acd*，與 *bcd*。這四個結果正是上表中的第一欄，而表中每一列分別陳列出第一欄三個字母的六種排列方式：$_3P_3 = 3！= 6$。

一般而言，*r* 項不同物品的排列方式有 $_rP_r = r！$ 種，因此，從 *n* 項不同的物品中選出 *r* 項時，每一種選中的組合，都有 $r！$ 種排列方式。（在上面的例子中，前四個字母任選三個時有 24 種排列方式，其中同樣的三個字母就有四種排列方式。）因此，我們可以依此求算在不考慮排列順序的情形下，從 *n* 項不同的物品中選出 *r* 項時，有多少種組合的方式。此類問題稱為「**組合**」(combination) 問題，以 $_nC_r$ 或 $\binom{n}{r}$ 的符號來表示：

從 *n* 項不同的物品中選出 *r* 項，可能出現的排列方式的數目，可用以下公式求算：

$$\binom{n}{r} = \frac{n(n-1)(n-2)\cdots\cdots(n-r+1)}{r!}$$

或是以階乘的方式表示：

$$\binom{n}{r} = \frac{n!}{r!(n-r)!}$$

與 $_nP_r$ 的兩個公式相同，當 *r* = 1、2、……，或 *n* 時，上面的兩個式子都可以用。但是當 *r* = 0 時，就只能用第二個式子，第一個式子不能用。第一個式子看起來比較好用，因為運算的步驟比較少，但是學生們通常還是認為第二個式子比較好記。

從 $n=0$ 到 $n=20$，$\binom{n}{r}$ 的值全部列於書末的附表 XI 中，這些數字稱為「**二項式係數**」(binomial coefficients)，理由參見習題5.18。

範例 5.13

之前我們問說，如果某大學的兄弟會有四十五名成員，相互推選找出四人擔任委員，有幾種可能的組合方式？此時這四名被選出的成員的排列順序並不是那麼重要，所以我們採用組合的公式 $_nC_r$ 或二項式係數 $\binom{n}{r}$ 來求算可能的組合方式有幾種。

解答　此時 $n=45$、$r=4$，所以有 $_{45}C_4 = \dfrac{45 \cdot 44 \cdot 43 \cdot 42}{4!} = 148{,}995$ 種方式。

範例 5.14

倘若美國國稅局中的某個審計人員，要從三十六件退稅案件中選出五件做進一步的審查工作，假設抽選的順序不重要，請問有幾種組合方式？

解答　此時 $n=36$、$r=5$，所以有 $\binom{36}{5} = \dfrac{36 \cdot 35 \cdot 34 \cdot 33 \cdot 32}{5!} = 376{,}992$ 種方式。

範例 5.15

倘若要從暢銷書排行榜前十名的作品中，任選三本購買，請問有幾種買法？

解答　此時 $n=10$、$r=3$，用第一個式子：

$$\binom{10}{3} = \dfrac{10 \cdot 9 \cdot 8}{3!} = 120$$

如果用第二個式子：

$$\binom{10}{3} = \frac{10!}{3!7!} = \frac{10 \cdot 9 \cdot 8 \cdot 7!}{3!7!} = \frac{10 \cdot 9 \cdot 8}{3!} = 120$$

兩個式子得到的答案當然是一樣的，不過第一個式子的計算過程顯然比較容易。

範例 5.16

某研究實驗室要從七個申請者中選出兩個化學家、從九個申請者中選出三個物理學家，請問總共有多少種選擇方式？

解答 兩個化學家有 $\binom{7}{2}$ 種選擇方式；三個物理學家有 $\binom{9}{3}$ 種選擇方式，應用乘法運算公式，該實驗室總共有 $\binom{7}{2} \cdot \binom{9}{3} = 21 \cdot 84 = 1{,}764$ 種選擇方式。

在上一節中，我們特別提到 $_nP_n = n!$ 這個公式，但是在組合問題中我們並不需要特別強調這一點，因為當 $r = n$ 時，不論哪一個公式都會得到1的結果。換句話說，要從 n 項不同的物品中選出 n 項，只有一種可能。

從 n 項不同的物品中選出 r 項，則會剩下 $n-r$ 項物品；換句話說，從 n 項不同的物品中選出 $n-r$ 項，則會剩下 r 項物品。這兩種情形是一樣的，可用以下的式子表示：

$$\binom{n}{r} = \binom{n}{n-r} \quad \text{當} = 0, 1, 2, \ldots, n$$

範例 5.17

請求算 $\binom{75}{72}$ 的值。

解答 我們可以直接寫成

$$\binom{75}{72} = \binom{75}{3} = \frac{75 \cdot 74 \cdot 73}{3!} = 67{,}525$$

範例 5.18

請求算 $\binom{19}{13}$ 的值。

解答　我們在附表十一中找不到 $\binom{19}{13}$ 的值，但是我們可以改找 $\binom{19}{13} = \binom{19}{19-13} = \binom{19}{6}$，得結果27,132。

當 $r=0$ 時，我們無法直接計算 $\binom{n}{0}$，但是我們可以用以下的方式：

$$\binom{n}{0} = \binom{n}{n-0} = \binom{n}{n}$$

因此，我們得到 $\binom{n}{0} = 1$。這是個顯而易見的結果。

精選習題

5.1　某海鮮餐館的養殖池中飼有兩隻龍蝦，如果當天這兩隻龍蝦都成為餐桌上的美味的話，則當天營業結束之前會向供應商再訂購兩隻（隔天早上送到）。倘若週一早上該餐館有兩隻龍蝦，請繪製樹圖，說明該餐館在週一與週二兩天所賣出的龍蝦數量，有八種可能的組合。

5.2　承上題，請問該海鮮餐館在這兩天之內，賣出兩隻或三隻龍蝦的可能組合為何？

5.3　假設某學生組織中有50名成員，要在其中選出一位會長、一位副會長、一位秘書、以及一位財務，請問有多少種可能？

5.4　某畫家在為期兩天的個展中展出兩幅畫，在以下的情況中，請繪製樹圖說明該畫家在這兩天中有幾種賣出他的畫作的方式：

(a) 倘若我們只關心每一天賣出多少幅畫；

(b) 倘若我們想知道哪一天賣出哪一幅畫。

5.5　在某銀行的董事會選舉中，鍾先生、白小

姐,與韓小姐打算爭取主席的位子,而王先生、羅小姐,與史先生想要擔任總經理的職務。請繪製樹圖說明九種可能的組合,並找出這兩個職位分別由一男一女擔任的可能情況有幾種。

5.6 在某個政治學的研究調查中,有投票資格的選民依其收入分成六組,且依其教育程度分成四組。請問如此一來總共有幾組不同的選民?

5.7 某連鎖超商有四座倉儲中心以及32個賣場。請問,該公司有幾種方法可以將一箱楓糖漿從一座倉儲中心運送至一個賣場?

5.8 某座山的登山步道有四條,請問在以下的情況中,我們上山與下山的方法各有幾種?
(a) 上山下山都得要走同一條步道;
(b) 上山下山可以選擇不同的步道;
(c) 不想走同一條步道上山下山。

5.9 某學生為了準備天文學的考試,決定每天晚上花一個或兩個小時的時間來讀書。請根據以下的狀況說明有幾種可能性,並繪製樹圖:
(a) 連續三天晚上總共花了五個小時;
(b) 連續三天晚上總共花了至少五個小時。

5.10 某測驗卷中有十題單選題,每題有三個選項,每題只有一個正確答案。請問
(a) 若每題只能選一個答案,請問總共有幾種可能的答案組合?
(b) 若每題只能選一個答案,請問十題全錯的狀況有幾種可能?

5.11 某測驗包含15道是非題。請問受試者回答「是」或「否」的可能結果有幾種?

5.12 請判斷以下的式子是否正確。
(a) $19! = 19 \cdot 18 \cdot 17 \cdot 16!$;
(b) $\frac{12!}{3!} = 4!$;
(c) $3! + 0! = 7$;
(d) $6! + 3! = 9!$;
(e) $\frac{9!}{7!2!} = 36$;
(f) $15! \cdot 2! = 17!$ 。

5.13 請判斷以下幾個式子是否正確:
(a) $\frac{1}{3!} + \frac{1}{4!} = \frac{5}{24}$;
(b) $0! \cdot 8! = 0$;
(c) $5 \cdot 4! = 5!$;
(d) $\frac{16!}{12!} = 16 \cdot 15 \cdot 14$ 。

5.14 某博物館要從八幅畫作中選出五福,以水平排列的方式掛在牆上。請問總共有幾種方式?

5.15 四對夫婦一起到足球場看球賽,他們的座位共有八個,在同一列。請問在以下的情況中,他們總共有幾種排座位的方式?
(a) 每位先生都坐在自己太太的左手邊;
(b) 先生們坐一起,而太太們坐一起。

5.16 倘若n個物品中有r個相同的,其餘的皆各自不同,則這n個物品的排列方式總共有 $\frac{n!}{r!}$ 種可能。
(a) 請問,class這個英文字,其字母有幾種排列方式?
(b) 若有五部轎車進行房車賽車比賽,其中三部為福特的車子,一部為豐田的,另一部則是雷諾的,請問有幾種排列方式?
(c) 某足球比賽上半場的轉播時段有六個時段可以插播廣告,某導播有四則廣告要

播放,但其中有一則廣告要播放三次,
請問該導播總共有幾種播放的順序?

(d) 請驗證此習題中所提供、使用的公式。

5.17 倘若n個物品中有r_1個是相同的,另有r_2個是相同的,而其餘的皆各自不同,則這n個物品的排列方式總共有 $\frac{n!}{r_1! \cdot r_2!}$ 種可能。

(a) 請問,greater這個英文字,其字母有幾種排列方式?

(b) 承上題之(c),若某導播只有兩則廣告要播放,每一則廣告各播放三次,請問該導播總共有幾種播放的順序?

(c) 推廣此習題的公式:倘若n個物品中有r_1個是相同的,有r_2個是相同的,另有r_3個是相同的,而其餘的皆各自不同,則這n個物品的排列方式總共有幾種可能?若上小題中的導播有三則廣告要播放,每一則廣告各播放兩次,請問該導播總共

有幾種播放的順序?

5.18 某電腦連鎖量販店打算再開三家新店面,目前有十五個開店的地點可供選擇,請問此量販店有多少種可能的選擇?

5.19 某州立大學新成立的分校要籌組數學系,新任的系主任必須從六名申請者中選出兩位擔任教授職位,從十名申請者中選出兩位擔任副教授職位,再從十六名申請者中選出六位擔任助理教授職位。請問該系主任有幾種選擇?

5.20 一箱12個電晶體電池中,已知有一個是故障的,若檢驗人員抽出三個電池進行檢查,請問

(a) 選中那個故障電池的可能組合有幾種?

(b) 沒選中那個故障電池的可能組合有幾種?

5.4 機率

本章到目前為止討論的範圍都是在某些特定的情況之下,哪些事情是有可能發生的。在某些例子中,我們列出所有可能出現的結果,而在另外一些例子中,我們只計算可能出現的結果的數目。現在我們要更進一步探討,什麼是真正會發生的,什麼是比較不會發生的。

最常用的衡量不確定性的方法,就是把可能發生的事件(如總統大選的結果、新治療方式的副作用、外牆專用油漆的耐久性,或是投擲一對骰子所出現的點數和),以**機率**(probabilities)或**勝算**(odds)來表示。在本節中,我們探討該如何詮釋機率,以及如何決定其數值;勝算將留待第6.3節再來討論。

歷史上，最古老的衡量不確定性的方法，乃是**古典機率概念**(classical probability concept)。它最初是從博弈遊戲(games of chance)中發展出來的，而且頗能適切地表達出可能性的概念。古典機率概念只適用於以下的情況：所有可能出現的結果，其出現的可能性都相同。換句話說，

古典機率概念

倘若有 n 個可能出現的結果，而在這 n 個結果當中必定有一個會發生。這 n 個結果中，其中有 s 個是我們所偏好的、所期待發生的，或稱為「成功」(success)，那麼「成功」的機率就是 $\frac{s}{n}$。

在應用這條規則時，所謂的「我們所偏好的、所期待發生的」，或是「成功」，並沒有很明確地定義。某選手「所期待發生的事情」反倒是他的對手「所不期待發生的事情」；而從某個角度看是「成功」的事情，換個角度看卻是「失敗」。因此，這兩個詞彙可以應用到所有的事情上，甚至電視機故障，或某人患流行性感冒也都可以是「我們所期待發生的」結果。這些詞彙的用法，可以追溯到機率只用在博弈遊戲的時代。

範例 5.19

從一副完全混合、徹底洗牌的撲克牌中，抽出A的機率為何？

解答　所謂「完全混合、徹底洗牌」，表示每一張牌被抽中的機會都相等，所以可以應用古典機率概念。此時 $s = 4$，一副撲克牌中有四張A，而 $n = 52$，所以抽中A的機率為

$$\frac{s}{n} = \frac{4}{52} = \frac{1}{13}$$

範例 5.20

請問投擲一個質地均勻的骰子時,出現3、4、5,或6點的機率為何?

解答 所謂的「質地均勻」,表示這個骰子每個面出現的機會都一樣,因此可以採用古典機率概念。此時$s=4$、$n=6$,所以出現3、4、5,或6點的機率為

$$\frac{s}{n} = \frac{4}{6} = \frac{2}{3}$$

範例 5.21

以H表示正面,T表示反面,當投擲三枚質地均勻的硬幣時,可能出現的結果有八種,分別為**HHH、HHT、HTH、THH、HTT、THT、TTH**,與**TTT**。請問出現兩個或三個正面的機率分別為何?

解答 同樣地,「質地均勻」表示所有可能出現的結果,其出現的機率相同,因此可以採用古典機率概念。由題目可知,出現兩個正面時,$s=3$,$n=8$;而出現三個正面時,$s=1$,$n=8$。所以出現兩個正面的機率為$\frac{s}{n} = \frac{3}{8}$,出現三個正面的機率為$\frac{s}{n} = \frac{1}{8}$。

　　雖然機率相同的古典機率概念通常只出現在博弈遊戲中,但是這個概念可以運用在「**隨機選取**」(random selection)的情形中,例如,用抽籤來決定研究助理的辦公室分配;實驗室在選取受試動物時,每隻動物被選中的機率都相同(或許可以採用第10.1節所介紹的方法);在某鄉鎮進行研究調查時,該地區每戶家庭被選取進行訪查的機率都相同;或是在生產過程中進行品質檢驗時,每個零組件被選中的機率都相同。

範例 5.22

倘若20名舉重選手中，有三名使用類固醇。如果我們隨機選取四名選手進行檢驗，請問有一名使用類固醇的選手被查獲的機率是多少？

解答　此時 $n = \binom{20}{4} = \dfrac{20 \cdot 19 \cdot 18 \cdot 17}{4!} = 4{,}845$ ，亦即，從20名選手中隨機選取四名，有4,845種可能的結果。而我們「所期待發生的」結果，則是三名使用類固醇的選手中有一名被選中，其他沒有使用類固醇的17名選手中有三名被選中，所以，$s = \binom{3}{1}\binom{17}{3} = 3 \cdot 680 = 2{,}040$ 。由此可知，在隨機選取四名選手的情況下，我們只查獲一名選手使用類固醇的機率為

$$\frac{s}{n} = \frac{2{,}040}{4{,}845} = \frac{8}{19}$$

或是接近0.42。

古典機率概念最大的問題在於，它所能應用的範圍並不是很廣，因為在許多情況中，各種可能性出現的機率並不相同。舉例來說，實驗的結果是支持理論假設還是否定理論假設？某次考古探險是否真的能找到船隻殘骸？某個員工的表現是否足以升遷？或是道瓊工業指數(Dow Jones Index)是上漲還是下跌？

在許多種探討機率的概念中，最常用的是「**頻率詮釋**」(frequency interpretation)。其定義機率的方式如下：

機率的頻率詮釋　某事件發生的機率，乃是長期而言，此類事件會發生次數的比例。

倘若我們說從舊金山飛往鳳凰城的班機，準時抵達的機率是0.78，表示有78%的時間這個班機是準時抵達的。同樣的，倘若氣象局說明天下雨的機率是40%，表示在相同的天氣條件下，有40%的時間是會下雨的。如果我們

說某件事發生的機率是0.90，例如車子在嚴寒的天氣中順利發動的機率是0.90。我們無法保證在哪些情況下什麼事情會發生：車子可能可以發動，也可能無法發動；但是倘若我們把事情發生的結果長期記錄下來，那麼應該會發現「成功」的機率相當接近0.90。

依據頻率詮釋的概念，我們在推測估計某件事發生的機率時，必須觀察以往類似事件的發生比例。

範例 5.23

前幾年做的一個調查研究顯示，有8,319名婦女在二十幾歲的時候離婚又再婚，這些婦女之中有1,358人又再度離婚。請問若一個婦女在她二十幾歲的時候離婚又再婚的話，她可能再度離婚的機率是多少？

解答　過去的經驗中，此類事件發生的比例是 $\frac{1,358}{8,319} \cdot 100 = 16.3\%$ （四捨五入至小數點後第一位），所以我們估計此事件發生的機率為0.163。

範例 5.24

記錄顯示，956名最近曾經造訪中非的遊客中，有34名感染了瘧疾。請問，某個在該段期間內造訪中非的遊客，沒有感染瘧疾的機率是多少？

解答　有956－34＝922名造訪中非的旅客沒有感染到這個疾病，所以這個題目所問的機率，估計大概等於 $\frac{922}{956} = 0.96$ 。

當我們用這種方式估計機率時，必須要問問這樣估計是不是適合的。我們會在第十四章再來進一步探討這個問題。現在我們要介紹一個非常重要的定理，叫做「**大數法則**」(law of large numbers)。這個定理，用淺顯的語言來說，就是：

大數法則　倘若某個實驗或事件可以不斷重複進行或發生，那麼長期而言，成功結果出現的比例，會逼近單一實驗或事件中，出現成功的機率。

這個定理也被稱為「平均法則」(law of averages)。這個定理提到的是長期而言成功結果出現的比例，而不是針對單一實驗或事件而言。

我們現在用「**電腦模擬**」(computer simulation)的方式，來說明大數法則。假設我們持續投擲一枚硬幣100次，記錄每次出現的是正面還是反面，然後每投擲五次計算一次累積至此出現正面的比例。如圖5.3，1表示正面，0表示反面。

↓	C21	C22	C23	C24	C25	C26	C27	C28	C29	C30	C31	C32	C33	C34	C35	C36
1	0	0	1	0	1	0	1	0	1	1						
2	1	1	0	1	0	1	1	0	0	0						
3	1	0	0	1	1	1	0	1	1	0						
4	1	0	1	1	0	1	1	1	1	1						
5	1	0	1	1	0	0	1	0	0	0						
6	1	1	0	0	0	0	0	1	1	1						
7	0	1	1	0	1	1	1	0	1	1						
8	1	0	0	1	1	0	0	0	1	1						
9	0	0	0	0	1	1	0	1	0	0						
10	0	1	0	1	1	0	0	0	1	0						

圖5.3　模擬投擲100次硬幣

　　從左上角開始橫向來看，前五次模擬投擲中出現兩次正面，前十次模擬投擲中出現5次正面，前十五次模擬投擲中出現8次正面，前二十次模擬投擲中出現10次正面，前二十五次模擬投擲中出現13次正面，……，而全部一百次模擬投擲中出現51次正面。這些比例分別是0.40、0.50、0.53、0.50、0.52、……，與0.51，如圖5.4。圖中可見，正面出現的比例上下波動，但是越來越逼近0.50，這正是每次投擲硬幣時，正面出現的機率。

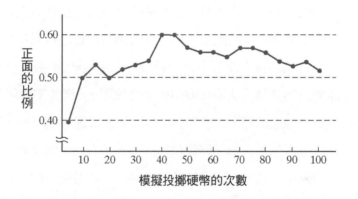

圖5.4　大數法則圖示

　　就頻率詮釋的觀點而言，事件發生機率的定義方式，是透過類似事件的長期觀察。我們現在稍微來看看，如果事件只會發生一次的話，那麼事件發生的機率是什麼意思。舉例而言，假設鍾小姐到醫院去進行闌尾切除手術，請問她四天之內出院的機率是多少？或是某主要政黨的候選人，在即將進行的州長選舉中，獲勝的機率是多少？倘若我們站在鍾小姐的醫生的立場，我們應該會去檢查醫院的病歷，看看有多少比例的病患在闌尾切除手術完成之後，四天之內出院。假設有78%的人四天之內就出院了，那麼我們也可以估計鍾小姐四天之內出院的機率應該也是差不多如此。鍾小姐對這樣的答覆可能不會非常滿意，但是關於她四天之內出院的機率，0.78這個數字至少提供了一個有意義的參考。

　　這個例子說明，當我們估計某個特定的、不會重複發生的事件的發生機率時，頻率詮釋的觀點所能參考採用的就只能是以往的類似事件。如此一來

事情變得比較複雜，因為類似事件的選擇通常既不明確又不直接。在鍾小姐切除闌尾的例子中，在選擇類似事件時，可以在以往病歷中參考同為女性而且年齡相同的病患資料，也可以參考同為女性而且身高體重與鍾小姐相差不多的病患資料。總之，類似事件的選擇會牽涉到個人的主觀判斷，而且毫無疑問的；這些不同的估計值都是有根據的、有說服力的，而且估計的都是同一件事。

至於另外一個「某主要政黨的候選人，在即將進行的州長選舉中，獲勝的機率是多少」的問題，倘若我們訪問曾經進行民意調查的研究人員，詢問他們對該候選人能否當選的看法。如果他們回答說「95%確定」（也就是說他們認為該候選人有0.95的機率會勝選），這並不表示該候選人如果一直參加州長競選的話，他會有95%的次數會當選。相反的，那應該是表示，該民意調查單位估計機率時所採用的方式，有95%的次數會得到正確的結果。這樣的詮釋方式，在許多統計應用中，是非常重要的。

最後，我們再介紹第三種看待機率的概念，目前這個觀點非常受到重視。根據這個觀點，機率是**個人的**(personal)或**主觀的**(subjective)評價；機率反映出個人對涉及的不確定事情的信念。當直接證據極少或根本沒有，只能參考間接資訊、依照經驗與專業知識等所作的猜測、甚至是直覺時，此方法更為管用。主觀機率有時候會以金錢當參考基準，以決定其數值；此部分將在第6.3節與第7.1節續做討論。

精選習題

5.21 從一副完全混合、徹底洗牌的撲克牌中，抽出一張以下指定牌的機率為何？

(a) 紅心K；

(b) J、Q、或K；

(c) 5、6、或7；

(d) 方塊。

5.22 從一副完全混合、徹底洗牌的撲克牌中，抽出兩張牌。若第一張抽出之後不放回去，直接抽第二張，請問抽出以下指定牌的機率為何？

(a) 兩張Q；

(b) 兩張梅花。

5.23 投擲一個質地均勻的骰子，請問出現以下結果的機率為何？

(a) 3；

(b) 偶數；

(c) 大於4的數。

5.24 投擲兩個質地均勻的骰子，一個紅色的，另一個是綠色的。請列出36種可能出現的點數，並求算得到以下點數總和的機率為何。

(a) 4；

(b) 9；

(c) 7或11。

5.25 某碗中有紅珠子15顆、白珠子30顆、藍珠子20顆、以及黑珠子7顆。若隨機抽出一顆珠子，請問出現以下結果的機率為何？

(a) 紅珠子；

(b) 白珠子或藍珠子；

(c) 黑珠子；

(d) 既不是白珠子、也不是黑珠子。

5.26 賓果遊戲中有75顆球，每一顆球上頭分別標示1至75。若隨機選出一顆球，請問出現以下結果的機率為何？

(a) 偶數；

(b) 小於或等於15的數；

(c) 大於或等於60的數。

5.27 某連鎖電影院的經理職位出缺，有12個人申請。其中有八名申請者具有學士學位。若隨機選出三名申請者，請問出現以下結果的機率為何？

(a) 三個人都有學士學位；

(b) 只有一個人有學士學位。

5.28 一箱24個電燈泡中已知有兩個是故障的。若隨機選出兩個電燈泡，請問出現以下結果的機率為何？

(a) 兩個都是好的；

(b) 其中一個是故障的；

(c) 兩個都是故障的。

5.29 某報紙針對其讀者群進行調查，954位讀者中有424位認為該報紙的體育版面的報導不足。根據此數據，請估計，若隨機選出一位該報紙的讀者，此人支持此一意見的機率為何？

5.30 若904部車子中，678部在進行廢氣排放檢測時第一次就過關。請估計，任何一部車子進行廢氣排放檢測時第一次就過關的機率為何？

5.31 為了更瞭解大數法則，某學生投擲一枚硬幣150次，得到以下的結果，其中1表示*正面*、0表示*反面*：

```
1 0 1 0 0 1 0 0 0 0
1 1 0 1 0 1 0 1 1 0
1 1 0 1 0 0 0 0 1 0
0 1 1 0 0 1 1 1 0 1
1 0 1 0 1 1 1 0 0 1
1 1 0 0 0 1 0 0 1 0
0 1 0 1 1 1 0 0 0 0
1 1 1 1 1 0 1 0 0 0
0 0 1 0 1 1 1 1 0 0
0 1 0 1 0 1 0 1 0 0
1 0 0 1 1 1 0 0 0 1
0 0 0 0 1 0 1 1 1 0 1
0 0 1 1 1 1 0 0 0 1
1 0 0 1 1 1 1 0 0 1
0 0 1 0 1 1 1 1 0 0
```

請利用此數據，繪製如圖5.4的圖表。

5.32 以下的例子說明人們在進行機率的判斷時，會受到直覺的誤導。某盒子中有100顆珠子，分為紅、白兩種顏色。任意選出一顆珠

子，要你猜是紅的還是白的。倘若你猜對贏$5、猜錯輸$5的話，請問在以下的情況下，你是否願意試試手氣？

(a) 你完全不知道盒子裡頭紅珠子、白珠子各有幾個；

(b) 你知道盒子裡頭紅珠子、白珠子各有50個。

令人訝異的是，大部分的人願意在第二種情況下試試手氣，但是在第一種情況下多半躊躇不前。

5.33 以下這個例子可以用來說明當人們在進行機率的判斷時，光靠常識或是直覺是很難的：有三個完全相同的盒子，其中一個盒子裡面裝了兩個一美分的硬幣，另一個盒子裝了一個一美分以及一個十美分的硬幣，最後一個盒子則裝了兩個十美分的硬幣。我們隨機從三個盒子中選擇一個（每個盒子被選中的機率都是三分之一），然後從該盒子中隨機拿出一個硬幣（盒子中每個硬幣被拿出的機率都是二分之一）。拿硬幣出來的過程中不能查看留在裡面的硬幣是什麼。倘若所拿出的硬幣是一美分，那麼我們很可能會在未經仔細思索的情況下說，留在盒子裡的硬幣，有二分之一的機率也是一美分。畢竟，我們手上拿出來的這個一美分硬幣，一定是從裝了兩個一美分的硬幣的盒子、或是裝了一個一美分以及一個十美分的硬幣的盒子，兩者之中所選出來的。由於我們可以說這兩個盒子被選中的機率是一樣的，所以可以推論說，留在盒子裡的硬幣，有二分之一的機率也是一美分。

事實上，留在盒子裡的硬幣也是一美分的真正機率，是三分之二，而非二分之一。請讀者自行驗證這個結果。讀者可將第一個盒子中的兩個一美分硬幣分別標記為P_1與P_2，而把第三個盒子中的兩個十美分硬幣分別標記為D_1與D_2。然後繪製樹圖，列出六種可能的結果，而這六種可能結果的機率都是相同的。

5.34 請討論以下這個說法：由於機率是用來量測不確定性，所以倘若對某一未來事件得到的資訊越多，我們對該事件所認定的機率值應該越高。

5.5 本章專有名詞彙整

二項式係數(Binomial coefficients)

古典機率概念(Classical probability concept)

組合(Combinations)

電腦模擬(Computer simulation)

階乘符號(Factorial notation)

頻率詮釋(Frequency interpretation)

大數法則(Law of large numbers)

機運的數學(Mathematics of chances)

156 ➡ 5.5 本章專有名詞彙整

選項乘法律(Muliplication of choices)

勝算(Odds)

排列(Permutations)

個人的(Personal)

機率(Probability)

機率論(Probability theory)

隨機選取(Random selection)

主觀的(Subjective)

樹圖(Tree diagram)

5.6 參考書籍

- 以下是專門為非專業人士所寫的關於機率的書籍:

  1. GARVIN, A.D., *Probability in Your Life*. Portland, Maine: J. Weston Walch Publisher, 1978.

  2. HUFF, D., and GEIS, I., *How to Take a Chance*. NewYork: W. W.Norton & Company, Inc., 1959.

  3. KOTZ, S., and STROUP, D. E., *Educated Guessing: How to Cope in an Uncertain World*. New York: Marcel Dekker, Inc., 1983.

  4. LEVINSON, H. C., *Chance, Luck, and Statistics*. New York: Dover Publications, Inc., 1963.

  5. MOSTELLER, F., KRUSKAI, W. H., LINK, R. F., PIETERS, R. S., and RISING, G. R., *Statistics by Example: Weighing Chances*. Reading, Mass.: Addison-Wesley Publishing Company, Inc., 1973.

  6. WEAVER, W., *Lady Luck: The Theory of Probability*. New York: Dover Publications, Inc., 1982.

- 關於機率的歷史的精彩讀物:

  1. DAVID, F.N., *Games, Gods and Gambling*. New York: Hafner Press, 1962.

  以及以下這本書的前三章:

  2. STIGLER, S. M., *The History of Statistics*. Cambridge, Mass.: Harvard University Press, 1986.

- 關於機率的迷思、誤解、以及一些似是而非的詭論,參見:

  BENNETT, D. J., *Randomness*. Cambridge, Mass.: Harvard University Press, 1998.

6 ▸▸ 機率的規則
SOME RULES OF PROBABILITY

關於機率的研究，基本上有三種類型的問題：

當我們說某件事情的機率是0.50、0.78，或0.24時，是什麼意思？
機率的數值該如何決定？在現實生活中如何測量？
機率所必須遵從的數學規則是什麼？

我們在第五章中，已經探討過前兩種類型的問題。在古典機率中，我們應用等機率的概念，計算我們所期望發生的事件的次數，然後運用 $\frac{s}{n}$ 這個公式。在頻率詮釋的觀點中，我們根據長期的觀察資料，以成功事件發生的比例來進行機率的估計。而在主觀機率中，我們所測度的則是個人的看法與信念。在第6.3節（以及第7.1節）中，我們會探討這些機率該如何決定。

經過第6.1節的討論之後，本章將接著研究機率所必須遵從的數學規則，也就是一般所稱的「**機率論**」(theory of probability)。這包含第6.2節中的基本假定、第6.3節中的機率與勝算(odds)之間的關係、第6.4節中的進階規則、第6.5節中的條件機率、第6.6節中的乘法運算規則，以及第6.7節中的貝氏定理(Bayes' Theorem)。

6.1 樣本空間與事件

在統計學當中，「實驗」這個字用得很廣泛。由於找不到更好的詞彙，任何的觀察或測量活動都統稱為實驗，因此，計算某一天觀察某政府機關中缺席的員工有幾位、檢查某開關的狀態是「開」還是「關」，或是調查某個人結婚與否，都可以用**實驗**(experiment)這個字來指稱。實驗也可用來指稱一系列的複雜活動，像是預測經濟長期的趨勢、研究社會不安的根源、或是判斷某疾病的原因。而實驗的所得的結果，可能是簡單的「是」或「不是」

的回答，或是經過複雜的運算得到的值，稱為**出象**(outcome)。

對每個實驗而言，所有可能的出象，稱為**樣本空間**(sample space)，通常用S表示。舉例來說，倘若某動物學家要在24隻天竺鼠中選出三隻以在課堂中進行實驗，則其樣本空間就包含了$\binom{24}{3} = \frac{24 \cdot 23 \cdot 22}{3 \cdot 2 \cdot 1} = 2{,}024$ 種不同的方式可供選擇。同樣地，倘若某學院的院長要從該學院84名教職人員中，選出兩位擔任某政治科學研究社的指導老師時，其樣本空間包含了

$\binom{84}{2} = \frac{84 \cdot 83}{2 \cdot 1} 3{,}486$ 種不同的方式可供選擇。

在研究實驗的結果時，我們通常會用數字、符號，或平面座標上的點，來表示可能出現的各種結果，以便進行數學處理。舉例而言，倘若有八個學生申請獎學金，名字分別是Adam小姐、Bean先生、Clark小姐、Daly女士、Earl先生、Fuentes小姐、Gardner小姐，以及Hall小姐，而我們分別以a、b、c、d、e、f、g，與h代表這些申請人的話，則這個選擇獎學金得主問題的樣本空間可以寫成 $S = \{a、b、c、d、e、f、g、h\}$。採用平面座標上的點來表示樣本點時，有個採用數字或符號所沒有的優點：不但一目了然，而且或許可以發現不同結果之間所可能存在的特殊關連性。

通常我們以樣本空間中所包含的樣本點數目多寡，來對樣本空間進行分類。在本節中到目前為止所提到的樣本點數目分別是2,024、3,486，與8；這些是**有限的**(finite)樣本空間。本章中我們只討論有限的樣本空間，但是在往後的章節中我們會進一步探討**無限的**(infinite)樣本空間。舉例來說，當溫度、重量、距離等連續尺度的度量單位，都算是無限的樣本空間。即使是射飛鏢到標靶上，所可能射中的點也是連續性的。

統計學中，樣本空間中的任何**子集**(subset)均稱為一個**事件**(event)。所謂的子集，指的是一個集合之中的任意一部分，整個集合(whole set)與**空集合**(empty set)也算是子集。空集合通常以 Ø 符號表示。再以之前獎學金的例子為例，M＝{b, e}表示兩位先生其中之一得到獎學金的事件。

範例 6.1

　　某二手車經銷商有三部同一款式的卡車要賣,而他手下有兩個業務員負責汽車銷售的工作。他想要知道這兩個業務員,在一個星期之內分別可以賣出去幾部這種款式的卡車。假設我們用平面座標的數對來表示這兩個業務員的銷售業績;例如,(1,1)表示兩個人都各賣出一部卡車;(2,0)則表示第一個業務員賣出兩部卡車,而第二個業務員沒有完成交易。請依此方法,列出此「實驗」的所有可能結果,並將其樣本空間以圖示表達出來。

解答　　十個可能出現的結果分別是(0,0)、(0,1)、(0,2)、(0,3)、(1,0)、(1,1)、(1,2)、(2,0)、(2,1)、與(3,0)。圖示如圖6.1。

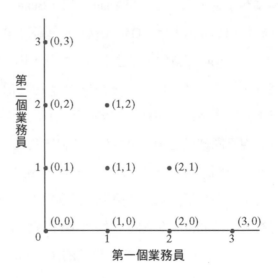

圖6.1　**範例6.1的樣本空間**

範例 6.2

參考範例6.1與圖6.1，說明以下 *A*、*B*，與*C*事件的含意：*A* = {(2，0)、(1，1)、(0，2)}、*B* = {(0，0)、(1，0)、(2，0)、(3，0)}、以及*C* = {(0，2)、(1，2)、(0，3)}。

解答　*A*是兩位業務員總共賣出兩部卡車的事件；*B*是第二個業務員沒有成交的事件；*C*是第二個業務員賣出兩部卡車以上的事件。

範例6.2中，*B*與*C*兩個事件之中沒有共同的項目（結果），因此*B*與*C*稱為「**互斥**」(mutually exclusive)；換句話說，這兩事件中，其中有一件發生的話，另外一件必然沒有發生。試想，如果第二個業務員沒有成交的話，那他（她）當然不可能賣出兩部以上的卡車。另一方面，*A*與*B*以及*A*與*C*都不是互斥：*A*與*B*有一個共有的結果(2，0)，而*A*與*C*也有一個共有的結果(0，2)。

在許多機率問題中，我們對那些能夠以**聯集**(union)、**交集**(intersection)，或**餘集**(complement)表示出來的事件，特別感興趣。讀者應該已經對這些基本的集合運算有些瞭解，如果完全陌生的話，我們簡單說明一下。令*X*與*Y*為兩個集合，其聯集包含了*X*與*Y*之內所有的元素（結果），以*X*∪*Y*表示；其交集包含了*X*與*Y*共有的元素（結果），以*X*∩*Y*表示。而*X*的餘集，乃是整個集合中*X*以外所有其餘元素的集合，以*X*'表示。一般來說，∪這個符號讀做「或」(or)，∩讀做「且」(and)，而*X*'讀做「非 *X*'」(not X)。

範例 6.3

承範例6.1與6.2，請列出 $B \cup C$、$A \cap C$，與B'的結果。並請解釋說明其含意。

解答　$B \cup C$包含B與C之中的所有元素（結果），所以，

$$B \cup C = \{(0, 0), (1, 0), (2, 0), (3, 0), (0, 2), (1, 2), (0, 3)\}$$

這是表示第二個業務員賣出零部、兩部，或三部卡車的事件。

之前已經提過，A與C只有一個共同的結果，(0，2)，因此，

$$A \cap C = \{(0, 2)\}$$

這個事件表示第一個業務員沒有賣出去、而第二個業務員賣出兩部卡車的事件。

既然B'包含B以外的所有元素，那麼

$$B' = \{(0, 1), (1, 1), (2, 1), (0, 2), (1, 2), (0, 3)\}$$

這是第二個業務員賣出至少一部以上的卡車的事件。

樣本空間與事件之間的關係，以及事件與事件之間的關係，多半用**范氏圖**(Venn diagram)來表示，如圖6.2與6.3。樣本空間以長方形表示，而事件則在該長方形中，以圓形或圓形的部分來表示。圖6.2中四個范氏圖的著色區域分別表示事件X、事件X的餘集、事件X與事件Y的聯集，以及事件X與事件Y的交集。

範例 6.4

倘若事件X表示熊先生是史丹福大學的研究生,而事件Y表示他想要去蒙特瑞灣(Monterey Bay)參加遊艇比賽,請問圖6.2中范氏圖的著色區域分別代表哪些事件?

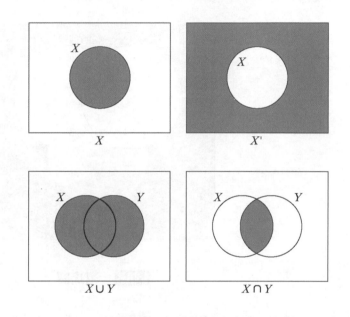

圖6.2 范氏圖

解答　第一個圖的著色區域所代表事件是熊先生是史丹福大學的研究生。第二個圖的著色區域所代表事件是熊先生不是史丹福大學的研究生。第三個圖的著色區域所代表事件是熊先生是史丹福大學的研究生,或是他想要去蒙特瑞灣參加遊艇比賽。第四個圖的淺色區域所代表事件是熊先生是史丹福大學的研究生,而且他想要去蒙特瑞灣參加遊艇比賽。

　　當我們處理同時三個事件時,范氏圖的畫法如圖6.3。圖中,三個圓圈把樣本空間分成八個區域,分別以數字1到8標示,如此一來,就可以清楚地指出哪個事件在X中、哪個在X'中、哪個事件在Y中、哪個在Y'中、哪個事件在Z中、哪個在Z'中。

範例 6.5

倘若事件X表示就業率上升，事件Y表示股價上漲，而事件Z表示利率上揚，請以文字說明圖6.3中，區域4是什麼含意？區域1與3合起來是什麼含意？區域3、5、6，與8合起來是什麼含意？

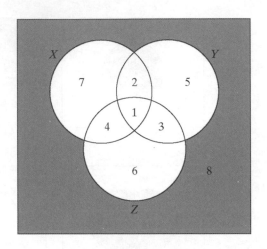

圖6.3　范氏圖

解答　區域4同時在X與Z內，但不在Y內，所以區域4所代表的含意是就業率與利率均上升、而股價沒有上漲。區域1與3合起來正是Y與Z之間的重合區域，所以它們所代表的含意是股價與利率都上揚。而區域3、5、6，與8合起來正是X以外的所有區域，所以他們所代表的含意是就業率不會上升。

精選習題

6.1　某化學實驗室規定，必須至少有兩位教授中的一位、以及五位研究助理中的兩位同時在場時，才能進行化學實驗。

(a) 依照範例6.1的模式，(1，4)表示有一位教授與四位研究助理同時在場。請列出所有八種可能的組合。

(b) 請根據上一小題的列表，繪製如圖6.1的平面圖。

6.2　承上題，請以文字說明以下事件的涵義為何。

另外，請判斷以下三對事件中哪些是互斥的：K與L、K與M、以及L與M？

6. 機率的規則
SOME RULES OF PROBABILITY

(a) $K = \{(1，2)，(2，3)\}$

(b) $L = \{(1，3)，(2，2)\}$

(c) $M = \{(1，2)，(2，2)\}$

6.3 某小艇碼頭通常有三艘漁船停泊,不過有時候則是停在岸上的乾船塢中等待維修。

(a) 利用二維座標,如(2,1)表示當天有兩艘漁船在乾船塢中待修,另一艘則出租給遊客出海釣魚,而(0,2)表示當天沒有漁船在乾船塢中待修,而有兩艘漁船出租給遊客出海釣魚。請依照圖6.1的模式,製圖表示樣本空間的十點。

(b) 倘若K代表至少兩艘漁船出租出去的事件,L代表在乾船塢待修的漁船比出租出去的漁船還多的事件,而M代表不在乾船塢待修的漁船全部出租出去的事件。請列出K、L,與M的所有可能組合。

(c) 以下三對事件中哪些是互斥的:K與L、K與M、以及L與M?

6.4 承上題,請列出事件K'以及事件L∩M的樣本點。並請以文字說明這些事件的涵義。

6.5 當實驗中所處理的數據是屬於類別資料時,我們通常將各別項目以數字編碼。舉例來說,倘若我們問受試者他們最喜歡的顏色是以下哪一種:紅、黃、藍、綠、棕、白、紫、或其他,那我們可以分別用1、2、3、4、5、6、7,與8來代表這些顏色。倘若事件A、B、C分別定義如下:
$A = \{3, 4\}$,$B = \{1, 2, 3, 4, 5, 6, 7\}$,且$C = \{6, 7, 8\}$,
請列出B'、A∩B、B∩C',與A∪B'所包含

的項目,並以文字說明。

6.6 下列各事件中,哪些是互斥的?並請說明你的理由。

(a) 一個駕駛人收到超速罰單,以及一張闖紅燈的罰單。

(b) 棒球比賽中,某選手在同一次上場打擊時獲得保送以及擊出全壘打。

(c) 棒球比賽中,某選手在同一場比賽中獲得保送以及擊出全壘打。

6.7 參考圖6.4,D表示某研究生能說非常流利的荷蘭語的事件,而H表示該學生能進入哈佛大學就讀的事件。請以文字說明以下事件的涵義:區域1與區域3的總和;區域3與區域4的總和;區域1、區域2、區域3,與區域4的總和。

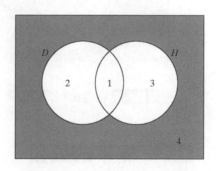

圖6.4 習題6.7之范氏圖

6.8 范氏圖也可以用來判斷不同事件中所包含的可能結果的數量。假設某高爾夫球俱樂部的360名成員中,有一位將被選為年度最佳選手。倘若其成員中,224位每週至少打球一次,98位為左撇子,而有50位左撇子的會員每週至少打球一次,請問符合以下情況的候選人分別有幾位?

(a) 左撇子，但並沒有每週至少打球一次；

(b) 每週至少打球一次，但不是左撇子；

(c) 既沒有每週至少打球一次，也不是左撇子。

6.9 參考圖6.5，E、T，與N分別表示車子送進某車廠時需要進行引擎大修、傳動設備維修，與輪胎更換的事件。請以文字說明以下事件的涵義：區域1、區域3、區域7；區域1與區域4的總和；區域2與區域5的總和；區域4、6、7，與8的總和。

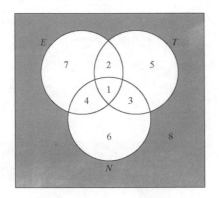

圖6.5 習題6.9之范氏圖

6.10 承上題，請列出以下事件所代表的區域：

(a) 該車需要維修傳動設備，但不需更換輪胎，也不需大修引擎。

(b) 該車需要大修引擎並維修傳動設備。

(c) 該車需要維修傳動設備或更換輪胎，但不需要大修引擎。

(d) 該車只需要更換輪胎。

6.11 《新英格蘭醫學期刊》(*New England Journal of Medicine*)中有篇關於精神治療的研究論文，精神醫師在該篇論文中探討心智狀態的評估。若以*A*來表示患者有幻聽的事件，而以*V*來表示患者有幻視的事件，請以文字敘述以下的機率：

(a) $P(A')$;

(b) $P(V')$;

(c) $P(A \cup V)$;

(d) $P(A \cap V)$;

(e) $P(A' \cap V')$;

(f) $P(A \cap V')$.

6.2 機率的公設

　　機率總是與事件的發生與否有密切的關係。我們已經知道如何用數學來處理事件的發生機率，現在來進一步探討機率所應遵從的規則有哪些。在討論這些規則之前，我們先說明，大寫英文字母用以表示事件，而事件*A*的機率則寫成$P(A)$，事件*B*的機率寫成$P(B)$，以此類推。樣本空間還是一樣以*S*表示。

　　關於機率的所有規則中，最基本的是三項**公設**(postulate)。他們適用於樣本空間是有限的情況下。前兩項公設如下：

1.機率是正實數或是零；換句話說，對任何事件A，$P(A) \geqq 0$。
2.每個樣本空間的機率都是1；換句話說，對每個樣本空間S，$P(S) = 1$。

在驗證這兩個公設之前，我們要先驗證它們與古典機率概念(classical probability concept)以及頻率詮釋觀點(frequency interpretation)是一致的、沒有抵觸的。在第6.3節中，我們會說明這些公設與主觀機率的概念也是相容的。

這兩個公設與古典機率概念是一致的，因為$\frac{s}{n}$的比例值一定是正數或零，而且對整個樣本空間而言（即是所有的n個結果），其機率正是$\frac{s}{n} = \frac{n}{n} = 1$。而從頻率詮釋的觀點來看，事件發生的時間比例不可能是負數，而且樣本空間中一定會有一個結果發生，因此樣本空間中有一個結果發生的機率就是1。

雖然機率等於1 即表示完全確定(certainty)，在實際應用上，那些「實務上確定」(practically certain)會發生的事件，我們也令它們的機率等於1。舉例來說，下次總統大選至少有一個人去投票的機率，我們便認定是1，即使在邏輯上這個事件並不算完全確定。

第三項公設是非常重要的，但是它沒有像前兩項那樣明顯易懂。

第三項公設

3.倘若事件A與事件B是互斥的(mutually exclusive)，那麼事件A或是事件B發生的機率，等於這兩個事件各自發生的機率和。以數學符號表示：$P(A \cup B) = P(A) + P(B)$

舉例來說，倘若天氣狀況在下個星期會好轉的機率是0.62，而天氣狀況維持不變的機率是0.23，那麼天氣狀況在下個星期會好轉或是不變的機率，就是$0.62 + 0.23 = 0.85$。同樣的，如果某大學生某一門課的學期成績得到A或

B的機率分別是0.13與0.29，那麼該學生得到A或B的機率，就是0.13＋0.29＝0.42。

現在我們要說明這第三項公設與古典機率概念是一致的。假設在事件A與事件B中，可能出現的結果分別有s_1與s_2個。若A、B為互斥事件，表示這兩個事件中分別可能出現的結果，都是不一樣的、沒有重複的，所以事件$A \cup B$中可能出現的結果就有$s_1 + s_2$個。因此，

$$P(A) = \frac{s_1}{n} \quad P(B) = \frac{s_2}{n} \quad P(A \cup B) = \frac{s_1 + s_2}{n}$$

而且$P(A)＋P(B)＝P(A \cup B)$。

從頻率詮釋的觀點來看，倘若就長期而言，某事件發生的比例是36%，另外一件事發生的比例是41%，而且這兩件事不會同時發生（意即，互斥事件），那麼這兩個事件其中之一發生的比例就是36＋41＝77%。這個結果與第三項公設吻合。

以這三項公設為基礎，我們可以推導出更多關於機率的規則；這些規則中有些很容易證明，有些則否，但是它們都有相當重要的應用價值。首先，最顯而易見的規則包括：所有的機率都不可能大於1；不可能發生的事件，其機率為0；而且某事件會發生的機率，加上該事件不會發生的機率，應該等於1。以數學符號來說，對任何事件A，

$$P(A) \leq 1$$
$$P(\emptyset) = 0$$
$$P(A) + P(A') = 1$$

上面三個式子中的第一條，說明某事件發生的次數比例不可能超過百分之百。第二條則說明當某事件不會發生時，則沒有我們所期待發生的結果，意即$s＝0$；或者該事件發生的次數比例為0。在實際應用上，對那些「實務上確定」不會發生的事件，其機率也是訂為0。舉例來說，倘若讓一隻猴子坐在打字機前面，牠一字不差地打完柏拉圖所著的《共和國》（*Republic*）一書的機率，我們就認定為0。或者，投擲一枚硬幣時，它會直挺挺站著、既

不是正面也不是反面的機率，我們也認定為0。

第三條式子也可以從機率的公設推導而得，而且要證明它與古典機率概念以及頻率詮釋觀點是一致的，並不困難。就古典機率概念而言，倘若有s個「成功」，$n-s$個「失敗」，其相對應的機率分別為$\frac{s}{n}$與$\frac{n-s}{n}$，而且其總和為

$$\frac{s}{n} + \frac{n-s}{n} = \frac{n}{n} = 1$$

就頻率詮釋的觀點而言，如果某投資案有22%的時候是成功的，表示它失敗的次數比例是78%，所以相對應的機率分別為0.22與0.78，總和為1。

底下的例子將說明這些公設與規則的應用。

範例 6.6

倘若事件A表示某消費者協會對汽車音響的評比結果為優良，而事件B表示該評比結果為不良，如果$P(A)=0.24$、$P(B)=0.35$，請問以下的機率為何？

(a) $P(A')$；

(b) $P(A \cup B)$；

(c) $P(A \cap B)$。

解答

(a) 採用上一頁的第三條式子，該消費者協會對汽車音響的評比不會認為是優良的機率，$P(A')$，為$1-0.24=0.76$。

(b) 事件A與事件B是互斥事件，我們可以採用公設的第三條，所以$P(A \cup B)=P(A)+P(B)=0.24+0.35=0.59$。

(c) 既然事件A與事件B是互斥事件，這兩個事件不會同時發生，所以$P(A \cap B)=P(\emptyset)=0$。

範氏圖對解答這類型的問題非常有幫助。把已知的機率填入相對應的圖形區域中，就可以直接讀出其他未知的機率為何。

範例 **6.7**

如果C與D分別表示米勒醫生早上九點鐘會在他的辦公室或是醫院裡的事件，而且$P(C)=0.48$、$P(D)=0.27$，請求出$P(C' \cap D')$。

解答　畫出范氏圖，如圖6.6。先在區域1中填上0，因為C與D是互斥事件。事件C的機率0.48應該填入區域2，而事件D的機率0.27應該填入區域3。因此，剩下的機率$1-(0.48+0.27)=0.25$，就是區域4的。既然事件$C' \cap D'$即是兩個圓圈以外的區域，也就是區域4，所以$P(C' \cap D')=0.25$。

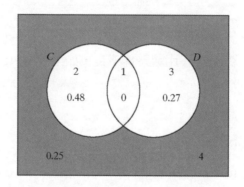

圖6.6　範例6.7的范氏圖

6.3 機率與勝算

如果某事件發生的可能性是不發生的兩倍，那麼我們說該事件會發生的**勝算**(odds)是二比一。若某事件發生的可能性是不發生的三倍，則其勝算為三比一。若某事件發生的可能性是不發生的十倍，則其勝算為十比一。一般而言，

> **某事件的勝算，是其發生機率與不發生機率的比值。**

用數學符號表示，

> **若某事件的發生機率為p，而其勝算為a比b的話（a、b均為正數），則**
>
> $$\frac{a}{b} = \frac{p}{1-p}$$

習慣上，勝算的分子分母會以兩個互質的正整數來表示。此外，倘若某事件不發生的可能性比發生的可能性高的話，習慣上我們會把勝算反過來計算，即不發生機率與發生機率的比值。

範例 6.8

請問倘若某事件的發生機率如下時，其勝算為何？

(a) $\frac{5}{9}$；

(b) 0.85；

(c) 0.20。

解答　(a) 根據定義，其勝算為 $\frac{5}{9}$ 比 $1 - \frac{5}{9} = \frac{4}{9}$，或是5比4。

(b) 根據定義，其勝算為0.85比1－0.85＝0.15，或85比15，或是17比3。

(c) 根據定義，其勝算為0.20比1－0.20＝0.80，或20比80，或1比4。習慣上，我們會反過來說，以4比1賭此事件不會發生。

在賭博遊戲中，勝算所代表的是此下注者與另一下注者之間的賭注。舉例來說，若某個賭徒宣稱他願意以3比1的賭注來賭某件事會發生，則表示他願意在對方出一元的情況下他出三元和對方賭（也可以是他出30元、對方10

元，或是他出1,500元、對方500元）某件事會發生。倘若這種**賭注勝算**(betting odds)等於實際上該事件的勝算的話，則此賭注勝算稱為**公平**。若賭徒願意相信這個賭局是公平的話，那麼原則上，他應該兩邊都願意下注，也就是說，他應該也願意以1比3的賭注賭某件事不會發生。

範例 6.9

記錄顯示，內華達州的某個公路汽車檢查哨，經過的卡車有十二分之一有超載的情形。若有人願意出美金40元賭美金4元說下一部經過的卡車不會超載，請問這是不是個公平的賭局？

解答　此時，卡車不會超載的機率是 $1 - \frac{1}{12} = \frac{11}{12}$，所以勝算比是11比1。因此，公平的賭局應該44美金比4美金，賭下一部卡車不會超載。美金40元賭美金4元的賭局是不公平的，它對提出這個賭局的人有利。

這些關於勝算以及賭注勝算討論，是我們繼續探討測度**主觀機率**(subjective probability)的基礎。倘若某商人「覺得」(feels)他新開一家服飾店成功的勝算是3比2的話，表示他願意下三百元（或三千元）的賭注，與一個出兩百元（或兩千元）的對手，賭他的新服飾店會成功；換個方式說，他應該會認為這樣的賭局是公平的。他藉由這種方式來表達他對開一家新服飾店的成功機率的信念或想法(belief)。轉換成機率的表達方式，也就是

$$\frac{a}{b} = \frac{p}{1-p}$$

此時$a=3$、$b=2$，解方程式可求出p。一般來說，在解這個式子求p時，我們會得到下列的結果。在習題6.20中，請讀者自行驗證此結果。

如果某事件的勝算是a比b的話，則其發生機率為
$$p = \frac{a}{a+b}$$

現在，倘若我們以$a=3$、$b=2$代入上式，則可求知，該商人認為他新開一家服飾店的成功機率為$\frac{3}{3+2}=\frac{3}{5}$，或是0.60。

範例 6.10

若某個足球教練的申請者認為他能得到這份工作的勝算是7比1，請問他對於自己申請這個足球教練工作的成功與否的主觀機率是多少？

解答 以$a=7$、$b=1$代入上面的公式，得到 $p=\frac{7}{7+1}=\frac{7}{8}=0.875$ 。

現在我們來看看，以這種方式定義的主觀機率，是否符合機率的公設。因為a與b都是正數，所以$\frac{a}{a+b}$不可能是負數，因此符合第一項公設。至於第二項公設，倘若我們愈確定某事件會發生，則我們所設定的勝算比也會愈高，例如99比1、9,999比1、甚至999,999比1；其相對應的機率分別為0.99、0.9999，以及0.999999。同時也可由此看到，若我們愈確定某事件會發生，則其機率也愈接近1。

第三項公設不一定能應用在主觀機率上，但是主觀機率的擁護者認為這是一項**一致性標準**(consistency criterion)。換句話說，倘若某人的主觀機率與第三項公設相符合的話，那麼這個人的主觀機率就稱為具有一致性；否則的話，對這個人的機率判斷，我們就要持保留態度。

範例 6.11

某報紙專欄作家認為今年底之前，利率上揚的勝算是2比1，利率維持不變的勝算是1比5，而利率上揚或持平的勝算是8比3，請問這些機率之間是否有一致性？

解答 根據這位專欄作家的說法，今年底之前，利率上揚、維持不變，以及上揚或持平的機率分別是：$\frac{2}{2+1}=\frac{2}{3}$，$\frac{1}{1+5}=\frac{1}{6}$，與$\frac{8}{8+3}=\frac{8}{11}$。但是$\frac{2}{3}+\frac{1}{6}=\frac{5}{6}$，不等於$\frac{8}{11}$，所以對該專欄作家的說法應該存疑。

精選習題

6.12 在某場交響樂演出中，A代表觀眾出席率很高的事件，W代表中場休息時有一半以上的觀眾離場不願繼續聽下半場節目的事件。請以文字說明以下機率的涵義：$P(A')$、$P(A' \cup W)$，與$P(A \cap W')$。

6.13 承上題，F代表獨奏音樂家臨時不克上台演出的事件，請以符號表示以下事件的機率：

(a) 獨奏音樂家臨時不克上台演出，而且中場休息時有一半以上的觀眾離場不願繼續聽下半場節目；

(b) 獨奏音樂家照常上台演出，而且觀眾出席率很高。

6.14 以下的陳述中，違反了哪些機率公設？

(a) 由於他們的車子故障了，所以他們遲到的機率為-0.40。

(b) 某礦物標本含銅的機率為0.26，而不含銅的機率為0.64。

(c) 某堂課教學內容精彩有趣的機率為0.35，而枯燥乏味的機率則是前述機率的四倍大。

(d) 某學生晚上唸書或看電視的機率分別為0.22與0.48，而該學生進行其中一項活動的機率為0.80。

6.15 請將以下的勝算轉換成機率：

(a) 某房地產仲介公司在一個月內能將某棟房子賣出的勝算是五比三。

(b) 連續投擲一個公正的硬幣八次，都沒有出現正面的勝算是十五比一。

6.16 請以文字說明為何以下兩個不等式是錯的：

(a) $P(A \cup B) < P(A)$；

(b) $P(A \cap B) > P(A)$。

6.17 在什麼情況下，事件A與事件B、以及事件A與事件B'皆互斥？

6.18 請將以下的機率轉換成勝算，或將勝算轉換成機率：

(a) 投擲某硬幣四次中，出現至少兩次正面的機率為$\frac{11}{16}$。

(b) 一箱12片磁磚中有三片出現污點瑕疵。若從該箱中從隨機抽出三片，至少有一片出現污點瑕疵的勝算為34比21。

(c) 若某民意調查專家在進行某項調查時，從24戶人家中隨機選出5戶，則每一戶被選中的機率為$\frac{5}{24}$。

(d) 若某秘書人員將六份文件隨機裝入六個已經寫好收件人地址的信封當中，則不是所有信件都裝入正確信封的勝算為719比1。

6.19 有人要跟某足球迷以$15賭$5說美國隊在世界杯足球賽中，第一場就輸球。倘若該足球迷不願意接受這樣的賭注，則表示他相信美國隊會贏球的主觀機率是多少？

6.20 請驗證在$\frac{a}{b} = \frac{p}{1-p}$ 這個式子中，若對p求解，會得到$p = \frac{a}{a+b}$ 。

6.4 其他規則

　　第三項機率公設只討論到兩個互斥事件，但是有兩種方法可以把它推廣一般化，使其可以套用在兩個以上的互斥事件上，或是套用在兩個不見得是互斥的事件上。當我們說 k 個事件彼此互斥時，表示這 k 個事件中兩兩之間沒有共同的元素。在這個情況下，我們可以一再地套用第三項公設，得到：

> **倘若 k 個事件彼此互斥的話，則其中任何一事件發生的機率，等於所有事件個別機率的加總：意即，對任何彼此互斥的事件 A_1、A_2、……，與 A_k 而言，**
> $$P(A_1 \cup A_2 \cup \cdots\cdots \cup A_k) = P(A_1) + P(A_2) + \cdots\cdots + P(A_k)$$

　　記得，此處的 $\cup$ 讀做「或」。

範例 6.12

　　倘若某個想要買新車的顧客，最後會買雪佛蘭、福特，或是本田的車子的機率，分別為0.17、0.22、與0.08。倘若該顧客只打算買一部車，請問她最後選中這三個品牌的車子的機率是多少？

解答　　因為這三種可能性是彼此互斥的，所以題目所問的機率為0.17＋0.22＋0.08＝0.47。

範例 6.13

　　倘若在某消費者測試評鑑展覽中，某個新款相機可能得到的評價包括不佳、普通、良好、很好、極好，而該款相機獲得這五種評價的機率分別是0.07、0.16、0.34、0.32、與0.11。請問該款相機得到良好、很好、極好三種評價的機率是多少？

統計學

MODERN ELEMENTARY STATISTICS

解答　這五種評價是彼此互斥的，所以該款相機得到良好、很好、極好三種評價的機率為0.34＋0.32＋0.11＝0.77。

　　把在某個特定情形下可能發生的所有事件，一一找出其相對應的機率，是非常冗長乏味的工作。的確，倘若某樣本空間裡有十項元素（結果），那麼我們可以從中找出超過一千種以上的不同事件；倘若某樣本空間裡有二十項元素，那麼我們可以從中找出超過一百萬種以上的不同事件。幸運的是，通常我們並不需要一一找出所有事件的發生機率。底下這條規則，是從第三項公設推廣衍生出來的，幫助我們在決定某事件的發生機率時，可以根據該事件的組成元素來計算：

> **任何事件A的發生機率，即是事件A中所有單一結果的機率的總和。**

範例 6.14

　　承範例6.1。有兩個銷售業務員以及三部卡車，樣本空間中有十個點，如圖6.1；其機率表示則如圖6.7。請找出以下事件的機率。

(a) 兩個業務員總共賣出兩部卡車；

(b) 第二個業務員一部卡車都沒賣出去；

(c) 第二個業務員至少賣出兩部卡車。

解答　(a) 將點 (2，0)、(1，1)、與 (0，2)相對應的機率加起來，得到0.08＋0.06＋0.04＝0.18。

(b) 將點 (0，0)、(1，0)、(2，0)、與(3，0)相對應的機率加起來，得到0.44＋0.10＋0.08＋0.05＝0.67。

(c) 將點 (0，2)、(1，2)，與 (0，3)相對應的機率加起來，得到0.04＋0.02＋0.09＝0.15。

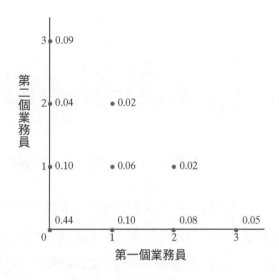

圖6.7　範例6.14的樣本空間

　　有個特例要留意，就是所有結果的發生機率都是一樣的。在這種情況下，以上的規則直接會得到 $P(A) = \frac{s}{n}$ 的式子，而這個式子我們曾用來說明與古典機率概念之間的關係。這裡的 n 是樣本空間中所有單一結果的個數，s 則是「成功」的個數，也就是事件A裡頭的單一結果的個數。

範例 6.15

　　如圖6.8，樣本空間中有44個點（結果），每個點的機率都相同，請求出 $P(A)$。

解答　　既然每個點的機率都相同，所以每個點的機率都是 $\frac{1}{44}$。而區域A中有十個點，所以 $P(A) = \frac{10}{44}$，或是大約0.23。

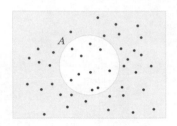

圖6.8　樣本空間中有44個機率相同的結果

　　第三項公設只能用在彼此互斥的事件上，因此，舉例來說，我們就沒辦法用這項公設來判定一位賞鳥人士在沙漠中旅遊時，看到北美走鵑(roadrunner)與仙人掌鷦鷯(cactus wren)的機率是多少。同樣地，我們也無法用這項公設來判定某位男士進入購物中心之後，會購買襯衫、毛衣、皮帶，或是領帶的機率是多少。在第一個例子中，該賞鳥人士可能只會見到其中一種鳥，或是兩種鳥都看到；在第二個例子中，該男士可能同一種商品一次買好幾套。

　　我們現在要制訂一條公式來計算$P(A \cup B)$，不論A與B是否是互斥事件。圖6.9的范氏圖，表示某個大學畢業生找工作的情形，I表示她得到股票投資經紀人的工作，而B表示她得到銀行的工作。從圖6.9的范氏圖中，我們可以知道

$$P(I) = 0.18 + 0.12 = 0.30$$
$$P(B) = 0.12 + 0.24 = 0.36$$

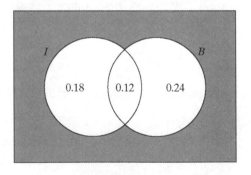

圖6.9　范氏圖

以及

$$P(I \cup B) = 0.18 + 0.12 + 0.24 = 0.54$$

我們可以直接把這些機率加起來，因為它們都是互斥事件（在范氏圖中都沒有重合的區域）。

如果我們誤用第三項公設來計算$P(I \cup B)$ 的話，我們會得到$P(I) + P(B) = 0.30 + 0.36 = 0.66$的結果，這比之前所得到的結果多了0.12。這多出來的部分，就是我們把$P(I \cap B) = 0.12$計算了兩次：一次在$P(I) = 0.30$中，另一次在$P(B) = 0.36$中。所以這個結果可以用下面的式子修正：

$$P(I \cup B) = P(I) + P(B) - P(I \cap B)$$
$$= 0.30 + 0.36 - 0.12 = 0.54$$

這樣所得出來的結果，與一開始從范氏圖所得出來的結果相同。

這個方法適用於任何兩個事件，所以我們可以依此提出**一般加法規則**(general addition rule)，不論事件A與事件B是否互斥，一律適用。

一般加法規則

$$P(A \cup B) = P(A) + P(B) - P(A \cap B)$$

當A與B是互斥事件時，$P(A \cap B) = 0$，所以上面的式子就簡化變成與第三項機率公設相同。因此，第三項機率公設也被稱為**特殊加法規則**(special addition rule)，而本小節一開始所討論的第三項公設一般化，也可另稱為**廣義（特殊）加法規則**(generalized (special) addition rule)。

範例 6.16

台灣彩券針對大樂透中獎 500 萬元以上者進行分析，發現若以血型分析，O型佔43%最多，以星座來看，射手座佔18%居冠，如果射手座O型的佔8 %，請問這些中獎者中，是O型、或是射手座的機率多少？

解答 假設以O表示O型，S表示射手座，則$P(O) = 0.43$，$P(S) = 0.18$，而且

$P(O \cap S) = 0.08$。應用一般加法規則，得到

$$P(O \cup S) = P(O) + P(S) - P(O \cap S)$$
$$= 0.43 + 0.18 - 0.08$$
$$= 0.53$$

範例 6.17

在某郊區社區中所進行的隨機調查發現，家中擁有轎車、休旅車，或是兩種車都有的機率分別是0.92、0.53、與0.48。請問這些家庭中，擁有轎車、休旅車，或是兩種都有的機率是多少？

解答　代入一般加法規則，我們得到0.92＋0.53－0.48＝0.97。如果我們誤用第三項機率公設的話我們會得到0.92＋0.53＝1.45的錯誤結果。

精選習題

6.21 投擲兩個質地均勻的骰子，出現點數總和為 2、3、4、……、11、或12的機率分別 為 $\frac{1}{36}, \frac{2}{36}, \frac{3}{36}, \frac{4}{36}, \frac{5}{36}, \frac{6}{36}, \frac{5}{36}, \frac{4}{36}, \frac{3}{36}, \frac{2}{36}$ 與 $\frac{1}{36}$ 。 請問以下事件的機率分別為何？

　(a) 出現點數總和為7或11點；

　(b) 出現點數總和是2、3、或12點；

　(c) 出現點數總和是奇數點，亦即3、5、7、 9、或11點。

6.22 某實驗室助理吃午餐的習慣有以下幾種可能 性：在實驗室附設的咖啡廳用餐、吃自己準 備的午餐、在附近的餐廳用餐、回家用餐、 或者為了減肥不吃午餐。這幾種可能性的機 率分別為0.23、0.31、 0.15、0.24與0.07。請

問以下這些事件的發生機率為何：

　(a) 該助理在實驗室附設的咖啡廳或是在附 近的餐廳用餐。

　(b) 該助理吃自己準備的午餐、回家用餐、 或者為了減肥不吃午餐。

　(c) 該助理在實驗室附設的咖啡廳用餐或回 家用餐。

　(d) 該助理沒有為了減肥而不吃午餐。

6.23 圖6.10顯示某盛會所邀請的人數與真正出席 的人數。倘若這45種可能組合的發生機率皆 相同，請問以下事件的機率為何？

　(a) 至多六個人出席；

　(b) 至少七個人出席；

(c) 被邀請的人中只有兩個未出席。

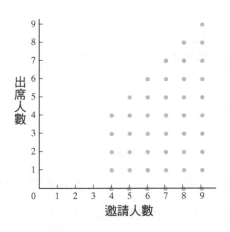

圖6.10 習題6.23的樣本空間

6.24 酒醉駕車被臨檢到的話，被帶到警察局過夜的機率是0.68，被吊扣駕照的機率是0.51，而兩種同時皆發生的機率是0.22。請問，某人酒醉駕車被臨檢到，而被帶到警察局過夜並／或被吊扣駕照的機率是多少？

6.25 請說明為何以下的陳述是錯的。

(a) 某職業籃球隊開除其教練、經理、或兩人皆開除的機率分別為0.85、0.49、或0.27。

(b) 某醫院中某病患有發燒、高血壓、或兩者皆有的機率為0.63、0.29、或0.45。

6.5 條件機率

有時候我們要計算某事件的發生機率，但是卻未規範其樣本空間；在這種情況下，我們可能會得到好幾種不同的答案，但它們全都是正確的。舉例來說，如果有人問，律師在執業十年之後，年收入超過二十萬美金的機率是多少？我們可以針對全美國的執業律師算出一個答案，也可以針對公司律師算出另一個答案，也可以針對聯邦政府所聘用的律師算出另一個答案，也還可以針對專攻於離婚訴訟的律師算出另一個答案，依此類推。樣本空間的選擇一向都不是顯而易見的，所以我們採用$P(A \mid S)$這個符號來表示事件A在樣本空間S中的**條件機率**(conditional probability)，或是稱為「在S條件下A的機率」(the probability of A given S)。這個$P(A \mid S)$的符號，很明確地指出我們所討論的樣本空間是S，而一般來說，只有當樣本空間是顯而易見、不會弄錯的情況下，才會用$P(A)$這個符號。當在同一個問題中討論不同樣本空間時，使用條件機率的符號比較不會造成誤解。

現在我們來介紹條件機率的概念。假設有個消費者研究機構，針對某大

城市中200家輪胎代理商所提供的維修保固服務進行研究調查，其研究結果
詳如下表：

	優良的維修 保固服務	不良的維修 保固服務	全部
知名代理商	64	16	80
一般代理商	42	78	120
全部	106	94	200

倘若從中隨機選取一家代理商（每一家代理商被選中的機率都是兩百分
之一），則事件N（選中知名代理商）、事件G（選中提供優良維修保固服務
的代理商），以及事件$N \cap G$（選中知名且提供優良維修保固服務的代理商）
的機率，分別是

$$P(N) = \frac{80}{200} = 0.40$$

$$P(G) = \frac{106}{200} = 0.53$$

$$P(N \cap G) = \frac{64}{200} = 0.32$$

這些結果都是根據s / n的式子計算而得。

上面所計算出來的第二個機率讓人有點不太放心，因為有將近一半的機
會我們會選到提供不良維修保固服務的代理商。我們來看看如果只針對知名
代理商來看的話，會有什麼結果。只針對知名代理商的話，樣本空間就只剩
下80個選擇，也就是表中的第一列。我們可以從中發現，知名代理商中，選
中提供優良維修保固服務的機率是

$$P(G|N) = \frac{64}{80} = 0.80$$

可以寫成

$$P(G|N) = 0.80$$

而且

$$P(G|N) = \frac{\frac{64}{200}}{\frac{80}{200}} = \frac{P(N \cap G)}{P(N)}$$

換句話說，此條件機率就是選中提供優良維修保固服務的知名代理商的機率，比上選中知名代理商的機率。

將這個例子推廣，我們可以得到如下的條件機率定義，假設事件A與B是在某特定樣本空間S中的事件，則

> **倘若$P(B)$不等於零，則A相對於B的條件機率，或在B條件之下A的機率，爲**
>
> $$P(A|B) = \frac{P(A \cap B)}{P(B)}$$

當$P(B)$等於零時，A相對於B的條件機率則是沒有定義。

範例 6.18

承之前的輪胎代理商的例子，請問在一般代理商中，選中提供優良維修保固服務代理商的機率是多少？意即，$P(G \mid N') = ?$

解答 我們可以從表中看到

$$P(G \cap N') = \frac{42}{200} = 0.21 \quad \text{and} \quad P(N') = \frac{120}{200} = 0.60$$

代入條件機率的公式，得到

$$P(G|N') = \frac{P(G \cap N')}{P(N')} = \frac{0.21}{0.60} = 0.35$$

當然，我們也可以直接從表中的第二列數據直接計算：

$$P(G|N') = \frac{42}{120} = 0.35$$

範例 6.19

在某個小學中，隨機選中來自單親家庭的小學生的機率是0.36，而選中來自單親家庭的小學生、而且又學業成績表現不佳的機率是0.27。請問，在來自單親家庭的小學生中，隨機選中學業成績表現不佳的小學生的機率是多少？

解答　若以L表示學業成績表現不佳，以O表示該小學生來自單親家庭，則 $P(O)＝0.36$，且 $P(O \cap L) = 0.27$，因此，

$$P(L|O) = \frac{P(O \cap L)}{P(O)} = \frac{0.27}{0.36} = 0.75$$

範例 6.20

若亨利會喜歡一部新電影的機率是0.70，而他的女朋友珍妮也喜歡這部電影的機率是0.60。若他喜歡而她卻不喜歡的機率是0.28，請問在她不喜歡的條件下，他喜歡這部電影的機率為何？

解答　若以H與J分別表示亨利與珍妮喜歡這部電影的事件，則 $P(J')＝1－0.60＝0.40$，而 $P(H \cap J') = 0.28$，因此，

$$P(H|J') = \frac{P(H \cap J')}{P(J')} = \frac{0.28}{0.40} = 0.70$$

有趣的是，$P(H)$與$P(H \mid J')$都等於0.70，在習題6.36中，我們會要求讀者驗證$P(H \mid J)$也等於0.70。如此一來，不論事件J發生與否，事件H的發生機率都不會改變；此時我們說事件H獨立於事件J。一般來說，我們可以輕易地證明，當事件A獨立於事件B時，事件B也獨立於事件A；我們說這兩個事件是**獨立的**（independent）。當兩個事件不是獨立的，則稱為**相依的**（dependent）。

在討論這些定義時，我們必須特別留意不論是*H*或是*J*，其機率都不可以為零，否則有些條件機率就不存在了，這也是為什麼另一種條件機率的定義方式比較被廣為接受的原因。我們會在下一節中討論條件機率的另一種定義方式。

6.6 乘法規則

在上一節中，我們以 $P(A|B) = \frac{P(A \cap B)}{P(B)}$ 這個公式來定義條件機率，但是當我們等號兩邊都乘上$P(B)$的話，會得到以下的式子；這個式子可以協助我們計算兩個事件同時發生的機率。

一般乘法規則

$$P(A \cap B) = P(B) \cdot P(A|B)$$

這個公式稱為**一般乘法規則**(general multiplication rule)。它的含意是說，兩個事件同時發生的機率，等於其中一個事件發生的機率，乘上另一個事件在第一個事件會發生的條件下的條件機率。由於這兩個事件沒有偏好的順序，所以上面的式子也可以寫成

$$P(A \cap B) = P(A) \cdot P(B|A)$$

範例 6.21

某陪審團中，有15個成員的教育程度是高中以下，另有9個成員的教育程度為大專以上。若律師從這個陪審團中隨機選出兩個成員，請問這兩人都沒有大專以上學歷的機率是多少？

解答 若事件*A*表示第一個被選中的人沒有大專以上學歷，則 $P(A) = \frac{15}{24}$ 。若事件*B*表示第二個被選中的人沒有大專學歷，則 $P(B|A) = \frac{14}{23}$ ，因為在選第二個人時，只有23個人可以選，而且如果已經有一個沒有大專學歷的陪審員

在第一就被選出去的話，那麼在選第二人的時候就只剩下14個人沒有大專以上學歷。因此，根據一般乘法規則，得到

$$P(A \cap B) = P(A) \cdot P(B|A) = \frac{15}{24} \cdot \frac{14}{23} = \frac{105}{276}$$

大約是0.38。

範例 6.22

若某種熱帶稀有疾病的正確診斷率是0.45，而確定診斷正確之後，病患被治癒的機率是0.60，請問感染該疾病的病患被正確診斷出來而且治癒的機率為何？

解答 應用一般乘法規則，得到(0.45) (0.60)＝0.27。

當A與B是是獨立事件時，可以在兩個求算$P(A \cap B)$ 的公式中，分別以P(A)代替P(A｜B)，P(B)代替P(B｜A)，得到如下的公式：

倘若A、B為獨立事件，則

$$P(A \cap B) = P(A) \cdot P(B)$$

以文字敘述的話就是，兩個獨立事件同時發生的機率，即是其個別機率的乘積。

反過來說，如果$P(A \cap B)＝P(A) \cdot P(B)$，則A、B為獨立事件。將這個式子等號兩邊都除以P(B)，得到

$$\frac{P(A \cap B)}{P(B)} = P(A)$$

然後根據條件機率的定義，把 $\frac{P(A \cap B)}{P(B)}$ 換成P(A｜B)，我們會得到P(A｜B)＝P(A)的結果；換句話說，A、B為獨立事件。因此，我們可以把這個特殊

乘法規則當成獨立的定義，如此我們便可以輕易地判別兩個事件是否獨立。

範例 6.23

請判別以下的兩兩事件，是否為獨立事件。

(a) $P(A)=0.40$，$P(B)=0.90$，而$P(A\cap B)=0.36$。

(b) $P(C)=0.75$，$P(D)=0.80$，而$P(C\cap D')=0.15$。

(c) $P(E)=0.30$，$P(F)=0.35$，而$P(E'\cap F')=0.40$。

解答 (a) 因為$(0.40)\ (0.90)=0.36$，所以A、B為獨立事件。

(b) 因為$P(D')=1-0.80=0.20$，而且$(0.75)\ (0.20)=0.15$，所以事件C與事件D，以及事件C與事件D'都為獨立。

(c) $P(E')=1-0.30=0.70$，$P(F')=1-0.35=0.65$，而$(0.70)\ (0.65)=0.455$，不等於0.40，所以事件E'與F'，以及事件E與F，都不是獨立事件。

這個特殊乘法規則可以推廣應用到三個或多個以上的獨立事件。同樣地，把個別的機率相乘即可。

範例 6.24

倘若任何一個在購物中心接受訪問的顧客，都有0.70的機率反對政府增稅以興建一座新足球場的提案，請問在連續訪問四個顧客後，前三個反對但第四個贊成的機率為何？

解答 假設受訪者均為獨立，則只要把個別機率直接連乘即可：$(0.70)\ (0.70)\ (0.70)\ (0.30)=0.1029$。

範例 6.25

承範例6.21。請問,當律師隨機選取三個陪審員時,三個人都沒有大專以上學歷的機率是多少?

解答　根據範例6.21解答的思考,可以知道在前兩個被選中的人都沒有大專學歷的條件下,第三個被選中的人也沒有大專學歷的機率是 $\frac{13}{22}$,所以本題所求算的機率為 $\frac{15}{24} \cdot \frac{14}{23} \cdot \frac{13}{22} = \frac{455}{2,024}$,約等於0.225。

精選習題

6.26 若事件*A*代表某太空人曾受過軍事訓練,事件*T*代表該太空人曾經擔任過新型飛機的試飛駕駛,事件*W*代表該太空人是個訓練有素的科學家,請將以下的事件以符號來表示:

(a) 某太空人曾經擔任過新型飛機的試飛駕駛,且曾受過軍事訓練的機率;

(b) 某太空人曾受過軍事訓練,且是個訓練有素的科學家的機率;

(c) 某太空人不是訓練有素的科學家,但是曾經擔任過新型飛機的試飛駕駛的機率;

(d) 某太空人是個訓練有素的科學家,但是不曾擔任過新型飛機的試飛駕駛,也不曾受過軍事訓練的機率。

6.27 承上題,請將以下的機率以文字表達:
$P(A|W)$、$P(A'|T')$、$P(A' \cap W|T)$ 和 $P(A|W \cap T)$ 。

6.28 某銀行分行的工作職缺有30名申請者,其中有些已婚,有些單身;有些有銀行相關的工作經驗,有些沒有。如以下的表格所顯示:

	已婚	單身	
有經驗	6	3	9
無經驗	12	9	21
	18	21	30

若該分行經理隨機抽出一人以進行第一次面試,*M*表示第一個接受面試的人已婚,*E*表示第一個接受面試的人有銀行相關工作經驗。請以文字說明以下機率的涵義:$P(M)$、$P(M \cap E)$、以及$P(E|M)$。

6.29 請利用上題的結果,驗證以下公式:

$$P(E|M) = \frac{P(M \cap E)}{P(M)}$$

6.30 承習題6.28,請以文字說明以下機率的涵義:$P(E')$、$P(M' \cap E')$,與$P(M'|E')$。

6.31 請利用上題的結果,驗證以下公式:

$$P(M'|E') = \frac{P(M' \cap E')}{P(E')}$$

6.32 若隨機從一副撲克牌中抽出兩張牌,在以下

的情況下，兩張皆為紅心的機率為何？

(a) 抽第二張之前，將第一張放回去；

(b) 不把第一張放回去，直接再抽第二張。

這兩種抽樣方法在統計學中非常重要。(a) 中的抽樣方法稱為**歸還抽樣**(sampling with replacement)，而(b)中的抽樣方法稱為**不歸還抽樣**(sampling without replacement)。

6.33 若$P(A)=0.80$，$P(C)=0.95$，且$P(A \cap C)=0.76$，請問事件A與事件C是否獨立？

6.34 若$P(M)=0.15$，$P(N)=0.82$，且$P(M \cap N)=0.12$，請問事件M與事件N是否獨立？

6.35 在範例6.20中，已知$P(H \cap J')=0.28$，所以在圖6.11對應於$H \cap J'$的區域填上0.28。請利用該範例中$P(H)=0.70$且$P(J)=0.60$的資訊，填入圖6.11中其他三個區域的機率。

6.36 請利用上題與圖6.11中的機率值，驗證

(a) $P(H|J)=0.70$，亦即，H與J是獨立的；

(b) $P(J)=P(J|H)=P(J|H')=0.60$，亦即，J與H是獨立的。

6.37 依據某監理所考汽車駕照之紀錄，第一次就通過路考的機率是0.75，而不考慮失敗次數，其餘的人通過路考的機率為0.60。請問，某個人在第四次路考才通過的機率是多少？

6.38 有些奇特的現象值得注意：事件A分別與事件B及C互相獨立，但是若事件B與事件C合起來的話，就與事件A不為獨立。請參考圖6.12，並驗證$P(A|B)=P(A)$且$P(A|C)=P(A)$但$P(A|B \cup C) \neq P(A)$。

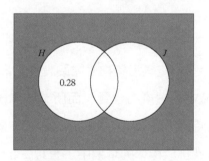

圖6.11 習題6.35之范氏圖

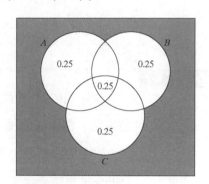

圖6.12 習題6.32之范氏圖

*6.7 貝氏定理

雖然$P(A \mid B)$與$P(B \mid A)$看起來很相似，但是它們所代表的機率則是完全不同的。舉例來說，前兩小節中所討論的輪胎代理商維修保固服務的例子中，$P(G \mid N)$表示知名代理商中提供優良維修保固服務的機率，但是$P(N \mid$

G)是什麼意思？這是提供優良維修保固服務的代理商中，屬於知名代理商的機率。再舉另一個例子。假設B表示某人進入民宅偷竊，而G表示該竊賊被判有罪，則$P(G \mid B)$表示那個進入民宅偷竊的人被判有罪的機率，而$P(B \mid G)$表示被判有罪的人的確進入民宅偷竊的機率。在以上的兩個例子中，兩個機率的含意是相反的，或者可以說，因果關係互換了。

統計學中有許多問題與這兩種條件機率息息相關，因此，對任何兩個事件A與B，我們要找出以$P(A \mid B)$描述$P(B \mid A)$的公式。我們先用之前討論的一般乘法規則，以$P(A \cap B)$把兩個條件機率銜接起來：

$$P(A) \cdot P(B|A) = P(B) \cdot P(A|B)$$

因此，兩邊同除$P(A)$之後，得到

$$P(B|A) = \frac{P(B) \cdot P(A|B)}{P(A)}$$

範例 6.26

環保局依據「使用中機器腳踏車排放空氣污染物檢驗站設置及管理辦法」之規定，機車必須檢驗其排放廢氣中的污染物含量，而所有的車輛中，有25%超過排放標準。在進行測試的時候，廢氣污染物超過排放標準的車輛，有99%會被檢查出來；但是沒有超過排放標準的車輛中，有17%會被誤判，無法通過檢測。請問，若某部車沒有通過檢測，其廢氣污染物含量的確超過排放標準的機率是多少？

解答 假設A表示某車輛無法通過檢測的事件，而B表示某車的廢氣污染物超過排放標準，則由題意可知，$P(B) = 0.25$，$P(A \mid B) = 0.99$，而且$P(A \mid B') = 0.17$。要求算$P(B \mid A)$，要用到以下的式子：

$$P(B|A) = \frac{P(B) \cdot P(A|B)}{P(A)}$$

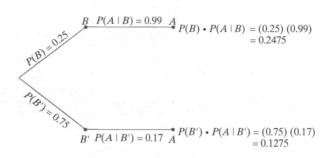

圖6.13　汽車廢氣排放檢測範例之樹圖

　　我們得先算出$P(A)$。見圖6.13之樹圖。我們可以從上面那條分支先經過B再到A，也可以由下面那條分支先經過B'再到A，而這兩條分支的機率，分別是 $(0.25)(0.99)=0.2475$以及$(0.75)(0.17)=0.1275$。

　　這兩條分支是互斥事件，因此$P(A)=0.2475+0.1275=0.3750$。代入$P(B|A)$的公式，得到

$$P(B|A) = \frac{P(B) \cdot P(A|B)}{P(A)} = \frac{0.2475}{0.3750} = 0.66$$

此即為某未通過檢測的車輛，其廢氣污染物確實超過排放標準的機率。

　　根據圖6.13，我們可以說$P(B|A)$是經過圖中上面那條分支到達事件A的機率，而這個機率等於經過這條分支到達A的機率除以經過所有兩條分支到達A的機率總和。這個論點也適用於兩條以上分支的情形。根據圖6.14，我們可以說 $P(B_i|A)$是經過第i條分支（$i=1$、2、3、……，或k）抵達事件A的機率，而且這個機率等於經過第i條分支到達A的機率除以經過所有k條分支到達A的機率總和。正式的數學公式為：

貝氏定理

倘若B_1、B_2、……，與B_k爲彼此互斥的事件，而且其中一個事件一定會發生，則

$$P(B_i|A) = \frac{P(B_i) \cdot P(A|B_i)}{P(B_1) \cdot P(A|B_1) + P(B_2) \cdot P(A|B_2) + \cdots + P(B_k) \cdot P(A|B_k)}$$

$i = 1, 2, \ldots,$**或** $k.$

請注意，上式中的分母正是$P(A)$。這種經由中間步驟到達A的$P(A)$計算方法，稱爲**刪除規則**(rule of elimination)或是**總和機率規則**(rule of total probability)。

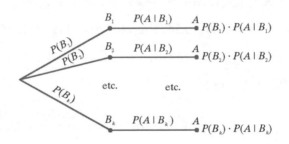

圖6.14 貝氏定理之樹圖

範例 6.27

某罐頭工廠中有三條生產線，第一、二、三條生產線的產能分別佔總生產量的50、30、與20%。倘若第一條生產線所生產的罐頭中，有0.4%的密封不良，而類似情形在第二與第三條生產線出現的機率分別爲0.6%與1.2%。請問，假設我們在罐頭出廠前的最後檢測中發現密封不良的罐頭時，該罐頭出自於第一條生產線的機率是多少？

解答

假設事件A表示發現密封不良的罐頭，而B_1、B_2與B_3分別表示罐頭是從第一、第二、第三條生產線製造出來的事件。根據題意，$P(B_1)=0.50$、$P(B_2)=0.30$、$P(B_3)=0.20$、$P(A \mid B_1)=0.004$、$P(A \mid B_2)=0.006$、且$P(A \mid B_3)$

＝0.012。如此，圖6.15中三條分支的機率分別為 (0.50) (0.004)＝0.0020、(0.30)(0.006)＝0.0018，與(0.20) (0.012)＝0.0024。依據刪除規則，$P(A)＝$0.0020＋0.0018＋0.0024＝0.0062。將這些數字代入樹圖中的第一條分支，得到

$$P(B_1|A) = \frac{0.0020}{0.0062} = 0.32$$

四捨五入至小數點後兩位。

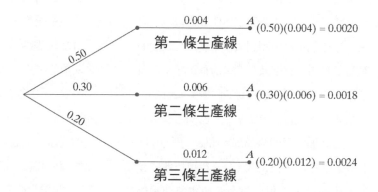

圖6.15 範例 6.27之樹圖

　　從以上的例子可知，貝氏定理是相當簡單的數學規則。它的正當性與有效性是眾所公認的，但是它的應用性則常常受到質疑。這是因為它牽涉到「向後的」(backward)或「逆向的」(inverse)推論過程；換句話說，從結果反推原因。舉例來說，在範例6.26中，我們猜想機車之所以無法通過檢測，是不是廢棄污染物的含量超過排放標準所造成的。同樣地，之前的例子中，我們也猜想那個密封不良的罐頭，是不是第一條生產線所製造的。貝氏定理的這項特質，正是它之所以在統計推論中具有舉足輕重地位的原因，因為我們的推論過程，是從樣本資料所得到的資訊，回過頭去推論其母體的真實情況。

精選習題

*6.39 某知名奈及利亞籍的長跑好手會參加波士頓馬拉松比賽的機率為0.60。如果他不參加的話，則去年冠軍選手今年衛冕成功的機率為0.66；但是如果他參加的話，則去年冠軍選手今年衛冕成功的機率只有0.18。請問去年冠軍選手今年衛冕成功的機率為何？

*6.40 承上題，假設我們錯過了這件事的報導，之後，突然在廣播中聽到去年冠軍衛冕成功的新聞。請問，該奈及利亞籍的長跑好手沒有參加此次波士頓馬拉松比賽的機率為何？

*6.41 在某個電子儀器生產工廠中，已知若安排新進員工參加公司的職前訓練的話，則有0.86的機率這些員工在正式工作之後可以達成預定的生產進度；但若沒有參加職前訓練的話，達成預定生產進度的機率只有0.35。倘若有80%的新進員工參加此職前訓練，請問以下事件的機率分別為何？

    (a) 某新進員工無法達成其預定生產進度；

    (b) 某個無法達成其預定生產進度的新進員工事實上沒有參加職前訓練。

*6.42 兩家廠商V與W打算競標某道路修築工程的招標案，而此招標案取決於投標廠商的競標金額。若廠商W不投標的話，則廠商V得標的機率為$\frac{3}{4}$。廠商W投標與否的勝算為3比1，而若廠商W參與競標的話，廠商V得標的機率只有$\frac{1}{3}$。

    (a) 請問廠商V得標的機率為何？

    (b) 倘若廠商V得標，請問廠商W沒有投標的機率是多少？

*6.43 有時候為了取得較為敏感問題的答案，我們會採用一種稱為**隨機化回應技術**(randomized response technique)的方法。舉例來說，假設我們想要瞭解某大學的學生當中吸大麻的比例，我們事先準備20張空白卡片，然後在其中12張上寫上「我每星期至少吸大麻一次」（12這個數字是我們可以任意決定的），而在其他的卡片上寫「我沒有每星期至少吸大麻一次」。之後我們讓受試者從這些卡片中隨機抽取一張，但是不要讓我們知道他所抽到的問題，請他回答「是」或「否」。

    (a) 請討論$P(Y)$與$P(M)$之間的關係，Y代表受試學生回答「是」的事件，而M表示此大學學生每星期至少吸大麻一次的事件。

    (b) 倘若在這種測試情境中，250個受試者中有106個回答「是」，請用(a) 的結果以及$P(Y) = 106/250$來估計$P(M)$。

*6.44「三個完全相同的盒子中，有一個裡頭有兩枚50元硬幣，另有一個裡頭有一枚50元硬幣以及一枚10元硬幣，最後一個裡頭有兩枚10元硬幣。我們隨機選出一個盒子，再從該盒子中隨機抽出一枚硬幣（不看另外兩個盒子裡頭裝什麼）。倘若所抽出來的是50元硬幣，請問該盒子中另外一枚也是50元硬幣的機率為何？乍看之下，我們會說，另外一枚也是50元硬幣的機率是0.50，因為我們第一

次所抽出的50元硬幣，只有兩個盒子有可能：兩枚50元硬幣，以及一枚50元硬幣與一枚10元硬幣。所以這兩個盒子被抽中的機率應該是一樣的。」

請用貝氏定理證明，盒子中另一枚也是50元硬幣的機率，其實是 $\frac{2}{3}$。

6.8 本章專有名詞彙整

*貝氏定理(Bayes'theorem)

賭注勝算(Betting odds)

餘集(Complement)

條件機率(Conditional probability)

一致性標準(Consistency criterion)

相依的(Dependent)

空集合(Empty set)

事件(Event)

實驗(Experiment)

有限的(Finite)

一般加法規則(General addition rule)

一般乘法規則(General multiplication rule)

廣義（特殊）加法規則(Generalized (special) addition rule)

獨立的(Independent)

無限的(Infinite)

交集(Intersection)

互斥(Mutually exclusive)

勝算(Odds)

出象(Outcome)

公設(Postulate)

*隨機化回應技術(Randomized response technique)

*刪除規則(Rule of elimination)

*總和機率規則(Rule of total probability)

樣本空間(Sample space)

歸還抽樣(Sampling with replacement)

不歸還抽樣(Sampling without replacement)

特殊加法規則(Special addition rule)

特殊乘法規則(Special multiplication rule)

主觀機率(Subjective probability)

子集(Subset)

機率論(Theory of probability)

聯集(Union)

范氏圖(Venn diagram)

6.9 參考書籍

- 一些關於機率學的基礎參考書籍：

1. BARR, D. R., and ZEHNA, P.W., *Probability: Modeling Uncertainty.* Reading, Mass.: Addison-Wesley Publishing Company, Inc., 1983.

2. DRAPER, N.R., and LAWRENCE, W. E., *Probability: An Introductory Course.* Chicago: Markham Publishing Co., 1970.

3. FREUND, J. E., *Introduction to Probability.* New York: Dover Publications, Inc., 1993 Reprint.

4. GOLDBERG, S., *Probability-An Introduction.* Englewood Cliffs, N.J.: Prentice Hall, 1960.

5. HODGES, J. L., and LEHMANN, E. L., *Elements of Finite Probability*, 2nd ed. San Francisco: Holden-Day, Inc., 1970.

6. MOSTELLER, F., ROURKE, R. E. K., and THOMAS, G. B., *Probability with Statistical Applications*, 2nd ed. Reading, Mass.: Addison-Wesley Publishing Company, Inc., 1970.

8. SCHEAFFER, R. L. and MENDENHALL, W., *Introduction to Probability: Theory and Applications.* North Scituate, Mass.: Duxbury Press, 1975.

- 以下這本書討論不少博弈遊戲以及相關的數學：

PACKEL, E.W., *The Mathematics of Games and Gambling.* Washington, D.C.: Mathematics Association of America, 1981.

7 ▸ 期望值與決策
EXPECTATIONS AND DECISIONS

本章7.1節討論的是數學期望值；7.2節談到在決策過程中數學期望值的應用；7.3節提及決策的理論，有助於管理科學的實務工作。這些主題的納入，將使讀者熟知決策在統計基礎上扮演的角色，而非正式地引入決策觀念將有助於對本書剩餘部分的吸收。

當我們面對牽涉不確定性的決策問題時，光用機率是不夠的。通常我們還必須知道可能出現的結果是什麼（利潤、成本、懲罰，或獎勵）。倘若我們必須決定要不要換一部新車，光是知道現在這部老爺車很快就得要進廠大修是不夠的，我們還得知道，進廠大修的話要花多少錢、這部老爺車大概可以折價多少錢……等等。另一個例子，倘若有個建築承包商在考慮要不要參加某個建築案的競標，這個案子有兩成的機率賺\$120,000，但是有八成的機率賠\$27,000。這個承包商參與這個案子賺到錢的機率似乎不高，但是他可能賺到的錢比可能賠掉的錢多了很多。這兩個例子說明我們需要一套把機率與結果結合在一起做決策的方法，這正是我們在第7.1節要介紹**數學期望值**(mathematical expectation)概念的原因。

從第11章到第18章，我們探討許多關於統計推論的問題。我們會估計未知的量、進行假設檢定，或提出預測。在這些類型的問題中，我們都必須要知道我們採取行動之後的結果可能是什麼。畢竟，如果沒有風險、沒有得失、也沒有人關心，那我們為什麼不估計灰松鼠的平均重量是315.2磅？為什麼不相信汽油加水之後，家裡那部老爺車每加侖可以跑150英里？為什麼不預測說到了西元2250年時，人類的平均壽命會達到200歲？為什麼不？反正是沒有風險、沒有得失、也沒有人關心。因此，第7.2節中，我們會討論一些例子來說明如何根據獎賞或損失計算數學期望值，而後再用以進行決策；第7.3節中，我們會討論如何利用這些方法來幫助我們選擇合適的統計技巧。

7.1 數學期望值

　　倘若某死亡率統計表告訴我們說，在美國，五十歲的婦女通常還有32年以上的期望壽命，這並不表示說，每個五十歲的美國婦女都可以活到82歲的生日，然後第二天就與親人天人永隔。同樣地，倘若某份資料顯示，每個美國人每年「期望」可以吃掉104.4磅的牛肉並喝掉39.6加侖的碳酸飲料，或是每個6歲至16歲的小孩「期望」每年看2.2次的牙醫，那麼這裡的「期望」顯然與我們一般口語中的「期望」不太一樣。一個小孩不可能去看牙醫2.2次，而且如果有個美國人每年都真的吃掉104.4磅的牛肉並喝掉39.6加侖的碳酸飲料，那我們會非常訝異。就五十歲的婦女而言，有的人可以再活12年，有的人可以再活20年，也有的人可以再活32年……。而所謂的32年期望壽命，意思是指「平均」，用我們的術語，就是**數學期望值**。

　　數學期望值的概念一開始是從博弈遊戲中發展出來的，而數學期望值最簡單的計算式，就是玩家所可能贏到的錢數乘上他的贏錢機率。

範例 7.1

　　若某玩家下注美金50元去賭投擲一枚公正的硬幣將出現反面，請問他的數學期望值是多少？

解答　　倘若該硬幣是公正的，而且是隨機投擲的話，他贏錢的機率是0.5。因此它的數學期望值是50 (0.5)＝$25。

範例 7.2

　　倘若某人買了發行2,000張的對獎彩券中的其中一張，而該彩券的獎品是價值 $1,960的旅遊券，請問這個人的數學期望值是多少？

解答　　此時，贏得此旅遊券的機率是兩千分之一，0.0005，所以數學期望值是

1,960 (0.0005)＝$0.98。因此，從財務的角度來看，我們不應該花超過0.98美元去買這張彩券，除非這個人在購買這張彩券的過程中，有額外的樂趣。

上面這兩個例子中，都只有一項獎品，但是都有兩種可能的結果。在範例7.1中，獎品是50元美金，兩個可能的結果是贏50元美金或一無所獲；範例7.2中，獎品是價值$1,960的旅遊券，兩個可能的結果是贏得那張旅遊券或空手而回。在範例7.2中，我們也可以說，其中一張彩券價值$1,960，而其他1,999張的價值是零，所以全部兩千張彩券的價值是$1,960，或是平均而言，每張彩券的價值是1,960／2,000＝$0.98。這個平均值就是數學期望值。把這個概念一般化，我們來看看以下的例子。

範例 7.3

承範例7.2，倘若這個彩券遊戲增加了第二獎，價值$200的晚餐餐券，以及第三獎，價值$16的電影票，請問現在一張彩券的數學期望值是多少？

解答 在這個情況下，我們可以說這些彩券其中一張價值$1,960，另一張價值$200，還有一張價值$16，而剩下的1,997張的價值為零。所以，全部兩千張彩券的總價值是1,960＋200＋16＝$2,176，或是平均而言，每張彩券的價值是 $\frac{2,176}{2,000}$ ＝$1.088。換個角度來看這個問題，我們可以說，如果這個彩券遊戲重複進行許多遍的話，買一張彩券卻都沒有中獎的比例是 $\frac{1,997}{2,000}$ ・100％＝99.85％(或說機率為0.9985)；得到三個獎項其中之一的比例是 $\frac{1}{2,000}$ ・100％＝0.05％（或說機率為0.0005）。平均而言，買一張彩券可能贏得的價值是0 (0.9985)＋1,960 (0.0005)＋200 (0.0005)＋16 (0.0005)＝$1.088，正是每個可能結果乘上其機率的總和。

把這個例子的結果推廣，我們可以得到以下的定義：

數學期望值

> 倘若得到a_1、a_2、……，或a_k這些結果（數量）的機率分別爲p_1、p_2、……，與p_k，而且$p_1+p_2+……+p_k=1$，則其數學期望值爲
>
> $$E = a_1 p_1 + a_2 p_2 + \cdots + a_k p_k$$

每個數量都乘上相對應的機率，而這些乘積的總和就是數學期望值。以 $\sum$ 的符號表示，就是 $E = \sum a \cdot p$。

就這些數量(a)而言，切記，當它們代表利潤、贏錢，或獲得（也就是我們有得到一些東西）時，它們應該是正數；當它們代表損失、賠錢，或失去（也就是我們有付出一些東西）時，它們應該是負數。

範例 7.4

若骰子出現1或6時，贏\$25；出現2、3、4，或5時，輸\$12.5，請問數學期望值是多少？

解答　此時$a_1=25$、$a_2=-12.5$，而 $p_1 = \frac{2}{6} = \frac{1}{3}$、$p_2 = \frac{4}{6} = \frac{2}{3}$（假設骰子是公正的且隨機投擲）。則數學期望值為

$$E = 25 \cdot \frac{1}{3} + (-12.5) \cdot \frac{2}{3} = 0$$

範例7.4所表達的，即是所謂的**公平賽局**(equitable or fair game)。在公平賽局中，沒有一個玩家享有優勢；每個玩家的數學期望值都是零。

範例 7.5

某投資者打算要出售一筆可以興建山林小屋的土地，他有四種可能出現的結果：賺\$2,500、賺\$1,500、賺\$500，或賠\$500，而機率分別是0.22、0.36、0.28，與0.14。請問該投資者的數學期望值是多少？

此時$a_1=2,500$、$a_2=1,500$、$a_3=500$、$a_4=-500$、$p_1=0.22$、$p_2=0.36$、$p_3=0.28$、$p_4=0.14$，代入E的公式，得到

$$E = 2,500(0.22) + 1,500(0.36) + 500(0.28) - 500(0.14)$$
$$= \$1,160$$

雖然我們把a_1、a_2、……，或a_k這些結果稱為「數量」，它們並不一定表示金錢的數量。本章一開始提到6歲至16歲的小孩「期望」每年看2.2次的牙醫，這個數值就是數學期望值，這些小孩一年之中去看牙醫的次數可能是0、1、2、3、4、……次，將這些次數分別乘上相對應的機率，加總起來便得到這個年齡層的小孩每年去看牙醫的次數。

範例 7.6

某機場中，某航空公司服務台每天接到0至8件關於行李處理的旅客抱怨申訴案件的機率，分別為0.06、0.21、0.24、0.18、0.14、0.10、0.04、0.02，與0.01。請問這家航空公司每天接到此類旅客抱怨案件的期望值為何？

解答　將題目中所提供的數據代入數學期望值的公式，得到

$$E = 0(0.06) + 1(0.21) + 2(0.24) + 3(0.18) + 4(0.14)$$
$$+ 5(0.10) + 6(0.04) + 7(0.02) + 8(0.01)$$
$$= 2.75$$

本小節到目前為止的例子中，a與p的資訊都已經知道了，然後直接計算E。現在我們來看看另外一些例子，先給我們a與E的資訊，再算出p；或是先給我們p與E的資訊，再算出a。

範例 **7.6**

　　某人因為車禍意外事故的賠償官司來找芬尼律師幫他辯護，芬尼律師在考慮是要直接收取一筆$7,500的酬金，還是要改收一筆條件酬金(contingent fee)：官司打贏了才收錢。以下兩種情況中，請問這位律師對其委託人打官司的勝算看法為何？

　　(a) 律師選擇直接收取一筆$7,500的酬金，放棄$25,000的條件酬金。

　　(b) 律師選擇$60,000的條件酬金，放棄直接收取一筆$7,500的酬金。

解答　　(a) 倘若律師認為其委託人官司打贏的機率為p，則當條件酬金為$25,000時，該律師的數學期望值是$25,000p$。如果律師寧可選擇直接收取一筆$7,500的酬金，表示她認為$7,500 > 25,000p$，因此，

$$p < \frac{7,500}{25,000} = 0.30$$

　　(b) 在這個情況下，律師的數學期望值為$60,000p$。如果她願意選擇條件酬金而放棄直接收取一筆$7,500的酬金的話，表示$60,000p > 7,500$，因此，

$$p > \frac{7,500}{60,000} = 0.125$$

　　把範例7.7中兩個答案連接起來，我們知道$0.125 < p < 0.30$，而p即為這位律師對其委託人官司勝訴的主觀機率。如果要把這個範圍更縮小的話，我們可以變動條件酬金的數量，參考習題7.5與7.6。

範例 **7.8**

　　有個朋友說他願意「不計代價」跟我們換兩張NBA季後賽的門票。我們向他提議，請他先付我們這兩張門票的原價兩百二十元美金，然後從一副撲克牌中任選一張牌，倘若那張牌是J、Q、K，或A的話，那我們就同意把這兩張門票給他；如果不是這四種花色的話，那麼他不但拿不到門票，連兩

百二十元美金也不還他。如果我們這位朋友認為這個交易很公平的話，請問這兩張門票對他而言價值多少？

解答　一副撲克牌中，J、Q、K，或A各有四張，因此他抽中這四種花色的機率是 $\frac{16}{52}$，而他拿不到門票的機率是 $1 - \frac{16}{52} = \frac{36}{52}$。如此，這個交易的數學期望值則是

$$E = a \cdot \frac{16}{52} + 0 \cdot \frac{36}{52} = a \cdot \frac{16}{52}$$

其中a是他認為這兩張門票對他而言的價值。既然他認為這個交易是公平的，因此這個數學期望值等於\$220；而

$$a \cdot \frac{16}{52} = 220 \quad 且 \quad a = \frac{52 \cdot 220}{16} = \$715$$

對我們這位朋友而言，這兩張NBA季後賽的門票價值715美元。

精選習題

7.1 某香皂製造商以抽獎的方式促銷新產品，頭獎價值\$3,000，二獎價值\$1,000。總共有15,000名消費者寄回回函參加抽獎。請問對參加此抽獎促銷活動的消費者，其數學期望值是多少？

7.2 某珠寶商用完全相同的紙盒，將45支單價12美元的男用手錶，以及5支單價600美元的男用手錶分別包裝起來，盒子上無任何標示，然後讓顧客自由選擇。

(a) 請問每個顧客的數學期望值是多少？

(b) 若該珠寶商對每一位進來選上述紙盒的顧客都收取100美元，請問他的收益期望值是多少？

7.3 倘若兩個勢均力敵的隊伍進行「七戰四勝」的比賽，則此系列賽會進行四、五、六、七場的機率分別為 $\frac{1}{8}$、$\frac{1}{4}$、$\frac{5}{16}$ 與 $\frac{5}{16}$。在這些情況下，請問此系列賽預期會進行幾場？

7.4 某保全公司從過去經驗中得知，一個晚上出現2、3、4、5、或6次警鈴誤響的機率分別為0.12、0.26、0.37、0.18，與0.07。請問，對該公司而言，一個晚上預期會出現幾次警鈴誤響的情形？

7.5 參考範例7.7，假設該律師選擇直接收取一筆$7,500的酬金，放棄$30,000的條件酬金，則該律師對其委託人打官司的勝算看法為何？

7.6 參考範例7.7，假設該律師選擇$37,500的條件酬金，放棄直接收取一筆$7,500的酬金，則該律師對其委託人打官司的勝算看法為何？

7.7 鍾先生想要在即將到來的高爾夫球巡迴賽中擊敗王先生，但是除非他花$400去參加訓練課程，否則他獲勝的機會為零。若他參加該訓練課程的話，則獲勝機率提高至0.50。倘若鍾先生願意出$1,000且王先生願意出$x$元，賭說鍾先生會擊敗王先生的話，請問$x$是多少？

*7.2 決策

在處理不確定性時，數學期望值對於我們進行決策有莫大的幫助。一般而言，如果我們有兩個以上的選項可以選擇時，所謂的理性，就是選擇那個「最有希望」(most promising)的選項－期望收益最高、期望成本最低、期望稅率優惠最多、期望損失最少等等。這個方法在直覺上非常吸引人，但並不是萬無一失的。在許多問題中，E的公式中所必須知道的a（數量）與p（機率），是很難得知的、甚至是完全無從猜測的。參考以下的例子。

範例 7.9

某藥廠的研發單位已經花了四十萬美金去研究某種新的預防暈船藥是否有效。現在，此研發單位的主管要決定是否要繼續投入二十萬美金來完成這項研究。他知道這項研究的成功機率只有三分之一；他也知道如果研究繼續下去而且證明這個新藥的確有效的話，可以幫他的公司賺進一百五十萬美金。當然，倘若研究繼續下去卻發現這個新藥是無效的話，那麼這六十萬美金就等於是付諸流水了。此外，他還知道，如果研究在此中止、而競爭者卻證明該新藥確實有效的話，那麼他的公司必須要為這項錯誤決策所損失的競爭優勢，多付出十萬美金的成本。這個主管該怎麼決策，才能使他的公司的

期望利潤達到最大？

解答　處理此類問題時，把題目所提供的資訊以表格方式整理出來是非常有幫助的，如下表，稱為**收益表**(payoff table)：

	研究繼續	研究中止
新藥有效	1,500,000	−500,000
新藥無效	−600,000	−400,000

利用這些資訊，以及新藥有效與無效的機率分別是 $\frac{1}{3}$ 與 $\frac{2}{3}$，該主管可以計算，如果研究繼續下去的話，公司的期望利潤是

$$1,500,000 \cdot \frac{1}{3} + (-600,000) \cdot \frac{2}{3} = \$100,000$$

而如果研究在此中止的話，公司的期望利潤是

$$(-500,000) \cdot \frac{1}{3} + (-400,000)\frac{2}{3} \approx -\$433,333$$

比較可知，$100,000的期望利潤應該比-$433,333的期望損失來得好，因此該主管應該決定研究要繼續進行。

我們探討這個問題的方法稱為**貝氏分析**(Bayesian analysis)。在這類型的分析中，我們把機率置入帶有不確定性的選項中（即**自然狀態**），在本例中為新藥為有效或無效，然後選擇那個期望利潤最大或是期望成本最小的選項。之前我們提過，這個方法並不是萬無一失的。倘若我們要在決策過程中應用數學期望值的話，我們得先確定，對於相關的機率與收益（結果），我們的估計都應是相當可靠的。

範例 7.10

　　承範例7.9，倘若該研究單位的主管有位研究助理，他強烈認為該主管高估了該新藥的成功機率，他認為該新藥確實有效的機率應該是 $\frac{1}{15}$，而不是 $\frac{1}{3}$。這樣一來，對該主管的決策有什麼影響？

解答　　把機率依題意修正，則若研究繼續的話，期望利潤變成

$$1,500,000 \cdot \frac{1}{15} + (-600,000) \cdot \frac{14}{15} = -\$460,000$$

若研究中止的話，期望利潤變成

$$(-500,000) \cdot \frac{1}{15} + (-400,000) \cdot \frac{14}{15} \approx -\$406,667$$

這兩個結果看起來都沒什麼希望，不過$406,667的期望損失還是比$460,000的期望損失來得少，所以研究應該立刻中止，與範例7.9的結論相反。

範例 7.11

　　假設那個研究助理告訴他的主管說，原本預測的$1,500,000的利潤是錯誤的，應該是$2,300,000才對。請問如此一來，決策會受到什麼影響？

解答　　承範例7.10，假設成功機率為 $\frac{1}{15}$，則若研究繼續的話，期望利潤變成

$$2,300,000 \cdot \frac{1}{15} + (-600,000) \cdot \frac{14}{15} = -\$406,667$$

若研究中止的話，期望利潤還是大約-$406,667，與範例7.10相同。如此一來，研究繼續或中止沒有太大的差別，看樣子得丟銅板決定了。

精選習題

*7.8 某摸彩袋中有五個價值$1的小禮物、五個價值$3的小禮物、以及10個價值$5的小禮物。請問是否值得花$4去從該摸彩袋中隨機抽出一樣小禮物？

*7.9 某承包商在評估兩件工程案，且必須從中擇一承接。第一件案子可獲利$120,000，成功機率為$\frac{3}{4}$；但是由於罷工與工程延誤的可能性，此工程案失敗的機率為$\frac{1}{4}$，會虧損$30,000。第二件案子成功與失敗的機率皆為一半，成功的話可獲利$180,000，然而失敗的話會虧損$45,000。請問此承包商應該選擇哪個工程案才能獲得最大期望收益？

*7.10 某景觀建築師要考慮是否要參加某公共建築物景觀美化的招標案。倘若他知道這份工作他有0.40的機率可以賺到$10,800，也有0.60的機率賠$7,000，而且期望收入至少要$1,000以上他才願意去做的話，請問該景觀建築師是否應該投標？

*7.11 某採礦公司的管理階層必須決定是否要在某地點繼續進行採礦作業。倘若他們繼續下去而且成功的話，會有$4,500,000的利潤；倘若他們繼續下去但結果不成功的話，會損失$2,700,000；倘若他們就此暫停、但實際上若繼續下去會成功的話，會損失$1,800,000（因為市場競爭的關係）；倘若他們就此暫停，而且實際上若繼續下去也不會成功的話，會有$450,000的利潤（因為成本節省）。倘若該公司認為繼續開採的成功機率

與失敗機率各為一半一半的話，請問他們該採用何種策略以獲得最大期望收益？

*7.12 承上題，請驗證如果成功機率為$\frac{1}{3}$的話，所採取的策略與之前相同。

*7.13 在完全不知道機率為何的情況下，悲觀的人所可能採取的策略包括盡可能降低最大損失、或是盡可能提高最小收益，亦即，**大中取小準則**(minimax criterion)或是**小中取大準則**(maximin criterion)。

參考範例7.9，假設該藥廠研發單位的主管完全不知道該新藥是否有效，請問根據大中取小準則，他該採用什麼策略來降低損失？

*7.14 在完全不知道機率為何的情況下，樂觀的人所可能採取的策略包括盡可能降低最小損失、或是盡可能提高最大收益，亦即，**小中取小準則**(minimin criterion)或是**大中取大準則**(maximax criterion)。

參考範例7.10，倘若該研發單位主管的研究助理也完全不知道該新藥是否有效，請問根據大中取大準則，他該採取什麼策略來提高收益？

*7.15 承習題7.11，倘若完全不知道該採礦作業的成功機率，則在以下的情況中，總經理該如何向董事為提出建議？

(a) 總經理是個非常樂觀的人；

(b) 總經理是個非常悲觀的人。

*7.3 統計決策問題

著重於推論現代統計學可視為在不確定情況下執行決策的技術或科學。這個稱為**決策理論**(decision theory)的統計方法可追溯到二十世紀中葉，約翰·馮紐曼(John von Neumann)與奧斯卡·摩根斯坦(Oscar Morgenstern)於1944年所著的《博弈理論與經濟行為》(*Theory of Games and Economic Behavior*)，以及阿布拉罕·沃德(Abraham Wald)於1950年所著的《統計決策函數》(*Statistical Decision Functions*)。由於決策理論的研究中所使用的數學工具非常複雜，本節中只應用上一節中所討論過的方法，針對統計學領域的問題做進一步的探討。

範例 7.12

政府派出五個研究小組針對企業界中的性別歧視問題進行研究，這五個小組中，女性成員分別有1、2、5、1，與6人。這五個小組被隨機分派到不同的城市，其中一個城市的市長，聘請了一名顧問來預測即將抵達該城市的研究小組中有幾位是女性。不論這名顧問的預測是否準確，都有$300的酬勞，但如果他的預測正確的話，還會有$600的額外紅利。請問這名顧問應該如何預測，以使其期望報酬最大？

解答　如果該顧問的預測是1的話（1是五個可能值的眾數），則他有五分之三的機率賺到$300，五分之二的機率賺到$900，所以他的期望報酬是

$$300 \cdot \frac{3}{5} + 900 \cdot \frac{2}{5} = \$540$$

如果該顧問的預測是2、5，或6的話，則他的期望報酬是

$$300 \cdot \frac{4}{5} + 900 \cdot \frac{1}{5} = \$420$$

他如果預測其他數字的話，就只能領$300。很明顯他的預測應該是1。

這個例子顯示，如果我們得直接做選擇，而且沒有辦法取得更多資訊的話，那麼眾數是最好的預測選擇。底下的例子說明誤判損失的基準將是處理決策問題的依據。

範例 7.13

承範例7.12，倘若該顧問可以得到$600的報酬，但是如果他預測錯誤的話，要扣掉他的誤差乘上40倍的錢，如此一來，他應該要如何預測以使其期望報酬最大？

解答 在這個情況下，中位數是最好的預測選擇。如果該顧問預測2的話（2是1、1、2、5、6的中位數），則他所可能出現的誤差為1、0、3、或4，看抵達該城市的女性研究員是1、2、5、還是6人。因此，該顧問可能得到的報酬為$560、$600、$480、或$440，而相對應的機率分別為 $\frac{2}{5}$、$\frac{1}{5}$、$\frac{1}{5}$、與 $\frac{1}{5}$。所以他可以期望獲得的報酬為

$$560 \cdot \frac{2}{5} + 600 \cdot \frac{1}{5} + 480 \cdot \frac{1}{5} + 440 \cdot \frac{1}{5} = \$528$$

我們可以證明，他如果不預測2而改預測其他數字的話，期望報酬一定都比$528低。假設該顧問預測3，因為3是1、1、2、5、6的平均數。如此一來，他可能出現的誤差為2、1、2、或3。則該顧問可能得到的報酬為$520、$560、$520、或$480，而相對應的機率分別為 $\frac{2}{5}$、$\frac{1}{5}$、$\frac{1}{5}$、與 $\frac{1}{5}$。所以他可以期望獲得的報酬為

$$520 \cdot \frac{2}{5} + 560 \cdot \frac{1}{5} + 520 \cdot \frac{1}{5} + 480 \cdot \frac{1}{5} = \$520$$

上面的例子中，誤差所導致的懲罰（被扣掉的錢），與誤差本身的大小成正比；意即，懲罰的增加幅度等於誤差值的增加幅度。此時我們採用中位數。倘若懲罰的增加幅度大於誤差值的增加幅度時，比如懲罰與誤差值的平

方成正比,則平均數是最好的選擇。參考下面的例子。

範例 7.14

承上例,倘若該顧問可以得到$600的報酬,但是如果他預測錯誤的話,要扣掉他的誤差的平方再乘上20倍的錢,如此一來,他應該要如何預測以使其期望報酬最大?

解答　如果該顧問以平均數 $\frac{1+2+1+5+6}{5} = 3$ 來進行預測的話,則他可能出現的誤差的平方為4、1、4、或9,依照抵達該城市的女性研究員是1、2、5,還是6人而定。則該顧問可能得到的報酬為$520、$580、$520,或$420,而相對應的機率分別為 $\frac{2}{5}$、$\frac{1}{5}$、$\frac{1}{5}$、與 $\frac{1}{5}$。。所以他可以期望獲得的報酬為

$$520 \cdot \frac{2}{5} + 580 \cdot \frac{1}{5} + 520 \cdot \frac{1}{5} + 420 \cdot \frac{1}{5} = \$512$$

我們也可以證明,若該顧問不預測3而改預測其他的數值的話,其期望報酬一定低於$512。(參考習題7.16)

第三個例子在統計學中非常重要,因為它所使用的概念與統計學中的「最小平方法」(method of least squares)非常相近。我們會在第16章中詳細討論如何用這個方法,來描述觀察值所構成的曲線。但除此之外,這個方法在統計理論中還有不少其他重要的應用範疇。實務上,通常誤差值愈大,所造成的後果愈嚴重,因此我們採用「誤差的平方」,來凸顯這個概念。

在實務上應用本章所討論的方法時,最大的困難在於我們很難精確地掌握所有相關的風險,換句話說,我們通常不知道事件最終結果的精確價值是多少。舉例來說,倘若美國食品藥物管理局(FDA, Food and Drug Administration)在考慮是否要通過某種新藥的審核、准許其上市以供一般大眾使用,如果FDA不進一步要求藥廠進行更完整縝密的研究以檢測該新藥的副作用,而直接通過該新藥的審核,結果導致某些病患使用該新藥後產生不

良影響的話，FDA要如何衡量這些傷害的金錢價值？而如果藥廠應FDA的要求進行更完整縝密的研究來檢測該新藥的副作用，結果卻導致某些病患的治療良機被延誤以致死亡，FDA要如何衡量這些早逝生命的金錢價值？同樣地，倘若某招生委員會必須在眾多申請者中挑出一個學生授與醫學院的入學許可，或是獎學金，他們要如何預見所有可能發生的後果？

另一方面，對於機率，我們所能得到的訊息也是極為有限，因此很難找到合適的決策準則。如果我們對這些機率一無所知，那麼用習題7.13與7.14中的樂觀或悲觀方法，是否合理？這樣的問題其實很難回答，但是分析這些問題，正是幫助我們瞭解統計思維邏輯的重要目的。

精選習題

*7.16 承範例7.14，已知該顧問可以得到\$600的報酬，但是如果他預測錯誤的話，要扣掉他的誤差的平方再乘上20倍的錢。請問在以下的情況中，該顧問可以期望賺到多少錢？

(a) 他以眾數1預測；

(b) 他以中位數2預測。

（一般來說，我們可以證明，對任何一組數字 x_1、x_2、……，與 x_n 而言，當 $k = \bar{x}$ 時，$\sum (x-k)^2$ 的值是最小的。在這個例子中，當預測值為平均數3時，被扣掉的錢是最少的。）

*7.17 某徵文比賽中最後有七篇文章進入決選，這七篇文章作者的年齡分別為17、17、17、

18、20、21，與23。若我們預測最後得獎者的年齡，猜中有獎，猜錯則無，請問我們的預測值應該是多少以獲得最大期望收益？

*7.18 承上題，在以下兩個條件下，請問我們預測值應該分別是多少，以獲得最大期望收益？

(a) 猜錯的懲罰與誤差的大小成正比；

(b) 猜錯的懲罰與誤差的大小平方成正比。

*7.19 某中古車賣場中，有些二手車標價\$1,895，有些為\$2,395，有些則為 \$2,795，還有些為\$3,495。倘若我們要預測哪一個價錢的車子會最先賣出去，要如何預測才會盡可能降低該預測值的最大誤差？這個統計量的名稱為何？我們在第三章曾經介紹過。

7.4 本章專有名詞彙整

*貝氏分析(Bayesian analysis)

*決策理論(Decision theory)

*公平賽局(Equitable or fair game)

數學期望值(Mathematical expectation)

*大中取大準則(Maximax criterion)

*小中取大準則(Maximin criterion)

*大中取小準則(Minimax criterion)

*小中取小準則(Minimin criterion)

*收益表(Payoff table)

*自然狀態 (States of nature)

7.5 參考書籍

- 關於本章內容更詳盡的討論可參考

  1. BROSS, I. D. J., *Design for Decision*. New York: Macmillan Publishing Co., Inc., 1953.

  2. JEFFREY, R. C., *The Logic of Decision*. New York:McGraw-Hill Book Company, 1965.

- 以下這本書討論基礎決策理論：

  CHERNOFF, H., and MOSES, L. E., *Elementary Decision Theory*. New York: Dover Publications, Inc., 1987 reprint.

- 以下這本書中有兩個非常值得參考的例子：*"The Dowry Problem"* 以及 *"A Tie Is Like Kissing Your Sister"*：

  HOLLANDER, M., and PROSCHAN, F., *The Statistical Exorcist: Dispelling Statistics Anxiety*. New York: Marcel Dekker, Inc., 1984.

綜合練習題
5　6　7

R.29 參考圖R.1，請說明該范氏圖中區域1、2、3，與4所代表的事件的涵義。

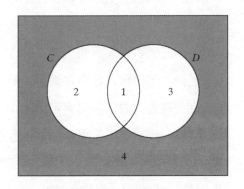

圖R.1　習題R.29與R.30之范氏圖

R.30 參考圖R.1，該范氏圖中區域1、2、3、與4的機率分別為0.48、0.12、0.32，與0.08，請求算$P(C)$，$P(D')$，以及$P(C \cap D')$。

R.31 請利用上題的結果，檢驗C與D'是否獨立。

R.32 某報紙主編收到0封至8封讀者投書的機率分別為0.01、0.02、0.05、0.14、0.16、0.20、0.18、0.15、與0.09。請問以下事件的機率為何？

(a) 收到至多四封讀者投書；

(b) 至少六封；

(c) 三至五封。

R.33 請檢驗以下的式子是否正確：

(a) $\frac{1}{4!} + \frac{1}{6!} = \frac{31}{6!}$;

(b) $\frac{20!}{17!} = 20 \cdot 19 \cdot 18 \cdot 17$;

(c) $5! + 6! = 7 \cdot 5!$;

(d) $3! + 2! + 1! = 6$.

R.34 某小型房屋仲介公司有五個兼職的銷售人員。請用數對的方式，如 (3，1)表示有三個兼職銷售人員來上班，而其中一人正在與客戶洽談；(2，0)則表示有兩個兼職銷售人員來上班，但無人正在與客戶洽談。請繪製如同圖 6.1的圖表，並標示出21個樣本空間的點。

R.35 承上題，倘若這21個樣本點出現的機率皆為$\frac{1}{21}$，請求算以下事件的機率：

(a) 至少三個銷售人員來上班；

(b) 至少三個銷售人員正在與客戶洽談；

(c) 沒有銷售人員正在與客戶洽談；

(d) 只有一個銷售人員來上班，而且他沒有在與客戶洽談。

R.36 某人想要在某美食精品店中購買四種咖啡，而該店總共有15種咖啡可供選擇，請問他總共有幾種組合搭配的方式？

R.37 某人進行低膽固醇飲食計畫，三週之內只能食用四顆雞蛋，而且同一週之內不能食用超過兩顆雞蛋。請繪製樹圖說明此人該如何在三週之內分配食用四顆雞蛋。

R.38 某冷凍食品公司在亞利桑那州與新墨西哥州進行抽獎活動，最高獎金 $100,000。消費者參加抽獎的辦法，是在空白回條上寫上自己的姓名，然後寄回該公司。消費者可以連同他們所購買商品的標籤一同寄回。活動結束後，總共有225,000封回函參加抽獎，資料細分如下表：

	有附標籤	未附標籤
亞利桑那州	120,000	42,000
新墨西哥州	30,000	33,000

倘若得獎者是從這些回函中隨機抽出，但是有附標籤者被抽中的機率調整為是未附標籤者的三倍，請問得獎者是

(a) 有附標籤者；

(b) 來自於新墨西哥州的機率分別是多少？

R.39 某測驗卷中包含八題是非題，以及四題單選題，每一題單選題各有四個選項。請問這份測驗卷總共有幾種可能的答案組合？

R.40 某西點麵包麵有12個果醬甜甜圈以及15個巧克力甜甜圈。倘若第一個顧客先買了一個之後，第二個顧客兩種各買一個。請問，在以下的情況中，第二個顧客有幾種選擇？

(a) 第一個顧客買的是果醬甜甜圈；

(b) 第一個顧客買的是巧克力甜甜圈。

R.41 倘若Q事件表示某人具備擔任某文職工作的資格，而A事件表示此人會得到該文職工作，請以文字說明以下機率的涵義：$P(Q')$、$P(A \mid Q)$、$P(A' \mid Q')$，與$P(Q' \mid A)$。

R.42 某車輛拖吊公司在傍晚交通尖峰時間接到0至6通求助電話的機率分別為0.05、0.12、0.31、0.34、0.12、0.05，與0.01。請問該公司在傍晚交通尖峰時間預期會接到幾通求助電話？

R.43 若$P(A)=0.37$、$P(B)=0.25$、且$P(A \cup B)=0.62$，請問事件A與事件B

(a) 是否互斥？

(b) 是否獨立？

R.44 請說明為何以下各項都是錯誤的？

(a) $P(A)=0.53$且$P(A \cap B)=0.59$。

(b) $P(C)=0.83$且$P(C')=0.27$。

(c) 事件E與事件F為獨立，$P(E)=0.60$，$P(F)=0.15$，且$P(E \cap F)=0.075$。

R.45 鐘女士認為以下兩個領獎選項對她來說很難抉擇：

(a) 直接領取30美金的現金；

(b) 從裝有15個紅珠子與45個藍珠子的甕中隨機抽出一個,若是選中紅珠子,則領三美元的現金,或是選中藍珠子,則領一瓶高級香水。

請問對鐘女士來說,這瓶香水價值多少?

R.46 某畫家以一幅得意之作參加競賽畫展,他認為若該幅畫有得獎的話,可以$5000的價格賣出,若沒得獎的話,只能以$2,000的價格賣出。倘若該畫家在得獎名單公布之前,就先將該幅畫的標價訂為$3000,請問他認為自己作品能夠得獎的機率為何?

R.47 某醫院的手術房的空調系統,有六種溼度設定以及八種溫度設定,請問該手術房共有幾種空調的設定?

R.48 請問以下英文字的字母,總共有幾種排列的方式?

(a) Horse;

(b) Murder;

(c) Runner;

(d) Paddled。

R.49 圖R.2中,事件B表示某個在南太平洋旅遊的遊客會造訪波拉波拉的事件;M表示該遊客會造訪莫瑞亞的事件;T代表該遊客會造訪大溪地

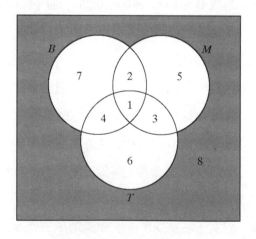

圖R.2 習題R.49之范氏圖

的事件。請以文字說明以下區域所代表的事件涵義：區域4；區域1與區域3的總和；區域3與區域6的總和；區域2、5、7，與8的總和。

R.50 測謊器在戰爭時期被用來偵測可疑份子，不過眾所周知，測謊器並不是百分之百準確。倘若我們假設，在面對真的可疑份子時，測謊器有0.10的機率會出錯，而且有0.08的機率測謊器會將一般正常人誤判為可疑份子。倘若接受測謊測試的人當中，只有2%是真的可疑份子，請問以下事件的機率

(a) 被測謊器判定為可疑份子的人，實際上真的是可疑份子；

(b) 測謊器判定為非可疑份子的人，實際上真的不是可疑份子。

R.51 某沈船打撈公司有兩位合夥人，其中一位認為他們最多有3比1的勝算已經找到正確的沈船地點，而另一位認為他們的勝算至少為13比7。請找出兩個人都能接受的勝算（注意，本題的答案非唯一）。

R.52 某研究員的研究成果能夠使他獲得加薪、升遷、或兩者兼具的機率分別為0.33、0.40、與0.25。請問他的研究成果能使他獲得加薪或是升遷或是兩者兼具的機率為何？

R.53 圖R.3中，事件A中每個可能結果的發生機率，都是事件A'中每個可能結果的發生機率的兩倍。請問事件A的發生機率為何？

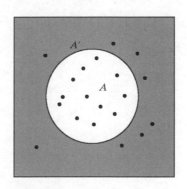

圖R.3 習題R.53之范氏圖

R.54 倘若某測驗中有18題是非題，而我們以丟銅板的方式來作答，請問答對十題、答錯八題的機率是多少？

R.55 四個人湊在一起準備打橋牌。請問他們總共有幾種搭檔打牌的方式？

R.56 某一家人有四部汽車，請問在以下兩種情形下，他們有幾種可能的停車方式？

(a) 一個可容納四部車並排的大車庫；

(b) 五個路邊停車位。

8 ▸ 機率分配
PROBABILITY DISTRIBUTIONS

不　確定性在我們周遭隨處可見。投資人絕對無法確知明天通用汽車的
　　　　股價是多少，而飛機上的旅客也無法確知這班從達拉斯起飛的班
機，抵達紐約的正確時間。軟體研發公司的總裁無法事先預知該公司所研發
的新軟體會有多少用戶，而汽車研發工程師也無法確定他們正在進行中的汽
車電池，到底可以維持多長的壽命。我們無法得知第一次降霜之後，那棵樹
上還會剩下幾片葉子，也無法確知某公司的年度報表中會出現多少錯誤。在
以上這些例子中，那些我們無法確知的數量，就是**隨機變數**(random vari-
able)的數值。

不過隨機變數既不隨機也不是變數，為什麼用這個名稱？這很難解釋，
不過有位非常幽默的數學教授舉了個有趣的例子：鱷梨（alligator pear或
avocado），既不是鱷魚(alligator)也不是梨子(pear)。

在探討隨機變數時，我們通常想知道在它們可能出現的數值範圍內，那
些數值的機率，換句話說，就是它們的**機率分配**(probability distribution)。第
8.1與8.2節將先介紹隨機變數與機率分配的概念，而第8.3節至8.6節將討論一
些最重要的機率分配模型。之後，我們在第8.7與8.8節中討論在描述這些機
率分配的特徵時，幾項最常用的方法。

8.1 隨機變數

為了更精確地說明隨機變數的含意，我們回頭看看範例6.1與6.14，在這
兩個例子中，有個二手車經銷商，手下有兩個業務員要幫他賣掉三部同一款
式的卡車。現在，我們假設這位二手車經銷商感興趣的是，這兩個業務員在
一個星期之內總共能賣出多少部卡車。這個總和就是隨機變數，而這個隨機
變數的值即為圖8.1上的灰色數字；圖8.1的其餘部分與圖6.7相同。

在進階的數學研究中，將樣本空間中的點與數字搭配在一起，視為是一
種定義函數的方式。因此嚴格來說，隨機變數應該是函數，而不是變數；但
是對初學者而言，把隨機變數當成是一種「會根據機率不同而出現不同數值

的變量」的想法，可能比較容易接受。舉例來說，在台北與新竹之間的高速公路上，每天所開出的超速罰單的數量，就是隨機變數；巴西咖啡的年產量、每週造訪迪士尼樂園的遊客數、紐約甘乃迪機場的風速、棒球比賽的觀眾人數、一本報告書中打錯字的個數，全都是隨機變數。

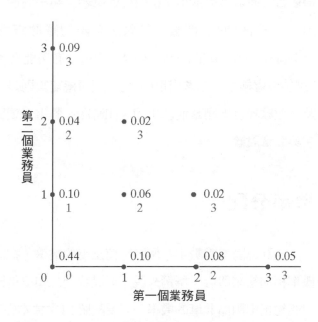

圖8.1 樣本空間，隨機變數的值以灰色數字表示

隨機變數的分類標準，多半是根據其可能值的數量多寡。當我們討論投擲一個骰子時所出現的點數、或是利率的上升或下降、或是下個美國總統的出生日期時，雖然這些出象可能的數值還不少，但是它們的個數都是有限的，因此這些隨機變數便稱為有限的隨機變數(finite random variables)。另一方面，當我們討論用機器人撞擊汽車車門鋼板以測試其強度、或是觀察某暴風雨夜中閃電打雷的次數、或是檢視某一百碼的特殊纖維中出現瑕疵的個數時，（至少在邏輯上來說）這些可能會出現的數值的數量是無限多的，因此我們稱這些為無限可數的隨機變數(countably infinite random variables)。有時候某些隨機變數的可能值實際上是肯定有上限的，但是由於我們無法確知

該上限的數值，因此通常為了保險起見，我們會將它們視為無限可數的隨機變數。綜合來說，有限的隨機變數以及無限可數的隨機變數都是離散的(discrete)：也就是隨機變數的可能值是有限的(finite)，或是無限可數的(countable infinity)。舉例來說，這兩個業務員所可能賣出的卡車數量，就是離散隨機變數，有四種可能值：0、1、2、或3。另一方面，若持續投擲一個骰子，出現第一個6的投擲數則是無限可數的**離散隨機變數**(discrete random variable)，它的值是1、2、3、4、……。有可能要投擲幾千次或幾萬次之後（雖然機會極小）才會出現6。另一類隨機變數則是連續的(continuous)，是涉及在連續尺度下測量而產生的，如時間、體重、或距離等。這類隨機變數會在第九章討論。

8.2 機率分配

要計算隨機變數中某個特定值出現的機率，把該特定值對應的樣本點的機率相加起來即可。舉例來說，假設我們想知道這兩個業務員在一個星期之內能夠賣出兩部卡車的機率，只要把圖8.1中樣本點的(0, 2)、(1, 1)，與(2, 0)的機率加起來即可：0.04＋0.06＋0.08＝0.18。同樣地，此隨機變數出現1的機率為0.10＋0.10＝0.20；讀者可以自行驗證出現0與3的機率分別為0.44與0.18。這些資訊可整理如下表：

卡車賣出的數量	機率
0	0.44
1	0.20
2	0.18
3	0.18

這個表以及下面兩個的類似表，就是所謂的**機率分配**(probability distribution)；它將隨機變數的可能值與相對應的機率，搭配呈現。

底下這個表所呈現的是關於投擲一個公正的骰子機率分配：

骰子可能出現的點數	機率
1	$\frac{1}{6}$
2	$\frac{1}{6}$
3	$\frac{1}{6}$
4	$\frac{1}{6}$
5	$\frac{1}{6}$
6	$\frac{1}{6}$

最後，同時投擲四枚公正的硬幣，可能有十六種等機率的結果：HHHH、HHHT、HHTH、HTHH、THHH、HHTT、HTHT、HTTH、THHT、THTH、TTHH、HTTT、THTT、TTHT、TTTH，與TTTT，其中H表示正面、T表示反面。計算這些可能性中正面出現的次數，並利用 $\frac{s}{n}$ 的公式，我們可以得到以下關於正面出現次數的機率分配表：

正面出現的次數	機率
0	$\frac{1}{16}$
1	$\frac{4}{16}$
2	$\frac{6}{16}$
3	$\frac{4}{16}$
4	$\frac{1}{16}$

如果可能的話，我們會以數學公式來表示這些機率分配，以便計算不同可能值所對應的機率。例如，投擲一個公正的骰子所可能出現的點數，我們寫成

$$f(x) = \frac{1}{6} \quad \text{而} \quad x = 1 \cdot 2 \cdot 3 \cdot 4 \cdot 5 \quad \text{或} \quad 6$$

其中$f(1)$表示骰子出現1的機率，$f(2)$表示表示骰子出現2的機率，依此類推。在這裡當隨機變數的可能值為x時，其相對應的機率為$f(x)$，不過我們也可以寫成$g(x)$、$h(x)$、$m(x)$等等。

範例 8.1

投擲一枚公正的硬幣四次，請證明正面出現的次數的機率分配可以用以下的公式表示：

$$f(x) = \frac{\binom{4}{x}}{16} \quad \text{而} \quad x = 0 \cdot 1 \cdot 2 \cdot 3，及 \ 4$$

解答　經過計算，或是翻查書末的附表XI，可知 $\binom{4}{0} = 1$，$\binom{4}{1} = 4$，$\binom{4}{2} = 6$，$\binom{4}{3} = 4$，以及 $\binom{4}{4} = 1$。因此，當$x = 1 \cdot 2 \cdot 3$，及4時，相對應的機率分別為 $\frac{1}{16}$, $\frac{4}{16}$, $\frac{6}{16}$, $\frac{4}{16}$ 與 $\frac{1}{16}$。

因為機率分配的值是機率，而隨機變數的值必須是這些數值中的其中一個，因此我們可以推論出兩條適用於所有機率分配的規則：

機率分配的值，必須是介於0與1之間的數字。
機率分配的值的總和，必須等於1。

這兩條規則可以幫助我們判斷某函數適不適合用以當作某隨機變數的機率分配，不論該函數是以公式的形式或是表格的形式呈現。

範例 8.2

請問以下的函數適不適合被當作某隨機變數的機率分配？

$$f(x) = \frac{x + 3}{15} \quad \text{而} \quad x = 1 \cdot 2，及 \ 3$$

解答　把$x = 1 \cdot 2$，及3代入 $\frac{x+3}{15}$，得到 $f(1) = \frac{4}{15}$、$f(2) = \frac{5}{15}$，與 $f(3) = \frac{6}{15}$。

因為這些數值都沒有超過1，而且加起來等於1，

$$\frac{4}{15} + \frac{5}{15} + \frac{6}{15} = 1$$

所以這個函數可以被當作某隨機變數的機率分配。

8.3 二項分配

在某些實際的問題中，我們很想知道某件事重複n次之後，其中某個結果出現x次的機率是多少。舉例來說，假設某個社會學的研究調查發出四百份問卷，我們想知道回收45份的機率是多少？或是，假設有12隻小老鼠，在被注射某種能導致癌症的物質、並經過一段時間之後，有5隻存活下來的機率為何？或是，在停在某街區路段的300位駕駛人中，有45位將會繫上安全帶的機率為何？或是，在200位受訪者中，有66位記得某個產品的電視廣告是在哪個電視節目中間插播的機率為何？借用博弈遊戲的術語，我們說，這些例子中，我們所感興趣的是，「n次實驗中成功x次」的機率；或者，換句話說，「在n次嘗試中，出現x次成功以及$n-x$次失敗」的機率。

在研究本節中所探討的問題時，我們總是做了以下的假設：

> 進行固定次數的試行。
> 每次試行的成功機率都是相同的。
> 各試行之間是相互獨立的。

因此，本節所探討的問題不適用於以下的例子：女人在買衣服之前，試穿該件衣服的次數（因為試行的次數不是固定的）；每小時例行觀察某十字路口是否出現交通壅塞的情形（因為「成功」的機率不是固定的）；某選民在過去五次總統大選中，投票給民主黨候選人的次數（因為試行之間不是獨立的）。

倘若我們的問題符合上述的假設條件，我們可以使用以下的公式來求解。倘若p與$1-p$分別為每一次試行的成功機率與失敗機率，則在某種特定的排列順序下，出現x次成功與$n-x$次失敗的機率為$p^x(1-p)^{n-x}$。在這個乘積中，p有x個，$1-p$有$n-x$個，而根據獨立事件機率互乘的乘法規則，我們可以直接把這些機率連乘起來。因為這個機率公式可以套用在所有樣本空間中表示出現x次成功與$n-x$次失敗的點上（在某種特定的排列順序下），我們只要計算這種點的數目，然後乘上$p^x(1-p)^{n-x}$即可。顯然地，n次中選擇x次成功的排列方式有$\binom{n}{x}$種，因此得到以下的結果：

在n次獨立的實驗中，得到x次成功的機率為

$$f(x) = \binom{n}{x} p^x(1-p)^{n-x} \text{，而 } x = 0 \cdot 1 \cdot 2 \dots \text{ 或 } n$$

p為每次試行的成功機率，是固定不變的。

習慣上，我們說n次試行中的成功次數是一個隨機變數，服從**二項機率分配**(binomial probability distribution)，或簡稱**二項分配**(binomial distribution)。這個機率分配之所以稱為二項分配，是因為當$x=0$、1、2、……、或n時，其機率值為$[(1-p)+p]^n$的二項展開式的逐次項(successive terms)。

範例 8.3

請證明範例8.1的式子中，投擲一枚公正的硬幣4次中，出現x次正面的機率，就是二項分配中$n=4$且$p=\frac{1}{2}$的情況。

解答 把$n=4$、$p=\frac{1}{2}$代入二項分配的公式，得到

$$f(x) = \binom{4}{x}\left(\frac{1}{2}\right)^x\left(1 - \frac{1}{2}\right)^{4-x} = \binom{4}{x}\left(\frac{1}{2}\right)^4 = \frac{\binom{4}{x}}{16}$$

$x=0$、1、2、3、或4。此與範例8.1中的公式完全相同。

範例 8.4   倘若任何一個有投票權的選民，在某項選舉中前往投票的機率是0.70，請問五個有投票權的選民中，有兩個會去投票的機率為何？

解答   把$x=2$、$n=5$、$p=0.70$，與 $\binom{5}{2} = 10$ 代入二項分配的公式，得到

$$f(2) = \binom{5}{2}(0.70)^2(1 - 0.70)^{5-2} = 10(0.70)^2(0.30)^3 = 0.132$$

底下這個例子我們要計算二項分配的所有機率值。

範例 8.5   某超級市場中的冰淇淋有特價促銷的活動，而前來購物的顧客中，會受到這個特價促銷而購買冰淇淋的機率是0.30。假設在此超級市場中選出6個顧客，請問有0、1、2、3、4、5、或6個人會受到這個特價促銷而購買冰淇淋的機率分別為何？並請畫出此機率分配的直方圖。

解答   假設這6個顧客是隨機選出來的，然後把$n=6$、$p=0.30$，以及$x=0$、1、2、3、4、5、或6分別代入二項分配的公式，得到

$$f(0) = \binom{6}{0}(0.30)^0(0.70)^6 = 0.118$$

$$f(1) = \binom{6}{1}(0.30)^1(0.70)^5 = 0.303$$

$$f(2) = \binom{6}{2}(0.30)^2(0.70)^4 = 0.324$$

$$f(3) = \binom{6}{3}(0.30)^3(0.70)^3 = 0.185$$

$$f(4) = \binom{6}{4}(0.30)^4(0.70)^2 = 0.060$$

$$f(5) = \binom{6}{5}(0.30)^5(0.70)^1 = 0.010$$

$$f(6) = \binom{6}{6}(0.30)^6(0.70)^0 = 0.001$$

全部都四捨五入至小數點後三位。圖8.2為此機率分配的直方圖。

如果有讀者對冰淇淋興趣缺缺，或是對個人的購買行為也不甚感興趣的話，請容我們強調，二項分配在**統計模型**(statistical model)中是非常重要

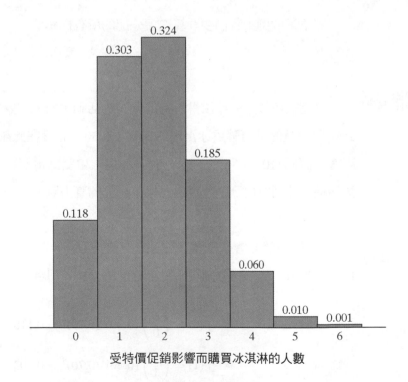

受特價促銷影響而購買冰淇淋的人數

圖8.2 圖8.2 二項分配的直方圖，$n = 6$、$p = 0.30$

的。這個例子的結果在以下的例子中都可以套用：若某手錶用電池在正常使用的情況下，可使用兩年的機率是0.30，有此款電池6個，請問有0、1、2、3、4、5、或6個電池在正常使用的情況下可使用兩年的機率分別是多少？若盜用公款被查獲而入監服刑的機率為0.30，有6人盜用公款，請問有0、1、2、3、4、5、或6人被查獲而入監服刑的機率分別是多少？若家計單位的戶長擁有至少一張人壽保險的保單的機率是0.30，隨機選取6位戶長，請問有0、1、2、3、4、5、或6位擁有至少一張人壽保險的保單的機率是多少？若某種疾病得病之後，病患活超過十年以上的機率為0.30，有6名病患患有此疾病，請問有0、1、2、3、4、5、或6名病患活超過十年以上的機率為何？我們不斷地用相同的數字套用不同的例子，如同在第1.2節中；我們這麼做只是為了讓讀者更瞭解統計技巧的適用性。

在實際應用上，二項分配很少直接拿公式來計算機率。有時候我們使用近似法(approximation)，在本章後半段與第九章會討論到這些方法；有時候我們查閱特殊的表格，如本書末的附表V。目前最常用的方法則是利用電腦軟體計算。本章最後的附錄中，列出幾本更詳盡的二項分配表的參考書籍，不過現在已經很少人使用它們了。

書末附表V中二項機率分配的數值僅限於$n=2$至$n=20$且$p=0.05$、0.1、0.2、0.3、0.4、0.5、0.6、0.7、0.8、0.9、與0.95的情形，所有數值都四捨五入至三位小數。表中的數值若有略去不印的，表示其值小於0.0005，因此四捨五入至三位小數之後為0.000。

範例 8.6

某個位於紐約州水牛城的天文台要進行月蝕的觀測，但是月蝕的過程被雲層遮住的機率是0.60，請用書末附表V計算以下的機率。

(a) 十次月蝕中，最多有三次被雲層遮住的機率；

(b) 十次月蝕中，最少有七次被雲層遮住的機率。

解答　(a) 此時$n=10$、$p=0.60$。根據書末附表V，$x=0$、1、2，與3時的機率分別為0.000、0.002、0.011，與0.042。因此，十次月蝕中，最多有三次被雲層遮住的機率大約是

$$0.000+0.002+0.011+0.042=0.055$$

　　(b) 此時$n=10$、$p=0.60$。根據書末附表V，$x=7$、8、9，與10時的機率分別為0.215、0.121、0.040，與0.006。因此，十次月蝕中，最少有七次被雲層遮住的機率大約是

$$0.215+0.121+0.040+0.006=0.382$$

　　這個例子可以使用書末附表V，因為$p=0.60$的相關數據在附表V中都有列出來。倘若月蝕的過程被雲層遮住的機率是0.51或0.63，那麼我們就得用本章附錄中所建議的參考書籍、或是利用電腦運算、或是直接用二項分配的公式計算。

範例 8.7

　　承範例8.6，倘若在某天文台進行觀測時，月蝕被雲層遮住的機率為0.63，請利用圖8.3重新計算範例8.6的兩個問題。

解答　(a) 此時$n=10$、$p=0.63$。根據圖8.3，$x=0$、1、2、與3時的機率分別為0.0000、0.0008、0.0063，與0.0285。因此，十次月蝕中，最多有三次被雲層遮住的機率大約是

$$0.0000+0.0008+0.0063+0.0285=0.0356$$

　　請留意這個答案也出現在圖8.3的下半部：它是對應於$x=3.00$在標題$P(X<=x)$的累積機率。

　　(b) 此時$n=10$、$p=0.63$。根據圖8.3，$x=7$、8、9、與10時的機率分別

機率密度函數

二項分配　$n=10$，$p=0.63$

x	P(X = x)
0.00	0.0000
1.00	0.0008
2.00	0.0063
3.00	0.0285
4.00	0.0849
5.00	0.1734
6.00	0.2461
7.00	0.2394
8.00	0.1529
9.00	0.0578
10.00	0.0098

累積分配函數

二項分配　$n=10$，$p=0.63$

x	P(X <= x)
0.00	0.0000
1.00	0.0008
2.00	0.0071
3.00	0.0356
4.00	0.1205
5.00	0.2939
6.00	0.5400
7.00	0.7794
8.00	0.9323
9.00	0.9902
10.00	1.0000

圖8.3　範例8.7之電腦報表

為0.2394、0.1529、0.0578、與0.0098。因此，十次月蝕中，最少有七次被雲層遮住的機率大約是

$$0.2394＋0.1529＋0.0578＋0.0098＝0.4599$$

　　同樣地，這個答案也可以從圖8.3的下半部中找到。用1減去$x＝6$時的$P(X<=x)$值，意即，$1－0.5400＝0.4600$。0.4600與0.4599之間的小差異，乃是四捨五入的差別。

當我們觀察一個服從二項分配的隨機變數，例如：投擲一枚硬幣25次中，正面出現的次數；一包24顆種子中，冒出新芽的顆數；200個受訪學生中，反對調漲學生活動費用的人數；或是20件交通事故中，肇因於酒醉駕車的件數；……我們說我們從二項分配的**母體中抽樣**(sampling a binomial population)。這個說法在統計學中經常用到。

精選習題

8.1 若某隨機變數的可能值為1、2、與3，請判斷以下各項是否可以被當作該隨機變數的機率分配：

(a) $f(1) = 0.52$，$f(2) = 0.26$，且 $f(3) = 0.32$；

(b) $f(1) = 0.18$，$f(2) = 0.02$，且 $f(3) = 1.00$；

(c) $f(1) = \frac{10}{33}$，$f(2) = \frac{1}{3}$，且 $f(3) = \frac{12}{33}$。

8.2 若某隨機變數的可能值為1、2、3、與4，請判斷以下各項是否可以被當作該隨機變數的機率分配：

(a) $f(1) = 0.20$，$f(2) = 0.80$，$f(3) = 0.20$，且 $f(4) = -0.20$；

(b) $f(1) = 0.25$，$f(2) = 0.17$，$f(3) = 0.39$，且 $f(4) = 0.19$；

(c) $f(1) = \frac{1}{17}$，$f(2) = \frac{7}{17}$，$f(3) = \frac{6}{17}$，且 $f(4) = \frac{2}{17}$。

8.3 請問以下的式子是否可以被當作隨機變數的機率分配？

(a) $f(x) = \frac{x-1}{10}$，$x = 0$、1、2、3、4、5；

(b) $h(z) = \frac{z^2}{30}$，$z = 0$、1、2、3、4；

(c) $f(y) = \frac{y+4}{y-4}$，$y = 0$、1、2、3、4、5。

8.4 若某種植物能夠頂得住霜害的機率為0.30，請用二項分配公式求算六株這種植物中有四株成功地度過霜害的機率為何。並請利用書末附表V檢驗答案是否正確。

8.5 某醫師從過去的經驗得知，有10%的病患在服用某種降血壓的藥物之後，會產生一些不舒服的副作用，請利用二項分配公式求算四個服用此降血壓藥物的病患中，沒有人出現副作用的機率。並查對附表V檢驗答案是否正確。

8.6 有人宣稱80%的工安事故是可以藉由嚴格遵守安全規定而避免的。如果真的是這樣的話，請問六件工安事故當中有四件事可以避免的機率為何？

(a) 請利用二項分配公式；

(b) 請利用附表V。

8.7 經驗顯示，美國太空總署(NASA)的火箭發射計畫，有30%會因為天候因素而延期。請利用此機率以及附表V，求算以下事件的機率：

(a) 十次火箭發射計畫中，最多三次因為天候因素而延期；

(b) 十次火箭發射計畫中，最少六次因為天候因素而延期。

8.8 某研究調查發現，某農產運銷合作社所運出的西瓜中，有95%是成熟且可立即食用的。若我們手上有二十個從該農產運銷合作社運出的西瓜，請求算以下事件的機率

(a) 最多16個西瓜是成熟且可立即食用的；

(b) 全部都是成熟且可立即食用的。

8.9 某冷凍食品製造商宣稱該公司所生產的某種冷凍雞肉套餐，有80%的包裝中雞肉的重量至少為三盎司。為了檢驗這個說法，某消費者服務中心決定購買十份該冷凍雞肉套餐進行測試，而且除非有七份以上的雞肉重量大於三盎司，否則他們拒絕接受該公司的說法。請求算該消費者服務中心出現以下錯誤的機率為何？

(a) 拒絕該冷凍食品製造商的說法，但實際上該說法是正確的；

(b) 沒有拒絕該冷凍食品製造商的說法，但實際上該冷凍雞肉套餐只有70%的包裝中雞肉的重量至少為三盎司。

8.10 某研究顯示到某醫學中心就診的病患中，有70%的人至少要等候15分鐘以上才能接受醫師診療。請問，在10位前來就診的病患中，有0、1、……，或10位必須等候至少15分鐘以上才能接受醫師診療的機率分別是多少？

請繪製此機率分配的直方圖。

8.11 某隨機變數服從二項分配，$n=10$且$p=0.63$。請利用圖8.3求算該隨機變數的值小於5的機率：

(a) 使用二項分配公式；

(b) 使用累積分配函數。

8.12 某隨機變數服從二項分配，$n=10$且$p=0.63$。請利用圖8.3求算該隨機變數的值大於8的機率：

(a) 使用二項分配公式；

(b) 使用累積分配函數。

8.13 有時候我們感興趣的是第幾次試行時才出現第一次成功的機率，此時二項分配就不適用。當第x次試行才出現第一次成功時，表示前$x-1$次都是失敗的，機率為 $(1-p)^{x-1}$，因此，第x次實驗才出現第一次成功的機率為

$$f(x)=p(1-p)^{x-1},\ x=1\cdot 2\cdot 3\cdot 4\cdot \cdots\cdots$$

這個機率分配稱為**幾何分配**(geometric distribution)，而其可能值的個數為無限可數的[1]。比方說，利用這個公式，我們可知投擲一個質地均勻的骰子，第五次投擲時才第一次出現六點的機率為

$$\frac{1}{6}\left(\frac{5}{6}\right)^{5-1}=\frac{625}{7,776}\approx 0.080$$

(a) 在拍攝電視廣告時，某童星在任何一次拍攝中沒有出現差錯的機率為0.40。請問該童星終於在第四次拍攝時沒有出現

註1. 第六章中我們曾提及，機率公式的公設只適用於有限樣本空間的情形。當樣本空間為無限可數時，如這個幾何分配，則第三公設必須依此作修正，我們會在第8.5節進一步討論。

統計學

差錯的機率為何？

(b) 假設人們相信關於某政治人物私生活的傳言的機率為0.25，請問該傳言傳給第五個人時，才有人相信的機率為何？

(c) 假設一般而言學童們接觸到某傳染性疾病之後的發病率為0.70，請問該傳染病傳到第三名學童時，才出現第一個發病病例的機率為何？

8.4 超幾何分配

在習題6.32中提到，從一副52張的撲克牌中任選兩張的兩種情況：一、選出第一張撲克牌後，放回去，再選第二張牌；二、選出第一張牌後，不放回，直接選第二張牌。第一種情況稱為歸還抽樣(sampling with replacement)，第二種情況則稱為不歸還抽樣(sampling without replacement)。在歸還抽樣中，我們可以使用二項分配來計算機率，因為兩次選牌的事件是獨立的；但是二項分配不能應用在不歸還抽樣的情況。因此我們必須用另外一個機率分配來描述不歸還抽樣。再來看另一個例子：某苗圃將其培育三年的柑橘樹苗，24株一批，銷售運往海外。抵達目的地之後，海關從每一批樹苗中任選三株進行檢疫。若被選中的三株樹苗都是健康的話，則該批24株樹苗全部放行，否則的話，該批其他21株樹苗也全部都要檢疫。不過三株樹苗都沒有問題而得到放行，並不能保證其他21株也都沒有問題，因此這個檢疫程序還是有相當的風險。為了衡量這風險的程度，假設24株樹苗中，實際上有6株的健康情況不良，那麼一次就通過檢疫的機率，就是在18株健康的樹苗中選中3株的機率。我們可以說，既然24株樹苗中有18株是健康的，那麼有 $\frac{3}{4}$ 的機率會選到健康的樹苗，所以選中三株健康樹苗的機率是

$$f(3) = \binom{3}{3}\left(\frac{3}{4}\right)^3\left(1 - \frac{3}{4}\right)^{3-3} = 0.42$$

這個結果是根據二項分配所得到的；如果我們進行的是歸還抽樣的話，這個答案是正確的。但是在實際的抽樣檢測中，情況並不是這樣子的。這是個關於不歸還抽樣的例子，其正確解法應該是這樣子的：我們從24株樹苗中

選出三株,總共有 $\binom{24}{3} = 2{,}024$ 種可能性,而這兩千多種可能性在隨機抽樣的假設下,每種可能性發生的機率都是相同的。而其中從18株健康樹苗中選出三株的可能性有 $\binom{18}{3} = 816$ 種,因此,我們所要求的機率應該是 $\frac{816}{2{,}024} = 0.40$ 。

把這個過程一般化:倘若一群物件中有某種物件(成功)a個,另一種物件(失敗)b個,我們要以不歸還抽樣的方式從中選出n個物件,那麼我們所感興趣的是得到x個成功與$n-x$個失敗的機率。從$a+b$個物件中選出n個有 $\binom{a+b}{n}$ 種可能性,而a個成功被選中x個、b個失敗被選中$n-x$個的可能性有 $\binom{a}{x} \cdot \binom{b}{n-x}$ 種。因此,採用不歸還抽樣時,「n次試行中成功x次」的機率為

超幾何分配

$$f(x) = \frac{\binom{a}{x} \cdot \binom{b}{n-x}}{\binom{a+b}{n}} \quad x = 0 \text{、} 1 \text{、} 2 \ldots \text{或} n$$

上式中,x不可超過a,而且$n-x$也不可超過b。此即為**超幾何分配**(hypergeometric distribution)的公式。

接下來的兩個例子說明如何在不歸還抽樣的問題中,使用超幾何分配。

範例 8.8

某郵務助理有15件包裹要送寄,其中有6包應該要用空運寄往歐洲,但是他全部搞混了,所以就把6張寄往歐洲的空運郵票任意貼在6個包裹上。請問在應該空運寄往歐洲的包裹中,只有三個包裹被貼上正確郵票的機率是多少?

解答　把$a=6$、$b=9$，與$x=3$代入超幾何分配的公式，得到

$$f(3) = \frac{\binom{6}{3} \cdot \binom{9}{6-3}}{\binom{15}{6}} = \frac{20 \cdot 84}{5,005} \approx 0.336$$

範例 8.9

　　某救護車隊有16部救護車，其中有5部所排放的廢氣污染物超過標準。倘若隨機抽選八部救護車做檢測，請問至少有三部救護車的廢氣污染物超過標準的機率是多少？

解答　我們要找的機率是$f(3)+f(4)+f(5)$，而此處的$f(x)$為超幾何分配的公式，以$a=5$、$b=11$、$n=8$，與$x=3$、4、5代入。得到

$$f(3) = \frac{\binom{5}{3} \cdot \binom{11}{5}}{\binom{16}{8}} = \frac{10 \cdot 462}{12,870} = 0.359$$

$$f(4) = \frac{\binom{5}{4} \cdot \binom{11}{4}}{\binom{16}{8}} = \frac{5 \cdot 330}{12,870} = 0.128$$

$$f(5) = \frac{\binom{5}{5} \cdot \binom{11}{3}}{\binom{16}{8}} = \frac{1 \cdot 165}{12,870} \approx 0.013$$

　　所以，若隨機抽選八部救護車做檢測，至少有三部救護車的廢氣污染物超過標準的機率是

$$0.359 + 0.128 + 0.013 = 0.500$$

　　這個結果顯示檢測單位應該多選幾部救護車來檢查。在習題8.14中，我們請讀者證明，如果隨機抽選十部救護車做檢測的話，至少查到三部救護車的廢氣污染物超過標準的機率的機率會提高至0.76。

本節一開始給了一個應該使用超幾何分配卻誤用二項分配的例子。那個例子中所計算出來的誤差不是很大，0.42，正確的答案應該是0.40。在實際應用上，二項分配常常被用來當成是超幾何分配的近似。一般來說，當n小於$a+b$的百分之五時，意即，$n \leq (0.05)(a+b)$，則二項分配的近似結果是可以接受的。採用近似值的主要優點，是因為二項分配的表比較容易取得使用，而且二項分配的公式也比超幾何分配的公式來得簡單好算。另一方面，二項分配只有兩個參數（n與p），而超幾何分配則需要三個參數（a、b，與n）。

範例 8.10

某監獄中有300名受刑人，其中有120名是因為犯下與毒品有關的案件。倘若要從這些受刑人中任選八名出席某立法機構委員會的會議，請問八個人中有三個毒品犯的機率為何？

解答　此時$n=8$且$a+b=300$，8小於0.05 (300)＝15，所以我們可以採用二項分配來求取近似值。從書末表V中查知，當$n=8$、$p=0.4$、且$x=3$時，我們所要求的機率為0.279。倘若我們花時間以超幾何分配來計算的話，會發現誤差只有0.003。

精選習題

8.14 在範例8.9中，我們曾提到如果隨機抽選十部救護車做檢測的話，至少查到三部救護車的廢氣污染物超過標準的機率會提高至0.76。請驗證此機率值。

8.15 某郵局的職缺有12名男性申請者，其中有9個人的妻子也就業。倘若隨機抽出兩個申請者，請問以下事件的機率為何？

(a) 兩個人的妻子都沒有就業；

(b) 只有一個人的妻子有就業；

(c) 兩個人的妻子都有就業。

8.16 請檢驗在以下的情況中，能否以二項分配來近似超幾何分配？

(a) $a=140$，$b=60$，與$n=12$；

(b) $a=220$，$b=280$，與$n=20$；

(c) $a=250$，$b=390$，與$n=30$；

(d) $a=220$，$b=220$，與$n=25$。

8.17 某貨櫃中有250組游泳池專用的抽水馬達，其中四個有小瑕疵。倘若隨機選出五個要運至某個供應商處，請問這五個抽水馬達中有一個有小瑕疵的機率為何？請用近似超幾何分配的二項分配。

8.18 承上題，請計算利用二項分配近似所得結果的誤差。

8.5 卜瓦松分配

當n很大而且p很小時，二項分配可以用以下的公式來求取近似值：

卜瓦松分配

$$f(x) = \frac{(np)^x \cdot e^{-np}}{x!} \text{，} x = 0 \cdot 1 \cdot 2 \cdot 3 \cdot \ldots$$

此公式為**卜瓦松分配**(Poisson distribution)的一個特殊形式。卜瓦松分配是為了紀念法國數學家卜瓦松(S. D. Poisson, 1781 − 1840)而命名的。在這個公式中，無理數$e=2.71828\cdots\cdots$是自然對數的底，而e^{-np}的值可透過書末附表 XII查知。請注意，服從卜瓦松分配的隨機變數，其可能值的數量是無限可數的(countable infinity)。因此，第三項機率公設得做些修正：對任何彼此互斥的事件序列A_1、A_2、A_3、$\cdots\cdots$而言，其中任何一個事件發生的機率為

$$P(A_1 \cup A_2 \cup A_3 \cup \cdots) = P(A_1) + P(A_2) + P(A_3) + \cdots$$

我們很難界定在什麼情況下適合用卜瓦松分配來求取二項分配的近似值，也就是說，我們很難精確地說「n要多大、p要多小」。某些教科書可能會提出一些較不嚴謹的經驗法則，但我們認為只有在以下的情況中，才比較適合用卜瓦松分配來求取二項分配的近似值：

$$n \geq 100 \quad \text{而且} \quad np < 10$$

接下來我們來看看卜瓦松分配與二項分配有多接近。圖8.4中，左欄是 n ＝150且 p ＝0.05的二項分配，右欄則是 np ＝150 (0.05)＝7.5的卜瓦松分配。仔細觀察兩欄之間的差異，我們發現最大的差異出現在 x ＝8時，此時兩邊的差異為0.1410－0.1373＝0.0037。

卜瓦松分配的參數為 μ，圖8.4中顯示為 mu，我們會在第8.7節進一步探討卜瓦松分配。

機率密度函數 二項分配 n ＝150，p ＝0.05		機率密度函數 卜瓦松分配 mu ＝7.5	
x	P(X = x)	x	P(X = x)
0.00	0.0005	0.00	0.0006
1.00	0.0036	1.00	0.0041
2.00	0.0141	2.00	0.0156
3.00	0.0366	3.00	0.0389
4.00	0.0708	4.00	0.0729
5.00	0.1088	5.00	0.1094
6.00	0.1384	6.00	0.1367
7.00	0.1499	7.00	0.1465
8.00	0.1410	8.00	0.1373
9.00	0.1171	9.00	0.1144
10.00	0.0869	10.00	0.0858
11.00	0.0582	11.00	0.0585
12.00	0.0355	12.00	0.0366
13.00	0.0198	13.00	0.0211
14.00	0.0102	14.00	0.0113
15.00	0.0049	15.00	0.0057
16.00	0.0022	16.00	0.0026
17.00	0.0009	17.00	0.0012
18.00	0.0003	18.00	0.0005
19.00	0.0001	19.00	0.0002
20.00	0.0000	20.00	0.0001
21.00	0.0000	21.00	0.0000

圖8.4 **卜瓦松分配近似於二項分配**

接下來的兩個例子說明如何用卜瓦松分配來求取二項分配的近似值。

範例 8.11

過去經驗顯示，某裝訂行在進行書籍裝訂工作時，有2%的書會出現裝訂不良的情形。請問在一落400本書中，出現五本裝訂有問題的書的機率為何？請用卜瓦松近似二項分配法。

解答　此時$n=400>100$，而且$np=400(0.02)=8<10$，符合使用卜瓦松分配求取近似值的條件，因此，將$np=8$，$e^{-8}=0.00033546$（表XII），與$x=5$代入卜瓦松分配的公式，得到

$$f(5) = \frac{8^5 \cdot e^{-8}}{5!} = \frac{(32,768)(0.00033546)}{120} \approx 0.0916$$

範例 8.12

記錄顯示，行駛通過某隧道的車輛中，有0.00006的機率會出現爆胎的情形。假設有10,000部車輛通過此隧道，請問至少兩部車輛出現爆胎情形的機率是多少？請用卜瓦松分配求算近似值。

解答　此時$n=10,000>100$，而且$np=10,000(0.00006)=0.6<10$，符合使用卜瓦松分配求取近似值的條件。題目求算至少兩部車的機率，所以我們用1減去$x=0$與$x=1$的機率即可。將$np=0.6$，$e^{-0.6}=0.5488$（附表XII），與$x=0$、$x=1$代入卜瓦松分配的公式，得到

$$f(0) = \frac{(0.6)^0 \cdot e^{-0.6}}{0!} = \frac{1(0.5488)}{1} = 0.5488$$

$$f(1) = \frac{(0.6)^1 \cdot e^{-0.6}}{1!} \approx \frac{(0.6)(0.5488)}{1} = 0.3293$$

最後，$1-(0.5488+0.3293)=0.1219$。

機率密度函數		累積分配函數	
卜瓦松分配，$mu=0.6$		卜瓦松分配，$mu=0.6$	
x	P(X = x)	x	P(X <= x)
0.00	0.5488	0.00	0.5488
1.00	0.3293	1.00	0.8781
2.00	0.0988	2.00	0.9769
3.00	0.0198	3.00	0.9966
4.00	0.0030	4.00	0.9996
5.00	0.0004	5.00	1.0000
6.00	0.0000	6.00	1.0000

圖8.5　卜瓦松分配，$np=0.60$

在實際應用上，卜瓦松分配的值很少用公式直接計算或是用查表的方式取得。用電腦則方便多了。舉例來說，如果我們在上一個範例中使用圖8.5的話，就可以直接算出$1-0.8781=0.1219$，其中0.8781是在$P(X<=x)$該欄底下$x=1.00$的值。

在某些情況中，既然超幾何分配可用二項分配求取近似值，也可以再進一步利用卜瓦松分配求取近似值。參考以下的例子。

範例 8.13

某百貨公司2002年的審計查核工作中，在4,000筆帳目中發現28筆帳單出現錯誤。現在有個會計師想要在這4,000筆資料中抽出150筆進行詳細的查核。他想知道在這150筆帳單中，有兩筆出現錯誤的機率是多少？

解答　這應該用超幾何分配來計算：$x=2$、$a=28$、$b=4,000-28=3,972$、且$n=150$。但是因為$150<0.05(4,000)=200$，所以可以用二項分配來求取超幾何分配的近似值。此時此二項分配的參數為$n=150$、$p=\dfrac{28}{4,000}=0.007$。不過，$n>100$，而且$np=150(0.007)=1.05<10$，所以可以再利用卜瓦松分配求取近似值。因此，我們可以用$x=2$、$np=1.05$ 的卜瓦松分配來求取本題中超幾何分配的近似值：

$$f(2)=\frac{1.05^2\cdot e^{-1.05}}{2!}=\frac{1.1025(0.349938)}{2}=0.1929$$

我們可以用工程用或統計專用的計算機算出$e^{-1.05}$的值。

由於在許多實例上n和$a+b$都很大，卜瓦松分配就能提供有幫助的近似法。同時可以注意到卜瓦松分配只需一個參數，np，而二項分配含有二個參數，n及 p，超幾何分配更是涉及三個參數，a、b及n。

卜瓦松分配有許多與二項分配無關的重要應用。在這種情況下，np以 λ 代替，用以下的公式計算得到x次成功的機率：

$$f(x) = \frac{\lambda^x \cdot e^{-\lambda}}{x!} \ , \ x = 0 \cdot 1 \cdot 2 \cdot 3 \ldots$$

其中 λ 可解釋為期望的成功次數,或是平均成功次數。將在8.7節的最後一段說明。

當某單位時間(或是某單位面積、體積……)中會出現某固定次數的「成功」時,這個公式就很適用。例如,某銀行預期每天會收到六張空頭支票;或某交通繁忙的十字路口,每天預期有1.6件的意外事故;或在某冷凍牛肉派中,預期會有八塊牛肉,或每捲布料中,預期會發現5.6個瑕疵點;或是搭乘某航空公司的旅客中,預期每0.03人會提出一件抱怨申訴的案件等等。

範例 8.14

假設某銀行平均每天收到六張空頭支票, $\lambda = 6$,請問該銀行在任何一天收到四張空頭支票的機率為何?

解答　把 $x=4$ 與 $\lambda = 6$ 代入卜瓦松分配的公式,得到

$$f(4) = \frac{6^4 \cdot e^{-6}}{4!} = \frac{1,296(0.002479)}{24} = 0.1339$$

其中 e^{-6} 的值可從表XII中查到。

範例 8.15

假設每捲布料中,預期會發現5.6個瑕疵點,請問在某捲布料中發現三個瑕疵點的機率為何?

解答　把 $x=3$ 與 $\lambda = 5.6$ 代入卜瓦松分配的公式,得到

$$f(3) = \frac{5.6^3 \cdot e^{-5.6}}{3!} = \frac{175.616(0.003698)}{6} \approx 0.1082$$

其中$e^{-5.6}$的值可從附表XII中查到。

精選習題

8.19 請檢驗在以下的情況中，能否使用卜瓦松分配來概算二項分配？

(a) $n=250$與$p=\frac{1}{20}$；

(b) $n=400$與$p=\frac{1}{50}$；

(c) $n=90$與$p=\frac{1}{10}$。

8.20 請檢驗在以下的情況中，能否使用卜瓦松分配來概算二項分配？

(a) $n=300$ 與$p=0.01$；

(b) $n=600$ 與$p=0.02$；

(c) $n=75$ 與$p=0.1$。

8.21 根據某醫院以往的經驗得知，有5%的新進病患必須移入加護病房。請利用這個數字來估計在120名新進病患中，有三名必須要移入加護病房的機率為何。

8.22 倘若3%的人看過某樣品屋之後大為心動、很想買一棟相似房子的話，請問，以卜瓦松分配概算，在看過樣品屋的180個人當中，有五個人大為心動、很想買一棟相似房子的機率是多少？

8.23 請問卜瓦松分配是否可以用來近似$n=120$、$a=50$、且$b=3,150$的超幾何分配？

8.24 某乾洗店每日所接到的顧客抱怨次數為一隨機變數，服從 $\lambda = 3.2$的卜瓦松分配。請求算該乾洗店一天之中，出現以下事件的機率：

(a) 只有兩個顧客抱怨；

(b) 最多兩個顧客抱怨。

8.25 某辦公室所使用的某款電腦每個月出現故障次數為一隨機變數，服從 $\lambda = 1.6$的卜瓦松分配。請求算該款電腦使用一個月的時段中，出現以下事件的機率：

(a) 完全沒有故障；

(b) 出現一次故障；

(c) 出現兩次故障？

8.26 承上題，倘若該辦公室有該款電腦四部，請問這四部電腦在使用一個月的時段中，全部沒有出現故障的機率為何？在計算此機率值時，需要什麼樣的假設？

*8.6 多項分配

二項分配中，每次試驗有兩種可能的結果：成功或失敗。倘若每次試驗有兩種以上的可能結果，而且在各種可能結果每次試驗的出現機率都相同、試驗之間彼此獨立的話，那麼二項分配就可以進一步推廣。舉例來說，我們持續投擲一個骰子，每次投擲都有六種不同的可能結果；或是調查學生對某歌手新唱片專輯的觀感，得到的回應可能是喜歡、不喜歡、或普通；或是美國農業部對國內牛肉進行評等，分出極品、上等、優良、普通，與實惠等級別。

倘若每次試驗有 k 種可能出現的結果而其對應的機率分別為 p_1、p_2、……、與 p_k，則第一種結果出現 x_1 次、第二種結果出現 x_2 次、……，與第 k 種結果出現 x_k 次的機率為

多項分配

$$\frac{n!}{x_1!x_2!\cdots x_k!}p_1^{x_1}\cdot p_2^{x_2}\cdots p_k^{x_k}$$

這個分配稱為**多項分配**(multinomial distribution)。

範例 8.16

某大城市裡，在週五晚間看電視的居民中，有30%收看全國性電視聯播網的節目、20%收看地區性電視台的節目、40%收看有線電視的節目、另有10%則看錄影帶。請問在該城市中隨機選出七個在週五晚間看電視的民眾，其中有三個收看全國性電視聯播網、一個收看地區性電視台、兩個收看有線電視，以及一個看錄影帶的機率為何？

解答 將 $n=7$、$x_1=3$、$x_2=1$、$x_3=2$、$x_4=1$、$p_1=0.30$、$p_2=0.20$、$p_3=0.40$，以及 $p_4=0.10$ 代入多項分配的公式，四捨五入至小數點後三位得到

$$\frac{7!}{3!\cdot1!\cdot2!\cdot1!}\cdot(0.30)^3(0.20)^1(0.40)^2(0.10)^1 = 0.036$$

精選習題

*8.27 到某公立車輛檢驗站進行檢驗的車子中，第一次檢驗就通過的機率為0.70，第二次檢驗時通過的機率為0.20，第三次檢驗才通過的機率為0.10。請問，10部進行檢驗的車子中，六部車第一次檢驗就通過、三部車第二次檢驗時通過、一部車第三次檢驗才通過的機率為何？

*8.28 根據孟德爾遺傳論，若將黃色圓種子植物與綠色皺種子植物雜交，產生黃色圓種子植物、黃色皺種子植物、綠色圓種子植物、與綠色皺種子植物的機率分別為 $\frac{9}{16}$、$\frac{3}{16}$、$\frac{3}{16}$ 及 $\frac{1}{16}$。請問，若我們有九株從該處所取得的植物，其中四株產出黃色圓種子、兩株產出黃色皺種子、三株產出綠色圓種子、而沒有一株產出綠色皺種子的機率為何？

8.7 機率分配的平均數

範例7.6中，我們算出某航空公司在某機場中，每天預期可以接到2.75件關於行李處理的旅客抱怨申訴案件。我們應用數學期望值的公式，把可能發生件數0、1、2、3……乘上其相對應的機率，再把這些乘積加總，即可得到2.75這個數值。此時，旅客抱怨申訴案件的數量為隨機變數，而2.75即是其**期望值**(expected value)。

倘若把這個方法用到第8.2節中第一個例子，我們得出，那兩位業務員每天預期可以賣出去的卡車數量為

$$0\,(0.44)+1\,(0.20)+2\,(0.18)+3\,(0.18)=1.10$$

此時，卡車的數量為隨機變數，1.10為其期望值。

我們在第七章提過，期望值應該被視為平均數，而習慣上我們把隨機變數的期望值稱為**平均數**(mean)，或是**機率分配的平均數**(mean of its probability distribution)。一般來說，隨機變數的可能值為x_1、x_2、x_3、……、或x_k，而相對應的機率為$f(x_1)$、$f(x_2)$、$f(x_3)$、……，與$f(x_k)$，則其期望值為

$$x_1 \cdot f(x_1) + x_2 \cdot f(x_2) + x_3 \cdot f(x_3) + \cdots + x_k \cdot f(x_k)$$

以 $\sum$ 的符號表示，為

機率分配的平均數

$$\mu = \sum x \cdot f(x)$$

與母體平均數相同，機率分配的平均數也以希臘小寫字母 μ 來表示。之所以採用相同的字母，乃是因為當我們觀察隨機變數所出現的值時，我們將其機率分配，視為我們進行抽樣（觀察）的母體。舉例來說，當我們觀察到某隨機變數的值，服從$n=6$且$p=0.30$的二項分配時，圖8.2的直方圖便可視為我們正在觀察的母體。

範例 8.17

請找出第8.2節中第二個、關於投擲一個公正骰子的機率分配的平均數。

解答　公正的骰子，出現1、2、3、4、5、或6的機率都是$\frac{1}{6}$，因此

$$\mu = 1 \cdot \tfrac{1}{6} + 2 \cdot \tfrac{1}{6} + 3 \cdot \tfrac{1}{6} + 4 \cdot \tfrac{1}{6} + 5 \cdot \tfrac{1}{6} + 6 \cdot \tfrac{1}{6} = 3\tfrac{1}{2}$$

範例 8.18

承範例8.5，假設在該超級市場中選出6個顧客，會受到特價促銷而購買冰淇淋的顧客的平均數為何？

解答　將 $x = 0$、1、2、3、4、5，與6，以及範例8.5的答案代入平均數的公式，得到

$$\mu = 0(0.118) + 1(0.303) + 2(0.324) + 3(0.185)$$
$$+ 4(0.060) + 5(0.010) + 6(0.001)$$
$$= 1.802$$

當隨機變數可能值的個數很多時，μ的計算通常會變得很麻煩。舉例來說，如果我們向兩千人為某慈善機構募款，而每個人願意捐款的機率大概是0.40的話，我們想知道我們可以預期會有多少人捐款。我們或許可以算出從0到2,000的2,001種可能性的機率，然後全部代入求平均數的公式。但是我們也可以換個比較不嚴謹的方式說，長期而言，40%的人願意捐款，而2,000人的40%是800，所以我們可以預期有800人願意捐款。

同樣地，倘若投擲一枚公正的硬幣1,000次，我們也可以說長期而言，正面會出現的次數應該會佔50%，因此我們可以預期會出現1,000 (0.50) = 500次正面。這兩個結果都是正確的。這兩個例子都是服從二項分配的隨機變數，而一般來說，平均數可以下列公式求出：

二項分配的平均數

$$\mu = n \cdot p$$

以文字敘述的話，就是二項分配的平均數，就是實驗的次數乘上成功機率的積。

統計學

MODERN ELEMENTARY STATISTICS

範例 8.19

承範例8.5，請以上列公式計算，如果在該超級市場中選出6個顧客，會受到特價促銷而購買冰淇淋的顧客的平均數為何？

解答　此時二項分配$n=6$、$p=0.30$，平均數$\mu=6(0.3)=1.8$。這個答案與範例8.18的答案略有出入，是因為四捨五入所造成的誤差。

切記，$\mu=n \cdot p$的公式只適用於二項分配。其他的機率分配各有其計算平均數的公式，例如，超幾何分配的平均數：

超幾何分配的平均數

$$\mu = \frac{n \cdot a}{a+b}$$

範例 8.20

十二部校車中，有五部車子的煞車有問題。倘若隨機選出六輛進行檢測，請問預期可以發現幾部煞車有問題的校車？

解答　此時為不歸還抽樣，因此是超幾何分配，且$a=5$、$b=7$、$n=6$。將這些數值代入上述求算超幾何分配平均數的公式，得到

$$\mu = \frac{6 \cdot 5}{5+7} = 2.5$$

這個答案應該不會太令人感到驚訝，因為既然有一半的校車被抽檢，那麼煞車有問題的車輛也應該有一半會被抽到。

另外，卜瓦松分配的平均數與其參數λ相同，意即$\mu=\lambda$；我們之前介紹卜瓦松分配時就提過，λ可視為平均數。這些平均數公式的推導過程，請自行參閱其他數理統計學的教科書。

8.8 機率分配的標準差

第四章中我們討論到，最常用的變異測度是變異數(variance)及其平方根，標準差(standard deviation)；變異數是以平均數為基準計算離差(deviation)，將這些離差各自平方之後加總求平均。就機率分配而言，我們測度其變異性的方法其實大同小異，只是用期望值代替平均數的位置。一般來說，倘若隨機變數的可能值為x_1、x_2、x_3、……、或x_k，相對應的機率為$f(x_1)$、$f(x_2)$、$f(x_3)$、……，與$f(x_k)$，而此機率分配的平均數為μ的話，則離差為$x_1 - \mu$、$x_2 - \mu$、$x_3 - \mu$、……，與$x_k - \mu$，而其平方的期望值為

$$(x_1 - \mu)^2 \cdot f(x_1) + (x_2 - \mu)^2 \cdot f(x_2) + \cdots + (x_k - \mu)^2 \cdot f(x_k)$$

以$\sum$的符號表示，為

$$\sigma^2 = \sum (x - \mu)^2 \cdot f(x)$$

稱為**隨機變數的變異數**(variance of the random variable)，或是**機率分配的變異數**(variance of its probability distribution)。如同上一節當中的解釋，我們在這裡所採用的符號與用以描述母體的符號相同。而因為母體變異數的平方根與樣本變異數的平方根一樣，都是非常重要的變異測度標準，因此另給一個名稱——**母體標準差**(population standard deviation)來表示。

範例 8.21

承範例8.5，如果在該超級市場中選出6個顧客，會受到特價促銷而購買冰淇淋的顧客的標準差為何？

解答　在範例8.19中我們已知$\mu = 1.80$，所以可透過以下表格來計算：

人數	機率	離差	離差的平方	$(x-\mu)^2 f(x)$
0	0.118	−1.8	3.24	0.38232
1	0.303	−0.8	0.64	0.19392
2	0.324	0.2	0.04	0.01296
3	0.185	1.2	1.44	0.26640
4	0.060	2.2	4.84	0.29040
5	0.010	3.2	10.24	0.10240
6	0.001	4.2	17.64	0.01764
				$\sigma^2 = 1.26604$

最右邊一欄是離差的平方乘上其對應機率的乘積，而該欄的總和即為此機率分配的變異數，因此，四捨五入至小數點後兩位，其標準差為

$$\sigma = \sqrt{1.26604} = 1.13$$

本例子的計算不算複雜，不過我們還是可以用底下這個更便於使用的公式：

$$\sigma^2 = \sum x^2 \cdot f(x) - \mu^2$$

更容易的方法，便是利用各機率分配所獨有的變異數計算公式，以二項分配來說：

二項分配的變異數

$$\sigma^2 = np(1-p)$$

再以範例8.21為例，我們有$n=6$、$p=0.30$，因此$\sigma^2=6\,(0.30)(0.70)=1.26$，而$\sigma=1.12$。此處的答案與範例8.21不同，是因為四捨五入所造成的誤差。如果我們把標準差取到小數點後第三位的話，那麼兩個方法所計算出來的差異就只有0.003而已。

直覺上來說，機率分配的標準差所衡量的是該隨機變數數值變動的期望幅度大小。當標準差小的時候，我們取得接近平均數的數值的機率就比較

高；當標準差大的時候，我們取得離平均數較遠的數值的機率就比較高。這個重要的觀念有個正式的名稱，稱為柴比雪夫定理(Chebyshev's theorem)。這個定理我們在第4.3節曾經討論過，我們在該小節中處理的是數值資料的問題。就機率分配來說，柴比雪夫定理的陳述如下：

柴比雪夫定理

> **對隨機變數而言，其可能值出現在平均數加減k個標準差之間的機率，至少是 $1-\frac{1}{k^2}$。**

因此，取得兩個標準差之間的數值（介於$\mu-2\sigma$與$\mu+2\sigma$的數值）的機率，至少為$1-\frac{1}{2^2}=\frac{3}{4}$；取得五個標準差之間的數值（介於$\mu-5\sigma$與$\mu+5\sigma$的數值）的機率，至少為$1-\frac{1}{5^2}=\frac{24}{25}$，依此類推。請注意，在這個定理中，我們說「平均數加減k個標準差之間」，當中並不包括兩個端點$\mu-k\sigma$與$\mu+k\sigma$的值。

範例 8.22

某電話客服中心在早上九點至十點之間所接到的來電數為一隨機變數，其平均數$\mu=27.5$，標準差$\sigma=3.2$。關於該電話客服中心在早上九點至十點之間，預期接到的電話數，若設定$k=3$，柴比雪夫定理能告訴我們什麼訊息？

解答 此時$\mu-3\sigma=27.5-3\,(3.2)=17.9$、$\mu+3\sigma=27.5+3\,(3.2)=37.1$，我們可以斷言，有$1-\frac{1}{3^2}=\frac{8}{9}$，或0.89，的機率，這個電話客服中心會接到17.9與37.1通之間的來電，或者說，接到18至37通來電的機率為0.89。

範例 8.23

倘若我們投擲一枚公正的硬幣400次，想知道正面出現的次數與比例，當$k=5$時，根據柴比雪夫定理，我們可以獲知哪些訊息？

解答　此時為二項分配 $n = 400$，$p = 0.50$，因此 $\mu = 400\,(0.50) = 200$，σ $= \sqrt{400(0.50)(0.50)} = 10$。因為 $\mu - 5\sigma = 200 - 5 \cdot 10 = 150$ 與 $\mu + 5\sigma = 200 + 5 \cdot 10 = 250$，我們可以斷言，有 $1 - \frac{1}{5^2} = \frac{24}{25} = 0.96$，或0.96的機率，正面出現的次數會介於150與250次之間，而正面出現的比例則介於 $\frac{150}{400} = 0.375$ 與 $\frac{250}{400} = 0.625$ 之間。

習題8.37是本範例的延伸，讀者要證明，當投擲一枚公正的硬幣10,000次時，至少有0.96的機率正面出現的比例會介於0.475與0.525之間；而當投擲一枚公正的硬幣1,000,000次時，至少有0.96的機率正面出現的比例會介於0.4975與0.5025之間。這些都證明了我們在第五章所探討的大數法則。

精選習題 ·····

8.29 假設美國食品藥物管理局明年會核准1、2、3、或4種降低膽固醇新藥上市的機率分別為0.40、0.30、0.20、與0.10。

(a) 利用機率分配平均數的定義公式，求算此機率分配的平均數。

(b) 利用機率分配變異數的公式，求算此機率分配的變異數。

8.30 就一般正常情況而言，每年侵襲加勒比海地區的颱風數量，可能為0、1、2、3、或4，而其發生機率分別為0.20、0.50、0.10、0.10、及0.10。請求算此機率分配的平均數與變異數。

8.31 某研究顯示，至某醫學中心就診的民眾中，有27%必須等候超過半個小時，才會見到醫師接受診察。倘若有12名前來就診的民眾，

請利用圖8.6中的機率值，求算等候時間超過半個小時的人數的平均數與標準差。

機率密度函數	
二項分配	n = 18 and p = 0.270000
x	P(X = x)
0.00	0.0035
1.00	0.0231
2.00	0.0725
3.00	0.1431
4.00	0.1985
5.00	0.2055
6.00	0.1647
7.00	0.1044
8.00	0.0531
9.00	0.0218
10.00	0.0073
11.00	0.0020
12.00	0.0004
13.00	0.0001
14.00	0.0000

圖8.6 習題8.31之機率分配表

8.32 第8.2節中我們提到，投擲一枚公正的硬幣4次，出現正面的次數為0、1、2、3、或4的

機率分別為 $\frac{1}{16}, \frac{4}{16}, \frac{6}{16}, \frac{4}{16}$ 與 $\frac{1}{16}$。請利用平均數與標準差的公式，求算此機率分配的平均數與標準差。

8.33 承上題，請利用二項分配的特殊公式，重新求算該機率分配的平均數與標準差。

8.34 在範例8.9中，已知$a=5$、$b=11$、且$n=8$的超幾何分配中，其可能值為3、4、或5的機率分別為0.359、0.128、與0.013。我們也可求出其可能值為0、1、或2的機率分別為0.013、0.128、與0.359。請利用這些數值計算超幾何分配的平均數。此外，也請利用超幾何分配的平均數計算公式來驗證上述的答案。

8.35 若某放射性物質每秒鐘所放射出來的gamma射線的數量，為一服從$\lambda=2.5$的卜瓦松分配的隨機變數，而該物質每秒鐘會放射出0、1、2、3、4、5、6、7、8、或9條gamma射線的機率分別為0.082、0.205、0.256、

0.214、0.134、0.067、0.028、0.010、0.003、與0.001。請計算平均數，並利用此結果驗證，參數為λ的卜瓦松隨機變數的平均數公式，$\mu=\lambda$，是否正確。

8.36 在八位有可能獲得晉升重用的職員中，有四位具有博士學位，另外四位則沒有。

(a) 若隨機選出四位人選，請求算其中0、1、2、3，或4位為博士的機率。

(b) 利用(a)的結果求算此機率分配的平均數。

(c) 利用超幾何分配的平均數公式來驗證(b)的結果。

8.37 請利用柴比雪夫定理來驗證以下事件的機率至少為0.96：

(a) 投擲一枚質地均勻的硬幣10,000次，出現正面的比例介於0.475與0.525；

(b) 投擲一枚質地均勻的硬幣1,000,000次，出現正面的比例介於0.4975與0.5025。

8.9 本章專有名詞彙整

二項分配(Binomial distribution)
離散隨機變數(Discrete random variable)
隨機變數的期望值(Expected value of a random variable)
幾何分配(Geometric distribution)
超幾何分配(Hypergeometric distribution)
機率分配的平均數(Mean of a probability dis-tribution)
*多項分配(Multinomial distribution)
卜瓦松分配(Poisson distribution)
母體標準差(Population standard deviation)
機率分配(Probability distribution)
隨機變數 (Random variable)
母體中抽樣(Sampling a binomial population)

機率分配的標準差(Standard deviation of probability distribution)

統計模型(Statistical model)

機率分配的變異數(Variance of a probability distribution)

隨機變數的變異數(Variance of a random variable)

8.10 參考書籍

- 關於各項機率分配的詳細討論，可參見：

  1. HASTINGS,N. A. J., and PEACOCK, J. B., *Statistical Distributions*. London: & Company (Publishers) Ltd., 1975.

- 關於詳盡的二項分配機率表，可參考：

  1. ROMIG, H.G., 50-100 *Binomial Tables*. New York: John Wiley & Sons, Inc., 1953.

  2. *Tables of the Binomial Probability Distribution, National Bureau of Standards Applied Mathematics Series No. 6*. Washington, D.C.: U.S. Government Printing Office, 1950.

- 關於詳盡的卜瓦松分配機率表，可參考：

  MOLINA,E. C., *Poisson's Exponential Binomial Limit*. Princeton, N.J.: D. Van Nostrand Company, Inc., 1947.

- 由於各式統計電腦軟體愈來愈普及，因此以上兩本書籍應該不會再出版更新版本了。

9 ▸ 常態分配
THE NORMAL DISTRIBUTION

連續隨機變數(continuous random variable)所處理的是以連續尺度所衡量的變量。舉例來說，一罐即溶咖啡的重量、一根香煙中的焦油含量、某辦公室的大小、或是運送某農產品的貨車內的溫度等，都是連續隨機變數。在這些情況中，隨機變數的可能值都是無限多個，不過在實務上我們會以四捨五入取整數、或是取有限的小數點位數。如果我們不四捨五入的話，我們會發現連續隨機變數中每個可能值的機率都會等於零。舉例來說，我們會想要知道一部汽車的時速不等於20 π 英里的機率（π 為圓周率，是為無理數，其值為 $3.1415926...$），我們也會想知道一罐即溶咖啡的重量不等於 $\sqrt{36.5} = 6.0415229$ 盎司的機率。不過實際上來說，我們會更想知道一部汽車的時速介於60至65英里的機率（嚴格來說，依據四捨五入，是59.5至65.5英里），也更想知道一罐即溶咖啡的重量介於5.9至6.1盎司的機率（嚴格來說，依據四捨五入，是5.85至6.15盎司）。因此，當我們在處理連續隨機變數時，我們決不會去關心單一值出現的機率，而是某一段區間或區域的機率。

本章中我們會討論如何處理連續隨機變數並衡量其機率值。直方圖將以連續曲線取代，如圖9.1，想像那條曲線是由愈來愈細分的區間所構成。第9.1節是**連續分配**(continuous distribution)的簡介，之後的部分則著重在**常態分配**(normal distribution)的討論；常態分配是現代統計學中許多常用技巧的

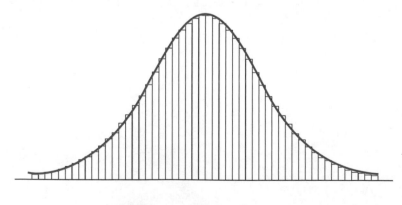

圖9.1　**連續分配曲線**

最重要核心。第9.3節為選讀教材，所討論的是如何判斷所觀察到的數據資料是否服從常態分配的方法。常態分配的各種應用將在第9.4與9.5節中探討。

9.1 連續分配

我們到目前為止所見過的直方圖中，次數、百分比、比例、或機率都是以長方條的高度或面積來表示。而當我們處理連續變數時，雖然機率也是以面積來表示，但是這裡的面積不是長方條的面積，而是連續曲線以下的面積。圖9.2顯示兩者之間的差異。左邊的直方圖所代表的是某離散隨機變數的機率分配，該隨機變數的可能值為0到10之間的整數。這個隨機變數出現3的機率由圖中淺色長方條表示，而出現大於或等於8的機率由深色的長方形表示。右邊的圖所代表的是某個可能值介於0與10之間的連續隨機變數。此連續隨機變數的可能值介於2.5與3.5之間的機率，以連續曲線下方的淺色區域表示，而其可能值大於或等於8的機率，以曲線下方的深色區域表示。

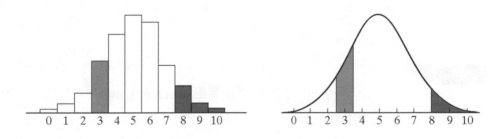

圖9.2 機率分配的直方圖與連續分配的圖

類似圖9.2中右側圖的連續曲線，稱為**機率密度**(probability density)，一般通俗的講法則是**連續分配**(continuous distribution)。機率密度這個詞乃是借用物理學的概念；物理學中「重量」與「密度」的關係，就如同統計學中「機率」與「機率密度」之間的關係。圖9.3中說明，機率密度的特徵是，連續曲線下方介於*a*與*b*之間的面積，即是服從此連續分配的隨機變數其可能值出現在*a*與*b*之間的機率。

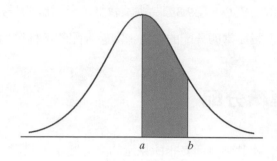

圖9.3 連續分配

　　觀察圖9.1可知，當a與b非常接近時，以a、b距離為底的長方形的高度，與該連續曲線的高度，是幾乎一樣的。因此，曲線下方介於a與b的面積與上述長方形的面積也是幾乎一樣的。

　　由此可知，連續分配的值不可能是負數，而且曲線下方的面積總和一定等於1，表示服從此連續分配的隨機變數的可能值一定出現在這個範圍之內。

範例　9.1

　　請證明$f(x)=\frac{x}{8}$可以當作某可能值介於$x=0$與$x=4$之間的隨機變數的機率密度函數。

解答　　第一個條件是，對可能的x值而言，$\frac{x}{8}$必須大於或等於零；第二個條件是，從$x=0$至$x=4$，這條線下方的面積（三角形）要等於1。此三角形底為4，高為0.5，所以其面積的確為1。如圖9.4所示。

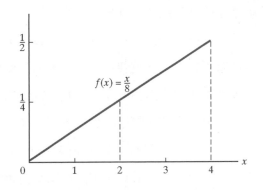

圖9.4 　範例9.1與9.2的圖示

範例 9.2

承範例9.1，請問此隨機變數在以下兩個條件下，機率值分別是多少？

(a) 其可能值小於2；

(b) 其可能值小於或等於2。

解答　(a) 此時機率值是標示在$x=2$的虛線左側的三角形面積；底為2，高為$\frac{1}{4}$，所以面積為$\frac{1}{4}$。

(b) 與上一小題相同，皆為$\frac{1}{4}$。

這個例子點出連續隨機變數的一項重要特點：該隨機變數出現任何特定可能值的機率為零。在這個例子中，此隨機變數可能值等於2的機率為零；這裡所謂的2指的就是正好在2那個點上，不包括鄰近的點，如1.9999998或2.0000001。

根據這個特點，所有特定可能值的機率都是零。因此，我們可以斷言一個人的體重恰恰好等於145.27磅的機率為零，或是一匹賽馬其比賽所用掉的時間恰好等於58.442秒的機率也等於零。但是，即使所有特定可能值的發生機率都是零，這些特定可能值還是存在的（姑且不論我們是否能非常精確地將這些數值測量出來），因此，在連續隨機變數中，這些發生機率為零的事

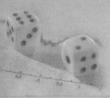
件，不但確實存在，而且是不可或缺的。

連續分配的統計敘述(statistical descriptions)與機率分配或觀測資料分配的陳述有不相上下的重要性，但是多數連續分配的統計量，包括平均數與變異數，都得要利用微積分才能定義。雖然如此，我們可以用一不正式的方法來計算，由於直方圖的平均數及標準差在之前已定義過，我們可將連續分配視為機率分配直方圖的一逼近曲線（如圖9.1）。因此，如果我們把直方圖中的組距一直縮小，所計算出來的平均數與變異數，會越來越逼近該連續分配真正的平均數與變異數。事實上，連續分配的平均數與變異數所衡量的東西與離散機率分配是相同的；平均數就是服從該連續分配的隨機變數的期望值，而標準差就是離差平方和的期望值的平方根。更清楚地說，連續分配的平均數 μ 是一種中間值的衡量指標，而連續分配的標準差 σ 則是一種變異或散佈程度的衡量指標。

9.2 常態分配

在統計學上用到的連續分配中，最重要的就是**常態分配**(Normal distribution)。關於常態分配的研究可以追訴至十八世紀，測量誤差本質的研究，有人發現到，重複觀察同一個相同的物理量時，每次的觀察值都不盡然完全相同，但是這些誤差卻展現出相當驚人的規律性。這些誤差的分配可以用某條連續曲線來描述逼近，而該條曲線被稱為「誤差的常態曲線」(normal curve of errors)，其形成則歸因於機率法則。此常態曲線的數學方程式為

$$f(x) = \frac{1}{\sigma\sqrt{2\pi}}e^{-\frac{1}{2}\left(\frac{x-\mu}{\sigma}\right)^2}$$

其中 $-\infty < x < \infty$ ，e是無理數 $2.71828\cdots\cdots$；我們之前在討論卜瓦松分配時曾經提過這這個常數。這個式子只是用來告訴讀者常態分配的主要特點，本書中不會用這個式子來進行運算。

常態分配的圖形是一個鐘型曲線，兩端各自延伸至無限遠的地方。在圖

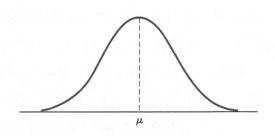

圖9.5 常態分配曲線

9.5中，這個特徵可能沒辦法畫得很清楚，當曲線從平均數開始往兩端愈走愈遠，曲線會愈來愈逼近橫軸，但是永遠不會與橫軸接觸。不過幸運的是，畫常態分配的曲線時，我們通常不需要畫到這麼遠，因為就實際應用的目的來說，超過四個或五個標準差以外，曲線以下的面積是可以忽略不計的。

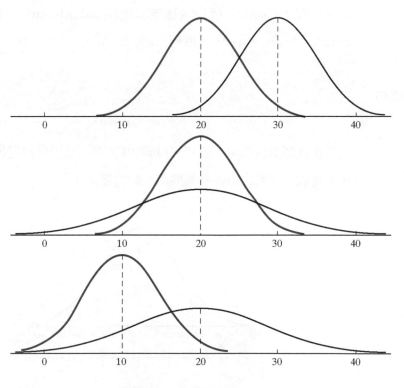

圖9.6 三組常態分配

從上述的方程式中可明顯看出常態分配的一項重要特點，那就是，常態分配用兩個參數就可以決定了：μ與σ；它們分別是平均數與標準差。換句話說，對特定的μ與特定的σ而言，就只有一條唯一的常態分配曲線。從圖9.6可知，當μ與σ不同時，所對應的常態分配曲線也不同。最上面兩個圖的平均數不相同，但是標準差相同；中間兩個圖的平均數相同，但是標準差不同；最下面兩個圖的平均數與標準差都不相同。

在處理與常態分配相關的問題時，我們只要留意曲線下方的面積即可，稱為**常態曲線面積**(normal-curve area)。實際應用時，這些面積的值可以查表得知，如本書末的表I。但是μ與σ有無限多種可能，我們不可能也沒必要把所有的數值都製成表讓人隨時翻查。我們只把$\mu=0$與$\sigma=1$的情形列表出來。這個分配稱為**標準常態分配**(standard normal distribution)。然後，我們可以利用尺度轉換的方式（如圖9.7），來計算任一常態曲線的面積：把資料的原本尺度，*x*-scale，轉換成**標準單位**(standard units)，**標準尺度**(standard scores)，或是**z-scores**。尺度轉換的公式如下：

標準單位

$$z = \frac{x - \mu}{\sigma}$$

在這個新尺度中，我們可以藉由特定的*z*值，來知道相對應的*x*值，是落在平均數之前或之後的幾個標準差的位置上。

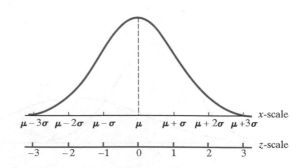

圖9.7 用尺度轉換換成標準單位

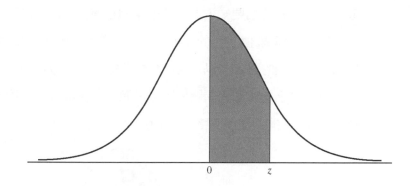

圖9.8　標準常態分配表的面積

　　書末附表I中所列出的數值，乃是標準常態分配曲線下方，介於平均數 z ＝0與其他z值之間的面積，而其所列出的其他z值，從z＝0.01、0.02、……、至3.09、而後為z＝4.00、z＝5.00，與z＝6.00。換句話說，附表I中所列出的數值，即是圖9.8中標準常態分配曲線下方的陰影區域面積。

　　附表I並不需要列出z為負值時的情況，因為常態分配曲線以平均數為中軸，左右對稱。因此，本節一開始所介紹的常態分配的公式中，如果以-(x－μ)代替x－μ的話，結果仍然相同。事實上，$f(\mu-a)=f(\mu+a)$表示從μ出發，不論向左或向右移動a的距離，兩邊的$f(x)$的值都是一樣的。

範例 9.3

請找出標準常態分配曲線中，介於z＝－1.20與z＝0之間的面積。

解答　　從圖9.9中可知，介於z＝－1.20與z＝0之間的面積與介於z＝1.20與z＝0之間的面積是一樣的，因此只要查閱附表I中z＝1.20那列，即可查到面積為0.3849。

　　有許多各式各樣與標準常態分配相關的問題，因此學會如何快速查到所需的面積數值是非常重要的。雖然表中只列出z＝0與一些其他正值z之間的

面積，我們有時候要知道的可能是某個正值z右側的面積，或負值z左側的面積，或任何兩個z值之間的面積。這些其實都不難，只要我們記住附表I當中的數值所代表的意義，以及常態分配曲線以平均數為軸，左右對稱的特色，就可以回答上述類型的問題。因為常態分配曲線以平均數為軸，左右對稱，所以z＝0左右兩半的面積都是0.5000。

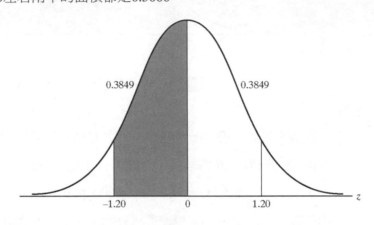

圖9.9 **範例9.3之圖示**

範例 **9.4**

請找出下列標準常態分配曲線的面積

(a) $z＝0.94$左側；

(b) $z＝-0.65$右側；

(c) $z＝1.76$右側；

(d) $z＝-0.85$左側；

(e) 介於$z＝0.87$與$z＝1.28$；

(f) 介於$z＝-0.34$與$z＝0.62$。

解答 參閱圖9.10。

(a) 查附表I得$z＝0.94$的面積，加上$z＝0$左側的0.5000，得到0.5000＋0.3264＝0.8264。

(b) 查附表I得$z＝0.65$的面積，加上$z＝0$右側的0.5000，得到0.5000＋

0.2422＝0.7422。

(c) 以$z＝0$右側的0.5000扣掉$z＝1.76$的面積，得到$0.5000－0.4608＝$
0.0392。

(d) 以$z＝0$左側的0.5000扣掉$z＝0.85$的面積，得到$0.5000－0.3023＝$
0.1977。

(e) 介於$z＝0.87$與$z＝1.28$的面積，即為附表I中$z＝0.87$與$z＝1.28$的面積
差異：$0.3997－0.3078＝0.0919$。

(f) 介於$z＝-0.34$與$z＝0.62$的面積，即為附表I中介於$z＝0.34$與$z＝0.62$
的面積總和：$0.1331＋0.2324＝0.3655$。

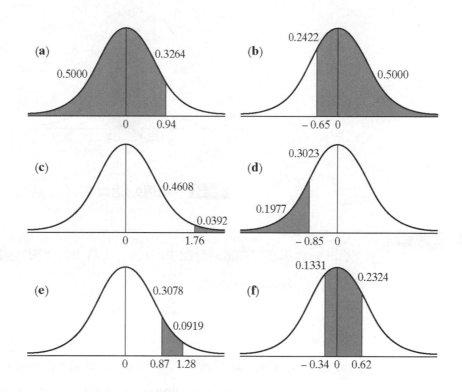

圖9.10　　範例9.4之圖示

以上兩個例子中，我們所討論的都是標準常態分配，現在我們來看看當
μ 不為0且σ 也不為1時，如何將其轉換為標準單位。

範例 9.5

　　某隨機變數服從常態分配，$\mu = 10$且$\sigma = 5$，請問此隨機變數的可能值出現在12與15之間的機率為何？

解答　　此機率為圖9.11中的陰影區域。將$x = 12$與$x = 15$轉換成標準單位，得到

$$z = \frac{12-10}{5} = 0.40 \quad \text{以及} \quad z = \frac{15-10}{5} = 1.00$$

　　查附表I，得到0.1554與0.3413，所以所求的機率為$0.3413 - 0.1554 = 0.1859$。

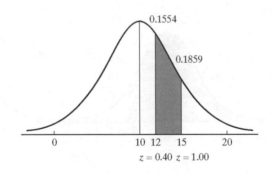

圖9.11　　範例9.5之圖示

範例 9.6

　　若以z_α表示在標準常態分配中的z值，其右側的面積為α的話，請問以下的z值為何：(a) $z_{0.01}$；(b) $z_{0.05}$

解答　　參閱圖9.12。

(a) $z_{0.01}$表示附表I當中的數值為$0.5000 - 0.0100 = 0.4900$，所以我們找最接近0.4900的數值，為0.4901，其所對應的z值為2.33，所以$z_{0.01} = 2.33$。

(b) $z_{0.05}$表示附表I當中的數值為$0.5000 - 0.0500 = 0.4500$，所以我們找最接近0.4500的數值，有0.4495與0.4505，其所對應的z值分別為1.64與1.65，所以$z_{0.05} = 1.645$。

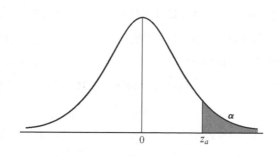

圖9.12 範例9.6之圖示

　　我們在第4.3節中提到，對鐘型分佈的次數分配而言，有68%的值會落在平均數正負一個標準差之間，有95%的值會落在平均數正負兩個標準差之間，有99.7%的值會落在平均數正負三個標準差之間，表I也可以幫助我們確認這個說法。在習題9.11中，我們會要求讀者證明上述三點，並說明雖然標準常態分配的兩端一直延伸到無限遠的地方，但是$z=4$或$z=5$右側的面積，或是$z=-4$或 $z=-5$左側的面積，是可以被忽略的。

　　雖然本章所探討的主要是常態分配，而且常態分配的確是統計學中最重要的基礎之一，但是切記，常態分配只是統計學研究中眾多連續機率分配的其中一種。第十一章以及往後的章節中，我們會討論到其他在統計推論中扮演非常重要角色的連續機率分配。

精選習題

9.1 在標準常態分配的圖形中，請判斷以下各小題中，前者的面積比較大，還是後者的面積比較大，還是兩者的面積相同？

(a) $z=1.5$的右側，或$z=2$的右側；

(b) $z=-1.5$的左側，或$z=-2$的左側；

(c) $z=2$的右側，或$z=-2$的左側。

9.2 在標準常態分配的圖形中，請判斷以下各小題中，前者的面積比較大，還是後者的面積比較大，還是兩者的面積相同？

(a) $z=0$的左側，或$z=-0.1$的右側；

(b) $z=0$的右側，或$z=0$的左側；

(c) $z=-1.4$的右側，或$z=-1.4$的左側。

9.3 在標準常態分配的圖形中,請判斷以下各小題中,前者的面積比較大,還是後者的面積比較大,還是兩者的面積相同?

(a) 介於$z=0$與$z=1.3$之間,或介於$z=0$與$z=1$之間;

(b) 介於$z=-0.2$與$z=0.2$之間,或介於$z=-0.4$與$z=0.4$之間;

(c) 介於$z=-1$與$z=1.5$之間,或介於$z=-1.5$與$z=1$之間。

9.4 請找出下列標準常態分配曲線的面積:

(a) 介於$z=0$與$z=0.87$;

(b) 介於$z=-1.66$與$z=0$之間;

(c) $z=0.48$右側。

9.5 請找出下列標準常態分配曲線的面積:

(a) $z=-0.27$的右側;

(b) $z=1.30$的左側;

(c) $z=-0.79$的左側。

9.6 在標準常態分配曲線中,請求算以下範圍之內的面積:

(a) $z=0.45$與$z=1.23$之間;

(b) $z=-1.15$與$z=1.85$之間;

(c) $z=-1.35$與$z=0.48$之間。

9.7 請找出下列標準常態分配曲線的面積:

(a) 介於$z=-0.77$與$z=0.77$之間;

(b) $z=-1.39$的右側。

9.8 請找出下列標準常態分配曲線的面積:

(a) $z=0.27$的左側;

(b) 介於$z=1.69$與$z=2.33$之間。

9.9 請在以下的標準常態分配曲線面積中,求算出z值:

(a) 介於0與z值之間的面積為0.4788;

(b) z值左側面積為0.8365;

(c) 介於$-z$值與z值之間的面積為0.8584;

(d) z值左側面積為0.3409。

9.10 請在以下的標準常態分配曲線面積中,求算出z值:

(a) 介於0與z值之間的面積為0.1480;

(b) z值右側面積為0.7324;

(c) 介於$-z$值與z值之間的面積為0.9328。

9.11 在標準常態分配中,若z值如下,請問介於$-z$值與z值的面積為何?

(a) $z=1$;

(b) $z=2$;

(c) $z=3$;

(d) $z=4$;

(e) $z=5$。

9.12 在範例9.6中,已知z_α的定義,請驗證:

(a) $z_{0.025}=1.96$;

(b) $z_{0.005}=2.575$。

9.13 某常態分配的平均數為62.4,倘若大於79.2的面積為20%,請求算此常態分配的標準差。

9.14 某隨機變數服從常態分配,且其標準差為10。倘若此隨機變數的值小於82.5的機率為0.8212,請問此隨機變數的值大於58.3的機率為何?

9.15 另一個用途相當廣泛的連續機率分配為**指數分配**(exponential distribution)。若某隨機變數服從平均數為μ的指數分配的話,該隨機變數可能值落於0與任何非負實數x之間的機率為$1-e^{-x/\mu}$,參考圖9.13。此處的e為無理數,與常態分配中所使用的e相同。在許多

計算場合中,都求算 μ 的值,而書末附表 XII有列出一些常用的值。若某隨機變數服從平均數 $\mu=10$ 的指數分配,請求算以下的機率值:

(a) 小於4;

(b) 介於5與9。

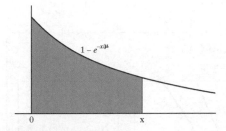

$1-e^{-x/\mu}$

0   x

圖9.13 指數分配

9.16 若某電子零件的使用壽命為一隨機變數,服從平均數 $\mu=2,000$ 小時的指數分配。請利用上一題的公式,求算事件的機率:該電子零件的使用壽命

(a) 至多2,400小時;

(b) 至少1,600小時;

(c) 介於1,800與2,200小時。

9.17 根據某醫學研究報告,某種罕見熱帶疾病被通報的時間間隔,可視為一服從指數分配的隨機變數,平均數為 120 天。請問以下事件發生的機率分別為何?

(a) 此疾病被通報的時間間隔超過240天;

(b) 此疾病被通報的時間間隔超過360天;

(c) 此疾病被通報的時間間隔少於60天。

9.18 在某地殼斷層帶附近,發生地震之後,其餘震之間的間隔時間為一隨機變數,服從平均數 $\mu=36$ 小時的指數分配。請求算連續兩個餘震之間的間隔時間為

(a) 小於18小時;

(b) 超過72小時;

(c) 介於36與108小時的機率分別是多少?

*9.3 檢驗常態性

在本書往後許多章節的討論中,我們會假設我們的資料是源自於常態母體,也就是說,我們要處理的是服從常態分配的隨機變數的值。長久以來,我們使用特殊設計的方格紙來檢驗這項假設是否成立。這種特殊方格紙稱為**常態機率方格紙**(normal probability paper)或是**算術機率方格紙**(arithmetic probability paper)。以前這種方格紙在大學校園裡的書店或文具用品店都有販賣,不過現在已經變成稀有古董了,因為我們現在都改用統計電腦軟體來檢驗資料的常態性。

事實上，圖9.14與圖9.15所呈現的，即是使用常態機率方格紙所繪製出來的圖。兩個圖中的橫軸，均為隨機變數的可能值，所以其尺度單位與一般相同。不過圖中的縱軸是經過特殊設計的：任何常態分配的累積機率畫在上頭都會成一直線。這正是我們如何檢驗資料常態性(normality)的方法。倘若我們資料在這種圖上出現一直線的型態，則我們可判定該組資料是來自於**常態母體**(normal population)。

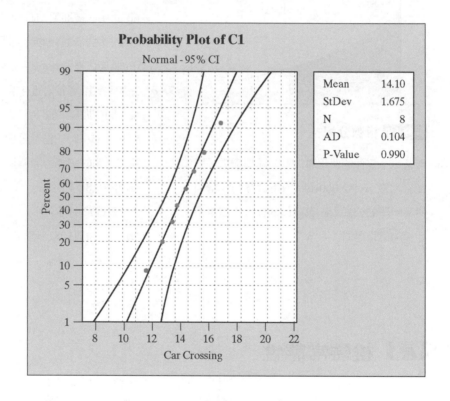

圖9.14 統計電腦軟體所產生的常態機率圖

圖9.14是使用電腦軟體所得到的**常態機率圖**(normal probability plot)；圖9.15則是利用繪圖計算機所產生的。這兩個圖所採用的是同一組資料，是測試繪製高速公路中央標線的油漆的耐久度的實驗數據。交通部打算使用這組資料進行進一步的統計分析，不過在此之前，他們必須要先確定資料是符合常態分配的。交通部在八個交通繁忙的路口，分別繪製測試用的標線，並記

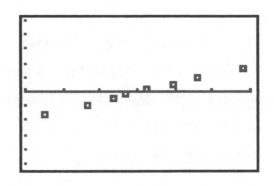

圖9.15 繪圖計算機所產生的常態機率圖

錄多少車流量經過之後，此油漆才開始出現剝落或模糊不清。實驗所得的數據為：14.26、16.78、13.65、11.53、12.64、13.37、15.60、以及14.94百萬輛車次。將這些數據輸入電腦軟體之後，經過既定的指令運算，即可得到如圖9.14的結果。由圖可知，這八個點幾乎在同一條直線上，因此我們幾乎可以肯定這組樣本數據是來自於常態母體。除此之外，我們還可以進行一些較為正式的常態性檢定，不過我們就此打住，不繼續深究。

　　雖然這兩個圖所使用的是同一組資料，但是繪圖計算機所產生的圖9.15，與電腦軟體所產生的圖9.14略有不同，因為前者所使用的理論不太一樣。不過即便如此，我們還可以很明顯看到這些資料的確成一直線；這表示我們可以認定這組樣本數據是來自於常態母體或近似於常態分配的母體。

9.4 常態分配的應用

　　我們現在來看看一些關於常態分配的應用問題。當 μ 與 σ 都已知的時候，常態分配的應用就顯得相當直接簡便。在第9.2節中我們在討論常態曲線方程式的時候曾提過，只要兩個參數就可以完全決定一個常態分配，換句話說，藉著將數值轉換成標準單位，然後查閱書末附表I即可得知任一常態分配的機率值。我們先來看看這類型的例子。

統計學

MODERN ELEMENTARY STATISTICS

範例 9.7

假設在搭乘客機飛越美國上空時，機艙內乘客所接收到的宇宙輻射線的量，是一個服從常態分配的隨機變數，其平均數 μ 為4.35毫雷姆，標準差 σ 為0.59毫雷姆。請問，乘客暴露在以下宇宙輻射線的機率為何？

(a) 超過5.00毫雷姆；

(b) 介於3.00與4.00毫雷姆。

解答　(a) 此機率為圖9.16中，上面的常態分配曲線中的陰影區域面積。先求z值，為

$$z = \frac{5.00 - 4.35}{0.59} \approx 1.10$$

由附表I查知$z=1.10$時，其對應值（機率）為0.3643，因此，乘客接收到超過5.00毫雷姆宇宙輻射線的機率為$0.5000-0.3643=0.1357$，或大約0.14。

(b) 此機率為圖9.16中，下面的常態分配曲線中的陰影區域面積。先求兩個z值，為

$$z = \frac{3.00 - 4.35}{0.59} \approx -2.29 \quad \text{and} \quad z = \frac{4.00 - 4.35}{0.59} \approx -0.59$$

由表I查知$z=2.29$與 $z=0.59$時，其對應值（機率）分別為0.4890與0.2224，因此，乘客接收到介於3.00與4.00毫雷姆宇宙輻射線的機率為$0.4890-0.2224=0.2666$，或大約0.27。

雖然常態分配是連續分配，且常被用以描述連續的隨機變數，但是它也常常被用來近似離散的隨機變數；不論這些離散隨機變數的可能值是有限的或是無限可數的。如果要這麼做的話，我們必須使用**連續性修正**(continuity correction)，詳如下例。同時，這也是根據已知的平均數與標準差來進行計算的應用。

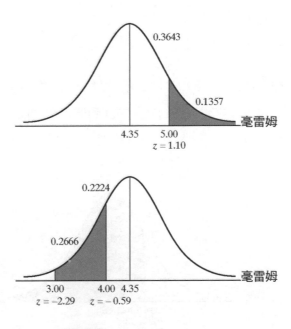

圖9.16 範例9.7的圖示

範例 9.8

在某研究攻擊行為的實驗中，雄的大白老鼠在隔離四周後又回到牠原先所處的群體中時，平均來說，前五分鐘內會與其他老鼠打鬥18.6次，標準差為3.3次。倘若把這種情況中老鼠打鬥的次數當作是隨機變數，並假設可以用常態分配來近似，請問某隻經過此實驗步驟的老鼠在回到群體後的前五分鐘內，打鬥15次以上的機率為何？

解答 答案請參考圖9.17中的陰影區域。請注意，圖中所標示的是14.5，而不是15。之所以這麼做，乃是因為打鬥的次數是「整數」，因此，如果我們要用常態分配來概算這個離散隨機變數的話，我們必須把該隨機變數的可能值「攤開」(spread)成連續的，而一般所採用的作法則是將原本的整數k修正為從$k-0.5$到$k+0.5$的區間。例如，5就以從4.5到5.5的區間所代替、20就以從19.5到20.5的區間所代替。如此一來，打鬥超過15次以上的機率，就變成常態分配曲線中14.5右側的面積。計算z值，得到

$$z = \frac{14.5 - 18.6}{3.3} \approx -1.24$$

由表I可查知圖9.17中的陰影區域的面積，為0.5000＋0.3925＝0.8925，意即，經過此實驗步驟的老鼠在回到群體後的前五分鐘內，打鬥15次以上的機率大約為0.89。

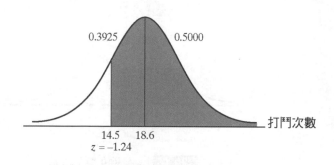

0.3925　　0.5000

打鬥次數

14.5　18.6
$z = -1.24$

圖9.17　　**範例9.8的圖示**

有時候我們只知道常態分配兩個參數當中的其中一個，μ 或 σ，但是我們還知道某個x值，以及此x值右側或左側的面積（機率）。我們透過以下的例子來探討這類型的問題。

範例　9.9

某填裝機器將製作完成的即溶咖啡粉填裝入六盎司裝的玻璃罐中，但填裝過程或多或少會出現一些變異，不是每次填裝都一樣多，所以我們把填裝入玻璃罐中的即溶咖啡粉的真正重量，視為一服從常態分配的隨機變數，其標準差為0.04盎司。倘若我們知道，只有2%的玻璃罐裡頭的咖啡重量不到六盎司，請問此瓶裝咖啡的平均重量是多少？

解答　　此時我們知道$\sigma = 0.04$、$x = 6.00$，以及常態分配的部分面積 2%（圖9.18中的陰影區域），要求算的是平均數 μ。表I中最接近0.5000－0.0200＝

0.4800的數值是0.4798，其對應的z值為2.05，因此，

$$-2.05 = \frac{6.00 - \mu}{0.04}$$

求解此方程式，得$\mu = 6.00 + 2.05\,(0.04) = 6.082$，或大約6.08。因此，此填裝作業的平均數為6.08盎司。

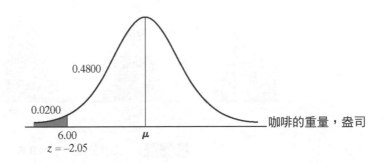

圖9.18 範例9.9的圖示

本小節中所探討的隨機變數都與常態分配有關，或是可以用常態分配來近似。當我們發現某隨機變數的值服從常態分配時，我們可以說我們**從常態母體中抽樣**(sampling a normal population)。這個說法與我們在第8.3節最後所討論的術語一致。

9.5 二項分配的常態近似法

當二項分配的實驗次數n很大，而且每次實驗的成功機率p很接近0.5的時候，常態分配是非常適用的近似分配。圖9.19顯示的是當$p = 0.5$的二項分配的直方圖，n分別為2、5、10，以及25。從圖中我們可以看到，當n增加時，二項分配的直方圖愈來愈接近左右對稱的鐘型分佈、愈來愈像常態分配。事實上，當二項分配的n很大且p很接近0.5時，一般都用平均數$\mu = np$、標準差$\sigma = \sqrt{np(1-p)}$的常態分配來近似這個二項分配。不過「很大」與「很接近」是非常不精確的詞，所以我們提出以下的經驗法則：

通常要符合以下的條件，才適合以常態分配來近似二項分配：
np 與 $n(1-p)$ 都大於5，意即，

$$np > 5 \text{ 且 } n(1-p) > 5$$

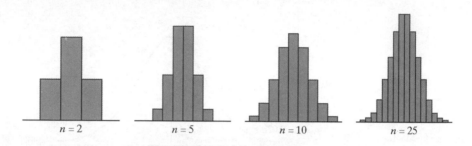

圖9.19 二項分配，$p = 0.5$

圖9.19明白顯示出二項分配的圖形如何愈來愈接近常態分配的圖形，而且，我們是用連續分配來近似一個離散的隨機變數。我們已經在範例9.8中討論過這種問題的處理方式，連續性修正，將原本的整數 k 攤開為從 $k-0.5$ 到 $k+0.5$ 的區間。

範例 9.10

請以常態分配求取以下二項分配的近似值：投擲一枚公正的硬幣16次，出現6次正面、10次反面的機率。請將計算結果與表V中的數值作一比較。

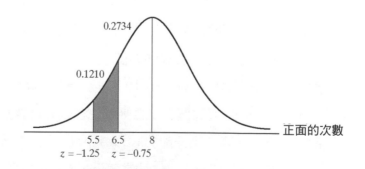

圖9.20 範例9.10的圖示

解答　此時$n = 16$、$p = 0.5$，而$np = 16\,(0.5) = 8$且$n\,(1-p) = 16\,(1-0.5) = 8$，兩個都大於5，因此可以用常態分配來近似此二項分配。圖9.20中的陰影面積即是正面出現6次、反面出現10次的常態近似機率值，其中正面6次是以從5.5至6.5的區間來表示。此時$\mu = 16\,(0.5) = 8$、標準差$\sigma = \sqrt{16 \cdot \frac{1}{2} \cdot \frac{1}{2}}$，因此，轉換成標準單位之後，

$$z = \frac{5.5-8}{2} = -1.25 \quad \text{and} \quad z = \frac{6.5-8}{2} = -0.75$$

附表I中$z = 1.25$與$z = 0.75$所對應的數值分別為0.3944與0.2734，因此我們得到$0.3944 - 0.2734 = 0.1210$，也就是說，用常態近似此二項機率的方法，得到正面出現6次反面出現10次的近似機率為0.1210。而附表V中所查得的二項分配機率為0.122，因此，本例子的**百分比誤差**(percentage error)為$\frac{0.001}{0.122} \cdot 100\% = 0.82\%$。

　　二項分配的常態近似法是非常重要的，要是沒有這個近似用法的話，在計算二項分配的機率時，就得要計算許多不同x值的機率。舉例來說，下個例子中，我們要計算在150次實驗中，成功次數為9、10、11、⋯⋯、148、149、與150次的機率為何。除非我們採用近似的方法，不然這個例子的計算過程是非常繁雜的。

範例 9.11

　　倘若某建商所運送的泥磚中，有5%會出現瑕疵。請問，在150塊泥磚中，至少有9塊出現瑕疵的機率為何？請用二項分配的常態分配近似法，利用圖8.4來計算此近似答案的誤差以及百分比誤差。

解答　此時$150\,(0.05) = 7.5$且$150\,(1-0.05) = 142.5$均大於5，所以可以用二項分配的常態近似法。因為連續性修正，所以9塊泥磚改以8.5至9.5的區間表示。圖9.21中的陰影區域即為本題所要求算的機率。此時$\mu = 150\,(0.05) = 7.5$、標

準差 $\sigma = \sqrt{150(0.05)(0.95)} \approx 2.67$，因此，以 $x = 8.5$ 代入計算標準單位，得到

$$z = \frac{8.5 - 7.5}{2.67} \approx 0.37$$

附表I中相對應的數值為0.1443，所以我們所求算的機率為0.5000－0.1443＝0.3557；意即，在150塊泥磚中，至少有9塊出現瑕疵的常態近似機率為0.3557。

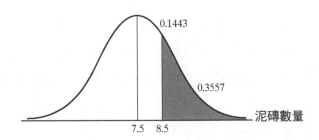

圖9.21 **範例9.11的圖示**

圖8.4中，所對應的二項分配的機率為0.1171＋0.0869＋0.0582＋……＋0.0001＝0.3361。因此，誤差為0.3557－0.3361＝0.0196，或是大約0.02。百分比誤差為 $\frac{0.0196}{0.3361} \cdot 100 \approx 5.8\%$ 。

這個例子中，百分比誤差不算小；這說明了即使情況符合使用二項分配常態近似法的條件，如本小節一開始所提出的經驗法則，近似出來的結果可能還是會有蠻大的差異。舉例來說，當 p 很小，而我們所要求算機率的 x 值並不是那麼接近平均數的話，算出來的近似機率可能非常不準確。在上面這個例子中，如果我們要求算的是150塊泥磚中只有1塊出現瑕疵的機率的話，若我們使用常態分配計算近似機率，則該近似答案的百分比誤差會超過100%。我們並不期望讀者研讀本章之後立刻成為使用二項分配常態近似法的專家，但是這個方法，在往後利用大樣本進行比例值推論的章節中，會有相當大的用處。

精選習題

9.19 自己動手組合某組合式書架所花的時間為一常態分配的隨機變數，$\mu = 17.40$分鐘且$\sigma = 2.20$分鐘。請問某個人花費以下時間組合此書架的機率分別是多少？

    (a) 少於19.0分鐘；

    (b) 介於12.0與15.0分鐘。

9.20 承上題，若有0.20的機率此書架可在x分鐘以內組合完成，請問x是多少？

9.21 某大型果園中所種植的葡萄柚，平均重量為18.2盎司，標準差為1.2盎司。假設這些葡萄柚重量的分配近似於常態分配，請問有多少比例的葡萄柚，重量

    (a) 小於16.1盎司；

    (b) 大於17.3盎司；

    (c) 介於16.7與18.8盎司？

9.22 承上題，倘若80%的葡萄柚的重量大於x盎司，請問x為多少？

9.23 某品種蠍子長大之後的身長平均為1.96英吋，標準差為0.08英吋。假設這種蠍子身長的分配近似於常態分配，請問有多少比例的這種蠍子其身長超過2英吋？

9.24 承上題，若最長的5%的蠍子身長均超過y英吋，請問y為多少？

9.25 某大型公司中4,000名員工的智商平均數為104.5，標準差為13.9，且其分配近似於常態分配。假設現在有某項工作需要智商高於95的員工來處理，但是對智商高於110的員工來說，這項工作太簡單了，沒有挑戰性。請

問，若純粹以智商來考量的話，該公司中有多少名員工適合這項工作？

9.26 某百貨公司每天所接獲的顧客抱怨案件數量相當接近於常態分配，平均數為25.8件。此外，一天之中有20%的機率所收到的顧客抱怨案件數量少於18件。請問

    (a) 此常態機率分配的標準差是多少？

    (b) 請問一天之中所收到的顧客抱怨案件數量少於30件的機率為何？

9.27 就全世界而言，一年當中的地震次數為一隨機變數，服從平均數為20.8的常態分配。若發生地震次數超過18次的機率為0.70的話，請問此常態分配的標準差是多少？

9.28 某常態隨機變數的標準差為4.0。若此隨機變數可能值小於82.6的機率為0.9713，請問此隨機變數的可能值介於70與80之間的機率為何？

9.29 請檢驗以下情況中，能否使用二項分配的常態近似法：

    (a) $n = 32$且$p = \frac{1}{7}$；

    (b) $n = 75$且$p = 0.10$；

    (c) $n = 50$且$p = 0.08$。

9.30 請檢驗以下情況中，能否使用二項分配的常態近似法：

    (a) $n = 150$且$p = 0.05$；

    (b) $n = 60$且$p = 0.92$；

    (c) $n = 120$且$p = \frac{1}{20}$。

9.31 紀錄顯示某家餐廳的顧客中有80%使用信用

卡付帳。請使用常態分配近似二項分配的方式，求算在該餐廳用餐的200位顧客中，至少170位使用信用卡付帳的機率為何？

9.32 用碘化銀針對某雲塊進行人工造雨時，失敗的機率為0.26。若對30朵雲塊以碘化銀進行人工造雨時，請以二項分配的常態分配近似法，求算

(a) 至多8朵雲塊失敗；

(b) 只有8朵雲塊失敗的機率分別為何？

9.33 承上題，請利用圖9.22所提供的數值，求算該兩小題中，誤差分別有多大。

9.34 某銀行經理從以往的經驗得知，該銀行所聘用的安全人員巡邏銀行大樓一週所花的時間，可視為一服從常態分配的隨機變數，平均數為18.0分鐘，且標準差為3.2分鐘。請問安全人員巡邏銀行大樓一週是以下狀況的機率為何？

(a) 時間少於15分鐘；

(b) 時間介於15至20分鐘；

(c) 時間超過20分鐘。

x	P(X = x)
0.00	0.0001
1.00	0.0013
2.00	0.0064
3.00	0.0210
4.00	0.0499
5.00	0.0911
6.00	0.1334
7.00	0.1606
8.00	0.1623
9.00	0.1394
10.00	0.1028
11.00	0.0657
12.00	0.0365
13.00	0.0178
14.00	0.0076
15.00	0.0028
16.00	0.0009

圖9.22 $n=30$且$p=0.26$之二項分配

9.6 本章專有名詞彙整

*算術機率方格紙(Arithmetic probability paper)

連續性修正(Continuity correction)

連續分配(Continuous distributions)

連續隨機變數(Continuous random variable)

指數分配 (Exponential distribution)

二項分配的常態近似法(Normal approximation to binomial distribution)

常態分配(Normal distribution)

常態母體(Normal population)

*常態機率方格紙(Normal probability paper)

*常態機率圖(Normal probability plot)

常態曲線面積(Normal-curve area)

百分比誤差(Percentage error)

機率密度(Probability density)

從常態母體中抽樣(Sampling a normal population)

標準常態分配(Standard normal distribution)

標準尺度(Standard scores)

標準單位(Standard units)

9.7 參考書籍

• 更詳細的連續機率分配的討論，參見：

HASTINGS, N. A. J., and PEACOCK, J. B., *Statistical Distributions*. London: Butterworth & Company (Publishers) Ltd., 1975.

• 關於以常態分配來近似二項分配的細節，參見：

GREEN, J., and ROUND-TURNER, J., "The Error in Approximating Cumulative Binomial and Poisson Probabilities," *Teaching Statistics,* May 1986.

• 更詳盡的常態分配機率表，以及其他連續分配的機率表，參見：

1. FISHER, R.A., and YATES, F., *Statistical Tables for Biological, Agricultural and Medical Research*. Cambridge: The University Press, 1954.

2. PEARSON, E. S., and HARTLEY, H. O., *Biometrika Tables for Statisticians*, Vol. I. New York: John Wiley & Sons, Inc., 1968.

10

抽樣與抽樣分配

SAMPLING AND SAMPLING DISTRIBUTIONS

幾乎每個人直覺上都知道「樣本」這個詞的涵義，不過當我們翻查辭典查詢，某一本辭典的解釋為「用以代表其他部份的展示品(a part to show what the rest is like)」，而另一本辭典的解釋則為「從中取出部份以為全體的代表的那一部份(a portion, part or piece, taken or shown to representative of the whole)」。這兩種解釋對某些讀者來說可能淺顯易懂，但是什麼是「其他部份」，而什麼又是「全體」？

統計學當中有個非常重要的問題：「樣本所代表的到底是什麼？」舉例來說，若有個消費者在某連鎖超市購物，挑選幾盒從加州某農場所採收下來的新鮮草莓，看看裡頭的草莓好不好，那麼這些被他選中的草莓，是視為該農場當天所採收下來所有草莓的樣本？或是該農場所採收的所有草莓的樣本？還是加州所有農場的草莓的樣本？同樣地，倘若我們某一天在某藝術館裡頭觀察某些進館參觀的女士的髮型，那麼這些觀察得的髮型可否反應參觀該藝術館所有女士的？還是所有喜愛藝術的女士的？還是美國境內全部女士的？

這兩個問題的答案其實都不難，就是「任君選擇」。不過我們必須了解到，在某些情況下，好的樣本可以協助我們進行有意義的推論，反之，不好的樣本根本是一點用處也沒有。由於這個問題與抽樣息息相關，因此我們在此對這個課題進行深入一些的探討。

本書往後的章節所要探討的統計方法中，大部分都是以所謂的**隨機樣本**(random samples)或隨機抽樣(random sampling)為基礎。我們會在第10.1節中詳細討論此主題，因為隨機抽樣才能使得我們的概括推論具有邏輯性與正當性。不過，在某些情況中，隨機抽樣有其侷限性，因此從第10.2至10.5節，我們會介紹一些其他的抽樣方法；這些是選讀的教材。

第10.6節中我們探討**抽樣分配**(sampling distribution)的概念，對於由樣本得到的各種統計量，這個主題告訴我們這些統計量的變異性。接著，從第10.7至10.9節中，我們要討論如何衡量、預測、甚至控制這些隨機的變異性。

10.1 隨機抽樣

在3.1節中,我們曾提到母體與樣本之間的不同:母體由在某情況下所有想像得到可能(或理論上可能)的觀察值所組成,而樣本是母體的一部份。在此我們要把母體再分成兩類:**有限母體**(finite population)與**無限母體**(infinite population)。

若母體中的元素或觀察值的個數是有限的或是固定的,則為有限母體。例如,某生產批次中三千罐油漆的淨重、去年度大學新生的學測成績、一般撲克牌的52張牌、或自2001年至2006年間某氣象觀測站所測量到的每日最高氣溫等等。

相反的,如果母體中的元素的數量在理論上是無限多個時,則為無限母體。例如,當我們重複測量某矽化合物的沸點時,或當我們重複投擲兩個骰子並計算其出現的點數總和時,或當我們在有限母體中進行歸還抽樣時,都是在處理關於無限母體的問題,因為我們可以測量該矽化合物的沸點的次數並沒有受到限制、我們可以重複投擲兩個骰子的次數也沒有受到限制、而我們在有限母體中進行歸還抽樣的次數同樣也沒有受到限制。

我們現在介紹從**有限母體隨機抽樣**(random sampling from a finite population)的概念。假設我們要從母體大小為N的有限母體中抽選出樣本數為n的樣本時,會有幾種可能的樣本?根據第5.3節中的組合公式,答案是$\binom{N}{n}$。

範例 10.1

從母體大小為N的有限母體中抽選出樣本數為n的樣本時,會有幾種可能的樣本?

(a) $n=2$且$N=12$;

(b) $n=3$且$N=50$。

解答　(a) 可能有 $\binom{12}{2} = \dfrac{12 \cdot 11}{2} = 66$ 種不同的樣本。

(b) 可能有 $\begin{pmatrix} 50 \\ 3 \end{pmatrix} = \dfrac{50 \cdot 49 \cdot 48}{3!} = 19{,}600$ 種不同的樣本。

根據以上的結果，我們提出如下關於從有限母體中進行**隨機抽樣**（有時候也稱為**簡單隨機抽樣**(simple random sample)）的定義：

> 從母體大小為N的有限母體中抽選出樣本數為n的樣本時，共有 $\begin{pmatrix} N \\ n \end{pmatrix}$ 種可能的樣本；若每種樣本被選中的機率都一樣，也就皆為 $\dfrac{1}{\begin{pmatrix} N \\ n \end{pmatrix}}$ 的話，則稱為隨機樣本。

舉例而言，若母體大小N＝5，其中元素為a、b、c、d，與e（這五個字母所代表的可能是五個人的年收入、五頭牛的重量，或是五架型號不同的飛機），當樣本數n＝3時，總共有 $\begin{pmatrix} 5 \\ 3 \end{pmatrix}$＝10種可能的結果，分別為abc、abd、abe、acd、ace、ade、bcd、bce、bde，以及cde。如果我們在選取這些樣本時，每種樣本被選中的機率都一樣，都是0.1的話，則我們所進行的即為隨機抽樣。

但問題是，在實際操作中，我們如何進行隨機抽樣？在前面的例子中，我們可以把十種可能的樣本寫在十張紙上，折好放入一頂帽子中，混和均勻之後，閉著眼睛抽出一張。但是很顯然的，當N很大，或n與N都很大的時候，這個方法就有點不切實際了。例如，若N＝100且n＝4時，我們必須要準備 $\begin{pmatrix} 100 \\ 4 \end{pmatrix}$＝3,921,225張紙。

幸運的是，從有限母體中進行隨機抽樣時，並不需要把所有可能出現的樣本全部排列出來；我們所要強調的是，隨機抽樣的結果完全取決於機率。或者，我們可以把有限母體中的N個元素寫在紙上，然後一次抽選出n個，或以不歸還抽樣的方式抽選n次（確保每一次抽選時，每個元素被抽中的機率都相同）。透過簡單的數學推導，我們可以證明這樣的抽樣方式每種可能樣本被選中的機率也是 $\dfrac{1}{\begin{pmatrix} N \\ n \end{pmatrix}}$ 。舉例來說，假設在N＝138個考古地點中，要

隨機選出$n=12$個來挖掘探查,我們可以在138張紙上分別標上1、2、3、⋯⋯、至138,然後放入某容器,混和均勻之後,以不歸還抽樣的方式抽選12次即可。

這個方式雖然已經很簡單了,但是還可以再簡化。目前,從有限母體中進行隨機抽樣的最簡便方法,就是利用電腦或計算機所產生的**亂數**(random numbers)。

範例 10.2

在之前考古地點的例子中,我們有138個編號,從1至138。請使用計算機產生亂數,選出12個地點。

解答　利用計算機產生四位數的亂數,我們只取前三位。略去000、大於138的數字,以及已經被選到的數字,假設我們得到了041、021、079、084、016、108、029、003、100、046、136、與075。這12個編號就是我們要挖掘的地點。

電腦統計軟體可能可以產生類似圖10.1的亂數表。圖10.1中顯示被選中進行考古挖掘的地點編號為24、131、69、113、127、5、57、52、7、13、11、與64。

亂數 1–138

	C1	C2	C3	C4	C5	C6
1	24	131	69	113	127	5
2	57	52	7	13	11	64

圖10.1　範例10.2中電腦所產生的亂數圖示

在幾十年前,進行隨機抽樣時,幾乎都一定要使用到市面上關於亂數表的出版品。這些亂數表出版品裡頭,每一頁都是從0到9的數字,一行一行一

列一列排得好好的。這些亂數表的構成來源可能是普查資料、無理數的小數位、對數表、樂透彩券的中獎號碼，或是一些其他的電腦程式。我們甚至可以利用算數方法來取得亂數，例如我們可以任意寫出一個三位數或四位數的數字當作第一個亂數，把它平方之後，選擇其中的三位或四位數當作第二個亂數，再把這個被選出來的數字平方……這個過程一直持續下去，就可以得到一長串亂數。不過這些方法都已經逐漸被電腦軟體所產生的亂數表所取代。

不過我們還是要學習如何使用亂數表來產生所需的亂數。參考圖10.2，這是從*Tables of 105,000 Random Decimal Digits*這本書中擷取下來的，是美國華盛頓交通經濟與統計局，州際商業委員會(Interstate Commerce Commission, Bureau of Transport Economics and Statistics, Washington, D.C.)於1949年出版的。

範例 10.3

承範例10.2，不過這次我們使用圖10.2的亂數表。假設從第6列及第11、12、13欄開始，往下選取。

解答　同樣地，略去000以及大於138的數字，並確保已經被選到的數字不會被重複選取，如此我們所得到的樣本為007、012、031、135、114、120、047、124、070、009、118，與094。所以我們要挖掘的考古地點為編號7、12、31、135、114、120、47、124、70、9、118，與94。

倘若我們打算進行抽樣的母體中所有的元素可以用清單列出並編號的話，那麼這個使用亂數的方法就非常好用。但是不幸的是，在許多情況下是不可能用到這個方法的。例如，倘若我們要從某個裝滿滾珠軸承的大箱子裡頭抽出一些樣本，來估計那些滾珠軸承的平均直徑時，或是我們要估計某片森林中，樹木的平均高度時，我們幾乎不可能把滾珠軸承或樹木一個一個編

號，然後隨機抽樣，再照著編號來進行測量。在這樣的情況下，我們能採用
的方法，就是根據字典上「隨機」的定義：「隨意地，沒有目的地(haphaz-

94620	27963	96478	21559	19246	88097	44926
60947	60775	73181	43264	56895	04232	59604
27499	53523	63110	57106	20865	91683	80688
01603	23156	89223	43429	95353	44662	59433
00815	01552	06392	31437	70385	45863	75971
83844	90942	74857	52419	68723	47830	63010
06626	10042	93629	37609	57215	08409	81906
56760	63348	24949	11859	29793	37457	59377
64416	29934	00755	09418	14230	62887	92683
63569	17906	38076	32135	19096	96970	75917
22693	35089	72994	04252	23791	60249	83010
43413	59744	01275	71326	91382	45114	20245
09224	78530	50566	49965	04851	18280	14039
67625	34683	03142	74733	63558	09665	22610
86874	12549	98699	54952	91579	26023	81076
54548	49505	62515	63903	13193	33905	66936
73236	66167	49728	03581	40699	10396	81827
15220	66319	13543	14071	59148	95154	72852
16151	08029	36954	03891	38313	34016	18671
43635	84249	88984	80993	55431	90793	62603
30193	42776	85611	57635	51362	79907	77364
37430	45246	11400	20986	43996	73122	88474
88312	93047	12088	86937	70794	01041	74867
98995	58159	04700	90443	13168	31553	67891
51734	20849	70198	67906	00880	82899	66065
88698	41755	56216	66852	17748	04963	54859
51865	09836	73966	65711	41699	11732	17173
40300	08852	27528	84648	79589	95295	72895
02760	28625	70476	76410	32988	10194	94917
78450	26245	91763	73117	33047	03577	62599
50252	56911	62693	73817	98693	18728	94741
07929	66728	47761	81472	44806	15592	71357
09030	39605	87507	85446	51257	89555	75520
56670	88445	85799	76200	21795	38894	58070
48140	13583	94911	13318	64741	64336	95103
36764	86132	12463	28385	94242	32063	45233
14351	71381	28133	68269	65145	28152	39087
81276	00835	63835	87174	42446	08882	27067
55524	86088	00069	59254	24654	77371	26409
78852	65889	32719	13758	23937	90740	16866
11861	69032	51915	23510	32050	52052	24004
67699	01009	07050	73324	06732	27510	33761
50064	39500	17450	18030	63124	48061	59412
93126	17700	94400	76075	08317	27324	72723
01657	92602	41043	05686	15650	29970	95877
13800	76690	75133	60456	28491	03845	11507
98135	42870	48578	29036	69876	86563	61729
08313	99293	00990	13595	77457	79969	11339
90974	83965	62732	85161	54330	22406	86253
33273	61993	88407	69399	17301	70975	99129

圖10.2 亂數表

ardly, without aim or purpose)」。也就是說，我們不能因為某些特徵而刻意選取或刻意不選哪些元素，也不能因為個人因素而偏好或忽略哪些元素。保守地說，這樣所選出來的樣本，可視為隨機樣本。

到目前為止我們所討論的隨機抽樣，都是針對有限母體而言的。對無限母體來說，我們則採用以下的定義：

> 從無限母體中抽選出樣本數為n的樣本時，若該樣本是由獨立隨機變數的值所組成，且這些獨立隨機變數服從相同的機率分配，則稱為隨機樣本。

如同我們之前在討論二項分配與常態分配時所提到的，這裡所謂的「相同機率分配」，指的就是我們所進行抽樣的母體。而所謂的「獨立」，指的是不論其他隨機變數所出現的值是多少，這些隨機變數的機率都保持不變。

舉例來說，我們投擲一個骰子12次，得到2、5、1、3、6、4、4、5、2、4、1、與2的結果；如果這些數字都是獨立隨機變數的值，而這些隨機變數都服從以下的機率分配的話，則可稱為隨機樣本。

$$f(x) = \frac{1}{6}，而x = 1、2、3、4、5、或6$$

再來看另一個從無限母體進行隨機抽樣的例子。假設有八個學生測量某矽化合物的沸點為攝氏136、153、170、148、157、152、143、與150度。根據定義，如果這些數值都是獨立隨機變數的值，而且這些隨機變數都服從相同的機率分配如 $\mu = 152$、$\sigma = 10$的常態分配的話，那麼這些數值可視為隨機樣本。要驗證這樣的說法，我們必須查明，這八個學生的測量精準度是否相同（以確保每個隨機變數的 σ 都相同），而且沒有相互幫忙的情形（不然這些隨機變數就不是獨立的）。在實際操作上，我們很難判斷一組資料能不能被視為隨機抽樣的結果。我們在第18章會再詳細討論這個主題。

精選習題

10.1 若從以下的有限母體中，隨機抽出樣本數 n ＝3的樣本，請問分別有幾種可能的結果？
(a) $N=8$；(b) $N=26$；(c) $N=30$；(d) $N=40$。

10.2 若從以下的有限母體中，隨機抽出樣本數 n ＝6的樣本，請問每一種可能結果被抽出的機率分別是多少？
(a) $N=10$；
(b) $N=15$。

10.3 某一有限母體中包含六個元素，分別以 u、v、w、x、y、與 z 表示。若從中隨機抽出 $n=3$ 之樣本，請列出20種可能結果。

10.4 承上題，請問被抽出的樣本中，有包含 u 的機率是多少？

10.5 承習題10.3，請問被抽出的樣本中，有包含 u 與 v 的機率是多少？

10.6 某大學書局有七本關於藝術史的書籍，若任選其中三本購買的話，則可以享有九折的優惠。請問總共有幾種選購這三本藝術史書籍的方法？

10.7 某百貨公司的鞋類部門在兩週之內成交三百筆交易，其相對應的發票號碼從251至550。

倘若某稽核人員要從中隨機抽選 $n=12$ 張發票以作為樣本，而且使用圖10.2中的亂數表的第18、19、與20欄進行抽樣（從第一列開始），請問被選中的發票號碼為何？

10.8 在第10.1節中我們提到，從有限母體中進行隨機抽樣時，可以將母體中 N 個元素編號，然後以不歸還抽樣的方式一次抽出一個，連續抽 n 次，而且每次抽樣時每個尚未被抽出的元素被抽中的機率都相等。在該節的例子中，有限母體中有5個元素，分別以 a、b、c、d、與 e 表示。若隨機抽出樣本數 $n=3$ 的樣本，請驗證在這種抽樣方法下，每個可能結果（如 bce）出現的機率都是0.1。

10.9 承上題，請利用相同的方式，驗證若有限母體中有 $N=100$ 個元素，且隨機抽出樣本數為 $n=3$ 的樣本的話，每個可能結果出現的機率皆為 $1 \Big/ \binom{100}{3} = \dfrac{1}{161,700}$。

10.10 承習題10.8，請利用相同的方式，驗證若有限母體中有 N 個元素，且隨機抽出樣本數為 n 的樣本的話，每個可能結果出現的機率皆為 $1 \Big/ \binom{N}{n}$。

*10.2 抽樣設計

到目前為止，我們所討論的抽樣型態僅止於隨機抽樣，不但沒有討論是否在某些情況中，會有比隨機抽樣更好的抽樣方法（例如，更容易取得樣本

資料、成本更低、或是能獲得更多的資訊），也沒有討論當隨機抽樣不可行時，我們應該怎麼辦。事實上，的確是有許多其他的抽樣方式，而且統計學界中也有許多文獻專門探討抽樣程序設計的主題。

在統計學中，**抽樣設計**(sample design)是個相當明確的計畫，在開始抽樣或收集資料之前就必須定案。因此，假設我們要在某個城市中的247家藥房中，以簡單隨機抽樣的方式選出12家進行調查，在正式展開訪查之前，以前述利用亂數表的方式決定要研究哪12家藥房的話，就算是完成抽樣設計。以下三個小節我們會討論一些不同的抽樣設計，這些抽樣方法主要是針對大型的作業或調查而言，或者可以稱為**調查抽樣**(survey sampling)。這些抽樣設計為選讀教材，這並不是因為這些主題不重要。一般基礎統計學教科書多半不會把這部分教材編入，最主要的原因還是在於授課時間不足。

*10.3 系統抽樣

在某些情況中，最實際的抽樣方式，就是每隔幾個項目抽一個，例如在名單上每隔20個人選一個人、沿著某條街每隔12戶選一戶、或是生產線上的成品每隔50個選一個出來檢查……等等。這種方法就稱為**系統抽樣**(systematic sampling)，而如果我們要考慮隨機性的話，可以用亂數來決定從哪裡下手抽出第一個。雖然系統抽樣看起來不太隨機，但是在實際操作上，我們還是將之視為隨機抽樣的一種方式。事實上，在某些情況中，系統抽樣所得到的結果比簡單隨機抽樣所得到的結果還要好，因為系統抽樣所涵蓋的範圍反而比較平均。

系統抽樣的潛在不利因素是，母體當中可能有未知的週期性。比如說，某生產機台所製造的成品中，我們固定每隔40個選一個檢查；如果這台機器剛好有週期性的生產問題，每生產10個就會出現一個瑕疵品的話，那麼我們每隔40抽一個所調查出來的結果會產生誤導。又比如說，假設我們沿著某條街每隔12棟房子進去訪查，如果剛好這條街上每隔12棟房子都在街角轉彎處

的話,那麼我們的訪查結果多半會出現偏差。

*10.4 分層抽樣

倘若我們對所要研究的母體的組成結構有一些瞭解,而這些組成結構與我們的研究內容相關的話,我們可以用**分層**(stratification)的方式來改善我們的隨機樣本。在進行分層的時候,首先必須把整個母體區分成幾個彼此不重複的子區域,或稱為**層**(strata),然後從每一層中抽樣。如果我們在每一層當中的抽樣過程都採取隨機抽樣的話,則這整個過程一先分層、再隨機抽樣一稱為**分層(簡單)隨機抽樣**(stratified (simple) random sampling)。

舉例來說,假設我們要估計四個人的平均體重,打算從這四個人裡頭選出兩個人當樣本。如果這四個人的體重實際上是115、135、185、與205磅(但是我們對這些數字完全不知情),則我們所要估計的真正平均數為

$$\mu = \frac{115 + 135 + 185 + 205}{4} = 160$$

隨機選出兩個人當樣本有六種可能性:115與135、115與185、115與205、135與185、135與205、以及185與205。而這六種可能性的平均數分別為125、150、160、160、170、以及195。這六種可能性被選中當樣本的機率都是 $\frac{1}{6}$,所以我們各有三分之一的機率,會出現0、10、或35的估計誤差。

現在,假設我們知道這四個人裡頭有兩個男性、兩個女性;但是我們不知道兩個男性的體重分別是185與205磅,也不知道兩位女性的體重分別為115與135磅。以性別當成分層的依據,然後從兩個男性中任選一個,從兩個女性中任選一個,這樣就只有四種可能性會出現:115與185、115與205、135與185、以及135與205。這四種可能性的平均數分別為150、160、160,以及170。現在,我們各有二分之一的機率,會出現0或10的估計誤差。顯然,分層抽樣大幅改善我們對此四人平均體重估計的準確度。另請參考習題10.13。

　　基本上來說，我們希望分出來的這些「層」，跟我們打算進行的統計研究，有一些特殊的關係存在，而分層之後，盡可能把同質性高的元素放在同一層，使得不同層之間的元素的差異性比較大。以我們的例子而言，性別與體重之間有特殊的關係，而在根據性別分層之後，兩層（男、女）內部各自的變異性，明顯小於整個母體的變異性。

　　在上面的例子中，我們所使用的是**比例分配**(proportional allocation)的方法；各層所抽選的樣本數，與該層的大小成正比。一般來說，如果我們把大小為N的母體分成k層，每一層的大小分別為N_1、N_2、......，與N_k，然後從第一層抽選 n_1個、第二層抽選n_2個、......、第k層抽選n_k個，若以下式子成立（或差不多等於）時，稱為比例分配：

$$\frac{n_1}{N_1} = \frac{n_2}{N_2} = \cdots = \frac{n_k}{N_k}$$

在估計體重的例子中，為$N_1＝2$、$N_2＝2$、$n_1＝1$、$n_2＝1$，是為比例分配，因為，

$$\frac{n_1}{N_1} = \frac{n_2}{N_2} = \frac{1}{2}$$

比例分配的公式可列出如下：

比例分配 之樣本數	$n_i = \dfrac{N_i}{N} \cdot n$，i＝1、2、......，及$k$

　　其中樣本總數為$n＝n_1 + n_2 +......+ n_k$。有時候，我們會視情況使用最接近這個式子的整數。

範例 10.4

　　要從某個大小$N＝4{,}000$、且已分層的母體中，抽出大小$n＝60$的樣本，其中各層的大小分別為$N_1＝2{,}000$、$N_2＝1{,}200$，與$N_3＝800$。請問若要採用比例分配的話，我們該從每一層抽選的樣本數為何？

解答　代入上述公式，得到

$$n_1 = \frac{2,000}{4,000} \cdot 60 = 30 \qquad n_2 = \frac{1,200}{4,000} \cdot 60 = 18$$

$$n_3 = \frac{800}{4,000} \cdot 60 = 12$$

　　這個例子說明比例分配的用法，但是還有許多分配各層抽樣比例的方法，其中有一種稱為**最佳分配**(optimum allocation)。這個分配抽樣比例的方法不僅考慮到各層的大小，也考量到各層內部各自的變異性，讀者可參考習題10.16。

　　此外，在分層的時候，並不是只能用一個面向來切割母體；我們也可以根據母體的不同特徵，採用多面向分層。例如，某個研究調查想要探討某州立大學體系中17所大學的學生，對該體系學校所打算採行的新學費政策有何看法。在進行分層的時候，我們可以不但可以先分成17個校區，還可以再根據學生的年級、性別、以及系別進行分層。所以我們可以從大學A的工程系的大三女生中抽樣，也可以從大學L的英文系的大二男生中抽樣等等。這種分層的方式稱為**交叉分層**(cross stratification)，可以提高估計與概括推論的準確度與可信度。交叉抽樣廣泛地被使用，尤其是在意見調查或是市場研究的領域中。

　　在分層抽樣中，有時候從不同層當中隨機抽樣的成本實在是太高了，所以出外採訪的人通常只被告知要去採訪具備哪幾種特徵的人、每種的人數。例如，有個研究想要探討選民對擴大老年人健康保險給付範圍的態度，被派到某個地區進行採訪的人可能被告知要訪問六個三十歲以下從事自營事業且擁有自家住宅的男性；十個介於45至60歲、受薪階級且住在公寓的女性；三個六十歲以上住在汽車拖車上的退休男性……等等，但真正個案的選擇則交由該出外進行採訪的人視現場狀況決定。這種抽樣方式稱為**配額抽樣**(quota sampling)，這是個既簡便又相對來說比較經濟的方式，而且有時候非這樣做

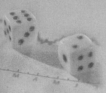

統計學

MODERN ELEMENTARY STATISTICS

不可。不過這個方法通常不被認為是隨機抽樣。由於被派出去進行採訪的人可以自由選擇他所要訪問的對象，所以通常都會選擇最容易接近的對象，例如在同一棟辦公大樓裡工作的人、在同一個購物商場裡購物的人，或住在同一個社區的人。因此配額抽樣的結果其實算是**主觀評判樣本**(judgment sample)，而根據這種樣本所得到的推論，嚴格而言禁不起正式統計理論的考驗。

*10.5 叢聚抽樣

現在再來看看另一種抽樣的方式。假設有個基金會想要研究在聖地牙哥地區家庭消費型態的變遷。該基金會打算選出1,200個家庭當作樣本，但是卻發現簡單隨機抽樣完全不可行，因為一方面根本沒有詳細列出所有家庭的清單，而且在這麼一大片地區中一一訪查這些家庭的成本實在是太高了（更何況還有第一次去不在家還要再去第二次的情形）。在這種情況中，常用的方法是把這一大片地區再細分成幾個不重疊的小區域，例如城市內的街區。然後從這些街區中隨機選出幾個，最後再去訪查這些被選中的街區中的所有（或部分）住戶。

這種抽樣方法稱為**叢聚抽樣**(cluster sampling)，先將整個母體細分成幾個更小的子群體，然後再從這些子群體中隨機選出幾個。如果這些子群體是根據地理區域來劃分的話，如同上面的例子，則這種抽樣方式也稱為**地區抽樣**(area sampling)。另一個例子，如果某大學的教務長想要瞭解該校中兄弟會的成員對學校某個新措施的看法，他可以先從學校裡所有的兄弟會中隨機選出幾個，然後再一一訪談這些兄弟會的所有或部分成員。

在樣本數相同的前提下，根據叢聚抽樣所得出來的估計值，其可信度通常不如以簡單隨機樣本所得到的估計值（參考習題10.16），但是若以成本角度考量的話，叢聚抽樣還是有其優點。就上述研究聖地牙哥家庭消費支出型態變遷的例子而言，在同樣的成本預算下，叢聚抽樣所能取得的樣本數，顯

然比簡單隨機抽樣所能得到的樣本數多出好幾倍。在同一地區挨家挨戶進行訪談,花費上當然是要比到處東奔西跑卻一次只訪談一家節省許多。

在實際應用上,本章中所討論到的抽樣方法其實可以合併使用。舉例來說,倘若某政府單位的統計學家想要研究美國小學教師對聯邦政府某項政策的看法,他們可以先以行政區域或地理區域進行分層,然後在每一層當中利用叢聚抽樣選出幾個更小的行政區或地理區。最後,他們可以在這些小區域中進行簡單隨機抽樣或是系統抽樣,以取得小學教師的樣本。

精選習題

*10.11 以下資料是某國內航空公司在四年之內每個月所遞送的郵件數量(單位為英里─百萬公噸):

```
67  62  75  67  70  68  64  70  66  73  73   97
76  73  80  78  78  72  75  75  73  83  76  108
84  78  86  85  81  78  78  75  78  86  76  111
79  77  87  84  82  77  79  77  80  84  78  117
```

若要採取系統抽樣的方式,抽出$n = 8$的樣本:前六個月中任選一個月,之後選取每隔六個月的資料。請列出六種可能的抽樣結果。

*10.12 承上題,倘若從上一題的六種可能結果中隨機選出一種來估計平均每月遞送的郵件數量,請說明為什麼此舉會造成極嚴重的誤導。

*10.13 更進一步討論第10.5節中的例子,假設我們要估計六個人的平均體重,而且此六人的體重分別為115、125、135、185、195、與205磅(事實上我們並不知道這些數值)。

(a) 請列出$n = 2$的隨機樣本的所有可能結果,計算每一個可能結果的平均數,並求算這些平均數中與160的差距大於5的機率(160為母體的真實平均數)。

(b) 假設前三個體重數值為女性,後三個體重數值為男性。若從女性與男性中各任選一人,請列出此$n = 2$的隨機樣本的所有可能結果,計算每一個可能結果的平均數,並求算這些平均數中與160的差距大於5的機率(160為母體的真實平均數)。

(c) 假設這六個人中有三個人小於25歲,體重分別為125、135,與185磅;其餘三人皆大於25歲。倘若從小於25歲的三個人當中以及大於25歲的三個人當中,皆各自任選一人,請列出此$n = 2$的隨機樣本的所有可能結果,計算每一個可能結果的平均數,並求算這些平均數中與160的差距大於5的機率

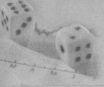

（160為母體的真實平均數）。

(d) 請比較 (a)、(b)，與 (c)的結果。

*10.14 某議會有36個人被提名，其中18人是律師，12人是經理人，6人是教師。若採用分層抽樣選出六人，請問在以下的情形中，可能得出的樣本結果分別有幾種？

(a) 每一層各佔三分之一的樣本數；

(b) 比例分配。

*10.15 承習題10.13的(b)，若從三名女性中任選兩名，或從三名男性中任選兩名，請列出此 $n=2$ 的叢聚樣本的所有可能結果，計算每一個可能結果的平均數，並求算這些平均數中與160的差距大於5的機率（160為母體的真實平均數）。將此機率值與習題10.13中的(a)與(b)進行比較。請問在此情況中，簡單隨機抽樣、分層抽樣，與叢聚抽樣各有何優缺點？

*10.16 在比例分配的分層抽樣中，個數愈多的層，被選入樣本的比例也愈大。然而，層與層之間的差異並不是只有大小而已，還有變異性的不同。通常變異性愈大的層，被選入樣本的比例也應該愈大。若以 σ_1、σ_2、……，與 σ_k 分別表示 k 層資料的標準差，則在同時考量各層大小與變異性差異的情況下，採用以下式子來決定各層應被選入樣本的數量：

$$\frac{n_1}{N_1\sigma_1} = \frac{n_2}{N_2\sigma_2} = \cdots = \frac{n_k}{N_k\sigma_k}$$

這種分層抽樣方法稱為**最佳分配**(optimum allocation)，公式為

$$n_i = \frac{n \cdot N_i\sigma_i}{N_1\sigma_1 + N_2\sigma_2 + \cdots + N_k\sigma_k}$$

其中 $i = 1$、2、……，與 k。必要時四捨五入至整數位。

(a) 欲從兩層的母體資料中抽出 $n=100$ 的樣本，其中 $N_1=10{,}000$，$N_2=30{,}000$，$\sigma_1=45$，且 $\sigma_2=60$。請利用最佳分配的方式，求算這兩層母體各應該被選出多少樣本。

(b) 欲從三層的母體資料中抽出 $n=84$ 的樣本，其中 $N_1=5{,}000$，$N_2=2{,}000$，$N_3=3{,}000$，$\sigma_1=15$，$\sigma_2=18$，且 $\sigma_3=5$。請利用最佳分配的方式，求算這三層母體各應該被選出多少樣本。

10.6 抽樣分配

樣本平均數、樣本中位數,以及樣本標準差的數值會隨著樣本不同而出現差異,都是隨機變數。它們的變異性可用機率分配來描述;這些分配稱為**抽樣分配**(sampling distribution),在統計推論中扮演非常重要的角色。本章中我們把討論的焦點放在樣本平均數及其抽樣分配,不過在章末習題與往後的章節中,我們會討論到其他統計量的抽樣分配。

我們來看看抽樣分配的例子。假設我們要從大小$N=5$的母體中,以不歸還抽樣的方式選出兩個當樣本($n=2$),而母體中五個元素的值分別為3、5、7、9、與11,則母體平均數為

$$\mu = \frac{3+5+7+9+11}{5} = 7$$

而母體標準差為

$$\sigma = \sqrt{\frac{(3-7)^2 + (5-7)^2 + (7-7)^2 + (9-7)^2 + (11-7)^2}{5}} = \sqrt{8}$$

現在如果我們從此母體中隨機抽樣$n=2$,則有十種可能性:3與5、3與7、3與9、3與11、5與7、5與9、5與11、7與9、7與11、以及9與11。這些可能性的平均數分別為4、5、6、7、6、7、8、8、9、與10。因為是隨機抽樣,所以這十種可能性的機率均為0.1,如此得到下列的平均數抽樣分配:

$\bar{x}$	機率
4	$\frac{1}{10}$
5	$\frac{1}{10}$
6	$\frac{2}{10}$
7	$\frac{2}{10}$
8	$\frac{2}{10}$
9	$\frac{1}{10}$
10	$\frac{1}{10}$

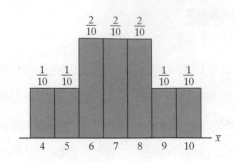

圖10.3 平均數的抽樣分配

這個抽樣機率分配的直方圖則如圖10.3。

如果我們仔細觀察這個抽樣分配的話，可以發現一些與隨機樣本平均數的變異性相關的重要資訊。我們發現，有0.6的機率我們抽樣所得到的平均數在真實平均數$\mu=7$的加減一個單位內，而有0.8的機率我們的抽樣平均數在$\mu=7$的加減兩個單位內。在第一個情況中，$\bar{x}$分別為6、7、或8，而在第二個情況中，$\bar{x}$分別為5、6、7、8、或9。如果我們不知道母體平均數，而想以隨機抽樣選出$n=2$的樣本來估計母體平均數的話，以上的分析可以讓我們對採用這種方式所可能產生的誤差大小有初步的概念。

為了從這個抽樣分配中取得更多的有用資訊，我們可以計算其平均數與標準差，分別以$\mu_{\bar{x}}$以及$\sigma_{\bar{x}}$符號表示。我們加上下標$\bar{x}$是為了區別這個抽樣分配的參數以及原始母體的參數。使用平均數與標準差的定義，我們得到

$$\mu_{\bar{x}} = 4 \cdot \frac{1}{10} + 5 \cdot \frac{1}{10} + 6 \cdot \frac{2}{10} + 7 \cdot \frac{2}{10} + 8 \cdot \frac{2}{10} + 9 \cdot \frac{1}{10} + 10 \cdot \frac{1}{10}$$
$$= 7$$

以及

$$\sigma_{\bar{x}}^2 = (4-7)^2 \cdot \frac{1}{10} + (5-7)^2 \cdot \frac{1}{10} + (6-7)^2 \cdot \frac{2}{10} + (7-7)^2 \cdot \frac{2}{10}$$
$$+ (8-7)^2 \cdot \frac{2}{10} + (9-7)^2 \cdot \frac{1}{10} + (10-7)^2 \cdot \frac{1}{10}$$
$$= 3$$

因此，$\sigma_{\bar{x}} = \sqrt{3}$。觀察這些數值，我們可以發現，至少就這個例子而言，

> $\mu_{\bar{x}}$**是**$\bar{x}$**的抽樣分配的平均數，其值等於母體平均數**μ；
>
> $\sigma_{\bar{x}}$**是**$\bar{x}$**的抽樣分配的標準差，其值小於母體標準差**σ。

這兩個關係非常重要，我們會在第10.7節中再來詳細討論。

我們用非常小的有限母體$N=5$與樣本數$n=2$來說明抽樣分配的概念。但是倘若母體大小與樣本數都很大的話，這個方法就不可行了。比方說，當$N=100$且$n=10$時，我們的可能樣本數會超過17兆種。

當母體大小與樣本數都很大的話，我們應該用**電腦模擬**(computer simulation)的方式來瞭解抽樣分配的平均數。換句話說，我們可以使用電腦不斷地從同一個母體中進行隨機抽樣，計算其平均數，然後把這些平均數用不同的方式呈現出來。如此一來，我們就可以知道從這個母體中，隨機抽樣所得到的樣本的平均數，其實際上的機率分配大概是什麼樣子的。

在沒有電腦的情況下，我們可以用以下的方式來模擬。首先，在一千張紙上依序編號，分別從1寫到1,000。然後以不歸還抽樣的方式抽選出$n=15$的樣本數，記錄這15張紙上頭的數字之後，全部放回去，混和均勻後再進行下一次抽樣。重複這個過程100次，則我們就有100筆隨機抽樣的資料。

這個例子中的母體服從**整數分配**(integer distribution)，也稱為**離散均勻分配**(discrete uniform distribution)，因為從1到N每個整數的出現機率都是$\frac{1}{N}$。利用求算整數和的公式以及求算整數平方和的公式，我們可以得出這個分配的平均數與標準差分別為$\mu = \frac{N+1}{2}$與$\sigma = \sqrt{\frac{N^2-1}{12}}$。當$N=1,000$時，它們的值分別為$\mu=500.5$與$\sigma=288.67$，四捨五入至小數點後兩位。

圖10.4是電腦使用上述的抽樣方法進行100次$n=15$所產生的直方圖，以及常態分配曲線。

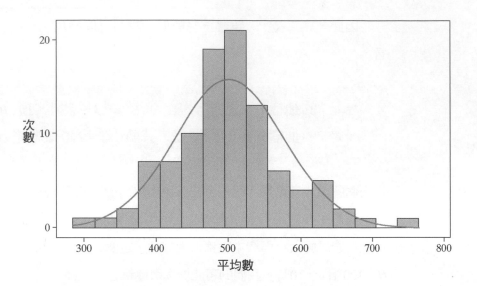

圖10.4   抽樣分配平均數的電腦模擬

　　從圖10.4中我們可以發現，這100個樣本平均數的分配相當左右對稱，而且很接近鐘型曲線。事實上，整個分配的型態與常態分配相當近似。圖10.5中我們得知，這100個樣本平均數的平均數為502.40，而其標準差為75.64。根據我們之前歸納的結論，這個平均數應該非常接近母體實際上的平均數，而這個標準差應該比母體實際上的標準差小得多。

```
Variable        N       Mean    Median    TrMean    StDev    SE Mean
Means         100     502.40    497.47    501.15    75.64       7.56


Variable  Minimum   Maximum        Q1        Q3
Means      307.93    750.93    461.68    540.75
```

圖10.5   抽樣分配的敘述統計

10.7 平均數的標準誤

在大部分的實際情況中，我們並沒有辦法像上一節中的兩個例子那樣，來處理抽樣分配的問題。一方面我們沒辦法把所有的樣本通通列出來，另一方面我們也沒辦法用電腦模擬的方式來檢查樣本平均數與母體平均數的差異有多少。不過幸運的是，我們還是可以藉由兩個關於平均數抽樣分配的定理來得到想要的結果。本節中討論其中一個定理，另一個則留待第10.8節討論。

這兩個定理中，第一個定理即是把我們在上一節中觀察到的結果，以嚴謹的數學語言表達。我們在上一節中觀察到，樣本平均數 $\bar{x}$ 的抽樣分配的平均數等於母體平均數，而樣本平均數 $\bar{x}$ 的抽樣分配的標準差小於母體標準差。用另一個角度來說，從平均數為 μ、標準差為 σ 的母體中隨機選取樣本數為 n 的樣本，那麼樣本平均數 $\bar{x}$ 的抽樣分配的平均數：

$$\mu_{\bar{x}} = \mu$$

而樣本平均數 $\bar{x}$ 的抽樣分配的標準差：

$$\sigma_{\bar{x}} = \frac{\sigma}{\sqrt{n}} \quad \text{或} \quad \sigma_{\bar{x}} = \frac{\sigma}{\sqrt{n}} \cdot \sqrt{\frac{N-n}{N-1}}$$

上述式子根據母體是無限母體或是有限母體而定。

習慣上我們把 $\sigma_{\bar{x}}$ 稱為**平均數的標準誤**(standard error of the mean)，這裡所謂的「標準」，含有平均的意思，如同「標準差」(standard deviation)的「標準」。它在統計學中的角色相當重要，因為它所衡量的是，樣本平均數在機率的影響下所可能出現的波動（變異）程度。如果 $\sigma_{\bar{x}}$ 小的話，表示樣本平均數非常逼近母體平均數的機率會相當高；如果 $\sigma_{\bar{x}}$ 大的話，表示我們所得到的樣本平均數可能離母體平均數有相當的距離。

影響 $\sigma_{\bar{x}}$ 大小的因素可從上述兩個公式中看出來。兩個公式（無限母體與有限母體）都顯示出當母體變異性增加時，$\sigma_{\bar{x}}$ 也隨之增加，而當樣本數增加時，$\sigma_{\bar{x}}$ 會變小。事實上，與 σ 成正比，與n的平方根成反比；在有限母體的情形中，樣本數增加時 $\sigma_{\bar{x}}$ 變小的速度反而更快，因為還有一項 $\sqrt{\dfrac{N-n}{N-1}}$。

範例 10.5

當我們從無限母體中隨機抽樣，用樣本平均數來估計母體平均數時，如果樣本數變動的話，請問對樣本平均數的標準誤，以及樣本平均數的誤差，會有什麼樣的影響？

(a) 樣本數從50增加到200；

(b) 樣本數從360減少到40。

解答　(a) 兩個標準誤的比率為

$$\frac{\frac{\sigma}{\sqrt{200}}}{\frac{\sigma}{\sqrt{50}}} = \frac{\sqrt{50}}{\sqrt{200}} = \sqrt{\frac{50}{200}} = \sqrt{\frac{1}{4}} = \frac{1}{2}$$

因為樣本數變成原來的四倍，所以標準誤變小了，不過只變小一半而已。

(b) 兩個標準誤的比率為

$$\frac{\frac{\sigma}{\sqrt{40}}}{\frac{\sigma}{\sqrt{360}}} = \frac{\sqrt{360}}{\sqrt{40}} = \sqrt{9} = 3$$

因為樣本數變成原來的九分之一，所以標準誤變大了，不過只變大三倍。

第二個公式中，$\sqrt{\dfrac{N-n}{N-1}}$ 稱為**有限母體修正因子**(finite population correction factor)；如果沒有這項的話，兩個 $\sigma_{\bar{x}}$ 的公式是完全相同的。在實際操作上，除非樣本數超過母體大小的百分之五，不然這個修正項通常是忽略不計

的，因為若樣本數沒有超過母體大小的百分之五的話，此修正項的值非常接近1，對 $\sigma_{\bar{x}}$ 值的影響可以忽略。

範例 10.6

請以 $N=10,000$ 與 $n=100$ 計算有限母體修正因子的值。

解答　將 $N=10,000$ 與 $n=100$ 代入有限母體修正因子的公式，得到

$$\sqrt{\frac{N-n}{N-1}} = \sqrt{\frac{10,000-100}{10,000-1}} = 0.995$$

這個值非常接近1，所以在實際應用上，可以忽略不計。

在此我們並沒有證明這個平均數標準誤的公式，不過我們利用第10.6節中的兩個例子來驗證有限母體的公式。

範例 10.7

在第10.6節一開始時，我們有個 $N=5$、$n=2$、且 $\sigma = \sqrt{8}$ 的例子。請用此例子驗證 $\sigma_{\bar{x}}$ 的第二個公式會得到 $\sqrt{3}$ 的結果。

解答　將 $N=5$、$n=2$、$\sigma = \sqrt{8}$ 代入 $\sigma_{\bar{x}}$ 的第二個公式，得到

$$\sigma_{\bar{x}} = \frac{\sqrt{8}}{\sqrt{2}} \cdot \sqrt{\frac{5-2}{5-1}} = \frac{\sqrt{8}}{\sqrt{2}} \cdot \sqrt{\frac{3}{4}} = \sqrt{\frac{8}{2} \cdot \frac{3}{4}} = \sqrt{3}$$

範例 10.8

根據圖10.4中 $N=1,000$、$n=15$、且 $\sigma = 288.67$ 的電腦模擬資料，我們預期這100次樣本平均數的標準差是多少？

解答　將 $N=1,000$、$n=15$、$\sigma =288.67$代入的第二個公式，得到

$$\sigma_{\bar{x}} = \frac{288.67}{\sqrt{15}} \cdot \sqrt{\frac{1,000 - 15}{1,000 - 1}} = 74.01$$

這個數值相當接近圖10.5中根據電腦模擬資料所計算出來的數值，75.64。

10.8 中央極限定理

當我們用樣本平均數來估計母體平均數時，有許多種方式可用以表示其所可能產生的誤差。倘若我們知道確實的平均數抽樣分配（事實上我們不可能知道），我們就可以採用第10.6節中第一個例子的方法，計算不同誤差大小的可能機率。此外，還有一個我們其實不太常用的辦法，就是利用柴比雪夫定理。藉由這個定理，我們可以斷言隨機樣本的平均數與母體平均數的誤差小於$k \cdot \sigma_{\bar{x}}$的機率，至少是$1 - \frac{1}{k^2}$。

範例 10.9

倘若我們從某個標準差σ為20的無限母體中，隨機抽樣得到一個$n=64$的樣本。根據柴比雪夫定理，當$k=2$時，我們如何得知樣本平均數與母體平均數的誤差是多少？

解答 將$n=64$與$\sigma=20$代入平均數的標準誤的公式中，得到

$$\sigma_{\bar{x}} = \frac{20}{\sqrt{64}} = 2.5$$

因此，根據柴比雪夫定理，我們可以斷言，至少有$1 - \frac{1}{2^2} = 0.75$的機率，誤差會小於$k \cdot \sigma_{\bar{x}} = 2\,(2.5) = 5$。

這個例子的重要性在於，它顯示出我們在估計母體平均數時，該「如何」對可能產生的誤差提出精確的機率陳述(probability statement)。不過利用柴

比雪夫定理有個缺點,「至少0.75」這個陳述相當不精確,倘若實際上的機率是0.998或0.999時,「至少0.75」就差很多了。柴比雪夫定理告訴我們誤差與其發生機率之間的合理關係,不過我們還有另一個數學定理,可以幫助我們針對可能產生的誤差提出更精確的機率陳述。

這個定理就是我們在第10.7節一開始所提到的第二個定理,稱為**中央極限定理**(central limit theorem)。以口語來說,這個定理指出,若樣本數大的話,則樣本平均數的抽樣分配非常近似常態分配。記得在第10.7節中我們提到,當從無限母體中隨機抽樣時,

$$\mu_{\bar{x}} = \mu \quad \text{而且} \quad \sigma_{\bar{x}} = \frac{\sigma}{\sqrt{n}}$$

正式的中央極限定理如下,

中央極限定理

> 若從平均數為μ且標準差為σ的無限母體中選出一個樣本數為n的隨機樣本,而此隨機樣本的平均數為$\bar{x}$,則
>
> $$z = \frac{\bar{x} - \mu}{\sigma/\sqrt{n}}$$
>
> 近似於標準常態分配。

這個定理在統計學中具有非常重要的地位,因為它證明了在處理許多問題時都可以使用常態曲線;在無限母體的情況下可以使用,而即使是有限母體,只要n夠大但仍只佔整個母體的一小部分時,還是可以使用此一定理。我們無法精確地說 n 要多少才算夠大,但是除非母體的機率分配是非常不常見的型態,否則一般而言$n=30$就已經算夠大了。如果我們進行抽樣的母體,其本身的分配就很接近常態曲線的話,那麼不論樣本數多大多小,平均數的抽樣分配都可以用常態分配來近似。

中央極限定理也適用於有限母體的情況。不過至於在哪些情況下適用,相關的說明非常複雜,超出本書範圍,故略之。不過最常用的情形就是,n

很大，但是 $\frac{n}{N}$ 很小。

現在我們用中央極限定理來取代柴比雪夫定理，重新看看範例10.9。

範例 10.10

倘若我們從某個標準差 σ 為20的無限母體中，隨機抽樣得到一個$n=64$的樣本。根據中央極限定理，樣本平均數與母體平均數的誤差小於5的機率是多少？

解答　該機率值以圖示為圖10.6中的著色區域，也就是說，在標準常態機率曲線中，介於以下兩個數值之間的面積：

$$z = \frac{-5}{20/\sqrt{64}} = -2 \quad \text{以及} \quad z = \frac{5}{20/\sqrt{64}} = 2$$

查書末表I得知，$z=2$ 時的對應值為0.4772，所以我們所求算的機率值為0.4772 ＋ 0.4772＝0.9544。這個0.9544的機率陳述，比柴比雪夫定理所得到的「至少0.75」的機率陳述，精確非常多。

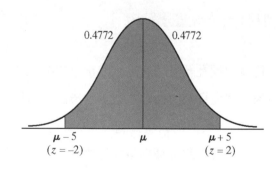

圖10.10　範例10.10之圖示

10.9 其他方面的問題

從第10.6節至第10.8節，我們的主要目標是介紹抽樣分配的概念，並且選擇了平均數的抽樣分配為例。不過有些時候，我們感興趣的不一定是平均數，而可能是中位數、標準差，或是其他的統計量，同時也想知道這些統計量所可能產生的機率波動（變異性）。如同我們之前針對樣本平均數所做的討論，我們也要找出關於這些其他統計量的標準誤公式，以及相對應於中央極限定理的其他理論。

舉例來說，對來自於連續母體的大樣本而言，其**中位數的標準誤**(standard error of the median)大約是

$$\sigma_{\tilde{x}} = 1.25 \cdot \frac{\sigma}{\sqrt{n}}$$

其中n為樣本數，σ為母體標準差。請留意，以下兩個公式的比較（前者是平均數的，後者是中位數的）：

$$\sigma_{\bar{x}} = \frac{\sigma}{\sqrt{n}} \quad \text{以及} \quad \sigma_{\tilde{x}} = 1.25 \cdot \frac{\sigma}{\sqrt{n}}$$

由此反應了一個現象：當我們要估計某左右對稱的母體平均值時，很明顯樣本平均數要比樣本中位數可靠多了，因為樣本平均數所可能產生的誤差比較小。對左右對稱的母體而言，樣本平均數以及樣本中位數的抽樣分配的平均數，都等於母體平均數μ。

範例 10.11

我們從某個左右對稱的母體中隨機抽樣$n=200$，並求此樣本的中位數以估計此母體的平均數。倘若我們要從此母體中在隨機抽樣另一個樣本，改以樣本平均數估計母體平均數，請問這第二個樣本的樣本數應為多少，以獲得與第一個樣本相同的可靠度？

解答　把上述兩個標準誤的公式以等號連接，並在中位數標準誤那邊代入 $n=$ 200，得到

$$\frac{\sigma}{\sqrt{n}} = 1.25 \cdot \frac{\sigma}{\sqrt{200}}$$

解得 $n=128$。針對本題估計的目的，$n=128$ 的樣本平均數和 $n=200$ 的樣本中位數一樣的「好」。

　　此外，有一點要補充說明。第10.6節中所舉的例子，只是用來幫助讀者瞭解抽樣分配的概念，實際操作上並不是這樣做的。我們很少把所有可能出現的樣本全部列出清單，而且通常我們的統計推論只根據一個樣本，而不是100個樣本。在第十一章與往後的章節中，我們會進一步探討將關於抽樣分配的理論，轉換成評估不同統計推論程序優點與缺點的方法。

　　最後還有一個關於 $\sqrt{n}$ 的問題要補充說明。$\sqrt{n}$ 出現在平均數標準誤的公式裡的分母。當 n 愈來愈大時，我們的推論所可能出現的誤差會愈來愈小。不過平均數的標準誤的公式裡的 $\sqrt{n}$ 指出，我們因此所得到的可靠度增加，並沒有與樣本數的增加成正比。之前我們已經看過，當樣本數變成四倍時，樣本平均數的標準誤只變為二分之一，也就是說，在估計母體平均數時，樣本平均數的可靠度只變為兩倍。事實上，如果我們要將可靠度提昇四倍的話，我們需要16倍的樣本數。套用經濟學的術語，這種可靠度與樣本數之間的關係，乃是樣本數增加卻報酬遞減。因此，選取太大的樣本並不划算。

精選習題

10.17 在第10.6節的第一個例子中,已知某有限母體中有5元素,分別為3、5、7、9,與11,並利用不歸還抽樣的方式選出$n=2$的樣本。假設現在改用歸還抽樣的方式。

    (a) 請列出25種可能的結果,並計算其平均數。(注意,比方說,3與7,以及7與3,是不同的結果。)

    (b) 假設隨機抽樣,亦即,上一小題中的25的可能結果被選中的機率皆為$\frac{1}{25}$,請討論在此樣本數$n=2$的歸還抽樣中,其樣本平均數的抽樣分配為何?

10.18 承上題,請求算在該樣本數$n=2$的歸還抽樣樣本中,樣本平均數與母體實際平均數$\mu=7$的差距為

    (a) 小於或等於1;

    (b) 最多不超過2的機率分別為何?

10.19 承習題10.17的(b),請計算該抽樣分配的標準差,並請以$n=2$、$\sigma=\sqrt{8}$代入第10.7節中的第一個標準誤公式,驗證之前所計算出來的標準差值。

10.20 請用計數的方法,求算在以下的母體條件下,樣本數為2的各個可能隨機樣本的機率:

    (a) 有限母體中有三個元素;

    (b) 有限母體中有四個元素。

10.21 從無限母體中進行抽樣時,若樣本數

    (a) 從30增加至120;

    (b) 從245減少至5的話,請問樣本平均數的標準誤會有什麼樣的改變?

10.22 從無限母體中進行抽樣時,請問樣本平均數的標準誤會有什麼樣的改變?若樣本數

    (a) 從1000減少至10;

    (b) 從80增加至500。

10.23 以下的情況中,有限母體修正因子分別是多少?

    (a) $N=100$且$n=10$;

    (b) $N=300$且$n=25$;

    (c) $N=5,000$且$n=100$。

10.24 若採用樣本數為n的隨機樣本的平均數來估計某標準差為σ的無限母體的平均數、而且n很大的話,請驗證有一半的機率誤差的大小會小於

$$0.6745 \cdot \frac{\sigma}{\sqrt{n}}.$$

習慣上這個數量稱為**平均數的可能誤差** (probable error of the mean)。

    (a) 若從標準差$\sigma=24.8$的無限母體中,隨機抽出樣本數$n=64$的樣本,請問平均數的可能誤差是多少?

    (b) 若從標準差$\sigma=\$219.12$的極大母體中,隨機抽出樣本數$n=144$的樣本,請問平均數的可能誤差是多少?請說明此數值的顯著性。

10.25 從一極大母體中選取隨機樣本$n=60$,母體標準差$\sigma=12.8$,請問平均數的可能誤差值是多少?

10.26 以樣本數$n＝36$ 的隨機樣本的平均數，來估計某標準差$\sigma＝9$ 的無限母體的平均數時，倘若我們使用

    (a) 柴比雪夫定理；

    (b) 中央極限定理，來判斷此估計值的誤差會小於4.5的機率的話，請問會得到什麼樣的結果？

10.27 倘若某金屬的重量測量結果可視為隨機抽樣的結果，母體為標準差$\sigma＝0.025$盎司的常態母體。請問當樣本數$n＝16$時，此樣本平均數的誤差大於0.01盎司的機率為何？

10.28 我們以樣本數$n＝144$的隨機樣本的平均數，來估計某左右對稱的連續母體的平均數。倘若現在要以另一個隨機樣本的中位數來估計此母體平均數的話，請問需要多大的樣本數才能得到與之前相同的可靠度？

10.10 本章專有名詞彙整

*地區抽樣(Area sampling)

中央極限定理(Central limit theorem)

*叢聚抽樣(Cluster sampling)

電腦模擬(Computer simulation)

*交叉分層(Cross stratification)

離散均勻分配(Discrete uniform distribution)

有限母體(Finite population)

有限母體修正因子(Finite population correction factor)

無限母體(Infinite population)

整數分配(Integer distribution)

*主觀評判樣本(Judgment sample)

*最佳分配(Optimum allocation)

*平均數的可能誤差(Probable error of the mean)

比例分配(Proportional allocation)

*配額抽樣(Quota sampling)

亂數(Random numbers)

隨機樣本(Random sample)

有限母體隨機抽樣(Random sampling from a finite population)

*抽樣設計(Sample design)

抽樣分配(Sampling distribution)

簡單隨機抽樣(Simple random sample)

平均數的標準誤(Standard error of the mean)

中位數的標準誤(Standard error of the median)

*層(Strata)

*分層(Stratification)

*分層抽樣(stratified sampling)

分層（簡單）隨機抽樣(Stratified (simple) random sampling)

調查抽樣(Survey sampling)

*系統抽樣(Systematic sampling)

10.11 參考書籍

- 最常用的亂數表：

  RAND CORPORATION, *A Million Random Digits with 100,000 Normal Deviates*. New York: Macmillan Publishing Co., Inc., third printing 1966.

- 許多計算機都具備設定產生亂數的功能，所以使用者可編寫程式以取得所需要的亂數。參見下列書籍：

  KIMBERLING, C., "Generate Your Own Random Numbers." *Mathematics Teacher*, February 1984.

- 對亂數表早期發展有興趣的讀者，可參見：

  BENNETT, D. J., *Randomness*. Cambridge, Mass.: Harvard University Press, 1998.

- 大部分的數理統計學教科書中，均有標準誤的公式，以及中央極限定理的理論推導與證明。關於抽樣理論，請參見：

1. COCHRAN, W. G., *Sampling Techniques*, 3rd ed. New York: John Wiley & Sons, Inc., 1977.

2. SCHAEFFER, R. L.,MENDENHALL, W., and OTT, L., *Elementary Survey Sampling*, 4th ed. Boston: PWS-Kent Publishing Co., 1990.

3. SLONIN, M. J., *Sampling in a Nutshell*. New York: Simon and Schuster, 1973.

4. WILLIAMS, W.H., *A Sampler on Sampling*. New York: John Wiley & Sons, Inc., 1978.

綜合練習題

8　9　10

R.57 某工廠的罷工活動中有十八名員工擔任糾察隊維持秩序，十八人中有十名男性，八名女性。倘若某電視台在現場報導，隨機拍攝到四名糾察人員，請問

(a) 全部都是男性的機率為何？

(b) 兩男兩女的機率為何？

R.58 在標準常態分配曲線中，請求算以下範圍之內的面積：

(a) $z=1.65$的左側；

(b) $z=-0.44$的左側；

(c) 介於$z=1.15$與$z=1.85$之間；

(d) 介於$z=-0.66$與$z=0.66$之間。

R.59 某汽車製造商將某舊型汽車大幅改款之後，以新的型號進入市場。倘若消費者會喜歡這型新車的機率為0.7，請問五名前來試開的消費者中，有兩位會喜歡此新車的機率是多少？

R.60 請檢驗以下的情況中，是否能使用二項分配來近似超幾何分配？

(a) $a=40$，$b=160$，且$n=8$；

(b) $a=100$，$b=60$，且$n=10$；

(c) $a=68$，$b=82$，且$n=12$。

R.61 倘若一位遊客參觀某一大教堂所花的時間是一服從常態分配的隨機變數，平均數為23.4分鐘，標準差為6.8分鐘。請求算以下事件的機率：

(a) 某個遊客參觀此大教堂的時間至少十五分鐘；

統計學
MODERN ELEMENTARY STATISTICS

(b) 某個遊客參觀此大教堂的時間介於20至30分鐘。

*R.62 某棒球選手上場打擊被三振的機率為0.36。請問他在一場比賽中，

(a) 第二次上場打擊；

(b) 第五次上場打擊時，第一次被三振的機率為何？

（提示：使用幾何分配的公式。）

R.63 倘若被蜜蜂叮咬之後會感到不適的機率為0.48，請用常態分配近似二項分配的方式，求算在60次被蜜蜂叮咬的事件中，至少有25次會感到不適的機率。

R.64 請問在以下的情況中，是否能使用卜瓦松分配來近似二項分配？

(a) $n=180$ 且 $p=\frac{1}{9}$；

(b) $n=480$ 且 $p=\frac{1}{60}$；

(c) $n=575$ 且 $p=0.01$。

R.65 已知所有老鼠中有6%身上帶有某種疾病傳染原。倘若隨機抽出120隻老鼠進行檢測，請問是否能用卜瓦松分配來近似二項分配？若可以的話，請以卜瓦松分配計算這120隻老鼠中，只有5隻帶有該疾病傳染原的機率。

R.66 某隨機變數服從標準差 $\sigma=4.0$ 的常態分配。若該隨機變數的可能值小於82.6的機率為0.9713，請問該隨機變數的可能值介於70.0與80.0之間的機率為何？

R.67 某動物園中有不少食蟻獸，五隻公的，四隻母的。若某獸醫隨機選出三隻進行檢查，請問以下事件的機率為何？

(a) 沒有一隻是母的；

(b) 兩隻是母的。

R.68 (a) 若樣本數增加44%，則平均數的標準誤會減少20%；

(b)若要將平均數的標準誤減少20%的話，則樣本數必須增加56.25%。

請問以上兩個說法中，哪一個是正確的，哪一個是錯誤的？

R.69　圖R.4所顯示的是某個連續隨機變數的機率密度函數，其可能值的範圍為0至3。

(a) 請驗證該曲線下方的面積為1；

(b) 請求算此隨機變數的值大於1.5的機率為何。

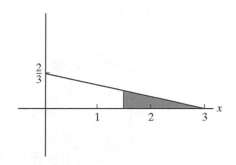

圖R.4　　習題R.69之圖示

*R.70　若某隨機變數服從$n=14$、$a=180$、且$b=120$ 的超幾何分配，而我們想求算此隨機變數的值為5的機率。

(a) 請驗證$n=14$ 且$p=\frac{180}{180+120}=\frac{3}{5}$的二項分配可以用來近似此超幾何分配。

(b) 請驗證$\mu=np=14 \cdot \frac{3}{5}=8.4$且$\sigma=\sqrt{np(1-p)}=\sqrt{14(0.6)(0.4)}\approx 1.83$的常態分配可以用來近似上一小題中的二項分配。

(c) 請利用$\mu=8.4$且$\sigma=1.83$的常態分配，來近似$n=14$、$a=180$、且$b=120$的超幾何分配，並求算該隨機變數的可能值為5的機率。

R.71　某水電技工修理天花板吊扇所花費的時間，可視為常態隨機變數，$\mu=24.55$分鐘且$\sigma=3.16$分鐘。請求算此水電技工花費20.00至30.00分鐘修理一座天花板吊扇的機率為何？

R.72　請問在以下的情況中，可能的樣本數量是多少？

(a) 某診所的14本不同雜誌中($N=14$)任選三本($n=3$)；

(b) 某地區24間待售的房子中($N=24$)任選五間($n=5$)讓有興趣的買主參觀。

R.73 請利用圖R.5的上半部,求算某服從 $\lambda = 1.6$ 的卜瓦松分配的隨機變數,出現以下可能值的機率:

(a) 可能值小於3;

(b) 可能值為3、4,或5;

(c) 可能值大於4。

```
機率密度函數

卜瓦松分配    mu = 1.60000

      x    P( X = x )
   0.00      0.2019
   1.00      0.3230
   2.00      0.2584
   3.00      0.1378
   4.00      0.0551
   5.00      0.0176
   6.00      0.0047
   7.00      0.0011
   8.00      0.0002
   9.00      0.0000

累積分配函數

卜瓦松分配    mu = 1.60000

      x    P( X <= x )
   0.00      0.2019
   1.00      0.5249
   2.00      0.7834
   3.00      0.9212
   4.00      0.9763
   5.00      0.9940
   6.00      0.9987
   7.00      0.9997
   8.00      1.0000
   9.00      1.0000
```

圖R.5　　卜瓦松分配,$\lambda = 1.6$

R.74 請以圖R.5的下半部,亦即,累積分配函數,重新求算上一題的答案。

R.75 請利用圖R.5的上半部,求算 $\lambda = 1.6$ 的卜瓦松分配的平均數,並驗證公式 $\mu = \lambda$。

R.76 請利用圖R.5的上半部以及第8.5節的計算公式，求算 λ＝1.6的卜瓦松分配的變異數，並驗證$\sigma^2 = \lambda$。

R.77 請求算以下情況中的有限母體修正項：

(a) $N = 120$且$n = 30$；

(b) $N = 400$且$n = 50$。

R.78 請判斷以下的式子是否能用來當作某隨機變數的機率分配？並請說明你的理由：

(a) $f(x) = \frac{1}{8}$，其中$x = 0$、1、2、3、4、5、6、與7；

(b) $f(x) = \frac{x+1}{16}$，其中$x = 1$、2、3、與4；

(c) $f(x) = \frac{(x-1)(x-2)}{20}$，其中$x = 2$、3、4、與5。

R.79 某稀有仙人掌品種的花苞數量，為服從 λ＝2.3的卜瓦松分配的隨機變數。請問某一株此品種仙人掌出現以下花苞數量的機率為何？

(a) 沒有花苞；

(b) 一朵花苞。

R.80 在某診所的醫師外出休假的耶誕假期，仍有部份病人會因為感冒而前來求診。假設前來求診的病人數為0、1、2、3、4、或5的機率分別為0.22、0.34、0.24、0.13、0.06，與0.01。

(a) 請求算此機率分配的平均數；

(b) 請利用公式求算此機率分配的變異數。

*R.81 某政府單位的職缺有80名申請者，其中40名已婚，20名單身，10名已離婚，另外10名喪偶。倘若要採用分層抽樣的方式選出10%的人進行面試，請問在以下的分配方式中，這四個分類的申請者分別該選出幾個人？

(a) 每個分類都佔總樣本數的四分之一；

(b) 比例分配。

R.82 某隨機變數服從二項分配，且$n = 18$，$p = 0.27$。請以常態分配近似二項分配的方式，求算以下事件的機率：

(a) 隨機變數的值小於6；

(b) 隨機變數的值介於4與8；

(c) 隨機變數的值大於6。

R.83 請利用圖R.6的上半部，求算某服從$n=12$且$p=0.46$的二項分配的隨機變數，出現以下可能值的機率：

(a) 可能值為6、7、或8；

(b) 可能值大於或等於9。

機率密度函數

二項分配　　　$n=12$ 且 $p=0.46$

x	P (X = x)
0.00	0.0006
1.00	0.0063
2.00	0.0294
3.00	0.0836
4.00	0.1602
5.00	0.2184
6.00	0.2171
7.00	0.1585
8.00	0.0844
9.00	0.0319
10.00	0.0082
11.00	0.0013
12.00	0.0001

累積分配函數

二項分配　　　$n=12$ 且 $p=0.46$

x	P (X <= x)
0.00	0.0006
1.00	0.0069
2.00	0.0363
3.00	0.1199
4.00	0.2802
5.00	0.4986
6.00	0.7157
7.00	0.8742
8.00	0.9585
9.00	0.9905
10.00	0.9986
11.00	0.9999
12.00	1.0000

圖R.6　　二項分配，$n=12$ 且$p=0.46$

R.84　請利用圖R.6的下半部，重新計算習題R.83。

R.85　請檢驗以下的情況中，是否能使用常態分配來近似二項分配：

(a) $n=55$且$p=\frac{1}{5}$；

(b) $n=105$且$p=\frac{1}{35}$；

(c) $n=210$且$p=\frac{1}{30}$；

(d) $n=40$且$p=0.95$。

R.86　若從$N=70$的有限母體中隨機抽樣，得出$n=3$的樣本，請問每一個可能結果的出現機率為何？

11 估計
PROBLEMS OF ESTIMATION

11.1 平均數的估計

11.2 平均數的估計（母體標準差未知）

11.3 標準差的估計

11.4 比例值的估計

傳統上來說，統計推論的問題可分為三類：一、**估計**(estimation)，決定母體參數值的合理範圍；二、**假設檢定**(test of hypotheses)，決定是要接受還是拒絕關於母體參數的主張；三、**預測**(prediction)，預測隨機變數的未來值。本章探討的主題為估計的問題，接下來的章節會討論假設檢定的問題，而預測的問題則放在第十六與十七章中討論。

　　估計的問題在各個領域都看得到：科學、商業、甚至在日常生活中。在商業領域中，某商業團體想知道該成員的家庭平均收入，而某房地產仲介商想知道某個地點每天的平均車流量；在科學領域中，某礦物學家想要決定某個礦石的鐵含量，而某生物學家想知道某種放射線會在老鼠身上造成多少基因突變的現象；而在日常生活領域中，某通勤上班的小姐想知道她每天平均花多少時間開車上下班，而某個認真負責的園丁想知道某種百合花今年開花的比例。

　　在以上這些例子中，都有某些人對於某些數量的真實值深感興趣，因此這些問題都屬於估計的範疇。不過，這些問題有可能是以假設檢定的方式來進行，比方說，上述的商業團體想確定該成員的家庭平均收入是不是等於四萬三千美元、上述通勤上班的小姐想確定她每天平均開車上下班的時間是不是12.4分鐘、或上述的園丁想確定某種百合花今年開花的比例是不是百分之八十。在這些情況中，我們會針對母體的某些參數提出假設（或是斷言或宣稱），然後必須決定是要接受、還是要拒絕這些假設。

　　本章的主題為**估計問題**(problems of estimation)，我們會透過估計平均值的方式來深入討論。

　　首先，我們必須分清楚點估計(point estimates)與區間估計(interval estimates)的差別。點估計提供的是一個單一數值，而最常用來估計母體平均數的點估計，就是樣本平均數。另外還有兩個可用來估計母體平均數的點估計，分別是樣本中位數以及全距中值(midrange)，全距中值即是樣本中最大值與最小值的平均。

顧名思義,區間估計所提供的就是一個區間,而我們希望這個區間有包含我們所要估計的參數值。事實上,當我們決定區間估計時,我們都必須指明這個區間「善盡職責」的機率。某些區間估計所估計的是中心位置、某些則是變異度,而另外的則是估計百分比。就概念上來說,這類型的問題都大同小異,然而針對不同的問題我們必採用不同的方法來計算。

估計母體平均數的方法在第11.1與11.2節中介紹,估計變異性測度的方法在第11.3節中討論,而第11.4節中則討論百分比(或是比例值與機率)的估計方法。

11.1 平均數的估計

我們先透過一個例子來看看當我們用樣本資料來估計母體平均數時,可能會遇到什麼問題。假設有一組工業設計師想要瞭解一個成年人組裝一套組合玩具所用掉的平均時間。他們從一群成年人中隨機抽取36人當樣本,得到以下的數據資料(以分鐘為單位):

17	13	18	19	17	21	29	22	16	28
21	15	26	23	24	20	8	17	17	21
32	18	25	22	16	10	20	22	19	14
30	22	12	24	28	11				

這份樣本的平均數是 $\bar{x} = 19.9$ 分鐘。在沒有其他更多資訊的情況下,這個數字可以用來估計「真正的」母體平均數 μ,即一個成年人組裝一套組合玩具所用掉的平均時間。

這種估計方式稱為**點估計**(point estimation),因為這種方法所得到的結果是一個單一的數字,或是在實數線上的一個點。雖然這是估計最常用的方法,但是有幾個問題值得討論。光就這個數字來說,它並沒有告訴我們它是根據多少樣本所得出來的,而且也沒有告訴我們它的可能誤差範圍有多大;估計難免會出現誤差。在第十章平均數的抽樣分配中我們有討論到,平均數的波動程度(或是可靠性)跟兩個因素有關:樣本數以及母體標準差 σ。因

此，除了告訴我們說平均數的估計值是 $\bar{x} = 19.9$ 分鐘，還要告訴我們這個平均數是得自於 $n = 36$ 的隨機樣本，而其標準差為 $s = 5.73$ 分鐘。雖然我們不曉得真正的母體標準差 σ，我們可以利用樣本標準差 s 來估計。

科學類的研究報告中，通常在列出樣本平均數時，會同時把 n 與 s 的資訊一併列出。不過對於那些沒有上過正式統計學課程的讀者而言，這樣的資訊對他們來說還是形同天書。在此，我們利用範例9.6以及第10.7與10.8節中所探討的理論：在標準常態分配曲線中，z_α 值右側的面積（機率）即為 α，而介於 $-z_{\alpha/2}$ 與 $z_{\alpha/2}$ 中間的面積（機率）即為 $1-\alpha$。此外，我們之前也討論過，從無限母體中隨機抽取大樣本時，其樣本平均數的抽樣分配會非常接近 $\mu_{\bar{x}} = \mu$ 且 $\sigma_{\bar{x}} = \frac{\sigma}{\sqrt{n}}$ 的常態分配。因此，根據圖11.1，從無限母體中隨機抽取大樣本時，其樣本平均數與母體平均數的差異，在正負 $z_{\alpha/2} \cdot \frac{\sigma}{\sqrt{n}}$ 之內的機率為 $1-\alpha$。換句話說，

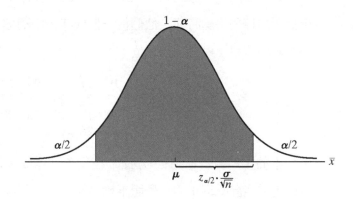

圖11.1 平均數的抽樣分配

估計的最大誤差

當我們以 $\bar{x}$ 來估計 μ 時，有 $1-\alpha$ 的機率會在 μ 加減一個 E 的範圍之內，其中 $E = z_{\alpha/2} \cdot \frac{\sigma}{\sqrt{n}}$，稱為估計的最大誤差(Maximum error of estimate)。

這個結果適用於大樣本數，$n \geq 30$，且為無限母體的情況（或是很大的有限母體，其有限母體修正項可忽略不計的情況）。最常用的 $1 - \alpha$ 值為 0.95 與 0.99，而其對應的 $\alpha / 2$ 分別為 0.025 與 0.005。在習題 9.12 中，我們會要求讀者驗證 $z_{0.025} = 1.96$ 且 $z_{0.005} = 2.575$。

範例 11.1

有一組效率專家想要藉由某種標準化的測驗，以樣本數 $n = 150$ 的隨機樣本，估計某大型廠商裝配生產線上的員工的平均機械作業能力。根據他們過去的經驗，這群效率專家可以假設這項資料的 $\sigma = 6.2$。請問他們在 0.99 的機率下，所可能出現的估計最大誤差是多少？

解答　將 $n = 150$、$\sigma = 6.2$，與 $z_{0.005} = 2.575$ 代入 E 的公式，得到

$$E = 2.575 \cdot \frac{6.2}{\sqrt{150}} \approx 1.30$$

因此，這群效率專家可以宣稱他們的估計最大誤差，有 0.99 的機率不會超過 1.30。

假設現在這群效率專家真的進行隨機抽樣並蒐集資料，得到 $\bar{x} = 69.5$。請問他們能否繼續宣稱他們的估計最大誤差，有 0.99 的機率不會超過 1.30？畢竟，沒有人可以證明 $\bar{x}$ 與 μ 的差距是大於 1.30 還是小於 1.30 事實上，他們還是可以維持他們之前的說法，不過我們要分清楚的是，0.99 的機率指的是他們所用的**方法**（選取隨機樣本並用以計算 E 的公式），而不是直接針對單一問題。

為了區別在此得到的機率值的特異性，習慣上我們用「**信賴、信心**」(confidence) 來代替「機率」。

統計學
MODERN ELEMENTARY STATISTICS

> 一般來說，針對隨機變數的未來值我們提出機率陳述(probability statements)（比如說，某估計值的可能誤差），一旦完成資料蒐集之後，我們則提出信賴陳述(confidence statements)。

因此，我們可以說，這群效率專家有99%的信心，其估計值$\bar{x} = 69.5$的誤差最多不會超過1.30。

估計值的最大誤差公式使用上有些麻煩。我們必須知道母體標準差σ的值，但是這幾乎是不可能知道的，因此我們必須用個近似值來替代。通常所使用的替代值是樣本標準差s。一般來說，如果要使用s來代替σ的話，通常樣本數要夠大才比較合適；所謂的樣本數夠大，是指樣本數n大於等於30。

範例 11.2

參考本節一開始的例子。假設我們用$\bar{x} = 19.9$來估計一個成年人組裝一套組合玩具所花費的平均時間。在95%的信賴水準下，我們的最大誤差是多少？

解答　將$n = 36$、$s = 5.73$代替σ，與$z_{0.025} = 1.96$代入E的公式，我們可以發現，在95%的信心下，誤差最大為

$$E = 1.96 \cdot \frac{5.73}{\sqrt{36}} \approx 1.87 \text{ 分鐘}$$

當然，我們無法證明誤差到底是大於1.87分鐘還是小於1.87分鐘，但是如果我們打賭的話，有19賠1的勝算，這個最大誤差不會超過1.87分鐘。

當我們需要某種程度的精確度時，E的公式也可以用來計算達到此精確度所需的樣本數。假設我們打算以某個大隨機樣本的平均數來估計母體平均數，而且希望最大誤差不超過某個定值的機率為$1 - \alpha$。如同以前一樣，我

們先寫下 $E = z_{\alpha/2} \cdot \frac{\sigma}{\sqrt{n}}$ ，然後解出 n，得到：

估計 μ 所需的樣本數

$$n = \left[\frac{z_{\alpha/2} \cdot \sigma}{E} \right]^2$$

範例 11.3

某大學校長想要以隨機樣本的平均數來估計該校學生，平均花多少時間從上一堂課教室前往下一堂課教室，而她希望此估計值的最大誤差不超過0.30分鐘的機率為0.95。如果她從以往相關的研究中得知 $\sigma = 1.50$ 分鐘，請問她需要多大的樣本？

解答 將 $E = 0.30$、$\sigma = 1.50$，與 $z_{0.025} = 1.96$ 代入 n 的公式，得到

$$n = \left(\frac{1.96 \cdot 1.50}{0.30} \right)^2 \approx 96.04$$

我們無條件進入取整數97，意即我們需要97的樣本數來完成我們的估計。（注意，在蒐集樣本數據之前，我們說「此估計值的最大誤差不超過0.30分鐘的機率為0.95」；而在蒐集樣本數據之後，我們說「此估計值的最大誤差不超過0.30分鐘的信心為95%」。）

從 n 的公式與範例11.3中我們可以發現，E 的公式中有個缺點，那就是我們必須知道母體標準差 σ（或是其近似值）。基於這個原因，有時候我們會先抽個小樣本，計算其標準差，再決定是否需要抽選更多的樣本資料。

現在我們來看看另一個呈現樣本平均數及其誤差的方法。記得，從無限母體中隨機抽樣得大樣本時，平均數的抽樣分配非常接近平均數為 $\mu_{\bar{x}} = \mu$、標準差為 $\sigma_{\bar{x}} = \frac{\sigma}{\sqrt{n}}$ 的常態分配。因此，

$$z = \frac{\bar{x} - \mu}{\sigma/\sqrt{n}}$$

是某個服從標準常態分配的隨機變數的數值。而此隨機變數，介於 $-z_{\alpha/2}$

與$z_{\alpha/2}$之間的機率為$1-\alpha$，也就是下列的區間有$1-\alpha$的機率。

$$-z_{\alpha/2} < z < z_{\alpha/2}$$

我們可以把上一個z的公式代進來，得到

$$-z_{\alpha/2} < \frac{\overline{x} - \mu}{\sigma/\sqrt{n}} < z_{\alpha/2}$$

如果把每一項都乘上$\sigma/\sqrt{n}$，再減去$\overline{x}$，最後再同乘上-1，得到

$$\overline{x} + z_{\alpha/2} \cdot \frac{\sigma}{\sqrt{n}} > \mu > \overline{x} - z_{\alpha/2} \cdot \frac{\sigma}{\sqrt{n}}$$

這個結果也可以寫成

μ 的信賴區間

$$\overline{x} - z_{\alpha/2} \cdot \frac{\sigma}{\sqrt{n}} < \mu < \overline{x} + z_{\alpha/2} \cdot \frac{\sigma}{\sqrt{n}}$$

而且我們可以宣稱這個式子在$1-\alpha$的機率下，適用於所有的樣本。換句話說，當我們的隨機樣本數夠大時，我們可以宣稱，在$(1-\alpha)100\%$的信賴水準下，我們會將所想要預測的母體平均數包括在 $\overline{x} - z_{\alpha/2} \cdot \frac{\sigma}{\sqrt{n}}$ 至 $\overline{x} + z_{\alpha/2} \cdot \frac{\sigma}{\sqrt{n}}$ 的區間中。當σ未知且n大於等於30時，我們可以用樣本標準差s來代替σ。

這樣的區間稱為**信賴區間**(confidence interval)，而其端點稱為**信賴界限**(confidence limits)，$1-\alpha$或$(1-\alpha)100\%$則稱為**信賴程度**(degree of confidence)。最常用的信賴程度為0.95與0.99（或 95%與99%），而其對應的$z_{\alpha/2}$值分別為1.96與2.575。有別於點估計，我們稱像這種給定一個區間的估計為**區間估計**(interval estimate)。區間估計不需要再額外說明其可靠度；因為其可靠度已經隱含在其寬度及信賴程度中了。

因為n要夠大才能將樣本平均數的抽樣分配以常態分配來近似，因此，我們把這種根據以上公式所得到的信賴區間稱為 μ 的**大樣本信賴區間**(large-sample confidence interval)。它也被稱為**z 區間**(z interval)，因為它是根據標準常態分配z統計量得到的。

範例 11.4

承範例11.1，已知$n=150$、$\sigma=6.2$、且$\bar{x}=69.5$，請計算某大型廠商裝配生產線上的員工的平均機械作業能力95%的信賴區間。

解答　將$n=150$、$\sigma=6.2$、$\bar{x}=69.5$、且$z_{0.025}=1.96$代入信賴區間的公式，得到，

$$69.5-1.96\cdot\frac{6.2}{\sqrt{150}}<\mu<69.5+1.96\cdot\frac{6.2}{\sqrt{150}}$$
$$68.5<\mu<70.5$$

其中信賴界限四捨五入至小數點後一位。當然，沒有人可以證明，這個信賴區間到底有沒有把真正的母體平均數包括進去，但是我們有95%的信心相信母體平均數的確是被包括在內。為什麼呢？因為我們所使用的方法，有95%的成功機率。換句話說，如果我們打賭的話，有19賠1的勝算，母體平均數被包含在這個信賴區間之內。

倘若我們在範例11.4中要找的是99%的信賴區間，那麼我們必須先以2.575代替1.96，然後得到$68.2<\mu<70.8$的結果。99%的信賴區間比95%的信賴區間來得寬廣一些：從68.5至70.5擴張成68.2至70.8。這顯示了一個非常重要的事實：

> 當信賴程度增加時，信賴區間的寬度會隨之增加，因此對我們所欲估計的數值，愈沒有把握。

我們可以這麼說，「我們越想要確定，我們所能確定的愈少。」(the surer we want to be, the less we have to be sure of)

11.2 平均數的估計（母體標準差未知）

在第11.1節中，我們假設樣本數夠大，$n \geq 30$，因而可以使用常態分配來近似平均數的抽樣分配，而在σ 未知的時候，還能以s來代替。我們現在要討論在一般情況中，當σ 未知時的處理方法。首先，我們必須假設我們所要進行抽樣的母體，其分配型態與常態分配非常類似，然後採用 **t 統計量**(t statistic)。

$$t = \frac{\overline{x} - \mu}{s/\sqrt{n}}$$

這是一個服從 **t 分配**(t distribution)的隨機變數。更精確地說，這個分配應該叫做**學生 t 分配**(Student t distribution)或**學生的 t 分配**(Student's t-distribution)；這是為了紀念第一個發展出此機率分配的統計學家，戈斯特(W. S. Gosset)，他當初發表其研究成果時，用的是筆名「學生」(Student)。如圖11.2所示，這個連續分配的形狀與常態分配非常相似：鐘型分佈且平均數為零、左右對稱。t分配的形狀由一個參數決定，這個參數稱為**自由度**(degree of freedom)；在本節的討論中，自由度都是 $n-1$，即為樣本數減去一。

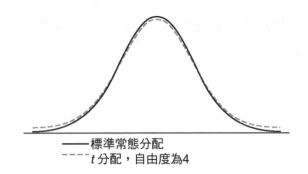

——標準常態分配
----- t 分配，自由度為4

圖11.2 標準常態分配與t分配

就標準常態分配而言，我們定義，$z_{\alpha/2}$ 右側曲線下方的面積（機率）為 $\alpha／2$ ，因此，介於 $-z_{\alpha/2}$ 與 $z_{\alpha/2}$ 之間的面積正好為 $1-\alpha$。如圖11.3，t分配也

有相對應的 $-t_{\alpha/2}$ 與 $t_{\alpha/2}$ 值。不過由於這兩個值必須根據自由度決定，所以我們必須查閱特殊的數據表，如本書末的附表II，或是用電腦軟體計算。附表II列出自由度從1至30的 $t_{0.025}$ 與 $t_{0.005}$ 值。從附表中我們可以發現，當自由度愈大時，$t_{0.025}$ 與 $t_{0.005}$ 的值也愈接近標準常態分配的對應值。

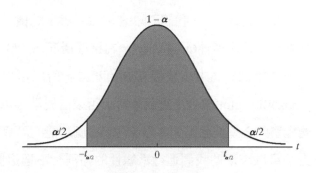

圖11.3 *t* 分配

同樣地，我們可以說某個服從 t 分配的隨機變數，其可能值介於 $-t_{\alpha/2}$ 與 $t_{\alpha/2}$ 的機率為 $1-\alpha$，也就是下列區間的機率為 $1-\alpha$，

$$-t_{\alpha/2} < t < t_{\alpha/2}$$

將本節一開始的 t 的表示式代入此不等式，得到

$$-t_{\alpha/2} < \frac{\overline{x} - \mu}{s/\sqrt{n}} < t_{\alpha/2}$$

重複我們在上一節後半的運算，可以得到如下關於 μ 的信賴區間：

μ 的信賴區間（σ 未知）
$$\overline{x} - t_{\alpha/2} \cdot \frac{s}{\sqrt{n}} < \mu < \overline{x} + t_{\alpha/2} \cdot \frac{s}{\sqrt{n}}$$

此時信賴程度為 $1-\alpha$，而這個式子與第11.1節中的式子，只有兩個地方不同：σ 換成 s，且 $z_{\alpha/2}$ 換成 $t_{\alpha/2}$。這個信賴區間也被稱為 **t 區間**(t interval)。由於大部分 t 分配的表都只提供小自由度的 $t_{\alpha/2}$ 值，因此有時候也被稱為 μ 的**小樣本信賴區間**(small-sample confidence interval for μ)。不過現在我們已經

可以透過電腦軟體取得自由度高達數百的 t 分配值，所以以上的區別也不再那麼明顯。

不過有一點要特別注意，在使用 t 區間時，有個額外的假設：我們的樣本必須是從常態分配，或是近似常態分配的母體中得來的。這點非常重要，我們會在以下的兩個例子中進一步討論。

在範例11.5中，我們只知道 n、$\bar{x}$，與 s 的值，但原始資料未知，無法檢驗其母體的常態性(normality)。在這種情況下，我們能做的只能希望一切如願。在範例11.6中，我們有原始資料，所以可以利用常態機率圖(normal probability plot)來判斷這組資料是否來自於常態母體（參考第9.3節）。此常態機率圖必須使用電腦軟體或是有繪圖功能的計算機；雖然另有一些其他的方法可以來幫助我們進行常態性的判別，不過這些方法屬於更進階的統計學，超出本書的範圍。

範例 11.5

在模擬失重狀態下進行某種任務操作時，12名太空人的脈搏次數每分鐘平均增加了27.33次，而標準差為每分鐘4.28次。請問，在這個狀況下，太空人脈搏每分鐘增加次數的實際平均數，其99%信賴區間是多少？

解答　之前我們提過，在缺乏原始資料的狀況下，我們無法判別母體的「常態性」。不過假設本題中的母體服從常態分配，我們的作法如下：將 $n=12$、$\bar{x}=27.33$、$s=4.28$，與 $t_{0.005}=3.106$（查書末附表II，自由度11）代入 t 區間的公式，得到

$$27.33 - 3.106 \cdot \frac{4.28}{\sqrt{12}} < \mu < 27.33 + 3.106 \cdot \frac{4.28}{\sqrt{12}}$$

因此，

$$23.49 < \mu < 31.17$$

在範例11.6中，我們會用到第9.3節中的例子，在那個例子中我們已經說明，該組資料可以視為從常態母體中所選出之隨機樣本。

範例 11.6

第9.3節中，我們已知八個地點中的路面標線油漆，在14.26、16.78、13.65、11.53、12.64、13.37、15.60、與14.94百萬輛車經過之後，會出現剝落、模糊不清的情形。我們已經利用常態機率圖驗證這組樣本資料是來自於常態母體。把所有的數字四捨五入至小數點後兩位，得到平均數 $\bar{x} = 14.10$ 與標準差$s = 1.67$百萬輛車。請計算此母體平均數的95%信賴區間。

解答　將 $\bar{x} = 14.10$、$s = 1.67$、$n = 8$，與自由度為7的$t_{0.025} = 2.365$代入t區間公式，得到

$$14.10 - 2.365 \cdot \frac{1.67}{\sqrt{8}} < \mu < 14.10 + 2.365 \cdot \frac{1.67}{\sqrt{8}}$$

$$12.70 < \mu < 15.50$$

此即為路面油漆在剝落之前，所能夠承受的平均交通量（車流量）的95%信賴區間。同樣的，我們仍是無法驗證這個區間使否涵蓋真正的平均數，不過有95賠5的機會這個區間是有效的。這個勝算乃是因為我們所採用的方法－從常態母體中隨機抽樣，然後用先前討論的公式－有95%的時間是有效的。

第11.1節中我們討論過估計值的最大誤差公式。在本節母體標準差 σ 未知的情形中，只要所抽樣的母體接近常態分配的話，這個公式就可以套用，不過記得要把公式中的 σ 換成s、 $z_{\alpha/2}$ 換成 $t_{\alpha/2}$ 。

範例 11.7

承範例11.5，假設現在我們以 $\bar{x} = 27.33$ 當作母體的真實平均數，請問，在99%信賴程度下，最大估計為何？

解答　將$s=4.28$、$n=12$，與$t_{0.005}=3.106$（查書末附表II，自由度為$12-1=11$）代入，修正之後的 E 公式，得到

$$E = t_{\alpha/2} \cdot \frac{s}{\sqrt{n}} = 3.106 \cdot \frac{4.28}{\sqrt{12}} \approx 3.84$$

因此，倘若我們以 $\bar{x}=27.33$當作太空人在失重狀態下進行某種任務操作時，每分鐘脈搏增加次數的真實平均數的話，那麼我們可以宣稱以99%的信心，我們的估計誤差最多不會超過每分鐘3.84次。

精選習題

11.1 針對某品種蘭花每年生長速度所做的研究發現，在某種情況下，隨機選取的40株蘭花樣本中，平均每年生長32.5公釐。已知此類型資料的標準差 σ =3.2公釐。請問，若我們以此樣本平均數＝32.5公釐來估計此品種蘭花的每年平均生長速率，請問在99%的信賴水準下，最大誤差是多少？

11.2 承上題，請求算此品種蘭花的每年平均生長速率的98%的信賴區間。

11.3 倘若樣本數從288減少為32，請問對平均數的標準誤會有什麼樣的影響？

11.4 從某個可視為無限的母體中隨機抽出樣本數 $n=64$ 的樣本。已知此母體平均數 μ 為23.5，標準差 σ 為3.3，請問此樣本的平均數落於23.0與24.0之間的機率為何？

11.5 我們想要估計波音737型客機平均在連續飛行多少個小時之後，必須進行第一次維修作業。假設此類型資料的標準差為138小時，請問，若希望最大誤差不超過40小時的機率為0.99的話，樣本數必須要多大？

11.6 某香腸製造商打算要買一批豬絞肉，但是在下訂單之前，他想要進行機抽樣，以確認這批豬絞肉的每磅平均脂肪含量的誤差不會超過0.25 盎司。倘若已知這批豬絞肉的脂肪含量的標準差為每磅0.77盎司，請問在95%的信賴水準下，此香腸製造商應該要抽選幾份一磅重的豬絞肉來檢測？

11.7 承上題，若信賴水準提高至99%，請問該抽樣多少份？

11.8 當樣本數相當大，佔了有限母體中相當可觀的比例時，我們必須採用第10.7節中的第二個標準誤公式，並以下列式子求算最大誤差：

$$E = z_{\alpha/2} \cdot \frac{\sigma}{\sqrt{n}} \cdot \sqrt{\frac{N-n}{N-1}}$$

某電力公司有800筆用戶逾期未交款項，而某會計師從中隨機選出200筆資料，得出樣本平均數為\$48.15，且樣本標準差為\$6.19。

將此樣本標準差視為母體標準差σ，倘若此會計師以\$48.15估計母體平均數的話，請問在95%的信賴水準下，他的最大誤差是多少？

11.9 某電腦程式在執行之後，可顯示一個服從常態分配的隨機變數的數值，不過此常態分配的平均數與標準差只有設計這個程式的人才知道。30名學生分別執行這個程式5次，得到樣本數$n=5$的隨機樣本，並以此算出μ的90%信賴區間。這30名學生所得到的數據如下：

$6.30 < \mu < 8.26$,	$6.50 < \mu < 7.72$,	$6.93 < \mu < 8.01$,
$6.60 < \mu < 8.00$,	$6.51 < \mu < 7.51$,	$6.82 < \mu < 8.66$,
$7.02 < \mu < 8.11$,	$6.94 < \mu < 7.64$,	$6.24 < \mu < 7.26$,
$6.87 < \mu < 8.17$,	$6.77 < \mu < 8.13$,	$6.14 < \mu < 6.82$,
$6.83 < \mu < 7.93$,	$6.66 < \mu < 8.10$,	$6.73 < \mu < 7.49$,
$6.41 < \mu < 7.67$,	$6.76 < \mu < 7.57$,	$6.97 < \mu < 7.47$,
$6.01 < \mu < 7.43$,	$7.15 < \mu < 7.89$,	$6.87 < \mu < 7.81$,
$7.35 < \mu < 7.99$,	$6.60 < \mu < 8.16$,	$6.47 < \mu < 7.81$,
$7.01 < \mu < 8.33$,	$6.97 < \mu < 7.55$,	$6.56 < \mu < 7.48$,
$7.13 < \mu < 8.03$,	$7.39 < \mu < 8.01$,	$5.98 < \mu < 7.68$.

(a) 這30個信賴區間中，請問預期有幾個真的涵蓋了真正的母體平均數？

(b) 倘若這個程式在設計時，$\mu = 7.30$，請問這30個信賴區間中，有幾個將此數值涵蓋進去？請討論你的答案。

11.10 承範例11.4，已知$n=150$、$\sigma = 6.2$，且$\bar{x} = 69.5$，請計算某大型廠商裝配生產線上的員工的平均機械作業能力97%的信賴區間。

(a) 請由附表I中找出$z_{0.015}$的值。

(b) 請利用上一小題的$z_{0.015}$的值，計算97%的信賴區間。

11.11 隨機選取9條航海專用的馬尼拉麻繩，測試其斷裂強度，得到平均數為41,250磅，標準差為1,527磅。假設這些數據可視為來自於常態分配的樣本資料，倘若我們以$\bar{x} = 41,250$估計這種麻繩的平均斷裂強度的話，請問在95%的信賴水準下，最大估計誤差是多少？

11.12 承上題，請計算該種麻繩平均斷裂強度的98%信賴區間。

11.13 請利用書末附表II，找出以下的t值：

(a) 自由度為13的 $t_{0.050}$；

(b) 自由度為18的 $t_{0.025}$；

(c) 自由度為22的 $t_{0.010}$；

(d) 自由度為15的 $t_{0.005}$。

11.14 某工廠製造某種工業用溶劑，從某一生產批次中，隨機選出五桶該溶劑，測量重量，分別為19.5、19.3、20.0、19.0、與19.7磅。假設這些數據可視為來自於近似常態分配的樣本資料，請求算此工業用溶劑生產批次平均重量的99% t的區間。

11.15 在進行書籍的排版時，某鉛字排版工人在十個頁面中，分別出現10、11、14、8、12、17、9、12、15、與12個錯誤。假設這些數據可視為來自於常態分配的樣本資料，請求算此鉛字排版工人每一頁平均錯誤個數的98%信賴區間。

11.16 長白山上有七座氣象觀測站。某次夏季暴風期間，這七個觀測站所測量到的雨量分別是0.12、0.14、0.18、0.20、0.15、0.12、與0.14英吋。假設這些資料可視為是一服從常態分配的隨機樣本，請在95%的信賴水準下，求算長白山在該夏季暴風期間，平均雨量的區間估計。

11.17 承上題，請將信賴水準提高為98%，重新求

算平均雨量的區間估計。

11.18 某牙醫師至某大型拘留所替被收容者進行例行檢查,隨機抽出12人預檢,發現他們分別需要2、3、6、1、4、2、4、5、0、3、5、與1個補牙填充物。假設這些數據可視為來自於近似常態分配的樣本資料。倘若該牙醫師以此樣本平均數,來估計此拘留所全部被收容者所需的補牙填充物的平均數量,請問在99%的信賴水準下,其估計最大誤差是多少?

11.3 標準差的估計

到目前為止,我們在本章中已經討論到如何計算母體平均數估計值的最大誤差,也學到如何推導出母體平均數的信賴區間。這些方法都很重要,但更重要的是建立這些方法的概念,因為這些概念可以幫助我們估計其他的母體參數。

在本節中我們要討論變異數與標準差的估計方法,而第11.4節中我們會探討二項參數 p 的估計方法;也就是母體百分比、比例值、與機率的估計方法。

假設我們所進行抽樣的母體近似於常態分配,我們可以利用 s 來推導出 σ 的信賴區間。在這種情況下,統計量

卡方統計量

$$\chi^2 = \frac{(n-1)s^2}{\sigma^2}$$

稱為**卡方統計量**(chi-square statistic),(χ 為希臘字母,讀音為「開」),此統計量為近似於**卡方分配**(chi-square distribution)的隨機變數的值。這個連續隨機變數非常重要,而其參數也是只有一個:自由度。此處我們所用到的卡方分配,自由度都是 $n-1$。圖11.4是卡方分配的圖示。它不像常態分配或是 t 分配,卡方分配的值域只包含非負的實數。

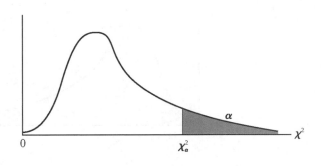

圖11.4 卡方分配

比照 z_α 與 t_α，我們定義 χ^2_α 為其右側曲線以下面積為 α 的值，如圖 11.4。如同 t_α，χ^2_α 的值也是隨著自由度的不同而變動，因此必須要查閱特殊的數值表，或是利用電腦軟體計算。根據這個定義，$\chi^2_{\alpha/2}$ 為其右側曲線以下面積為 $\alpha/2$ 的值，而 $\chi^2_{1-\alpha/2}$ 為其左側曲線以下面積為 $\alpha/2$ 的值，如圖11.5。舉例來說，$\chi^2_{0.975}$，表示該值左側的面積為0.025。這裡要特別強調，常態分配與 t 分配都是左右對稱的，但是卡方分配不是。本書末附表III可以查到自由度從1至30的 $\chi^2_{0.995}$、$\chi^2_{0.975}$、$\chi^2_{0.025}$ 與 $\chi^2_{0.005}$ 的值。

若某隨機變數服從卡方分配，則有 $1-\alpha$ 的機率此隨機變數的可能值出現在 $\chi^2_{\alpha/2}$ 與 $\chi^2_{1-\alpha/2}$ 之間，也就是說，下列區間的機率為 $1-\alpha$，

$$\chi^2_{1-\alpha/2} < \chi^2 < \chi^2_{\alpha/2}$$

我們可以把本節一開始的 χ^2 之表示式代入這個不等式中，得到

$$\chi^2_{1-\alpha/2} < \frac{(n-1)s^2}{\sigma^2} < \chi^2_{\alpha/2}$$

經由簡單的運算，這個式子可以重寫為

σ^2的信賴 區間

$$\frac{(n-1)s^2}{\chi^2_{\alpha/2}} < \sigma^2 < \frac{(n-1)s^2}{\chi^2_{1-\alpha/2}}$$

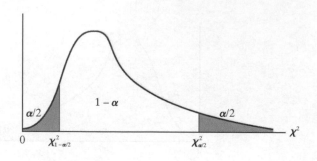

圖11.5　卡方分配

此即為σ^2的$(1-\alpha)100\%$信賴區間，而如果我們取其平方根，則得到σ的$(1-\alpha)100\%$信賴區間。過去此種信賴區間被稱為 σ 的**小樣本信賴區間** (small-sample confidence interval for σ)，因為大部分的卡方分配僅限於自由度小的樣本中使用。不過跟t分配一樣，隨著電腦軟體的進展與普及，這個名稱已經很少使用了。

不過有一點還是要特別提醒，我們所進行抽樣的母體還是得近似於常態分配。範例11.8中，我們只知道n與s的值，所以無法判別母體的「常態性」。範例11.9中，我們有原始資料，因此可以利用常態機率圖（參考第9.3節），來判斷這組樣本是不是來自於近似於常態分配的母體。

範例 11.8

承範例11.5，我們已知$n=12$且$s=4.28$。請求算母體標準差 σ 的99%信賴區間。

解答　之前提過，在缺乏原始資料的情形下，我們無法判別母體的常態性，所以我們還是只能假設本題中的母體服從常態分配。然後將$n=12$、$s=4.28$，與自由度11的$\chi^2_{0.995}=2.603$與$\chi^2_{0.005}=26.757$代入σ^2的信賴區間的公式，得到

$$\frac{11(4.28)^2}{26.757} < \sigma^2 < \frac{11(4.28)^2}{2.603}$$
$$7.53 < \sigma^2 < 77.41$$

最後，兩邊取平方根，得到 $2.74 < \sigma < 8.80$；此為每分鐘脈搏增加次數的標準差的99%信賴區間。

範例 11.9

在某個絞鍊潤滑劑效能的研究中，某研究機構想要瞭解在絞鍊故障之前，其開合次數的變異性。假設有 $n = 15$ 條絞鍊，故障之前的開合次數分別為

4295	4390	4338	4426	4698
4405	4694	4468	4863	4230
4664	4494	4535	4479	4600

(a) 請檢驗這些資料是否可視為來自於常態母體的樣本。

(b) 如果可以的話，請求算 σ 的95%信賴區間

解答　(a) 利用合適的電腦軟體，我們得到如圖11.6的圖示。從圖中可見，這15個點所呈現出來的型態與一條直線相當接近，因此這組資料可視為來自於

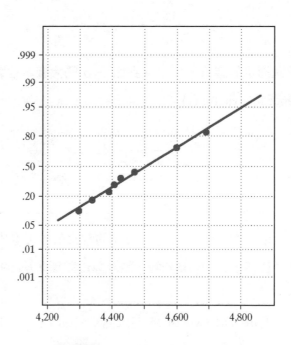

圖11.6　範例11.9的常態機率圖

統計學
MODERN ELEMENTARY STATISTICS

常態母體的樣本。

(b) 這組資料的$s = 172.3$。將這個數字，以及$n = 15$、自由度為$15 - 1 = 14$的$\chi^2_{0.975} = 5.629$、$\chi^2_{0.025} = 26.119$等代入信賴區間的公式，得到

$$\frac{14(172.3)^2}{26.119} < \sigma^2 < \frac{14(172.3)^2}{5.629}$$
$$15,913 < \sigma^2 < 73,836$$

最後，兩邊取平方根，得到$126.1 < \sigma < 271.7$次。

求算母體標準差信賴區間的方法還有一種。就大樣本而言，$n \geq 30$，我們可以利用這個理論：s的抽樣分配近似於平均數為σ的常態分配，其標準差為

$$\sigma_s = \frac{\sigma}{\sqrt{2n}}$$

將之轉換成標準單位，我們可以宣稱，以下區間的機率為$1 - \alpha$：

$$-z_{\alpha/2} < \frac{s - \sigma}{\frac{\sigma}{\sqrt{2n}}} < z_{\alpha/2}$$

透過簡單的運算，可以得到如下 σ 的**大樣本信賴區間**(large-sample confidence interval for σ)：

σ的大樣本信賴區間

$$\frac{s}{1 + \frac{z_{\alpha/2}}{\sqrt{2n}}} < \sigma < \frac{s}{1 - \frac{z_{\alpha/2}}{\sqrt{2n}}}$$

範例 11.10

承範例4.7，已知在$n = 110$的觀察值中，老忠實間歇噴泉的噴發間隔時間的標準差 $s = 14.35$分鐘。請計算母體標準差的95%信賴區間。

解答　將$n = 110$、$s = 14.35$，與$z_{0.025} = 1.96$代入 σ 的大樣本信賴區間的公式，得到

346 ➡ 11.3 標準差的估計

$$\frac{14.35}{1 + \frac{1.96}{\sqrt{220}}} < \sigma < \frac{14.35}{1 - \frac{1.96}{\sqrt{220}}}$$

即$12.68 < \sigma < 16.53$分鐘。這表示我們有95%的信心說，老忠實間歇噴泉的噴發間隔時間的標準差，介於12.68與16.53之間。

精選習題

11.19 從某光學鏡片製造商所生產的一批鏡片中，隨機選出15片當樣本，測量其折射率，得到標準差為0.012。假設這些數據可視為來自於常態分配的樣本資料，請求算母體標準差σ的95%信賴區間。

11.20 承習題11.14，在相同的分配假設條件下，請求算該生產批次工業用溶劑的重量的變異數σ^2的95%信賴區間。

11.21 承習題11.18，在相同的分配假設條件下，請求算母體標準差σ的99%信賴區間。

11.22 當樣本數非常少時，估計母體標準差的另一個方法，則是利用樣本全距（最大數減最小數）：依據樣本大小n，對照下表找出除數d(divisor)，而σ的估計值即為全距除以該除數。舉例來說，就來自於近似常態分配母體的隨機樣本而言，$n = 2$、3、……與12所對應的除數如下：

n	2	3	4	5	6	7	8	9	10	11	12
d	1.13	1.69	2.06	2.33	2.53	2.70	2.85	2.97	3.08	3.17	3.26

比方說，在季風季節，北亞利桑納州連續八週之內，每週出現雷陣雨的次數分別8、11、9、5、6、12、7、與9次。此樣本資料的全距為$12 - 5 = 7$，且由於$n = 8$，所對應的$d = 2.85$。因此，母體標準差的估計值為$\frac{7}{2.85} = 2.46$。這個數值與樣本變異數$s = 2.39$相當接近。讀者可以自行驗證。

以下數據是四枚腓尼基人所使用的某種硬幣的重量：14.28、14.34、14.26，與14.32公克。我們可計算得知此樣本的標準差為$s = 0.0365$公克。請利用樣本全距來計算母體標準差的另一種估計值。比較此估計值與s的值。

11.23 另一個母體平均數的估計方法，是將**內四分位距**(interquartile range)除以1.35。內四分位距即為$Q_3 - Q_1$。在老忠實噴泉的噴發間隔時間的例子中，$Q_1 = 69.71$，$Q_3 = 87.58$，且$s = 14.35$。請利用內四分位距，估計老忠實噴泉噴發間隔時間的標準差，並將所求得的數值與s進行比較。

11.4 比例值的估計

本小節中我們要探討的是**計數資料**(count data)，也就是透過計數而不是測量所得到的數據。比方說，施打流行性感冒疫苗之後卻併發副作用的人數、某生產批量中的不良品個數、喜歡某電視影集的觀眾人數，或是行駛里程數超過四萬英里的輪胎個數等等。

更精確地說，我們關心的是二項參數p的估計值；p為單一試驗中的成功機率，或是某件事發生的時間比例，或是百分比。所以我們會用到第8章所介紹的二項分配，尤其是利用常態分配來近似二項分配的技巧。

到目前為止，在本章中我們用小寫的希臘字母來代表母體參數：以 μ 表示母體平均數，以 σ 表示母體標準差。在二項分配中，較嚴謹的教科書中使用 θ 來表示單一試驗中的成功機率，不過我們在第8章中已經使用p來表示，所以在本節與第14章中，我們將繼續沿用p來表示單一試驗中的成功機率。

通常用以估計母體比例值（百分比，或機率）的是**樣本比例值**(sample proportion)，x / n，其中x為在n次試驗中某事件出現的次數。舉例來說，倘若某研究發現，120個啦啦隊長中有54個患有中度至嚴重的聲帶傷害問題（假設此為隨機樣本），那麼 $x / n = 54 / 120 = 0.45$，我們可以將此數視為點估計，估計啦啦隊長患有此症的真正比例，或是任何一個啦啦隊長會罹患此症的機率。同樣的，倘若某連鎖超市隨機抽樣300名顧客，發現其中有204位顧客會經常使用折價券，那麼該超市便可估計其消費者群中有0.68的比例會經常使用折價券。

為了要使用以二項分配為基礎的方法，在本節中我們必須假設有固定次數的獨立試驗，而且每次試驗的成功機率，也就是我們想要估計的參數，都是一樣的，其定值為 p。在這些條件下，根據第8章的討論，我們可知成功次數的抽樣分配，其平均數 $\mu = np$，標準差 $\sigma = \sqrt{np(1-p)}$ ，而此抽樣分配可以用常態分配來近似，只要np與$n(1-p)$都大於5。一般來說，n要夠大這

個條件才會成立。例如當$n=50$ 時，若要使用常態曲線來近似的話，$50p>5$且$50(1-p)>5$，也就是說，p介於0.1與0.9之間。同樣的，當$n=100$時，只要p介於0.05與0.95之間；當$n=200$ 時，只要p介於0.025與0.975之間。這些例子應該可以讓讀者對「樣本數n夠大」有更清楚的概念。

若轉換成標準單位，則當n很大時，以下的統計量

$$z = \frac{x - np}{\sqrt{np(1-p)}}$$

即是近似於標準常態分配的隨機變數的值。將這個表示式代入以下的不等式：

$$-z_{\alpha/2} < z < z_{\alpha/2}$$

經由一些簡單的代數運算，得到

$$\frac{x}{n} - z_{\alpha/2} \cdot \sqrt{\frac{p(1-p)}{n}} < p < \frac{x}{n} + z_{\alpha/2} \cdot \sqrt{\frac{p(1-p)}{n}}$$

這個式子看起來有點像是 p的信賴區間公式。的確，如果我們重複使用這個式子的話，應該會有$(1-\alpha)100\%$的時候，這個不等式是成立的。不過請注意，此未知參數 p不僅出現在不等式的中間，也出現在左右兩側的

$$\sqrt{\frac{p(1-p)}{n}}$$

當中。這個數值稱為**比例值的標準誤**(standard error of a proportion)，事實上，它是樣本比例值的抽樣分配的標準差（參考習題11.35）。

為了避免這個麻煩，也為了簡化上述公式，我們將 $\sqrt{\frac{p(1-p)}{n}}$ 中的 p以$\hat{p} = \frac{x}{n}$ 代替，其中 $\hat{p}$ 讀作p-hat。（這種記號在統計學中非常常用。舉例來說，當我們用樣本平均數來估計母體平均數時，可以用 $\hat{\mu}$來表示前者；或用樣本標準差來估計母體標準差時，用 $\hat{\sigma}$來表示前者。）因此，我們得到如下**p的$(1-\alpha)100\%$大樣本信賴區間**（$(1-\alpha)100\%$ large-sample confidence interval for p)：

p 的大樣本
信賴區間

$$\hat{p} - z_{\alpha/2} \cdot \sqrt{\frac{\hat{p}(1 - \hat{p})}{n}} < p < \hat{p} + z_{\alpha/2} \cdot \sqrt{\frac{\hat{p}(1 - \hat{p})}{n}}$$

範例 11.11

某隨機樣本中，400位施打流行性感冒疫苗的民眾中，有136感到身體不適。試求施打這個疫苗之後，會感到身體不適的真正比例的95%信賴區間。

解答　將$n = 400$、$\hat{p} = \frac{136}{400} = 0.34$，與$z_{0.025} = 1.96$代入信賴區間公式，得到

$$0.34 - 1.96\sqrt{\frac{(0.34)(0.66)}{400}} < p < 0.34 + 1.96\sqrt{\frac{(0.34)(0.66)}{400}}$$

$$0.294 < p < 0.386$$

或四捨五入至小數點後兩位，得到$0.29 < p < 0.39$。

　　我們之前曾提過，信賴區間有可能將真正的母體參數包括在內，也有可能沒有包括。通常我們不知道到底有沒有，不過95%的信賴水準表示計算出這個區間的方法，是95%的機會有效的。另請注意，當$n = 400$且p介於0.29與0.39之間時，np與$n(1-p)$都遠大於5，因此我們可以使用二項分配的常態近似法。

　　在小樣本時，我們可以利用特殊的數據表來計算 p 的信賴區間，不過所得到的區間通常很寬大，所以沒什麼用。比方說，若 $x = 4$ 且 $n = 10$，則95%的信賴區間為$0.12 < p < 0.75$。這個區間太大了，根本無法告訴我們真正的 p 在哪裡。

　　當使用樣本比例值來估計母體比例值 p 時，此處所介紹的大樣本理論，也可以用來估計可能產生的誤差。參照第11.1節的作法，我們可以斷言，有 $1 - \alpha$ 的機率，樣本比例值與 p 之間的差異，最多不會超過

$$E = z_{\alpha/2} \cdot \sqrt{\frac{p(1 - p)}{n}}$$

不過，p 還是未知，所以還是用 $\hat{p}$ 來代替，並得到以下的結果：

**估計值的
最大誤差**

> **倘若以 $\hat{p}$ 來代替p，我們可以在$(1-\alpha)100\%$的信賴水準下說，其誤差最多不會超過**
>
> $$E = z_{\alpha/2} \cdot \sqrt{\frac{\hat{p}(1-\hat{p})}{n}}$$

與範例11.11之前的信賴區間公式相同，這個式子的必要條件為樣本數n要夠大，才能使用二項分配的常態近似法。

範例 11.12

在美國某次州長大選時，某出口民調在各投票所隨機抽樣250位民眾，其中有145名表示他們投票支持現任者連任州長。倘若我們將 $\hat{p} = \frac{145}{250} = 0.58$ 視為選民支持現任者連任的真正比例，請問在99%的信賴水準下，此估計值的最大誤差是多少？

解答　將$n=250$、$\hat{p}=0.58$，與$z_{0.005}=2.575$代入 E 的公式，得到

$$E = 2.575\sqrt{\frac{(0.58)(0.42)}{250}} \approx 0.080$$

因此，若我們將 $\hat{p}=0.58$視為選民支持現任者連任的真正比例，在99%的信賴水準下，此估計值的最大誤差不會超過0.08。

在這個例子中，當$n=250$時，只要 p 介於0.02與0.98之間，都可以用二項分配的常態近似法。

如同在第11.1節中，我們可以利用最大誤差的公式來求算適當的樣本數，以得到我們所要求的精確度。倘若我們要以樣本比例值來估計母體比例值 p，而且我們希望此估計值的誤差最大不超過某定值E的機率為$1-\alpha$，那

麼

$$E = z_{\alpha/2} \cdot \sqrt{\frac{p(1-p)}{n}}$$

將這個式子整理求 n，得到

樣本數

$$n = p(1-p)\left[\frac{z_{\alpha/2}}{E}\right]^2$$

這個式子不能直接使用，因為裡頭的p是未知的，是我們打算要估計的。不過，當 p從0增加到$\frac{1}{2}$時，或從1減少到$\frac{1}{2}$時，$p\,(1-p)$從0上升至$\frac{1}{4}$，所以我們可以改用以下的方式：

如果有辦法取得一些資訊對p的值進行猜測的話，我們就把這些猜測值中最接近$\frac{1}{2}$的那個代替p置入上面的式子中；如果完全沒有資訊的話，則用$\frac{1}{4}$取代式子中的 $p(1-p)$。

不論使用哪個方法，所得到的 n 都會比真正需要的還多一些，所以我們可以改說，我們的估計誤差最大不會超過 E 的機率，至少是$1-\alpha$。

範例 11.13
倘若某高速公路管理局想要估計往返於兩個城市之間的大卡車，其運貨量超載的比例。該局希望他們所得到的估計誤差不會超過0.04的機率至少是0.95。請問在以下的條件中，他們需要多少樣本？

(a) 他們知道真正的比例值大約在0.10到0.25之間；

(b) 對真正的比例值完全沒有概念。

解答　(a) 將$z_{0.025}=1.96$、$E=0.04$，與$p=0.25$代入 n 的公式，得到

$$n = (0.25)(0.75) \left(\frac{1.96}{0.04} \right)^2 \approx 450.19$$

無條件進入至整數位，得到451。

(b) 將$z_{0.025}=1.96$、$E=0.04$，與$p(1-p)=\frac{1}{4}$代入n的公式，得到

$$n = \frac{1}{4} \left(\frac{1.96}{0.04} \right)^2 = 600.25$$

無條件進入至整數位，得到601。

這個例子顯示，如果我們大概知道 p的可能範圍時，達到某種精確度所需要的樣本數可以大幅減少。還有一點要注意，計算出來的結果要用無條件進入法取得最近整數，而不是四捨五入法。

精選習題

11.24 當np與$n(1-p)$皆大於5時，才能使用二項分配的常態近似法。請問在以下的情況中，n或 p 分別要是多少，我們才能使用此近似方法？

(a) $n=400$；

(b) $n=500$。

11.25 某縣政府打算從公共基金中撥款補助興建一座新的專業足球場。在隨機抽樣的訪問中，400位有投票資格的受訪者中，有228位反對縣政府的提案。請於95%的信賴水準下，求算此縣中反對此提案的民眾比例。

11.26 承上題，倘若我們以$\frac{x}{n}=\frac{228}{400}=0.57$當作該縣民眾中反對從公共基金中撥款補助興建一座

新的專業足球場的提案，請問在99%的信賴水準下，最大誤差是多少？

11.27 由於環境污染的關係，在某個湖中所捕獲的400尾魚當中，有56尾是不能吃的。請利用此數據，求算魚群被污染的真正比例的99%信賴區間。

11.28 承上題，倘若我們以$x/n=56/400=0.14$當作魚群被污染的真正比例的估計值，則在95%的信賴水準下，最大誤差是多少？

11.29 在全國隨機選出1,600位成年人進行訪問，其中只有412位認為某些政府官員的薪水應該要往上調整。請求算全國成年人中，抱持相同意見的民眾的真正比例的95%信賴區

間。

11.30 隨機抽樣400名全國電視觀眾，其中有收看某爭議性節目的人數為152人。倘若我們以 $\frac{152}{400} \cdot 100 = 38\%$ 當作國內有收看該節目的觀眾的比例，請問在98%的信賴水準下，最大誤差是多少？

11.31 在140件目擊幽浮(UFO)的事件中，有119件是可以用自然現象解釋的。請求算目擊幽浮事件可以用自然現象解釋的真正比例的99%信賴區間。

11.32 在有限母體中，若當樣本數超過母體大小的5%時，而且此樣本為大樣本，必須使用如同第10.7節中的有限母體修正項，因此，以下列的式子求算p的信賴界限：

$$\hat{p} \pm z_{\alpha/2} \cdot \sqrt{\frac{\hat{p}(1-\hat{p})(N-n)}{n(N-1)}}$$

其中N即為母體大小。

(a) 在某住宅區中住有N＝360戶家庭。從中隨機選出n＝100戶家庭進行訪問，發現其中34戶家庭中有正在讀大學的子女。請利用上述公式計算該住宅區中，住戶家中有正在讀大學的子女的真正比例的95%信賴區間。

(b) 承習題11.31，假設全部只有350件目擊幽浮事件，請利用此資訊，重新計算該題所要求的信賴區間。

11.33 某民意調查分析人員在幫某政治人物進行支持度調查，希望得知在其選區之內，有多少比例的選民會投票給該政治人物。倘若此民意調查的誤差要在

(a) 八個百分點之內

(b) 兩個百分點之內

的話，請問在95%的信賴水準下，樣本數應該是多少？

11.34 假設我們想估計某高速公路在接近某個匝道的路段，駕駛人超速的比例。請問在以下的信賴水準下，若我們希望最大誤差不超過0.05的話，分別需要多少樣本數？

(a) 90%的信賴水準；

(b) 95%的信賴水準；

(c) 99%的信賴水準。

11.35 由於成功比例就是成功次數除以 n，所以成功比例的抽樣分配的平均數與標準差，就是用 n 除以成功次數的抽樣分配的平均數與標準差；這兩個數值應該是一樣的。請利用這個說法，驗證第11.4節中的標準誤的公式。

11.5 本章專有名詞彙整

卡方分配(Chi-square distribution)

卡方統計量(Chi-square statistic)

信賴、信心(Confidence)

信賴區間(Confidence interval)

信賴界限(Confidence limits)

計數資料(Count data)

信賴程度(Degree of confidence)

自由度(Degrees of freedom)

估計(Estimation)

內四分位距(Interquartile range)

區間估計(Interval estimate)

大樣本信賴區間(Large-sample confidence interval)

點估計(Point estimation)

預測(Prediction)

樣本比例值(Sample proportion)

小樣本信賴區間(Small-sample confidence interval)

比例值的標準誤(Standard error of a proportion)

學生t分配／學生的t分配(Student *t-distribution* / student's *t-distribution*)

t分配(*t-distribution*)

假設檢定(Test of hypotheses)

t區間(t interval)

t統計量(t statistic)

z區間(z interval)

11.6 參考書籍

- 下列書籍提供區間估計的簡介：

1. MORONEY, M. J., *Facts from Figures*. London: Penguin Books, Ltd., 1956

2. GONICK, L., and SMITH, WOOLCOTT, *A Cartoon Guide to Statistics*. New York: Harper Collins Publishers, 1993.

- 大部分的數理統計學教科書中，都有關於卡方分配與t分配的詳細討論，這些分配的詳細機率值表可參考：

PEARSON, E. S., and HARTLEY, H.O., *Biometrika Tables for Statisticians*,　Vol. I. New York: John Wiley & Sons, Inc., 1968.

- 比例值區間估計的數據表，包括那些針對小樣本的數據，最初是出版自 Vol. 26 (1934), Biometrika。如今可參考：

MAXWELL, E.A., *Introduction to Statistical Thinking*. Englewood Cliffs, N. J.: Prentice Hall, 1983.

12 ▸ 假設檢定：平均數
TESTS OF HYPOTHESES: MEANS

統計學 MODERN ELEMENTARY STATISTICS

在前一章中我們討論到估計的問題，其中包括平均數的估計、變異數未知的情況下對平均數的估計、標準差的估計、以及比例值的估計。本章與接下來的章節的焦點在於檢定(testing)。

本章第12.1與12.2節先對假設檢定作初步的介紹，然後把討論主題放在單一母體平均數的檢定，以及兩個母體的平均數檢定。第13章的主題是母體標準差的假設檢定，而比例值（百分比，或機率）的假設檢定將在第14章中討論。往後的章節會提到更多其他的、針對特定問題的假設檢定。

12.1 假設檢定

在第十一章的導言中，我們提到某些決策問題可採用假設檢定的方式來討論，但是我們並未對假設檢定提出正式的定義。一般來說，

> 統計假設(statistical hypothesis)是針對母體的某一個或多個參數，所提出的宣稱或猜測；此假設也可以與母體的型態或本質有關。

關於這個定義的第二部分，我們會在第14.5節看到相關的例子：如何檢定某個我們所進行抽樣的母體是不是服從二項分配、卜瓦松分配、還是常態分配。本章所探討的主題是關於母體參數的假設檢定，特別針對單一母體的平均數，以及兩個母體的平均數。

在建立假設檢定的操作程序之前，我們必須先確定，當假設成立時，其結果為何。基於這個理由，我們通常以我們想要證明的事情的反面作為假設。舉例來說，倘若我們懷疑某個擲骰子賭局有問題、是不公正的。如果我們一開始的假設就認定這個賭局是不公正的，那麼結果就得看這個賭局不公正的程度；但是如果我們一開始假設這個賭局是完全公正的話，那麼我們可以算出其不公正的機率，從機率的大小判斷。另一個例子，如果我們想證明某個電腦程式的教學方法比另一個教學方法有效，那麼我們的假設應該是這

兩個教學方法一樣有效；如果我們想證明某個減重方法比另一個減重方法健康，那麼我們應該假設這兩個方法是一樣健康的；如果我們想證明某種含銅鋼材的生產利潤比原本鋼材來得好，我們應該假設這兩種鋼材的生產利潤是一樣的。因為我們假設兩種教學方法、兩種減重方法、兩種生產利潤是沒有差別的，這種假設稱為**虛無假設**(null hypothesis)，以 H_0 符號表示。實際上，虛無假設這個詞是用來指稱那些需要檢查看看是否會被拒絕或推翻的假設。

其實在與統計學無關的領域中，利用虛無假設也是個常用的概念。在罪犯訴訟過程中，除非罪證確鑿，否則都是假設被告是無辜的。這個被告無辜的假設，即是虛無假設。

當虛無假設被拒絕之後，我們要接受另一個假設（表示另一個假設成立），這個假設稱為**對立假設**(alternative hypothesis)，以 H_A 符號表示。虛無假設與對立假設必須同時存在，否則我們就不曉得在什麼狀況下應該要拒絕 H_0。舉例來說，如果心理學家想要檢定一個成年人在接受某種視覺刺激之後的平均反應時間是否為0.38秒：設定其虛無假設為 $\mu = 0.38$ 秒、對立假設為 $\mu > 0.38$ 秒的話，那麼只有當他的樣本平均數明顯大於0.38秒時，他才能拒絕他的虛無假設。另一方面，如果他的對立假設為 $\mu \neq 0.38$ 秒的話，那麼當他的樣本平均數明顯大於 0.38或明顯小於0.38時，他都可以拒絕他的虛無假設。

在上一個例子中，我們可知對立假設通常明確指出，母體平均數（或其他我們感興趣的參數）是小於、大於、或不等於虛無假設中所設定的數值。至於如何在這三項中作選擇，則必須根據我們所想要證明的項目來決定。

範例 12.1

某廠商所生產的油漆，其平均乾燥時間為20分鐘。現在該廠商將此油漆的化學成分稍做調整，想要在 $\mu = 20$ 分鐘的虛無假設下，尋找適當的對立假設來做檢定。這裡的 μ 為成分調整之後的油漆的平均乾燥時間。

(a) 如果該廠商想要確認成分調整之後的油漆的平均乾燥時間是不是少於20分鐘的話，其對立假設應為如何？

(b) 如果新油漆的製造成本比較便宜，而該廠商想要確認新油漆的平均乾燥時間是不是大於20分鐘的話，其對立假設應為如何？

解答　(a) 該廠商的對立假設應為 $\mu < 20$，而且只有當虛無假設被拒絕時，才應該考慮生產新的油漆。

(b) 該廠商的對立假設應為 $\mu > 20$，而且除非虛無假設被拒絕，否則應該生產新的油漆。

一般來說，若假設檢定針對的是參數 μ，則其虛無假設下的假定值以 μ_0 來表示，而虛無假設本身則成為 $\mu = \mu_0$。

我們現在藉由心理學家的例子，來看看在進行統計假設檢定時可能遭遇到的困難有哪些。假設該心理學家所使用的虛無假設為

$$H_0： \mu = 0.38 秒$$

而對應之對立假設為

$$H_A： \mu \neq 0.38 秒$$

其中 μ 是成年人對此視覺刺激的平均反應時間。為了進行假設檢定，該心理學家決定隨機選取 $n=40$ 的樣本，而且決定若樣本平均數介於0.36秒與0.40秒之間的話，他就接受虛無假設；否則的話他就拒絕虛無假設。

這個拒絕或接受虛無假設的方法看起來相當可行，但是實際上它並不是完全正確的。因為這個決策方法是以樣本所提供的資訊為基礎的，所以可能會發生一些情況是，母體的實際平均值真的是0.38秒，但是抽出來的樣本平均數卻大於0.40秒或小於0.36秒；或是母體的實際平均值根本不是0.38秒，但是抽出來的樣本平均數卻介於0.36秒與0.40秒之間。因此，在採用這個方

法之前，最好先來研究一下這個方法出錯的機率有多少。

　　假設從其他類似的研究中得知，此類型資料的標準差 $\sigma = 0.08$ 秒。我們先來看看拒絕虛無假設而出錯的機率為何。首先，假設真正的平均反應時間真的是0.38秒，接著要找出樣本平均數大於或等於0.40，或者小於或等於0.36的機率。其機率值由圖12.1中的著色區域面積總和來表示，而且可利用常態分配近似平均數抽樣分配的方法計算此機率值。這個例子中，我們合理地假設此母體為無限母體，因此

$$\sigma_{\overline{x}} = \frac{\sigma}{\sqrt{n}} = \frac{0.08}{\sqrt{40}} \approx 0.0126$$

而拒絕虛無假設的界限，以標準單位來表示，則為

$$z = \frac{0.36 - 0.38}{0.0126} \approx -1.59 \quad \text{and} \quad z = \frac{0.40 - 0.38}{0.0126} \approx 1.59$$

　　從書末附表I中可查知，圖12.1中兩端的抽樣分配面積皆為 $0.5000 - 0.4441 = 0.0559$，因此，樣本平均數出現在這兩塊區域的機率為 $2\,(0.0559) = 0.1118$，或是四捨五入至小數點後兩位得0.11。

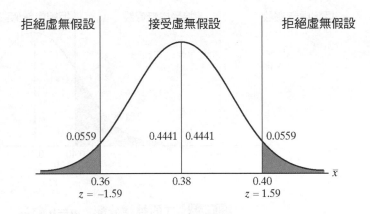

圖12.1 $\overline{x}$ 的抽樣分配，$\mu = 0.38$ 秒

　　我們現在來看看另一種可能的錯誤：虛無假設實際上是錯的，也就是說，$\mu \neq 0.38$，但此檢定並未偵測出來，於是我們接受了虛無假設。首先，

假設真正的平均反應時間為0.41秒，倘若隨機樣本平均數落於0.36與0.40之間的話，就會造成錯誤地接受虛無假設的結果。這種情形發生的機率值由圖12.2中的著色區域面積來表示。此時抽樣分配的平均數為0.41秒，而其標準差亦為

$$\sigma_{\bar{x}} = \frac{0.08}{\sqrt{40}} \approx 0.0126$$

而拒絕虛無假設的界限，以標準單位來表示，則為

$$z = \frac{0.36 - 0.41}{0.0126} \approx -3.97 \quad \text{and} \quad z = \frac{0.40 - 0.41}{0.0126} \approx -0.79$$

由於-3.97左側曲線以下的面積可以忽略不計，由書末附表I可查知，圖12.2中的著色面積為0.5000－0.2852＝0.2148，或四捨五入至小數點後兩位，得0.21。這是當 μ ＝0.41時，錯誤接受虛無假設的機率。這位心理學家必須考慮這兩個機率：在真正的 μ ＝0.38時，錯誤拒絕虛無假設的機率，0.11、以及在真正的 μ ＝0.41時錯誤接受虛無假設的機率，0.21，是不是在合理可接受的風險範圍內。

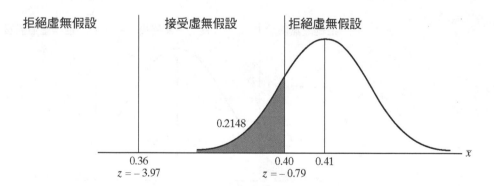

圖12.2 $\bar{x}$的抽樣分配，μ＝0.41秒

以上所描述的即是典型的假設檢定所可能產生的結果，整理如下表：

	接受 H_0	拒絕 H_0
H_0是對的	決策正確	型一錯誤
H_0是錯的	型二錯誤	決策正確

　　無論是虛無假設是對的，而我們接受此虛無假設，或者是虛無假設是錯的，而我們拒絕此虛無假設，我們的決策都是正確的。若虛無假設是對的，但是我們卻拒絕此虛無假設，或是虛無假設是錯的，但是我們卻接受此虛無假設，則在這兩種情況下，我們的決策是錯誤的。第一種錯誤的情形稱為**型一錯誤**(Type I error)，其發生的機率以希臘字母 α 來表示；第二種錯誤的情形稱為**型二錯誤**(Type II error)，其發生的機率以希臘字母 β 來表示。因此，在我們上面這個例子中， $\alpha = 0.11$ 而 $\beta = 0.21$ 在 $\mu = 0.41$ 時。

　　這部分的討論與第7.2節有些相似。在範例7.9中，該藥廠研發單位主管所面臨的決策問題，與我們現在這個例子中的心理學家所面臨的決策問題蠻相似的；這位心理學家必須決定是否該接受 $\mu = 0.38$ 的虛無假設。不同的是，在這個例子中，我們通常無法判斷不同機率值所代表的實際價值。

範例 12.2

　　倘若該心理學家隨機抽樣並進行實驗之後，得到樣本平均數 $\bar{x} = 0.408$ 。在以下的條件時，他該怎麼做決策？是否會出錯？

(a) $\mu = 0.38$ 秒；

(b) $\mu = 0.42$ 秒。

解答　　因為 $\bar{x} = 0.408$ ，大於 0.40 ，所以該心理學家會拒絕 $\mu = 0.38$ 的虛無假設。

　　(a) 此時虛無假設是對的，但是卻被拒絕了，所以該心理學家犯了型一錯誤。

　　(b) 此時虛無假設是錯的，而且被拒絕了，所以該心理學家的決策是正確的。

在前面的例子中，我們計算型二錯誤的機率時，任意設定了對立假設是 $\mu = 0.41$ 秒。不過，對立假設還有無限多種可能，每一種都有其相對應的型二錯誤機率。因此，在實際操作上，我們挑選出幾個關鍵的對立假設值，來計算其型二錯誤的機率。我們在第12.2節中會再詳細討論這個問題。

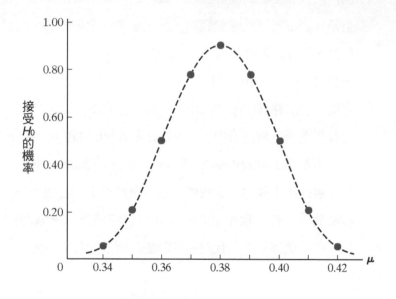

圖12.3 作業特徵曲線

倘若我們針對不同的對立假設值，計算型二錯誤的機率 β，然後繪製如圖12.3的圖，稱為檢定標準的**作業特徵曲線**(operating characteristic curve)，或簡稱**OC曲線**(OC curve)。因為型二錯誤的機率值是我們錯誤地接受虛無假設的機率，因此圖12.3的縱軸上我們標示「接受H_0的機率」，然後在 $\mu = 0.38$ 秒點出H_0為真時接受H_0的機率，也就是 $1 - \alpha = 1 - 0.11 = 0.89$。

觀察圖12.3的曲線我們發現，當H_0是對的時候，我們接受H_0的機率最高；而在 $\mu = 0.38$ 附近，我們接受H_0的機率也蠻高的。不過當離 $\mu = 0.38$ 愈來愈遠時，我們接受H_0的機率也愈來愈小。

如果我們改繪拒絕H_0的機率，而不是接受H_0的機率的話，則所得到的圖稱為判別檢定的**檢定力函數**(power function)。在實際使用上，OC曲線的

應用範圍比較廣，尤其是在工業界的應用；檢定力函數則多使用在理論層面的探討。OC曲線與檢定力函數的細節已經超出本書的範圍，所以就不再詳述了。介紹這個例子的目的，是要說明如何利用統計方法來衡量並控制我們在進行假設檢定時所可能遇到的風險。當然，這個假設檢定的方法可以應用在各式各樣的問題上，比如說，虛無假設可以是已婚婦女的平均離婚年齡是28.5歲，或是某抗生素的療效是87%，或是某電腦輔助教學法可以協助學生的考試成績平均提高7.4分，等等。

12.2 顯著性檢定

上一節心理學家測試視覺刺激反應時間的例子中，計算型一錯誤與型二錯誤的過程並沒有太大的困難，因為我們針對參數 μ 所設定的虛無假設是**簡單假設**(simple hypothesis)，也就是說，虛無假設中的 μ 為單一定值： $\mu =$ 0.38秒，然後藉此計算型一錯誤的機率值。如果虛無假設是**複合假設**(composite hypothesis)的話，比如說 $\mu \neq 0.38$秒、 $\mu < 0.38$秒，或 $\mu > 0.38$秒，那麼 μ 的可能值就會有很多種，如此一來型一錯誤的機率值就很難計算了，因為我們不曉得該用哪一個 μ 來計算。

在同一個例子中，對立假設則是複合假設： $\mu \neq 0.38$秒，因此在計算型二錯誤的機率值以繪製如圖12.3的OC曲線時，就得多花一些功夫，因為我們得挑出一些不同的 μ 值來計算。在實際應用上我們常常會遇到這種情形，所以我們先來探討這個問題。

某研究指出，在某城市中的駕駛人平均每年都接到0.9張的交通罰單，不過有個社會學家懷疑，超過65歲以上的駕駛人每年平均接到的交通罰單應該超過0.9張。因此，她從該城市65歲以上的駕駛人中隨機抽樣，然後設定以下的檢測標準：

> 若樣本顯示，65歲以上的駕駛人每年收到的交通罰單至少為1.2張的話，則拒絕 $\mu = 0.9$ 的虛無假設（並接受對立假設 $\mu > 0.9$）；不然的話，持保留態度，暫時不下結論（或是等候進一步的調查研究）。

如果有人根據這項檢測標準而持保留態度、暫時不作結論的話，那麼就沒有型二錯誤的問題，因為不論結果如何，虛無假設都不會被接受。這種作法在這個例子中看起來沒什麼太大的問題，該社會學家只是想驗證她的懷疑是不是成立，換句話說，她想要檢定虛無假設是否該被拒絕。如果無法拒絕的話，並不表示她非得接受不可。不過如此一來，她的疑慮可能就無法化解了。

這裡所討論的處理方法稱為**顯著性檢定**(significance test或test of significance)。它的過程是這樣的：如果我們對虛無假設的期望，與樣本所得到的結果差距太大的話，那麼光用機遇來解釋就顯然不太合理，所以得要拒絕虛無假設。如果對虛無假設的期望，與樣本所得到的結果差距不大的話，那麼機遇可能的確是造成此差距的主因，因此我們將這個結果稱為**統計上不顯著**(not statistically significant)，或是直接簡稱**不顯著**(not significant)。於是我們接受虛無假設，或持保留態度，視情況決定。

「顯著」這個詞在這裡是專門用語。更精確地說，當虛無假設被拒絕時，我們便使用「顯著」這個詞。倘若我們說某個結果在統計上是顯著的(statistical significant)，這並不表示說這個結果有多重要，或是數值很驚人。舉例來說，在範例12.2中，該心理學家進行隨機抽樣，得到 $\bar{x} = 0.408$ 的結果。根據該例子中的檢定標準，這個結果在統計上是顯著的。換句話說，$\bar{x} = 0.408$ 與 $\mu = 0.38$ 的差距太大了，不能把機遇當成造成此差距的主因。

回到反應時間的例子，其檢定標準可以依據顯著性檢定改寫：

> 若此40個樣本的平均數小於或等於0.36秒，或是大於或等於0.40秒，則拒絕 μ =0.38秒的虛無假設（並接受對立假設 ≠ μ 0.38）。若樣本平均數介於0.36與0.40之間的話，則持保留態度、暫時不作結論。

就拒絕虛無假設而言，這個檢定標準並沒有造成改變，型一錯誤的值還是0.11；但是就接受虛無假設而言，現在該心理學家就顯得比較謹慎了，因為他可以對檢定的結果持保留態度。

在顯著性檢定中持保留態度，就好像在法庭訴訟程序中，檢察官沒有確切證據來證明被告有罪，但是也不能就此斷定被告確實是無辜的。一般來說，我們必須視問題的情境與本質，來決定是否可以採用這種「持保留態度」的灰色策略。在某些情況下，我們必須做出非黑即白的決定，這個時候就很難避免型二錯誤了。

本書往後的篇幅絕大部分都將討論與顯著性檢定相關的主題——事實上，統計問題大多不出三種類型：估計、預測，與假設檢定——如果能參照下列五個步驟按部就班地進行，將有助於順利完成檢定的工作。第一個步驟看起來很直接簡單，但是對大部分的初學者來說，這是最難理解消化的部分。

一、設定一個簡單虛無假設，以及一個當此虛無假設被拒絕時，我們所打算接受的適當的對立假設。

在心理學家測試反應時間的例子中，虛無假設為 μ =0.38秒，而對立假設為 μ ≠0.38，這表示心理學家認為 μ =0.38不是太大就是太小。這種對立假設稱為**雙邊對立假設**(two-sided alternative)。而在交通罰單的例子中，虛無假設為 μ =0.9 張，而對立假設為 μ >0.9張，這表示社會學家認定超過65歲者有可能接到超過0.9張交通罰單。這種對立假設稱為**單邊對立假設**(one-

統計學

MODERN ELEMENTARY STATISTICS

sided alternative)。我們也可以設定一個「小於」的單邊對立假設。比如說，若我們要驗證某項工作平均不用15分鐘就可以完成，則可以用 $\mu = 15$分鐘的虛無假設，對上 $\mu < 15$分鐘的對立假設。

我們已經討論了不少關於設定假設的問題。在範例12.1之前，我們提到一些在設定對立假設時應該注意的事項，不過到目前為止，我們重點多半還是放在虛無假設的設定上。

基本上來說，在設定虛無假設時有兩條規則要留意。第一、盡可能使用單一假設；對我們所感興趣的參數，最好選定一個值，建立單一假設。第二、虛無假設必須滿足這個條件：當它被拒絕時，等於是直接證實我們所希望的觀點。正如之前提過的，我們採用單一虛無假設以便於計算型一錯誤的機率值，我們已經透過心理學家測試反應時間的例子來驗證這點。至於所謂「當虛無假設被拒絕時，等於是直接證實我們所希望的觀點」，一般來說，要證明某件事是錯的，要比要證明某件事是對的，來得容易得多。比方說，有人宣稱在某大學中，六千名男學生的體重都在145磅以上。若要證明這項宣稱是對的，我們必須對所有人都進行體重測量；但是若要證明這個宣稱是錯的，我們只要找到一個少於145磅的男學生即可；這應該不會太困難吧。

範例 12.3

某麵包烘焙廠的機器將薄片餅乾裝入盒中，每盒中的薄片餅乾平均重量為454公克。

(a) 倘若此麵包烘焙廠的管理階層想要知道，實際上的平均填裝重量不是454公克的可能性有多高，請問他們該用什麼樣的虛無假設與對立假設來進行檢定？

(b) 倘若此麵包烘焙廠的管理階層想要知道，實際上的平均填裝重量少於454公克的可能性有多高，請問他們該用什麼樣的虛無假設與對立假設來進行檢定？

解答　(a) 根據題意，「不是」454公克表示應該使用 $\mu \neq 454$公克的假設，對上 $\mu = 454$公克的假設。而因為第二個假設是簡單假設，倘若它被拒絕（而第一個假設被接受的話）的話，表示管理階層的考量得到證實，因此，根據前述的兩條規則，得到

H_0：$\mu = 454$公克

H_A：$\mu \neq 454$公克

(b) 根據題意，「少於」454公克表示應該使用 $\mu < 454$公克的假設，不過另一個假設就有很多可能性了，可以是 $\mu \geq 454$公克的、$\mu = 454$公克，或 $\mu = 456$公克等等。這些可能性中有許多都是簡單假設，不過由於裝太多餅乾對該麵包烘焙廠而言不算是好事，因此所應採用的假設如下

H_0：$\mu = 454$公克

H_A：$\mu < 454$公克

注意此虛無假設為簡單假設，而當它被拒絕時，表示管理階層的考量得到證實。

　　還有一點很重要，虛無假設與對立假設必須在蒐集資料之前，或是至少在看到資料之前，就要先設定好。尤其是要選用單邊對立假設或是雙邊對立假設，一定要在對資料完全不知情的情況下做出決定；不可以先看資料再決定要用哪一種對立假設。然而，有很多時候我們先見到資料才回過頭來思考該如何設定我們的假設。在這種情形下，我們必須在不使用資料的情形下，評估進行此檢定的動機或目的。倘若不是很確定應該使用單邊對立或是雙邊對立假設時，比較保守的建議是採用雙邊對立假設。

　　與第一個步驟相同，第二個步驟看起來也很直接簡單，不過裡頭還是有許多值得深究之處。

二、明確指出型一錯誤的機率值。

　　當虛無假設是簡單假設時，這點很容易達成。型一錯誤的機率值 α，

也稱為**顯著水準**(level of significance)，通常設定 $\alpha = 0.05$ 或 $\alpha = 0.01$。在顯著水準為0.05 (0.01) 的情況下對簡單虛無假設進行檢定時，表示我們誤判情勢、拒絕真的虛無假設（出現型一錯誤）的機率為0.05 (0.01)。

至於該選用0.05、0.01，或是其他機率值，應該要看一旦出現型一錯誤時，其後果的嚴重程度而定。雖然直覺上型一錯誤的機率值應該越小越好，但是若是太小的話，則型二錯誤的機率值會相對變得很高，以致於我們無法得到顯著的結果。另外，之所以選擇0.05或0.01而不是0.08或0.03之類的數值，乃是配合統計數值表提供的特定值。不過現在電腦與統計學專用計算機隨處可見，這樣的限制已不復存在。

在某些情況中，我們不能，或不願，明確指出型一錯誤的機率值。通常這是因為不太清楚一旦出現型一錯誤差時，會有什麼樣的後果；或是資料在某個人手上，但是決策權卻在另外一個人手上。我們會在下一節的範例中討論該如何處理這種情況。

當我們確定虛無假設、對立假設，以及型一錯誤的機率值之後，下一步應該是

三、依據某種適當統計量的抽樣分配，在之前設定的顯著水準下，建立針對檢定虛無假設與對立假設的檢定標準。

注意，在心理學家測試反應時間的例子中，步驟二和步驟三是反過來的。我們先設定檢定標準，然後再計算型一錯誤的機率值，實際的操作並不是這樣進行的。最後，

四、計算該統計量的值，並以此做出決策。

五、決定該拒絕虛無假設、還是接受虛無假設、或是持保留態度、暫時不作結論。

在心理學家測試反應時間的例子中，當樣本平均數 $\bar{x}$ 小於等於0.36或大於等於0.40時，我們拒絕虛無假設 μ ＝0.38秒。這類搭配雙邊對立假設 $\mu \neq$ 0.38秒的檢定標準稱為**雙邊檢定標準**(two-sided criterion)。在交通罰單的例子中，當樣本平均數 $\bar{x}$ 大於等於1.2時，我們拒絕虛無假設為 μ ＝0.9張，這類搭配對立假設為 $\mu >$ 0.9張的檢定標準稱為**單邊檢定標準**(one-sided criterion)。

一般來說，當其檢定標準為雙邊時，此檢定稱為**雙邊檢定**(two-sided test)或**雙尾檢定**(two-tailed test)；當其**檢定統計量**(test statistic)落於其抽樣分配的任何一邊（尾）時，拒絕虛無假設。同樣地，當其檢定標準為單邊時，此檢定稱為**單邊檢定**(one-sided test)或**單尾檢定**(one-tailed test)；當其檢定統計量落於其抽樣分配中我們所指定的那一邊（尾）時，拒絕虛無假設。這裡所謂的「檢定統計量」，指的是用以進行檢定的統計量，如樣本平均數。一般來說，雙尾檢定通常搭配雙邊對立假設，而單尾檢定搭配單邊對立假設，不過還是會出現例外的情況。

第三個步驟有一點需要補充說明。我們要說明，若虛無假設被拒絕時，是要接受對立假設、還是要持保留態度。這得看我們是不是一定要立刻作出決定，還是可以等待更進一步的研究或資訊再作決定。在範例與習題中，通常指的是要立刻做出決定。

在第五個步驟中，在接受虛無假設時，我們一般會希望出現嚴重型二錯誤的風險不要太高。當然，必要的話我們可以利用操作特徵曲線來計算型二錯誤的機率值，以取得更清楚的瞭解。

在我們正式探討各式各樣特殊的檢定方法之前，要再提醒讀者，本章所討論的概念不僅適用於母體平均數的檢定，也適用於其他母體參數的檢定，或整個母體本質或型態的檢定。

統計學
MODERN ELEMENTARY STATISTICS

精選習題

12.1 某快遞服務公司打算更新其貨車,倘若每部舊車的每週平均維修成本為 μ_0,而每部新車的每週期望的維修成本為 μ,該公司要檢定 $\mu = \mu_0$ 的虛無假設。

(a) 倘若只有在每週維修成本下降的情況下,該公司才會考慮更新貨車,請問如此一來,檢定時所用的對立假設應該為何?

(b) 倘若該公司非常想要更換新車,因為有許多舊車所沒有的優點,不過要是每週維修成本比原本高的話,該公司就不打算換車。請問在這種情況下,檢定的對立假設應該為何?

12.2 承範例12.2,倘若該心理學家的樣本平均數為 $\bar{x} = 0.365$,請重新計算該範例的答案。

12.3 某植物學家想要檢定某種植物的花的平均直徑為8.5公分的虛無假設。他隨機選取幾個樣本,並決定若樣本平均數介於8.2公分與8.8公分的話,就接受這個虛無假設。倘若樣本平均數小於等於8.2公分或是大於等於8.8公分的話,就拒絕這個虛無假設。請問,在以下的情況中,他可能會犯下什麼樣的錯誤?

(a) $\mu = 8.5$公分,且他的樣本平均數為 $\bar{x} = 9.1$公分;

(b) $\mu = 8.5$公分,且他的樣本平均數為 $\bar{x} = 8.3$公分;

(c) $\mu = 8.7$公分,且他的樣本平均數為 $\bar{x} = 9.1$公分;

(d) $\mu = 8.7$公分,且他的樣本平均數為 $\bar{x} = 8.3$公分。

12.4 假設某心理諮商中心接受某大企業的委託,測試其總裁候選人的個人情緒特質是否足以勝任該企業總裁一職。倘若某候選人事實上是足以勝任這個職位,但是卻被該心理諮商中心否決的話,請問這是出現哪一種錯誤?倘若某候選人事實上不足以勝任這個職位,但是卻沒有被該心理諮商中心否決的話,請問這又是出現哪一種錯誤?

12.5 針對虛無假設是「某種防制汽車污染的設備是有效的」的檢定,請問在什麼情況下,會出現型一錯誤?又在什麼情況下,會出現型二錯誤?

12.6 型一錯誤與型二錯誤的差別,取決於我們設定虛無假設的方式。請更動上一題的文字敘述方式,使得原本的型一錯誤變成型二錯誤。

12.7 已知某母體的標準差為$12。我們打算利用樣本數為100的隨機樣本來檢定其平均數是否等於$75。倘若當樣本平均數大於或等於$76.50時,我們拒絕虛無假設,請求算

(a) 型一錯誤的機率;

(b) 型二錯誤的機率,若母體平均數為$75.3的話;

(c) 型二錯誤的機率,若母體平均數為$77.22的話。

12.8 在測試反應時間的例子中，倘若我們修改檢定標準：若樣本平均數小於或等於0.355，或大於或等於0.405的話，則拒絕 $\mu = 0.38$ 的虛無假設。否則的話，接受虛無假設。樣本數n還是維持40，而母體標準差 $\sigma = 0.08$。

(a) 請問如此一來，型一錯誤的機率為何？

(b) 若 $\mu = 0.41$，請問型二錯誤的機率為何？

12.9 在某個實驗中，該虛無假設在0.05的顯著水準下被拒絕了。請問這是否表示該虛無假設最多有0.05的機率是正確的？

12.10 有人宣稱在某條生產線上，平均有2.6位作業員缺席。倘若某效率專家要檢定這個說法，請問他所應該使用的虛無假設與對立假設分別為何？

12.11 承上題，倘若該效率專家打算使用樣本平均數來進行檢定的話，請問他所使用的是單尾檢定還是雙尾檢定？

12.12 某藥廠宣稱該公司所生產的降血壓藥物可以有效降低服用者的血壓20mm以上。倘若某醫療團隊對此宣稱提出質疑，請問他們應該使用什麼樣的虛無假設以及對立假設？

12.13 承上題，倘若該醫療團隊打算使用樣本平均數來進行決策，請問他們所需要的是單尾檢定還是雙尾檢定？

12.14 倘若某大言不慚、肆無忌憚的廠商，想要利用科學來證明某種其實全然無用的化學添加物，可以提高汽車汽油的行駛里程數。

(a) 倘若某實驗團隊對該化學添加物進行一次實驗，請問在0.05的顯著水準下，該團隊會得到顯著結果的機率是多少？（即便該化學添加物事實上真的完全無效。）

(b) 倘若有兩個獨立的實驗團隊對該化學添加物分別進行一次實驗，皆使用0.05的顯著水準，請問這兩個團隊中至少有一個會得到顯著結果的機率是多少？（即便該化學添加物事實上真的完全無效。）

(c) 倘若有32個獨立的實驗團隊對該化學添加物分別進行一次實驗，全部使用0.05的顯著水準，請問這32個團隊中至少有一個會得到顯著結果的機率是多少？（即便該化學添加物事實上真的完全無效。）

12.15 假設某製藥廠商想要研發一種新的藥膏用來治療皮膚腫脹的症狀。該藥廠對20種藥物配方進行測試，看在0.10的顯著水準下，這些藥品是否有效。

(a) 請問這些藥品中，至少有一個「被證明有效」、但是實際上全部無效的機率是多少？

(b) 請問這些藥品中，超過一個「被證明有效」、但是實際上全部無效的機率是多少？

12.3 平均數的檢定

我們現在來看看，平均數的假設檢定在實際上是如何進行的。實務上的操作程序，與我們在第12.1與12.2節中所討論的例子有些許的出入，請讀者要留意其中的差別。在心理學家測試反應時間以及交通罰單的例子中，我們藉由 $\bar{x}$ 的表示式來表示檢定標準：第一個例子，當 $\bar{x} \leq 0.36$ 或 $\bar{x} \geq 0.40$ 時，第二個例子， $\bar{x} \geq 1.2$ 時，我們拒絕虛無假設。現在我們的檢定標準應該採用以下的統計量：

用以檢定平均
數的統計量

$$z = \frac{\bar{x} - \mu_0}{\sigma/\sqrt{n}}$$

其中 μ_0 是虛無假設中所假定的平均數的值。之所以採用這種標準單位，或是 z 值(z-values)，乃是因為如此一來我們可以把這套檢定標準應用到更廣的範圍中。

本節中所探討的檢定基本上都屬於**大樣本檢定**(large-sample test)，也就是說，樣本數必須要夠大， $n \geq 30$，才能使用常態分配來近似樣本平均數的抽樣分配，而 z 值即為近似標準常態分配隨機變數的可能值。（倘若我們從常態母體中隨機抽樣時，則不論 n 是多少， z 值均為標準常態分配隨機變數的可能值。）另一方面，這個檢定也稱為 **z 檢定**(z test)或是**單一樣本 z 檢定**(one-sample z test)。有時候 z 檢定是特別用來強調那些 σ 已知的平均數檢定。

因此，透過z值，我們可以將虛無假設 $\mu = \mu_0$的檢定，及其檢定標準，以圖示的方式表現出來，如圖12.4。檢定標準的分界線，也稱為**臨界值**(critical value)，會隨著對立假設的不同而異：單邊對立假設時，臨界值為 $-z_\alpha$ 或 z_α ；雙邊對立假設時，臨界值為 $-z_{\alpha/2}$ 或 $z_{\alpha/2}$ 。 z_α 與 $z_{\alpha/2}$ 的定義與之前相同，其值右側標準常態曲線下方的面積分別為 α 與 $\alpha/2$。這些檢定標準可以整理如下表：

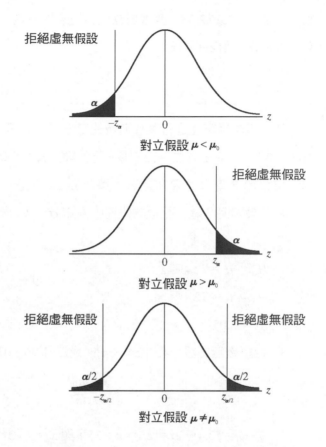

圖12.4 母體平均數 z 檢定的檢定標準

對立假設	拒絕虛無假設，如果	接受虛無假設或持保留態度，如果
$\mu < \mu_0$	$z \le -z_\alpha$	$z > -z_\alpha$
$\mu > \mu_0$	$z \ge z_\alpha$	$z < z_\alpha$
$\mu \ne \mu_0$	$z \le -z_{\alpha/2}$ or $z \ge z_{\alpha/2}$	$-z_{\alpha/2} < z < z_{\alpha/2}$

　　若顯著水準為0.05時，單邊對立假設的臨界值為-1.645或1.645，雙邊對立假設的臨界值為-1.96或1.96。若顯著水準為0.01時，單邊對立假設的

臨界值為-2.33或2.33，雙邊對立假設的臨界值為-2.575或2.575。這些數值都可以從書末附表I中查到。

範例 12.4

某個海洋學家在進行某片海域的海洋深度測量，他隨機抽樣35個地點，所測得的平均深度為$\bar{x}=73.2$噚。記錄顯示此片海域的平均深度為72.4噚。倘若這位海洋學家想要在顯著水準為0.05的情況下，檢定此記錄是否正確時，其結果如何？她從相似的研究中得知$\sigma=2.1$噚。

解答

1. H_0：$\mu=72.4$噚

   H_A：$\mu \neq 72.4$噚

2. $\alpha=0.05$

3. 拒絕虛無假設，如果$z \leq -1.96$或$z \geq 1.96$，其中

$$z=\frac{\bar{x}-\mu_0}{\sigma/\sqrt{n}}$$

4. 將$\mu_0=72.4$、$\sigma=2.1$、$n=35$，與$\bar{x}=73.2$代入上面z的式子，得到

$$z=\frac{73.2-72.4}{2.1/\sqrt{35}} \approx 2.25$$

5. 因為$z=2.25$大於1.96，所以應該要拒絕虛無假設。換句話說，$\bar{x}=73.2$與$\mu=72.4$的差距相當顯著。

如果這位海洋學家所使用的顯著水準為0.01的話，她可能無法拒絕虛無假設，因為$z=2.25$介於-2.575與2.575之間。這個例子顯示，在進行計算之前，就要先設定好顯著水準的重要性，以免我們先看到數字之後，再根據我們的目的故意選擇特定的顯著水準。

在這類問題中，除了檢定統計量之外，我們會一併計算其相對應的 **p值**(*p*-value)；*p*值即為出現比目前觀察到的μ_0與$\bar{x}$的差距還要大的數值的機率。

舉例來說，在範例12.4中，p值為標準常態分配曲線中，$z=-2.25$左側的面積加上$z=2.25$右側的面積。因此，查附表I可知，p值為2 $(0.5000-0.4878)$ $=0.0244$。這並不是最近才發展出來的技巧，不過近年來隨著電腦軟體的普及，p值的使用也愈來愈普遍。就許多機率分配而言，電腦可以算出許多查表查不到的p值。

之前提過，在某些情況中，我們不能或不願明確指出我們所要的顯著水準。這時候我們就可以將p值附上。舉例來說，有時候我們進行資料分析並不是為了要作出什麼決策，或是分析完之後要送交給其他人作決策。幾乎所有的統計軟體或繪圖計算機都可以計算 p 值，因此可以省去查表的麻煩，也可以使用一些查表查不到的臨界值與顯著水準。不過，倘若我們必須作決策時，還是得要在蒐集或看到資料之前，就先把顯著水準設定好。

一般來說，p 值可以定義如下：

> p值乃是檢定統計量觀察值的對應機率；它是虛無假設可能被拒絕的最低顯著水準。

在範例12.4中，p值為0.0244，因此我們可以在0.0244顯著水準下拒絕虛無假設。當然，我們也可以在任何較高的顯著水準下拒絕虛無假設，比如說$\alpha=0.05$。

如果我們要採用p值來作決策，而不是查表取臨界值的話，前兩個步驟是一樣的，不過步驟三到步驟五要修正如下：

三、指明檢定統計量。

四、利用樣本資料計算檢定統計量的值，及其對應的p值。

五、將上一個步驟算得的p值與在步驟二中所設定的顯著水準進行比較。
倘若p值小於或等於顯著水準的話，則拒絕虛無假設；否則的話，接受虛無假設或持保留態度。

範例 7.6

承範例12.4，改用p值來計算。

解答 步驟一與步驟二與範例12.4相同，但是步驟三、四、五要修正如下：

3.檢定統計量為

$$z = \frac{\overline{x} - \mu_0}{\sigma/\sqrt{n}}$$

4. $\mu_0 = 72.4$、$\sigma = 2.1$、$n = 35$，與$\overline{x} = 73.2$ 代入上面z的式子，得到

$$z = \frac{73.2 - 72.4}{2.1/\sqrt{35}} \approx 2.25$$

查附表I可知，p值是-2.25左側曲線下方的面積，加上2.25右側曲線下方的面積，得到2 (0.5000－0.4878)＝0.0244。

5. 因為0.0244小於$\alpha = 0.05$，因此應該拒絕虛無假設。

之前提過，當我們進行資料分析不是為了要作決策時，採用 p 值是個蠻好的方法。舉例而言，假設某個社會學家在研究家庭經濟狀況與學生在校學業表現的關連性。他可能會利用數十個變數來進行數百項假設檢定。這項工作非常複雜，不過並不會對政府政策產生立即的影響。在這種情況下，這位社會學家可以把他所得到的 p 值全部排列整理成表，而那些 p 值最小的假設檢定，就是最關鍵的幾個因素，值得作進一步的後續深入研究。此社會學家實際上並不一定要拒絕或接受這些假設，他只需要p值就夠了。

12.4 平均數的檢定（母體標準差 σ 未知）

當母體標準差未知的時候，我們的作法與在第11.2節中相同，利用適當的t統計量來進行平均數的假設檢定。不過在這樣做之前，我們必須先確定所進行抽樣的母體必須近似於常態分配，接著使用以下的統計量來檢定虛無

假設 $\mu = \mu_0$：

用以檢定平均數的流計量（σ未知）

$$t = \frac{\bar{x} - \mu_0}{s/\sqrt{n}}$$

此為服從 t 分配的隨機變數的值，其自由度為$n-1$。倘若母體不是近似常態分配的話，則要使用第18章所討論的其他檢定法。

以 t 分配為基礎的檢定稱為***t*檢定**（*t* test），也稱為**單一樣本*t*檢定**（one-sample *t* test）。因為大多數針對單一樣本 t 檢定的臨界值表，都只列出小自由度時的數據，因此單一樣本 t 檢定以往也被稱為**小樣本平均數檢定**（small-sample test concerning means）。當電腦普及之後，這個名稱就不再適用了。

單一樣本t檢定的檢定標準與上一節中的表與圖12.4相當類似。不過標準常態分配的圖形要換成t分配，而z、z_α，與$t_{\alpha/2}$ 要換成t、t_α，與$t_{\alpha/2}$。t_α 與$t_{\alpha/2}$的定義與之前相同，其值右側t分配曲線下方的面積分別為α與$\alpha/2$。書末附表II中可以查到自由度較小、 α 等於0.10、0.05，與0.01的臨界值；大自由度或其他 α 值所對應的臨界值，則可以利用電腦軟體或功能較完備的計算機求算。

範例 12.6

隨機選取六個苜蓿芽苗圃，其產量分別是每畝1.4、1.6、0.9、1.9、2.2、與1.2公噸。

(a) 請檢驗此資料是否來自於常態母體？

(b) 如果是的話，請在0.05的顯著水準下，檢定這個假設：此種苜蓿芽的平均產量為每畝1.5公噸。

統計學
MODERN ELEMENTARY STATISTICS

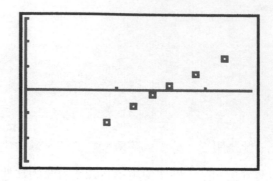

圖12.5 範例12.6的常態機率圖,由繪圖計算機所繪製。

解答 (a) 常態機率圖如圖12.5,圖中顯示這六筆資料並未顯著偏離直線,因此這組資料可視為來自於常態母體。

(b)

1. H_0: $\mu = 1.5$

   H_A: $\mu \neq 1.5$

2. $\alpha = 0.05$

3. 如果$t \leq -2.571$或$t \geq 2.571$的話,拒絕虛無假設,其中

$$t = \frac{\overline{x} - \mu_0}{s/\sqrt{n}}$$

而2.571為自由度為$6-1=5$時,$t_{0.025}$的值。

4. 計算這組資料的平均數與標準差得到$\overline{x} = 1.533$且$s = 0.472$,然後將這些數字以及$n = 6$、$\mu_0 = 1.5$代入上面的式子中,得到

$$t = \frac{1.533 - 1.5}{0.472/\sqrt{6}} \approx 0.171$$

5. $t = 0.171$介於-2.571與2.571之間,因此我們無法拒絕虛無假設,換句話說,這組資料支持「此種苜蓿芽的平均產量為每畝1.5公噸」的假設。

380 ➡ 12.4 平均數的檢定(母體標準差)σ未知

圖12.6是用某種具備統計計算功能的計算機，所得到的範例12.6的結果。$\bar{x}$、s，與t值與之前結果略有出入，因為四捨五入的關係。由圖中可知，p值為0.869……，大於0.05，因此，結論與之前相同，我們無法拒絕虛無假設。

```
T-Test
μ≠1.5
t=.1730321351
p=.8694127121
x̄=1.533333333
Sx=.4718756898
n=6
```

圖12.6 範例12.6的結果，由繪圖計算機所繪製。

精選習題

12.16 某法律系教授表示盜用公款犯的平均服刑時間為12.3個月，某學生想要驗證這個說法，因此擬在0.05的顯著水準下，檢定 $\mu=12.3$ 個月的虛無假設，對立假設為 $\mu \neq 12.3$個月。他隨機選取35件盜用公款的案件進行計算。倘若他所得到的樣本平均數 $\bar{x}=11.5$個月，且已知母體標準差 $\sigma=3.8$個月的話，請問此學生的檢定結果為何？

12.17 承上題，請計算p值，並以其結果進行判斷。

12.18 某個探索新食物來源的研究發現，某種食用魚類，其魚肉部分每一磅重平均可生產出3.52盎司的魚蛋白精華(FPC, fish-protein con-

centrate)，而標準差為0.07盎司。為了檢定此平均數3.52盎司是否正確，某營養學家打算使用 $\mu \neq 3.52$的對立假設，樣本數為32，顯著水準為0.05。倘若他的樣本平均數是3.55盎司，請問他的檢定結論應該是什麼？

12.19 承上題，請求算該檢定的p值，並依此重新作決策。

12.20 倘若我們要檢定$\mu=\mu_0$的虛無假設，型一錯誤的機率為α，且當 $\mu=\mu_A$時，型二錯誤的機率為 β 的話，則我們所需要的隨機樣本數n可由以下式子求出：當對立假設為單尾時：

$$n = \frac{\sigma^2(z_\alpha + z_\beta)^2}{(\mu_A - \mu_0)^2}$$

當對立假設為雙尾時，則為：

$$n = \frac{\sigma^2(z_{\alpha/2} + z_\beta)^2}{(\mu_A - \mu_0)^2}$$

假設我們要檢定 $\mu = 540$ 公釐，對立假設為 $\mu < 540$ 公釐，且母體標準差 $\sigma = 88$ 公釐。倘若我們希望型一錯誤的機率為0.05，而且若 $\mu = 520$ 公釐時型二錯誤的機率為0.01的話，請問我們需要多大的樣本？當樣本平均數為多少時，我們必須拒絕虛無假設？

12.21 測試某咖啡販賣機9次，得到每杯平均重量6.2盎司、標準差為0.15盎司的結果。假設這些數據可視為來自於常態分配的隨機樣本資料，請在0.01的顯著水準下，檢定 $\mu = 6.0$ 盎司的虛無假設，對立假設為 $\mu > 6.0$ 盎司。

12.22 從某大量生產的冰淇淋中隨機選出五盒檢測其脂肪含量，得到平均數為13.1%，標準差為0.51%的結果。假設這些數據可視為來自於常態分配的隨機樣本資料，請問我們是否可以在0.01的顯著水準下，拒絕此冰淇淋脂肪含量為12.5%的虛無假設？對立假設為脂肪含量大於12.5%。

12.23 讓16位患者服用某種新研發出來的鎮定劑之後，這些病患的脈搏速率平均每分鐘下降4.36次，標準差為每分鐘0.36次。假設這些數據可視為來自於常態分配的隨機樣本資料，請利用這些數據在0.1的顯著水準下檢定此鎮定劑製藥廠的說法：平均而言，服用此新的鎮定劑之後，每分鐘的脈搏速率可以下降4.5次。

12.24 五隻黃金獵犬的體重分別為64、66、65、63、與62磅。若此種獵犬的平均體重 $\mu = 60$ 磅的話，請驗證在0.05的顯著水準下，此樣本數為5的樣本平均數，與母體平均數有顯著的差異。

12.25 承上題，倘若第三筆資料的記載是錯誤的，應為80磅而非65磅。然而如此一來，樣本平均數與虛無假設 $\mu = 60$ 之間的差距雖然變大了，但是檢定的結果卻是變成不顯著。請說明為什麼 μ 與 $\bar{x}$ 的差距變大，但是檢定結果卻由顯著變成不顯著的矛盾現象。

12.5 二平均數間的差距

在許多問題中，我們必須檢驗兩個樣本平均數之間的差距，是否可以純粹用偶然性來解釋，還是這兩組樣本根本就是來自於平均數不相同的母體。舉例來說，我們想要知道某兩款車子的耗油量是否相等，其中抽樣資料顯示在相同情況下，某款車子每加侖可行駛24.6英里，而另一款車每加侖可行駛25.7英里。同樣地，我們也可以根據樣本資料來判斷男性完成某件工作所花

費的時間是不是比女性短，或是某種陶瓷絕緣體是不是比另一種陶瓷絕緣體易碎，或是某國家的日常飲食是否比另一個國家的更營養等等。

　　檢驗兩個樣本平均數之間的差距是純屬於偶然性，還是具有統計顯著性的方法是根據如下的理論：倘若$\bar{x}_1$與 $\bar{x}_2$是兩個獨立樣本的平均數，則統計量$\bar{x}_1 - \bar{x}_2$的抽樣分配的平均數與標準差分別為

$$\mu_{\bar{x}_1-\bar{x}_2} = \mu_1 - \mu_2 \quad \text{and} \quad \sigma_{\bar{x}_1-\bar{x}_2} = \sqrt{\frac{\sigma_1^2}{n_1} + \frac{\sigma_2^2}{n_2}}$$

　　其中 μ_1、 μ_2、 σ_1，與 σ_2分別是兩個樣本的母體平均數與母體標準差。習慣上，我們將此抽樣分配的標準差稱為**兩平均數差距的標準誤**(standard error of the difference between two means)。

　　所謂的「獨立」樣本，指的是這兩個樣本在抽樣時，並沒有相互影響。因此，這個理論不適用於「事前與事後」的比較，也不適用於樣本之間存在某種相互關係的比較，例如比較丈夫與妻子的每日熱量攝取量。我們在第12.7節中會介紹比較相依樣本平均數的特殊方法。

　　假如這兩個樣本都是大樣本，$n_1 \geqq 30$而且$n_2 \geqq 30$，則我們可以利用以下的統計值，對虛無假設 $\mu_1 - \mu_2 = \delta$進行檢定：

用以檢定兩個平均數差距的統計量	$$z = \dfrac{\bar{x}_1 - \bar{x}_2 - \delta}{\sqrt{\frac{\sigma_1^2}{n_1} + \frac{\sigma_2^2}{n_2}}}$$

　　此統計值為一標準常態隨機變數的值。請注意，我們以標準化的方式計算此統計值z，我們先將兩樣本平均數的差距$\bar{x}_1 - \bar{x}_2$減去在虛無假設($\mu_1 - \mu_2 = \delta$)下抽樣分配的平均數δ，再除以此差距的抽樣分配的標準差。

　　當對立假設不同時：$\mu_1 - \mu_2 < \delta$、$\mu_1 - \mu_2 > \delta$，或$\mu_1 - \mu_2 = \delta$，檢定標準也隨著不同，如圖12.7。

　　注意這些檢定標準與圖12.4非常相似，只是以$\mu_1 - \mu_2$取代μ，以δ 取代μ_0。因此，我們也可以將虛無假設 $\mu_1 - \mu_2 = \delta$的檢定標準整理如下表：

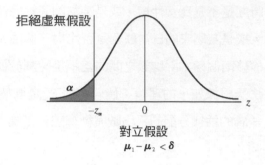

對立假設
$\mu_1 - \mu_2 < \delta$

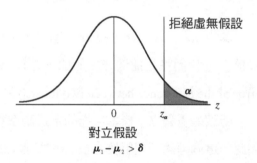

對立假設
$\mu_1 - \mu_2 > \delta$

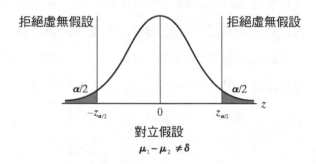

對立假設
$\mu_1 - \mu_2 \neq \delta$

圖12.7　雙樣本 z 檢定的檢定標準

對立假設	拒絕虛無假設，如果	接受虛無假設或持保留態度，如果
$\mu_1 - \mu_2 < \delta$	$z \leq -z_\alpha$	$z > -z_\alpha$
$\mu_1 - \mu_2 > \delta$	$z \geq z_\alpha$	$z < z_\alpha$
$\mu_1 - \mu_2 \neq \delta$	$z \leq -z_{\alpha/2}$　或　$z \geq z_{\alpha/2}$	$-z_{\alpha/2} < z < z_{\alpha/2}$

雖然δ可以是任何值，但是絕大部分這類型的檢定中，δ等於零，虛無假設為「沒有差距」，也就是說，虛無假設為$\mu_1-\mu_2=0$，或$\mu_1=\mu_2$。

此種檢定稱為**雙樣本z檢定**(two-sample z test)，本質上算是大樣本檢定。注意我們在第12.3節中討論的是單一樣本z檢定。當我們進行抽樣的兩個母體都是常態母體時，這個結果是精確無誤的。有時候它也被稱為σ_1與**σ_2已知的平均數差距檢定**(test concerning difference between means with $\sigma_1$and $\sigma_2$known)來強調其特徵。

範例 12.7

某個研究打算比較兩個國家中，成年女性的平均身高，隨機抽樣的結果為$n_1=120$與$n_2=150$，而$\bar{x}_1=62.7$與$\bar{x}_2=61.8$英吋。從其他大規模相似研究的結果中可知，$\sigma_1=2.50$與$\sigma_2=2.62$是合理的數值。請在0.05的顯著水準下，檢定這兩個樣本平均數的差距是否顯著。

解答

1. 由題意中的「是否」推斷，我們採用以下的假設

   H_0：$\mu_1=\mu_2$（亦即，$\delta=0$）

   H_A：$\mu_1\neq\mu_2$

2. $\alpha=0.05$

3. 如果$z\leq-1.96$或$z\geq1.96$的話，拒絕虛無假設，其中

$$z=\frac{\bar{x}_1-\bar{x}_2-\delta}{\sqrt{\frac{\sigma_1^2}{n_1}+\frac{\sigma_2^2}{n_2}}}$$

記得$\delta=0$。若z不在此範圍的話，則接受虛無假設或持保留態度。

4. 將$n_1=120$、$n_2=150$、$\bar{x}_1=62.7$、$\bar{x}_2=61.8$、$\sigma_1=2.50$、$\sigma_2=2.62$，與$\delta=0$代入以上的式子，得到

$$z=\frac{62.7-61.8}{\sqrt{\frac{(2.50)^2}{120}+\frac{(2.62)^2}{150}}}\approx2.88$$

5. 2.88大於1.96，所以要拒絕虛無假設，換句話說，$\bar{x}_1=62.7$與$\bar{x}_2=61.8$之間的差距，具有統計顯著性。

統計學

MODERN ELEMENTARY STATISTICS

　　如果進行此分析並不是為了要作決策的話，我們可以提出此檢定統計量的對應*p*值：2 (0.5000－0.4980)＝0.0040。

　　在比較兩個母體平均數是否相同時，如果這兩個母體的標準差不相等的話，則比較出來的結果可能會有些奇怪。舉例來說，兩個常態母體，平均數分別為μ_1＝50、μ_2＝52，而標準差分別為 σ_1＝5、σ_2＝15。雖然第二個母體的平均數比較大，但是由於標準差也比較大，所以它反而比第一個母體更容易出現小於50的可能值。研究人員在遇到這樣的情形時，必須要確定這樣的比較到底有沒有意義。

12.6 二平均數間的差距（σ均未知）

　　當母體標準差未知的時候，我們採用的方法與第11.2節及第12.4節相同，利用適當的t統計量來對平均數之間的差距進行檢定。在進行這個檢定時，我們必須先確定這兩個母體都近似於常態分配。除此之外，我們還要驗證這兩個母體的標準差是相等的。以上條件都成立之後，才利用以下的統計量，檢定虛無假設 $\mu_1-\mu_2=\delta$，或 $\mu_1=\mu_2$。

用以檢定兩個平均數差距的統計量（σ均未知）

$$t = \frac{\overline{x}_1 - \overline{x}_2 - \delta}{s_p\sqrt{\frac{1}{n_1} + \frac{1}{n_2}}} \quad \text{其中} \quad s_p = \sqrt{\frac{(n_1 - 1)s_1^2 + (n_2 - 1)s_2^2}{n_1 + n_2 - 2}}$$

　　此為服從t分配的隨機變數的值，其自由度為 $(n_1-1)+(n_2-1)$。倘若不符合以上條件的話，則要採用第18章中討論的方法。

　　這個利用t統計量的檢定方法稱為**雙樣本t檢定**(two-sample *t* tests)（記得第12.4節中討論的單一樣本t檢定），而因為適用此雙樣本檢定的臨界值表，多半只列出小自由度n_1+n_2-2時的數據，因此此雙樣本t檢定也稱為**小樣本平均數差距檢定**(small-sample test concerning the difference between means)。

不過隨著電腦的普及，這個名稱已經不太適用。

　　雙樣本 t 檢定的檢定標準與上一節中的表與圖12.7相當類似。不過標準常態分配的圖形要換成 t 分配，而 z、z_α，與 $z_{\alpha/2}$ 要換成 t、t_α，與 $t_{\alpha/2}$。

　　從定義中可發現，雙樣本 t 檢定的統計量計算可分為兩個步驟。第一，依據母體標準差相同的假設，計算 s_p 值，稱為**共同標準差**(pooled standard deviation)，是 $\sigma_1 = \sigma_2$ 的估計值。接著將兩組資料的 $\bar{x}$ 與 n 的值代入式子中。參考以下的例子。

範例 12.8

　　農委會在推廣溫控市場的計畫中，調查溫控豬肉市場與傳統市場所販賣的豬肉在酸鹼度上的差異。以下的樣本數據是由兩種市場採樣測量出的Ph值：

傳統市場：6.95　6.48　6.42　6.62　6.13

溫控市場：6.16　6.29　5.80　6.24　6.06

　　請在0.05的顯著水準下，檢定這兩種市場肉品之平均酸鹼度差異的顯著性。

解答　　常態機率圖顯示這兩組樣本均可視為來自於常態母體，而範例13.3的分析顯示這兩個母體也滿足標準差相同 $(\sigma_1 = \sigma_2)$ 的假設。

1. $H_0 : \mu_1 = \mu_2$

　　$H_A : \mu_1 \neq \mu_2$

2. $\alpha = 0.05$

3. 如果 $t \leq -2.306$ 或 $t \geq 2.306$ 的話，拒絕虛無假設，其中 t 如同前頁的公式，且 $\delta = 0$ 自由度為 $5 + 5 - 2 = 8$，2.306為 $t_{0.025}$ 的值。若 t 值不在這個範圍之內的話，則此兩個平均數的差距不顯著。

4. 此兩個樣本的平均數與標準差分別為 $\bar{x}_1 = 6.52$、$\bar{x}_2 = 6.11$、$s_1 = 0.299$，與 $s_2 = 0.194$。將這些數字與 $n_1 = n_2 = 5$ 代入公式，得到

$$s_p = \sqrt{\frac{4(0.299)^2 + 4(0.194)^2}{8}} \approx 0.252$$

因此，

$$t = \frac{6.52 - 6.11}{0.252\sqrt{\frac{1}{5} + \frac{1}{5}}} \approx 2.57$$

5. $t = 2.57$ 大於2.306，因此要拒絕虛無假設，換句話說，這兩種市場肉品之平均酸鹼度的差距是顯著的。

這個例子中，$t = 2.57$ 所相對應的 p 值為0.033，小於顯著水準0.05，因此，同樣也得到應該拒絕虛無假設的結論。

12.7 二平均數間的差距（成對資料）

第12.5與12.6節中所介紹的方法，只適用二樣本之間是獨立的，因此不適用於「事前與事後」的比較，也不適用於樣本之間存在某種相互關係的比較，例如丈夫與妻子的年齡、銀行搶匪與其他罪犯、金融機構的存款利率與貸款利率、美式足球比賽四分衛上半場與下半場的傳球碼數、中古車商所擁有的庫存車輛數與賣出去的車輛數，以及其他的成對資料等等。在處理這種問題時，我們使用每一數對加上正負號的差距，檢定這些差距是否可視為來自於母體平均數為 $\mu = \delta$ 的隨機樣本，通常 $\mu = 0$。然後我們再視情況，決定採用第12.3節的單一樣本 z 檢定，還是第12.4節的單一樣本 t 檢定。

範例 12.9

以下的數據是十座工廠在安裝某套精心設計的安全系統之前與之後，平均每週因為意外暫停而損失的工時數：

45與36　73與60　46與44　124與119　33與35
57與51　83與77　34與29　26與24　　17與11

請在0.05的顯著水準下，檢定這套安全系統是否有效。

解答　這十組成對資料的差距分別為9、13、2、5、-2、6、6、5、2，與6，而常態機率圖顯示此組差距相當符合常態分配（圖未顯示於本書中），因此，可採用單一樣本t檢定，步驟如下：

1. H_0：$\mu = 0$

　　H_A：$\mu > 0$（此對立假設為，平均來說，安裝「之前」的的意外次數比安裝「之後」多。）

2. $\sigma = 0.05$

3. 如果$t \geq 1.833$，拒絕虛無假設，其中

$$t = \frac{\bar{x} - \mu_0}{s/\sqrt{n}}$$

自由度為$10-1=9$，$t_{0.05}$的值為1.833。若t不在此範圍中的話，則接受虛無假設，或持保留態度。

4. 計算此十個差距值的平均數與標準差，得到 $\bar{x} = 5.2$且$s = 4.08$。而後將這些數字以及$n = 10$與$\mu_0 = 0$代入t的公式，得到

$$t = \frac{5.2 - 0}{4.08/\sqrt{10}} \approx 4.03$$

5. 因為$t = 4.03$大於1.833，因此必須要拒絕虛無假設，換句話說，我們已經證明此安全系統是有效的。

在這種問題中使用單一樣本 t 檢定時，也可稱為**成對樣本 t 檢定**(paired-sample t test)。

統計學
MODERN ELEMENTARY STATISTICS

精選習題

12.26 隨機樣本顯示，在40位保險業的經理人中，平均每兩週向公司提報9.4筆的誤餐費，而50位銀行業的經理人中，平均每兩週向公司提報7.9筆的誤餐費。而根據其他的資訊來源，可假設 $\sigma_1 = \sigma_2 = 3.0$。請在0.05的顯著水準下，檢定這兩個樣本平均數之間的差距是否顯著。

12.27 承上題，倘若樣本標準差分別為 $s_1 = 3.3$、$s_2 = 2.9$，請利用此數據重新進行檢定。

12.28 分別從兩個不同的火山口收集所噴發出來的氣體，樣本數皆為12，檢驗其氫化合物的含量，得到 $\bar{x}_1 = 41.2$、$\bar{x}_2 = 45.8$、$s_1 = 5.2$、$s_2 = 6.7$的結果。假設進行雙樣本 t 檢定所需的條件皆滿足，請在0.05的顯著水準下，檢定「這兩個火山口所噴發出來的氣體中，氫化合物含量皆相同」的虛無假設。

12.29 承上題，請根據所算出來的 t 統計量求算相對應的 p 值。並在0.10的顯著水準下，以此 p 值重新進行檢定。

12.30 某消費者想要比較兩個品牌的油漆。他兩個品牌各買了四罐一加崙裝的油漆，漆上牆之後發現，品牌A平均每罐可以漆514平方英尺，標準差為32平方英尺，而品牌B平均每罐可漆487平方英尺，標準差為27平方英尺。倘若進行 t 檢定的條件都符合，請在0.02的顯著水準下檢定這兩個品牌的油漆的平均數是否有顯著差異。

12.31 承上題，若要拒絕虛無假設，請問最小的顯著水準為何？

12.32 某連鎖百貨公司想要知道旗下兩間位於近郊的分店的財務狀況，調查是否三十天期應收帳款的平均餘額是否相同，針對兩間分店的財務資料進行隨機抽樣，得到以下的結果：

$$n_1 = 80 \quad \bar{x}_1 = \$64.20 \quad s_1 = \$16.00$$
$$n_2 = 100 \quad \bar{x}_2 = \$71.41 \quad s_2 = \$22.13$$

請在0.05的顯著水準下，檢定虛無假設 $\mu_1 - \mu_2 \neq 0$，其中 μ_1 與 μ_2 是兩間分店實際上的三十天期應收帳款平均餘額。

12.33 承上題，請求算該假設檢定中的 p 值，並以此驗證上題中的結論是正確的。

12.34 以下數據是兩種不同麻雀的翼長，單位為公釐：

品種一：162　159　154　176　165　164　145　157　128

品種二：147　180　153　135　157　153　141　138　161

假設進行雙樣本 t 檢定所需的條件皆滿足，請在0.05的顯著水準下，檢定這兩組樣本平均數之間的差距是否顯著。

12.8 本章專有名詞彙整

對立假設(Alternative hypothesis)

複合假設(Composite hypothesis)

臨界值(Critical value)

大樣本檢定(Large-sample test)

顯著水準(Level of significance)

統計上不顯著(Not statistically significant)

虛無假設(Null hypothesis)

OC曲線(OC curve)

單一樣本t檢定(One-sample t test)

單一樣本z檢定(One-sample z test)

單邊對立假設(One-sided alternative)

單邊檢定標準(One-sided criterion)

單邊檢定(One-sided test)

單尾檢定(One-tailed test)

作業特徵曲線(Operating characteristic curve)

成對樣本t檢定(Paired-sample t test)

共同標準差(Pooled standard deviation)

檢定力函數(Power function)

p值(p-value)

顯著性檢定(Significance test 或 test of signi ficance)

簡單假設(Simple hypothesis)

小樣本平均數檢定(Small-sample test concerning means)

小樣本平均數差距檢定(Small-sample test concerning the difference between means)

兩平均數差距的標準誤(Standard error of the difference between two means)

統計假設(Statistical hypothesis)

t檢定(t test)

σ_1與σ_2已知的平均數差距檢定(Test concerning difference between means with σ_1 and σ_2 known)

檢定統計量(Test statistic)

雙樣本t檢定(Two-sample t test)

雙樣本z檢定(Two-sample z test)

雙邊對立假設(Two-sided alternative)

雙邊檢定標準(Two-sided criterion)

雙邊檢定(Two-sided test)

雙尾檢定(Two-tailed test)

型一錯誤(Type I error)

型二錯誤(Type II error)

z檢定(z test)

12.9 參考書籍

- 一些易讀易懂的關於假設檢定的書籍：

1. BROOK, R. J., ARNOLD, G. C., HASSARD, T. H., and PRINGLE, R. M., eds., *The Fascination of Statistics*. New York: Marcel Dekker, Inc., 1986.

2. GONICK, L., and SMITH, W., *The Cartoon Guide to Statistics*. New York: HarperCollins Publishers, Inc., 1993.

- 下列書籍的第26與29章中，詳細討論顯著性檢定的處理程序、顯著水準的選擇、*p*值的計算等等：

FREEDMAN, D., PISANI, R., and PURVES, R., *Statistics*. New York: Norton & Company, Inc., 1978.

13

假設檢定：標準差
TESTS OF HYPOTHESES: STANDARD DEVIATIONS

在第12章中，我們討論到如何針對平均數進行假設檢定，不論是單一母體平均數或是雙母體平均數。這些檢定的方法都是非常有用的統計技巧，但是更重要的是這些方法背後的概念：統計假設、虛無假設對立假設、型一錯誤、型二錯誤、顯著性檢定、顯著水準、p 值、以及統計顯著性的觀念。另外，這些檢定法所依據的假設條件，也是非常重要的。

在本章與接下來的章節中，我們會把這些觀念延伸到其他的檢定程序上，例如母體參數的檢定、母體本質（或型態）的檢定、甚至是樣本隨機性的檢定。本章的主題是母體標準差的檢定。這個檢定不但本身就很重要，而且有時候在進行其他參數的檢定之前，必須先完成這個母體標準差的檢定工作。

第13.1節討論的是單一母體的標準差檢定，而第13.2節討論的則是兩個母體的標準差檢定。

13.1 標準差的檢定

本節所要討論的主題，是檢定母體標準差是否等於某定值 σ_0。當我們要探究某種產品、製程，或是作業的一致性時，就會需要用到這種檢定。舉例來說，我們要檢測某種玻璃製品的穩定度是否足以用來製造精密的光學儀器；或是檢測某一群學生的學識程度是否夠整齊，可以編在同一班上課；或是某一個工作小組的成員素質是否良莠不齊，需要加強管理……等等。

檢定虛無假設 $\sigma = \sigma_0$ 時所需要的假設、統計量、與抽樣分配，都與第11.3節討論 σ^2 的信賴區間時完全相同。同樣的，我們必須假設我們是從常態母體中進行抽樣（或者至少母體要近似於常態分配），並使用**卡方統計量** (chi-square statistic)：

用以檢定標準差的統計量	$$\chi^2 = \frac{(n-1)s^2}{\sigma_0^2}$$

此統計量與第11.3節中的公式相似，只是把 σ 換成 σ_0。跟以前一樣，此統計量的抽樣分配為卡方分配，自由度為 $n-1$。

　　檢定標準顯示如圖13.1；而隨著對立假設的不同，其臨界值也會不同：單邊對立假設時，臨界值為 $\chi^2_{1-\alpha}$ 與 χ^2_{α}，雙邊對立假設時，臨界值為 $\chi^2_{1-\alpha/2}$ 與 $\chi^2_{\alpha/2}$。我們可以把這些檢定虛無假設 $\sigma = \sigma_0$ 的檢定標準整理如下表：

對立假設	拒絕虛無假設，如果	接受虛無假設或持保留態度，如果
$\sigma < \sigma_0$	$\chi^2 \le \chi^2_{1-\alpha}$	$\chi^2 > \chi^2_{1-\alpha}$
$\sigma > \sigma_0$	$\chi^2 \ge \chi^2_{\alpha}$	$\chi^2 < \chi^2_{\alpha}$
$\sigma \ne \sigma_0$	$\chi^2 \le \chi^2_{1-\alpha/2}$ 或 $\chi^2 \ge \chi^2_{\alpha/2}$	$\chi^2_{1-\alpha/2} < \chi^2 < \chi^2_{\alpha/2}$

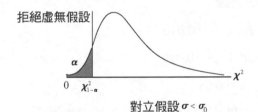

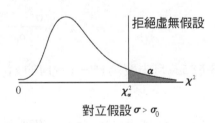

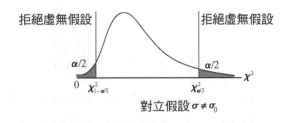

圖13.1　**標準差檢定的檢定標準**

本書書末附表III，列出自由度1到30的 $\chi^2_{0.995}$, $\chi^2_{0.99}$, $\chi^2_{0.975}$, $\chi^2_{0.95}$, $\chi^2_{0.05}$, $\chi^2_{0.025}$, $\chi^2_{0.01}$, 與 $\chi^2_{0.005}$ 的數值。

範例 13.1

在進行車輛安全性檢測時，某工程師必須要知道駕駛人在某種緊急狀況的反應時間的標準差，是等於0.01秒還是大於0.01秒。倘若此工程師有以下15筆隨機樣本的資料，請問在0.05的顯著水準下，他能得出什麼樣的結論？

0.32	0.30	0.31	0.28	0.30
0.31	0.28	0.31	0.29	0.28
0.30	0.29	0.27	0.29	0.29

解答　常態機率圖如圖13.2，顯示這些數據成一條直線，因此這些資料滿足常態母體的假設。

1. H_0： $\sigma = 0.010$

   H_A： $\sigma > 0.010$

2. $\alpha = 0.05$

3. 如果$x^2 \geq 23.685$的話，拒絕虛無假設，其中

$$\chi^2 = \frac{(n-1)s^2}{\sigma_0^2}$$

23.685為自由度為$15 - 1 = 14$的 $\chi^2_{0.05}$ 的值。不然的話，則接受虛無假設。

4. 計算這些數據的標準差，得到$s = 0.014$。之後將此數字以及$n = 15$與$\sigma_0 = 0.010$代入x^2的公式中，得到

$$\chi^2 = \frac{14(0.014)^2}{(0.010)^2} \approx 27.44$$

5. 因為$x^2 = 27.44$大於23.685，所以要拒絕虛無假設；換句話說，此工程師可以此下結論說，駕駛人在某種緊急狀況的反應時間的標準差大於0.01秒。

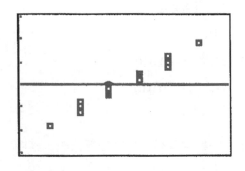

圖13.2　範例13.1的常態機率圖

由於大部分卡方檢定的臨界值表都只列出小自由度時的數據，因此此檢定也常被稱為**小樣本標準差檢定**(small-sample test concerning standard deviations)。不過隨著電腦的普及，這個名稱也不太適用了。

當樣本數夠大時，$n \geq 30$，檢定虛無假設 $\sigma = \sigma_0$ 的理論與 σ 的大樣本信賴區間的理論相同，參考第11.3節。檢定虛無假設 $\sigma = \sigma_0$ 所使用的統計量如下：

用以檢定大樣本標準差的統計量

$$z = \frac{s - \sigma_0}{\sigma_0/\sqrt{2n}}$$

此統計量為常態分配隨機變數的值。因此，針對虛無假設 $\sigma = \sigma_0$ 進行大樣本檢定時所使用的檢定標準，與第12.3節中的圖12.4非常相似，只是把 μ 與 μ_0 換成 σ 與 σ_0 而已。

範例 13.2

某種大量生產的彈簧，其規格要求中有一項是，壓縮之後的長度的標準差必須不超過0.040公分。倘若在某生產批次中隨機抽樣 $n = 35$，而 $s = 0.053$，請問在0.01的顯著水準下，虛無假設 $\sigma = 0.040$，與對立假設 $\sigma >$

0.040，哪一個成立？

解答　　1. H_0： $\sigma = 0.040$

　　　　　　H_A： $\sigma > 0.040$

　　　　2. $\alpha = 0.01$

　　　　3. 如果$z \geq 2.33$，拒絕虛無假設，其中

$$z = \frac{s - \sigma_0}{\sigma_0 / \sqrt{2n}}$$

不然的話，接受此虛無假設。

　　　　4. 將$n = 35$、$s = 0.053$，與 $\sigma_0 = 0.040$代入z的公式，得到

$$z = \frac{0.053 - 0.040}{0.040 / \sqrt{70}} \approx 2.72$$

　　　　5. $z = 2.72$大於2.33，所以要拒絕虛無假設，換句話說，樣本資料顯示此生產批次的彈簧不符合規格要求。

　　　此範例中，$z = 2.72$ 的相對應 p 值為$0.5000 - 0.4967 = 0.0033$，小於0.01，因此結果也是要拒絕虛無假設。

13.2 兩個標準差的檢定

　　　本節中我們要討論的是檢測兩個標準差是否相等的檢定。這種檢定方法的用途有很多，其中最常見的用途與雙母體檢定有關，因為雙母體t檢定中假設兩個母體的標準差必須相同。舉例來說，在範例12.8中，我們討論兩個礦區的煤礦的熱能產生率，其中$s_1 = 271.1$（每公噸百萬卡路里）、$s_2 = 216.8$。雖然這兩個數值看起來差異很大，但是我們還是假設兩個母體的標準差是相等的。現在我們來用嚴謹的檢定方法來進行驗證。

　　　假設從兩個近似於常態分配的母體中隨機抽樣，樣本數分別為 n_1與

n_2，而母體標準差分別為 σ_1 與 σ_2，則我們採用以下的**F統計量**(F statistic)對虛無假設 $\sigma_1 = \sigma_2$ 進行檢定。

用以檢定兩個母體標準差是否相等的流計量

$$F = \frac{s_1^2}{s_2^2} \quad 或 \quad F = \frac{s_2^2}{s_1^2} \quad 視 H_A 而定$$

其中 s_1 與 s_2 是對應的樣本標準差。這個比例值的正確名稱為**變異數比**(variance ratios)，由於我們假設兩個被抽樣的母體都近似於常態分配，而且虛無假設為 $\sigma_1 = \sigma_2$，我們可以證明變異數比是服從**F分配**的隨機變數的值。F分配為連續分配，由兩個參數決定其形狀，稱為**分子自由度與分母自由度**(numerator and denominator degrees of freedom)；它們可能是 $n_1 - 1$ 與 $n_2 - 1$，或是 $n_2 - 1$ 與 $n_1 - 1$，要視哪一個樣本變異數當F統計量的分子，以及哪一樣本變異數當作分母而定。

如果我們以下列統計量進行檢定時，

$$F = \frac{s_1^2}{s_2^2}$$

若對立假設為 $\sigma_1 < \sigma_2$ 且 $F \leq F_{1-\alpha}$，或是對立假設為 $\sigma_1 > \sigma_2$ 且 $F \geq F_\alpha$，則拒絕虛無假設 $\sigma_1 = \sigma_2$。在這些符號中，$F_{1-\alpha}$ 與 F_α 的定義方式與卡方分配中定義臨界值 $\chi_{1-\alpha}^2$ 與 χ_α^2 的方式相同。不過F分配的情況比較麻煩，因為 $F_{1-\alpha}$ 與 F_α 之間的數學關係式相當直接簡便，因此大部分的 F 臨界值表都只列出對應於 α 小於0.05的右尾的值。比方說，本書書末附表IV只提供 $F_{0.05}$ 與 $F_{0.01}$ 的值。

基於這個理由，我們會視對立假設是 $\sigma_1 < \sigma_2$ 還是 $\sigma_1 > \sigma_2$，而選擇統計量

$$F = \frac{s_1^2}{s_2^2} \quad 或 \quad F = \frac{s_2^2}{s_1^2}$$

而不論在哪個情形，若 $F \geq F_\alpha$，則拒絕虛無假設（參考圖13.3）。當對立

假設是$\sigma_1 \neq \sigma_2$時，我們採用上面兩種比例值中，比較大的那個，若$F \geq F_{\alpha/2}$，則拒絕虛無假設（參考圖13.3）。在這些檢定中，自由度分別可能是n_1-1與n_2-1，或是n_2-1與n_1-1，視哪一個樣本變異數當 F 統計量的分子、哪一個當分母。總和來說，虛無假設$\sigma_1 = \sigma_2$的檢定標準可整理如下表：

對立假設	檢定統計量	拒絕虛無假設或 如果	接受虛無假設或持 保留態度， 如果
$\sigma_1 < \sigma_2$	$F = \dfrac{s_2^2}{s_1^2}$	$F \geq F_\alpha$	$F < F_\alpha$
$\sigma_1 > \sigma_2$	$F = \dfrac{s_1^2}{s_2^2}$	$F \geq F_\alpha$	$F < F_\alpha$
$\sigma_1 \neq \sigma_2$	比值中較大的值	$F \geq F_{\alpha/2}$	$F < F_{\alpha/2}$

自由度則如前所述。

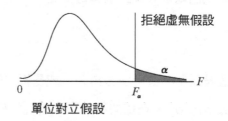

單位對立假設

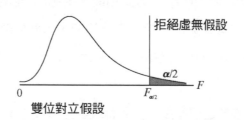

雙位對立假設

圖13.3　兩個標準差是否相等的檢定標準

範例 13.3

在範例12.8中，我們有兩組獨立的隨機樣本，$s_1 = 0.299$、$s_2 = 0.194$，且 $n_1 = 5$、$n_2 = 5$。而在該範例的解答中，我們驗證這兩個樣本均來自於常態母體。請在0.02的顯著水準下，檢定這兩個母體的標準差是否相等。

解答　既然已知常態性的假設成立，則可繼續以下步驟：

1. H_0：$\sigma_1 = \sigma_2$

H_A：$\sigma_1 \neq \sigma_2$

2. $\alpha = 0.02$

3. 如果$F \geq 16.0$我們將拒絕虛無假設，其中

$$F = \frac{s_1^2}{s_2^2} \text{ 或 } F = \frac{s_2^2}{s_1^2}$$

擇其大者。而16.0為$F_{0.01}$的值，自由度分別為$5-1=4$以及$5-1=4$。不然的話，接受虛無假設。

4. $s_1 = 0.299$、$s_2 = 0.194$，代入上列第一個變異數比例的公式，得到

$$F = \frac{(0.299)^2}{(0.194)^2} \approx 2.38$$

5. 因為$F = 2.38$沒有超過16，所以不能拒絕虛無假設；因此沒有理由拒絕在範例12.8中使用雙樣本t檢定。

在這類型的問題中，當對立假設為 $\sigma_1 \neq \sigma_2$ 時，書末附表IV只提供0.02與0.10兩種顯著水準的數值。如果要使用其他的顯著水準的話，必須要查閱更完備的數據表，或是利用電腦軟體計算。經過計算，此範例的 p 值為0.4206，不論顯著水準為何，此 p 值的結果都無法拒絕虛無假設。

範例 13.4

我們要檢定第一個鍍金工廠的變異性要比第二個鍍金工廠的變異性低。倘若獨立隨機樣本得到$s_1 = 0.033$（$n_1 = 12$）且$s_2 = 0.061$（$n_2 = 10$），請在0.05的顯著水準下，進行虛無假設為$\sigma_1 = \sigma_2$與對立假設為$\sigma_1 < \sigma_2$的檢定。

解答 假設兩個母體都近似於常態分配，則檢定步驟如下：

1. $H_0 : \sigma_1 = \sigma_2$

   $H_A : \sigma_1 < \sigma_2$

2. $\alpha = 0.05$

3. 如果$F \geq 2.90$，拒絕虛無假設，其中$F = \dfrac{s_2^2}{s_1^2}$，而2.90為$F_{0.05}$的值，自由度分別為$10 - 1 = 9$以及$12 - 1 = 11$。不然的話，接受虛無假設或持保留態度。

4. 將$s_1 = 0.033$與$s_2 = 0.061$代入上述F的公式，得到

$$F = \frac{(0.061)^2}{(0.033)^2} \approx 3.42$$

5. 因為$F = 3.42$大於2.90，所以要拒絕虛無假設，換句話說，第一個電鍍工廠的變異性確實比較低。

本節所討論的方法非常容易受到其根本假設的影響（非常敏感），因此在使用的時候要非常小心。用正式的術語來說，這個檢定方法不夠**穩健** (robust)。

精選習題

13.1 從準備考駕照的女性中，隨機選出18名，測量她們完成筆試的時間，得到樣本標準差s＝3.8分鐘。假設這些數據可視為來自於近似常態分配的隨機樣本資料，請在0.01的顯著水準下，檢定 σ ＝2.7分鐘的虛無假設，對立假設為 $\sigma \neq 2.7$分鐘。

13.2 某營養學者從某種魚身上取出一磅的魚肉，研究其魚肉蛋白濃縮物的變異性。該營養學者總共隨機選取了35個樣本，得到$s=0.082$的結果。請在0.05的顯著水準下，檢定 $\sigma =$ 0.065的虛無假設，對立假設為 $\sigma > 0.065$。

13.3 報導指出，某種小型果樹在第五年至第十年的每年生長速度的標準差為 $\sigma =0.80$英吋。某苗圃主人隨機選出40株這種小型果樹進行測量，得到 $s=0.74$的結果。請在0.01的顯著水準下，檢定 $\sigma =0.80$的虛無假設，對立假設為 $\sigma < 0.80$。

13.4 假設某實驗中包含$n=10$的隨機觀察值，而這些觀察值的變異數為$s^2=1.44$ oz^2。倘若我們要根據這些資料來檢定$\sigma =1.4$ oz的虛無假設，且對立假設為 $\sigma < 1.4$ oz的話，請問還需要哪些假設條件？

13.5 兩種照明方式要進行比較：在選定的地點中分別以兩種方式進行照明，測量光照的強度。倘若第一種照明方式的樣本數為$n_1=$ 12，樣本標準差為 $s_1=2.6$呎燭光；而第二種照明方式的樣本數為$n_2=16$，樣本標準差為$s_2=4.4$ 呎燭光。這兩組樣本均可假設來自於常態母體的獨立隨機樣本。請在0.05的顯著水準下，檢定這兩種照明方式的變異性是相同，還是第一種照明方式的變異性小於第二種。

13.6 雷醫師在幫25位病患($n_1 = 25$)進行某項例行醫療檢查所花的時間的標準差為4.2分鐘(s_1 = 4.2)，而蒙醫師為21位病患($n_2 = 21$)進行相同檢查所花的時間的標準差則為3.0分鐘($s_2 = 3.0$)。假設這些資料都來自於隨機樣本，且母體皆服從常態分配，請在0.05的顯著水準下，檢定這兩位醫師在進行此例行檢查所花時間的變異程度是否相等，或者是雷醫師所花的時間變異度比較大。

13.3 本章專有名詞彙整

卡方統計量(Chi-square statistic)

F 分配(F distribution)

F 統計量(F statistic)

分子自由度與分母自由度
(Numerator and denominator degrees of free-
dom)

穩健(Robust)

小樣本標準差檢定(Small-sample test con-
cerning standard deviations)

變異數比(Variance ratio)

13.4 參考書籍

- 卡方分配與F分配的理論研究，在大部分的數理統計學教科書中均有詳述，例如：

MILLER, I., and MILLER, M., *John E. Freund's Mathematical Statistics*, 6th ed. Upper Saddle River, N. J.: Prentice Hall, 1999.

- 卡方分配與F分配的詳細數據表，可參見：

PEARSON, E. S., and HARTLEY, H.O., *Biometrika Tables for Statisticians*, Vol. I. New York: John Wiley & Sons, Inc., 1968.

14 ▸ 計數資料假設檢定
TESTS OF HYPOTHESES BASED ON COUNT DATA

許多我們在科學上、商業上、或是日常生活中所遇到的問題，都是與**計數資料**(count data)息息相關。計數資料不是測量出來的，而是依項目算出個數，可用來進行比例值、百分比、或是機率值的估計或假設檢定。原則上來說，本章的內容與第11章至第13章的內容會相當相似。

第11至13章中，絕大部分的篇幅都在討論與測量值相關的統計推論方法。我們利用測量值來估計母體平均數與母體標準差，然後用它們來進行假設檢定。唯一的例外是第11.4節，我們利用樣本比例值來估計母體比例值、百分比，或是機率值。這類型的資料我們稱為計數資料(count data)，因為這些數據是「數」出來的，而不是測量出來的。

本章中，我們使用計數資料來進行假設檢定。第14.1節與14.2節中，我們討論比例值的假設檢定，也討論百分比（比例值乘以100）與機率值（長期而言的比例值）的假設檢定。這些檢定根據的是n次試驗中的成功次數，或是n次試驗中的成功比例；而在整個試驗過程中，我們假設每次試驗之間都是獨立的，而且成功機率從頭到尾都是一樣的。換句話說，我們是針對二項母體的參數p來進行假設檢定。

在第14.3節與第14.4節的前半部份，我們要討論兩個或多個母體以上的比例值，而接著，第14.4節的後半部份與第14.5節，我們會把討論範圍擴充到多項分配的情況，也就是每次試驗有兩種以上可能結果的情形。這類型問題的應用相當廣，舉例來說，假設某人想要研究人們參加工作應試的表現（中下、中等、中上），以及得到工作之後的績效表現（不佳、普通、良好、優良），兩者之間有沒有什麼樣的關連性。最後，第14.6節的主題是檢驗我們所觀察到的次數分配，是否符合我們的理論機率分配或是假設機率分配。

14.1 比例值的檢定

本節與下一節中所討論的檢定方法，可以幫助我們驗證IRS所提供給納稅人的資訊，是不是有12%是錯誤的，或是從西雅圖飛往舊金山的班機，是

不是有25%的機率會誤點。

這些假設檢定都必須要到用二項機率表，或是利用電腦來計算二項分配的機率值。更進一步來說，進行這些檢定的最簡便方法，就是採用p值來運算。

範例 14.1

有人宣稱，在某國立大學中，有超過七成以上的學生，反對該校調高學費以興建停車場的提案。倘若在該校當中隨機抽樣18名學生，其中有15名表示反對此提案，請在0.05的顯著水準下，檢定上述的說法。

解答

1. $H_0：p=0.7$

   $H_A：p>0.7$

2. $\alpha=0.05$

3. 檢定統計量為樣本中反對該提案的學生人數。

4. 檢定統計量為$x=15$，而查書末附表V可知，當$n=18$、$p=0.70$時，「成功」次數大於或等於15的機率為$0.105+0.046+0.013+0.002=0.166$，此即為$p$值。

5. 因為0.166大於0.05，因此我們無法拒絕虛無假設，換句話說，此樣本資料並不支持該宣稱，並未證明有七成以上的學生反對該提案。

範例 14.2

有人宣稱在所有的購物者中，有38%的人認得某個打廣告打得很凶的商標。倘若在隨機抽樣的45個購物者中，有25個人認得該商標，請在0.05的顯著水準下，檢定虛無假設 $p=0.38$。

解答
因為書末附表V並未提供 $p=0.38$ 或 $n>20$ 的二項機率值，所以我們採用國家標準局數據表(National Bureau of Standards table)，或是透過其他方法取

```
Cumulative Distribution Function

Binomial with n = 45 and p = 0.380000

        x        P( X <= x)
     24.00          0.9875
     25.00          0.9944
```

圖14.1　範例14.2的電腦輸出結果

得。

1. H_0：$p=0.38$

   H_A：$p \neq 0.38$

2. $\alpha = 0.05$

3. 檢定統計量為樣本中認得該商標的人數，而$x=25$。

4. 因為此為雙尾檢定，要選擇$x \leq 25$與$x \geq 25$中機率值比較小的那個，然後乘以2，即為p值。由於書末附表V並未提供$p=0.38$或$n>20$的二項機率值，我們利用電腦計算，如圖14.1。$x \leq 25$的機率為0.9944，而$x \geq 25$的機率為1減去$x \leq 24$的機率，為$1-0.9875=0.0125$。所以，p值為2 (0.0125)$=$0.0250。

5. 因為0.025小於0.05，所以要拒絕虛無假設。認得此商標的購物者人數比例應該不是38%，因為$\frac{25}{45} \cdot 100 = 55.6\%$，所以事實上，應該是大於38%。

14.2 比例值的檢定（大樣本）

當樣本數n夠大，可以使用常態曲線來近似二項分配時，即$np>5$且$n(1-p)>5$，我們採用以下統計量來進行虛無假設$p=p_0$的檢定：

用以進行大樣本比例值檢定的統計量

$$z = \frac{x - np_0}{\sqrt{np_0(1 - p_0)}}$$

此為近似標準常態分配的隨機變數的值。由於x是離散隨機變數,許多統計學家傾向利用連續性修正(continuity correction)將x修正為從$x - \frac{1}{2}$至$x + \frac{1}{2}$的區間,並使用如下的統計量:

用以進行大樣本比例值檢定的統計量（經過連續性修正）

$$z = \frac{x \pm \frac{1}{2} - np_0}{\sqrt{np_0(1 - p_0)}}$$

其中,當$x < np_0$時,使用加號（＋）,而$x > np_0$時,使用減號（－）。要注意的是,如果不使用連續性修正,我們結論是不拒絕虛無假設時,那麼此連續性修正可以不使用;但是,若不使用連續性修正,所計算出來的z值非常接近臨界值的時候,就得要仔細考慮是否要使用連續性修正。

此大樣本檢定的檢定標準與圖12.4非常相似,只不過把 μ 與 μ_0換成 p與p_0。進行虛無假設$p = p_0$的檢定標準,可整理如下表:

對立假設	拒絕虛無假設,如果	接受虛無假設或持保留態度,如果
$p < p_0$	$z \leq -z_\alpha$	$z > -z_\alpha$
$p > p_0$	$z \geq z_\alpha$	$z < z_\alpha$
$p \neq p_0$	$z \leq -z_{\alpha/2}$ 或 $z \geq z_{\alpha/2}$	$-z_{\alpha/2} < z < z_{\alpha/2}$

範例 14.3

某營養學家宣稱某一大縣中,至多有75%的學前幼童日常飲食中,有蛋白質缺乏的情形。抽樣調查發現,300名學前幼童中有206名的日常飲食中有蛋白質缺乏的情形。請在0.01的顯著水準下,檢定虛無假設$p = 0.75$,而對立

統計學

假設是$p < 0.75$。

解答　因為$np = 300\,(0.75) = 225$且$n\,(1-p) = 300\,(0.25) = 75$，均大於5，所以可以採用大樣本檢定，以常態分配來近似二項分配。

1. $H_0 : p = 0.75$

   $H_A : p < 0.75$

2. $\alpha = 0.01$

3. 若$z \leq -2.33$時，拒絕虛無假設，其中

$$z = \frac{x - np_0}{\sqrt{np_0(1 - p_0)}}$$

不然的話，接受虛無假設或是持保留態度。

4. 將$x = 206$、$n = 300$，與$p_0 = 0.75$代入上述z的公式，得到

$$z = \frac{206 - 300(0.75)}{\sqrt{300(0.75)(0.25)}} \approx -2.53$$

5. 因為-2.53小於-2.33，所以要拒絕虛無假設，換句話說，我們的結論是，該國家中，至多有75%的學前幼童日常飲食中，有蛋白質缺乏的情形。（如果我們使用連續性修正的話，z值為-2.47，結論不變。）

14.3 比例值之間的差距

在第12章與第13章中，我們討論平均數檢定與標準差檢定之後，緊接著討論兩個母體平均數的檢定，以及兩個母體標準差的檢定。因此，在討論比例值檢定之後，我們現在來探討兩個母體比例值的檢定。

在許多問題中，我們要判斷兩個樣本比例值之間的差異，到底是因為偶然性造成的，還是因為這兩個樣本源頭的兩個母體的比例值本來就不同。舉例來說，我們可能想要透過樣本資料，比較有打預防針與沒打預防針的人，得到某種傳染病的比例是不是有差異；或者我們想要透過抽樣來比較兩家電

子儀器廠商的生產不良率是不是相同。

　　當我們要檢定兩個樣本比例值的差距是否具有統計顯著性時，所根據的理論如下：倘若x_1與x_2分別為n_1與n_2次試驗中的成功次數，每次試驗均獨立進行，而成功機率分別為p_1與p_2，則比例值差距

$$\frac{x_1}{n_1} - \frac{x_2}{n_2}$$

的抽樣分配的平均數為$p_1 - p_2$，而標準差為

$$\sqrt{\frac{p_1(1-p_1)}{n_1} + \frac{p_2(1-p_2)}{n_2}}$$

習慣上此標準差稱為**兩個比例值差距的標準誤**(standard error of the difference between two proportions)。

　　當我們進行虛無假設$p_1 = p_2 (= p)$的檢定時，兩個樣本比例值差距的抽樣分配的平均數為$p_1 - p_2 = 0$，而其標準差可寫成

$$\sqrt{p(1-p)\left(\frac{1}{n_1} + \frac{1}{n_2}\right)}$$

其中p以**合併**(pooling)資料來估計，其估計值為合併的樣本比例值：

$$\hat{p} = \frac{x_1 + x_2}{n_1 + n_2}$$

讀為「p-hat」。轉換成標準單位，得到

用以進行兩個比例值差距檢定的統計量

$$z = \frac{\dfrac{x_1}{n_1} - \dfrac{x_2}{n_2}}{\sqrt{\hat{p}(1-\hat{p})\left(\dfrac{1}{n_1} + \dfrac{1}{n_2}\right)}} \quad 和 \quad \hat{p} = \frac{x_1 + x_2}{n_1 + n_2}$$

　　就大樣本而言，此值為近似標準常態分配的隨機變數的值。如果還要將上面的式子簡化的話，將分子的x_1 / n_1與x_2 / n_2換成$\hat{p}_1$與$\hat{p}_2$。

此檢定的檢定標準與圖12.4相似，只不過以 p_1與p_2分別代替 μ 與 μ_0。檢定虛無假設 $p_1 = p_2$的檢定標準，可整理如下表：

對立假設	拒絕虛無假設，如果	接受虛無假設或持保留態度，如果
$p_1 < p_2$	$z \leq -z_\alpha$	$z > -z_\alpha$
$p_1 > p_2$	$z \geq z_\alpha$	$z < z_\alpha$
$p_1 \neq p_2$	$z \leq -z_{\alpha/2}$ 或 $z \geq z_{\alpha/2}$	$-z_{\alpha/2} < z < z_{\alpha/2}$

範例 14.4

某研究發現，某義大利麵醬的電視廣告，如果是在連續劇當中插播的話，80個人當中有56個人在兩個小時之後還記得其品牌名稱；而如果是在足球比賽轉播中插播的話，則80個人當中只有38個人在兩個小時之後還記得其品牌名稱。倘若有人據此宣稱，在連續劇時段打廣告的成本效益高於在足球比賽時段打廣告的成本效益，請問在0.01的顯著水準下，我們能得出什麼樣的結論？假設在兩個時段打廣告的成本相同。

解答

1. H_0：$p_1 = p_2$

   H_A：$p_1 > p_2$

2. $\alpha = 0.01$

3. 若 $z \geq 2.33$時，拒絕虛無假設，其中z值的公式如前頁；不然的話，接受虛無假設或持保留態度。

4. 將$x_1 = 56$、$x_2 = 38$、$n_1 = 80$、$n_2 = 80$，以及

$$\hat{p} = \frac{56 + 38}{80 + 80} = 0.5875$$

代入z的公式中，得到

$$z = \frac{\dfrac{56}{80} - \dfrac{38}{80}}{\sqrt{(0.5875)(0.4125)\left(\dfrac{1}{80} + \dfrac{1}{80}\right)}} \approx 2.89$$

5. 因為2.89大於2.33，所以拒絕虛無假設，換句話說，我們的結論是，在連續劇時段打廣告的成本效益的確高於在足球比賽時段打廣告的成本效益。

精選習題

14.1 某旅行社宣稱，在向該公司索取橫越大西洋遊輪套裝行程簡介的顧客當中，最多有5%的人在一年之內會報名參加該遊輪旅遊行程。倘若從向該公司索取該遊輪套裝行程簡介的顧客中隨機選取16人，其中有3人的確報名參加了，請問這樣的結果是否能在0.01的顯著水準下，拒絕報名比例$p = 0.05$的虛無假設？對立假設為 $p > 0.05$。

14.2 承上題，若顯著水準改為0.05，請問是否能夠拒絕虛無假設？

14.3 某物理學家宣稱，若人們所接受的輻射量超過某個數值以上的話，最多有19%的人會感到不適。倘若在隨機樣本中，13個人之中有4人感到不適，請在0.05的顯著水準下，檢定該物理學家的說法。

14.4 在製作亂數表時，有許多方法可以用來檢驗這些亂數是否真的是隨機的。其中一個方法就是檢查單數位數（1、3、5、7、或9）與雙數位數（0、2、4、6、或8）的個數是否一樣多。請計算圖10.2中，前10行的350個

亂數中，雙數位數有幾個，並在0.05的顯著水準下，檢定這些亂數是否為隨機的。

14.5 在某場棒球比賽中，隨機選出600名觀眾，其中有157名抱怨他們的座椅非常不舒服。請在以下的顯著水準中，檢定「感到座位不舒服的觀眾比例為30%」的虛無假設。
(a) 0.05的顯著水準；
(b) 0.01的顯著水準。

14.6 某種人造雨的方法在執行150次中，有54次成功；另外一種人造雨的方法在執行100次中，有33次成功。請在0.05的顯著水準下，檢驗第一種方法是否比第二種方法有效？

14.7 某汽車經銷商的客服人員，會提供一份甜甜圈給在等候室等待的顧客享用。當該經銷商從A西點麵包店購買12打甜甜圈時，客服人員發現有96個被吃完了，其餘的只被吃了一部份然後被丟掉；而當從B西點麵包店購買12打甜甜圈時，客服人員發現有105個被吃完了，其餘的只被吃了一部份然後被丟掉。請在0.05的顯數水準下，檢驗這兩組比例值

是否具有顯著的差異。

14.8 隨機選取100名高中學生，詢問他們在做數學作業時是否會求助於雙親。而在另外隨機選取100名高中學生，詢問他們是否作英語作業時會求助於雙親。倘若第一組樣本中有62名學生的回答是肯定的，而第二組樣本中有44名學生的回答是肯定的，請在0.05的顯著水準下，檢定這兩組比例值是否有顯著差異。

14.9 從2000年的結婚申請表中，隨機選出200份，發現其中有62對新人的女方比男方年長一歲以上，而從2005的結婚申請表中，隨機選出300份，發現其中有99對新人的女方比男方年長一歲以上。請在0.01的顯著水準下，檢驗這個上升趨勢是否顯著。

14.4 雙向表的分析

本節中所要討論的方法，應用層面相當廣泛，許多概念上看似不同的問題，都可以用這個方法來分析。我們先來看個例子，這個例子是上一節中的類型問題的延伸。假設我們從單身、已婚、喪偶、與離婚的人中隨機抽樣，請問他們生活中最主要的幸福感來源為何，結果如下表：

	單身	已婚	喪偶或離婚
朋友與社交活動	47	59	56
工作或主要活動	33	61	44
總和	80	120	100

此時我們的樣本有三類，樣本數分別為$n_1=80$、$n_2=120$、與$n_3=100$，且皆為來自於二項母體。我們想要檢驗這三種類型的人中，選擇「朋友與社交活動」的比例值差異，是否具有統計顯著性。在這個檢定中，我們所採用的虛無假設為 $p_1=p_2=p_3$，其中p_1、p_2、與p_3分別為這三群二項母體的真實比例值。對立假設則是p_1、p_2，與p_3是不相等的。

當每次試驗的可能結果有兩種時，適用二項分配。當每次試驗有兩種以上的可能結果時，則適用多項分配（參考第8.6節），前提是試驗之間相互獨

立、試驗次數固定、而且每次試驗中的每種可能結果的出現機率都完全相同。為了進一步討論多項分配的特點，我們在上個例子中，受訪者的回答選項中多加一個選項：「健康與身體狀況」，所得到的結果如下表：

	單身	已婚	喪偶或離婚	
朋友與社交活動	41	49	42	132
工作或主要活動	27	50	33	110
健康與身體狀況	12	21	25	58
	80	120	100	300

與前例相同，三類樣本，每一欄的總和均為固定的樣本數，不過每次試驗（訪問每個人）的可能結果有三種。每一列的總和分別為41＋49＋42＝132、27＋50＋33＝110、與12＋21＋25＝58；這些數字是根據訪問結果得來的，所以是隨機的。一般來說，類似這樣的表，由r列與c欄的資料所組成，稱為**$r×c$雙向表**($r×c$ table)；這個例子為3×3雙向表。

在這個多項分配的情形中，我們要檢定的是，對這三群人來說，選擇這三種選項（「朋友與社交生活」、「工作與主要活動」、「健康與身體狀況」）的比例（機率）是不是一樣的。以符號來表示，p_{ij}表示在表中第i列及第j欄的結果的機率，則虛無假設為

$$H_0：p_{11}＝p_{12}＝p_{13}，p_{21}＝p_{22}＝p_{23}$$
$$p_{31}＝p_{32}＝p_{33}$$

對每一欄而言，其機率值加總應該等於1。上述的虛無假設可簡化如下：

$$H_0：p_{i1}＝p_{i2}＝p_{i3} 其中i＝1、2、3$$

而對立假設則為這些p中，至少有一列並不是完全相等的，也就是說，
H_A：至少有一個i的p_{i1}、p_{i2}，與p_{i3}是不全等的。
在正式分析這些問題之前，我們再來看看另外一個例子。這個例子中，

欄總和與列總和都不是事先決定的。假設我們想要探討國中生的第二次基測分數進步的表現以及第一次基測的成績，兩者之間有沒有什麼樣的關連，我們從96年參加基測的學生中隨機抽樣825人，得到以下的調查結果：

進步與否

		退步	同分	進步	
第一次	中下	57	100	45	202
基測成績	中等	135	106	210	451
	中上	51	28	93	172
		243	234	348	825

此處只有一個樣本，而其**表總和**(grand total)825為固定值；每一次試驗（或者，檔案中的每一筆資料）都有九種可能結果。這種$r \times c$雙向表我們稱為**列聯表**(contingency table)。

使用列聯表是為了檢驗第二次基測成績是否進步與第一次測驗成績之間的關連。一般來說，分析列聯表時所用的假設如下：

H_0：我們所討論的兩個變數是彼此獨立的。

H_A：這兩個變數不是彼此獨立的。

雖然以上三個例子中的$r \times c$雙向表之間略有差異，不過分析的方法都是一樣的，所以我們用第二個例子中的3×3雙向表作為分析的範本。在該例子中，倘若虛無假設成立的話，我們可以將三類樣本合併，然後計算所有人選擇「朋友與社交活動」的機率應該為

$$\frac{41 + 49 + 42}{300} = \frac{132}{300}$$

因此，在80名單身以及120名已婚的受試者中，選擇「朋友與社交活動」這個選項的人數應該分別為$\frac{132}{300} \cdot 80 = 35.2$名與$\frac{132}{300} \cdot 120 = 52.8$名。請注意，這兩個數字為為期望次數(expected frequency)，是列總和乘上欄總和再除以整個表的表總和。事實上，一般來說，

> $r \times c$ 雙向表中任何一格的期望次數的求算方法爲：將其所在列的列總和，乘上其所在欄的欄總和，再除以整個表的表總和，即爲其期望次數。

根據這個規則，我們可以計算第二列中，第一格與第二格的期望次數分別爲 $\frac{110 \cdot 80}{300} \approx 29.3$ 與 $\frac{110 \cdot 120}{300} = 44.0$。

我們不需要把所有的期望次數都用這種方法算出，因爲任何一列的列總和或任何一欄的欄總和都必須與原本的數據相等（參考習題14.21與14.22），因此，我們可以利用減法來求算某些期望次數。例如，第一列第三格是：

$$132 - 35.2 - 52.8 = 44.0$$

第二列第三格是：

$$110 - 29.3 - 44.0 = 36.7$$

而第三列中，由左至右分別爲：

$$80 - 35.2 - 29.3 = 15.5$$

$$120 - 52.8 - 44.0 = 23.2$$

$$100 - 44.0 - 36.7 = 19.3$$

這些數字可以整理如下表，期望次數以括弧表示，列於實際觀察值下方：

	單身	已婚	喪偶或離婚
朋友與社交活動	41 (35.2)	49 (52.8)	42 (44.0)
工作或主要活動	27 (29.3)	50 (44.0)	33 (36.7)
健康與身體狀況	12 (15.5)	21 (23.2)	25 (19.3)

要檢定虛無假設時，我們要對**每格期望次數**(expected cell frequencies)與

每格實際次數(observed cell frequencies)進行比較。倘若每格期望次數與每格實際次數的差距太大時,自然應該要拒絕虛無假設;而若差距不是很大的時候,則接受虛無假設,或至少持保留態度。

以字母o來表示實際次數,以字母e來表示期望次數,我們採用下列的**卡方統計量**(chi-square statistic)來進行檢定:

用以分析$r×c$雙向表的統計量

$$\chi^2 = \sum \frac{(o-e)^2}{e}$$

倘若虛無假設成立的話,此統計量為近似於卡方分配(第11.3節)的隨機變數的值,自由度為$(r-1)(c-1)$。當$r=3$且$c=3$時,自由度為$(3-1)(3-1)=4$。記得,只有左上角四個格子的期望次數要用到「列總和乘上欄總和除以表總和」的規則,其餘五個期望次數都可以用減法算得。

當o與e的差距很大時,我們應該要拒絕虛無假設,因此我們採用圖14.2的單尾檢定標準;以符號來表示,在α的顯著水準下,自由度為$(r-1)(c-1)$,若$\chi^2 \geq \chi^2_\alpha$,則拒絕虛無假設。切記,此檢定只是一個近似大樣本的檢定,因此建議如果有一個以上的期望次數小於5時,則最好不要用這個檢定方法。(有時候比較折衷的辦法是,將某些格、欄、或列合併,以使得所有的期望次數都大於5。在這種情況下,自由度會隨著減少。)

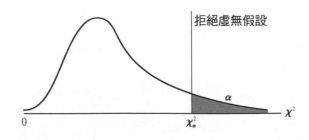

圖14.2　卡方檢定(x^2 test)的檢定標準

14. 計數資料假設檢定
TESTS OF HYPOTHESES BASED ON COUNT DATA

範例 14.5

承前文提到的幸福感來源研究調查的範例，請在0.01的顯著水準下，檢驗對單身、已婚，以及喪偶或離婚的人來說，選擇那三種選項的機率是否相同。

解答

1. $H_0 : p_{i1} = p_{i2} = p_{i3}$其中 $i = 1$、2、3

   H_A :至少有一個 i 的p_{i1}、p_{i2}、與 p_{i3}是不全等的。

2. $\alpha = 0.01$

3. 若 $\chi^2 \geq 13.277$時，拒絕虛無假設，其中

$$\chi^2 = \sum \frac{(o - e)^2}{e}$$

而13.277為 $\chi^2_{0.01}$ 的值，自由度為$(3-1)(3-1) = 4$；不然的話，接受虛無假設或持保留態度。

4. 將之前整理的表中的實際次數與期望次數分別代入 χ^2 的式子中，得到

$$\begin{aligned}
\chi^2 &= \frac{(41 - 35.2)^2}{35.2} + \frac{(49 - 52.8)^2}{52.8} + \frac{(42 - 44.0)^2}{44.0} \\
&+ \frac{(27 - 29.3)^2}{29.3} + \frac{(50 - 44.0)^2}{44.0} + \frac{(33 - 36.7)^2}{36.7} \\
&+ \frac{(12 - 15.5)^2}{15.5} + \frac{(21 - 23.2)^2}{23.2} + \frac{(25 - 19.3)^2}{19.3} \\
&\approx 5.37
\end{aligned}$$

5. 由於 $\chi^2 = 5.37$小於13.277，所以無法拒絕虛無假設，也就是說，我們認為對這三類人而言，選擇這三種選項的機率都相同。

圖14.3為利用統計電腦軟體進行卡方檢定所得到的結果。因為四捨五入之故，圖中的數字與上面的解答會有些許出入。圖14.3也顯示本範例 χ^2 統計量所對應的的p值，為0.254。由於0.254大於題意中所設定的顯著水準0.01，所以結論仍是無法拒絕虛無假設。

```
卡方檢定

Expected counts are printed below observed counts
Chi-Square contributions are printed below expected counts

                              Widowed
                                 or
          Single   Married   Divorced   Total
    1        41        49         42      132
           35.20     52.80      44.00
           0.956     0.273      0.091

    2        27        50         33      110
           29.33     44.00      36.67
           0.186     0.818      0.367

    3        12        21         25       58
           15.47     23.20      19.33
           0.777     0.209      1.661

Total        80       120        100      300

Chi-Sq = 5.337, DF = 4, P-Value = 0.254
```

圖14.3　範例14.5的統計軟體分析結果

有些統計學家偏好使用以下的公式：

**卡方統計量的
另一個公式**

$$\chi^2 = \sum \frac{o^2}{e} - n$$

其中 n 為整個表的表總和。這個公式的計算過程較為簡化，不過原本公式的定義比較清楚：我們可以明確看出 χ^2 是取決於 o 與 e 的差距。

範例 14.6

請用卡方統計量的另一個公式重新計算範例14.5。

解答

$$\chi^2 = \frac{41^2}{35.2} + \frac{49^2}{52.8} + \frac{42^2}{44.0} + \frac{27^2}{29.3} + \frac{50^2}{44.0}$$

$$+ \frac{33^2}{36.7} + \frac{12^2}{15.5} + \frac{21^2}{23.2} + \frac{25^2}{19.3} - 300$$

$$\approx 5.37$$

結果相同。

在對第三個例子，第二次基測成績是否進步與第一次基測成績之間的關係，進行獨立性檢定之前，我們先來說明前面提到的計算期望次數的規則，也能用在這個例子中。在獨立性的虛無假設下，隨機抽樣選中一個第一次基測成績中下而且第二次基測成績退步的人的機率，應該是選中一個第一次基測成績中下的人的機率，乘上選中一個第二次基測成績退步的人的機率。透過第一列的列總和、第一欄的欄總和、以及整個表的表總和，我們可以得到如下的機率值：

選中一個第一次基測成績中下的人的機率：

$$\frac{57+100+45}{825} = \frac{202}{825}$$

選中一個第二次基測成績退步的人的機率：

$$\frac{57+135+51}{825} = \frac{243}{825}$$

當二者獨立時，選中一個第一次基測成績中下而且第二次基測成績退步的人的機率為 $\frac{202}{825} \cdot \frac{243}{825}$。在樣本數825人中，我們期望會選中第一次基測成績中下而且第二次基測成績退步的人數為

$$825 \cdot \frac{202}{825} \cdot \frac{243}{825} = \frac{202 \cdot 243}{825} \approx 59.5$$

觀察上面這個式子，最後一個分數，正是第一列的列總和，乘上第一欄的欄總和，除以整個表的表總和。此與之前所討論過的計算每格期望次數的規則相同。

範例 **14.7**

在第二次基測成績是否進步與第一次測驗成績之間的關係的例子中，請在0.01的顯著水準下，檢定變數之間是否獨立。

解答　1. H_0：第二次基測成績是否進步與第一次成績表現是彼此獨立的。

H_A：第二次基測成績是否進步與第一次成績表現是相關的。

2. $\alpha = 0.01$

3. 若 $\chi^2 \geq 13.277$ 時，拒絕虛無假設，其中

$$\chi^2 = \sum \frac{(o-e)^2}{e}$$

而13.277為 $\chi^2_{0.01}$ 的值，自由度為$(3-1)(3-1)=4$；不然的話，接受虛無假設或持保留態度。

4. 將列總和乘上欄總和再除以表總和，得到如下的每格期望次數表；期望次數以括弧表示，列於實際觀察值下方：

進步與否

		退步	同分	進步
第一次	中下	57 (59.50)	100 (57.30)	45 (85.21)
基測成績	中等	135 (132.84)	106 (127.92)	210 (190.24)
	中上	51 (50.66)	28 (48.78)	93 (72.55)

然後將期望次數與實際次數分別代入 χ^2 的式子中，得到

$$\chi^2 = \frac{(59-59.5)^2}{59.5} + \frac{(100-57.3)^2}{57.3} + \frac{(45-85.21)^2}{85.21}$$

$$+ \frac{(135-132.84)^2}{132.84} + \frac{(106-127.92)^2}{127.92} + \frac{(210-190.24)^2}{190.24}$$

$$+ \frac{(51-50.66)^2}{50.66} + \frac{(28-48.78)^2}{48.78} + \frac{(93-72.55)^2}{72.55}$$

$$\approx 71.37$$

5. 由於 $x^2 = 71.37$ 大於13.277，所以拒絕虛無假設，也就是說，我們認為第二次基測成績是否進步與第一次基測成績之間，存在某種關係。

在分析 $r \times c$ 雙向表時，列數為二（$r=2$），且每一欄的欄總和是固定數的特殊雙向表非常重要，此種雙向表的應用層面非常廣。事實上，在這種雙向表中，我們檢定的是 c 組（欄）樣本之間的比例值是否有顯著的差異。假設每個母體的比例值分別以 p_1、p_2、……、與 p_c 符號表示。除此之外，當欄數也為二（$c=2$）時，這個檢定方法即為檢定兩個母體比例值的差距是否具有統計顯著性（與第14.3節的主題相同），只不過只適用於 $p_1 \neq p_2$ 的對立假設。在這種情況中，第14.3節的 z 值與此處 x^2 的值有以下的關係：$z^2 = x^2$。在習題14.19中，我們會要求讀者驗證這個關係。

$r \times c$ 雙向表的卡方分析，有個易於理解但是值得注意的特點，就是如果調動表中每一列或每一欄的排列順序的話，並不會影響 x^2 統計量的值。當每一列的排列順序或每一欄的排列順序是有特殊含意的時候，比如說這組資料為排序性的類別數據，這項特點就把該特殊含意無形中刪略了。舉例來說，範例14.7就屬於這種情況。在範例14.7中，第一次基測成績從中下到中等再到中上，而第二次基測成績從退步到同分到進步。為了避免 $r \times c$ 雙向表卡方分析的這項缺點，統計學家發展出不少替代的方法。在這些方法中，我們使用已排序的數字來替代排序性的類別。通常這些數字是連續整數，而且其算數平均數愈簡單愈好（例如如果類別有三項的話，則以整數 -1、0、與 1表示）。在這裡我們不會再針對這個問題作進一步的討論，不過在第17章中會有相關的範例。此外，本章最後也附上兩本分析順序類別資料(ordinal categorical data)的參考書，提供給有興趣的讀者參考。

精選習題

14.10 請利用卡方統計量的另一個公式,重新計算範例14.7中的卡方統計量的值。

14.11 倘若從國民住宅的居民中隨機選出400人,根據以下的標準進行分類:就業狀況:全職工作、兼職工作,或待業中;以及小孩個數:0、1、2、3、或4或以上。請問若要根據此3×5雙向表進行卡方分析時,所需要的虛無假設與對立假設為何?

14.12 患有焦慮症的200名患者中,100名接受心理治療,另100名接受心理諮商。某精神病醫療小組在六個月後對這些病患進行檢查,看他們的症狀是減輕了、維持不變、還是加重了。所得到的結果如下表。請在0.05的顯著水準下,檢定這兩種治療方法的效果是否相同。

	心理治療	心理諮商
症狀減輕	8	11
症狀維持	58	62
症狀加重	34	27

14.13 某研究單位想要瞭解四種不同職業別中,兒子從事與父親相同的職業的比例是否有差異,因此分別從這四種職業中(醫師、銀行家、老師、律師)隨機選取200人、150人、180人、與100人,得到以下的結果:

	醫師	銀行家	老師	律師
父子職業相同	37	22	26	23
父子職業不同	163	128	154	77

請在 0.05的顯著水準下,檢定這四組樣本比例值: $\frac{37}{200} = 0.185, \frac{22}{150} \approx 0.147, \frac{26}{180} \approx 0.144$ 和, $\frac{23}{100} = 0.23$ 之間的差異是否顯著。

14.14 某大型大學的校長想要瞭解該校的教職人員中,對校務會議中課程改善提案的態度,是否會因為職等不同而異。他詢問了80位講師、140位助理教授、100位副教授、以及80位教授,得到以下的結果:

	講師	助理教授	副教授	教授
反對	8	19	15	12
無意見	40	41	24	16
贊成	32	80	61	52

請在0.01的顯著水準下,檢定「這四個組別對課程改善提案的態度,並沒有顯著差異」的虛無假設。

14.15 某研究想要瞭解銀行員工的衣著打扮與其升遷速度是否有關連。隨機選出500名樣本,得到以下的結果:

	緩慢	中等	快速
衣著講究	38	135	129
衣著適中	32	68	43
衣著不善	13	25	17

請在0.025的顯著水準下,檢定這兩個變數之間是否的確存在關連性。

14.16 倘若分析列聯表時,發現表中的兩個變數的確存在某種關連性的話,則此關連性的強度可以用**列聯係數**(contingency coefficient)來測

$$C = \sqrt{\frac{\chi^2}{\chi^2 + n}}$$

其中 χ^2 為列聯表中所得之卡方統計量，而 n 為表中的總次數。此係數的最小值為0，表示兩個變數之間相互獨立；最大值則根據表的大小而定，不過小於1。舉例來說，3×3 列聯表的 C 的最大值為 $\sqrt{2/3} \approx 0.82$。

(a) 請求算範例14.7的 C 值，在該範例中我們已知 $n = 400$ 且 $\chi^2 = 40.89$。

(b) 請求算習題14.15的列聯係數。

14.17 請求算以下列聯表的列聯係數，該表為190 家電台的績效評量：

		聽眾忠誠度		
		低	中	高
	低	7	12	31
節目選擇性	中	35	59	18
	高	15	13	0

14.18 承習題14.7，請以 2×2 雙向表的分析方式重新進行檢定。並請驗證此方法中的 χ^2 等於原先方法中的 z 值的平方。

14.19 承範例14.4，請以 2×2 雙向表的分析方式重新進行檢定。並請驗證此方法中的 χ^2 等於原先方法中的 z 值的平方。

14.20 以下資料是隨機抽樣調查五個大型職業公會中的成員，對於某政治人物的支持度：

	公會1	公會2	公會3	公會4	公會5
支持	74	81	69	75	91
反對	26	19	31	25	9

在0.01的顯著水準下，我們是否可以下結論說這五個公會對於該政治人物的支持度有顯著差異？

14.21 若 $r \times c$ 雙向表中的期望次數，是根據第14.4節中所介紹的方法計算出來的話，請驗證期望次數的每一個列總和都與原本數據的列總和相等。

14.22 若 $r \times c$ 雙向表中的期望次數，是根據第14.4節中所介紹的方法計算出來的話，請驗證期望次數的每一個行總和都與原本數據的行總和相等。

14.5 適合度

本節中我們要探討卡方檢定標準的另一個應用：檢驗某個觀察到的次數分配，是否符合我們的理論機率分配或是假設機率分配。這種應用稱為**適合度檢定**(test of goodness of fit)。

先來看一個例子。假設某機場的飛航管制員宣稱，該機場每分鐘收到的無線電訊息的件數，是服從卜瓦松分配的隨機變數，且平均數 $\lambda = 1.5$。該

統計學
MODERN ELEMENTARY STATISTICS

機場的管理階層想要驗證這個說法是否正確。如果證明是對的，那麼他們可能要再多聘請一位飛航管制員。該機場有特定的儀器記錄每一分鐘間隔所收到的無線電訊息的件數，以下列出兩百筆數據：

```
0 0 1 1 5   3 1 1 2 0   1 0 3 1 0   2 2 2 2 0   1 2 2 0 1
0 2 1 0 2   3 1 1 3 1   0 0 0 1 0   1 2 0 1 3   1 0 0 0 3
0 0 0 1 2   2 0 0 3 0   3 1 1 1 5   2 2 0 2 4   1 1 1 4 2
3 0 0 0 1   0 1 1 1 0   1 0 2 0 2   2 0 1 1 0   2 2 2 1 4
0 0 2 2 0   1 2 0 2 0   0 2 1 1 1   2 1 2 4 0   0 2 0 0 2
0 2 0 0 2   1 3 0 2 0   1 1 3 0 1   0 2 1 0 1   2 2 3 1 1
4 0 1 2 0   0 1 0 2 2   1 0 3 1 1   0 1 0 0 3   2 1 3 1 0
0 2 3 0 0   3 3 0 2 1   0 3 0 0 2   1 1 1 0 1   0 0 2 2 3
```

這些數據可整理如下表：

無線電訊息的件數	觀察到的次數
0	70
1	57
2	46
3	20
4	5
5	2

```
卜瓦松機率密度函數

mu = 1.50000

   x     P( X = x)
0.00      0.2231
1.00      0.3347
2.00      0.2510
3.00      0.1255
4.00      0.0471
5.00      0.0141
6.00      0.0035
7.00      0.0008
8.00      0.0001
```

圖14.4　卜瓦松分配，$\lambda = 1.5$

426　⇒　14.5 適合度

如果該飛航管制員的宣稱是正確的話，那麼每分鐘所收到的無線電訊息的期望件數，應為200乘上圖14.4中的機率值，得到

無線電訊息的件數	期望次數
0	44.6
1	66.9
2	50.2
3	25.1
4 或以上	13.1

其中我們將「4或以上」合併成一組，因為「5或以上」的期望次數為3.7，小於5。

要檢定期望次數與實際觀察到的次數的差距，是否源自於偶然性時，我們使用如第14.4節的卡方統計量：

$$\chi^2 = \sum \frac{(o-e)^2}{e}$$

針對每一組計算 $\frac{(o-e)^2}{e}$ 的值，然後加總起來。若 χ^2 大於或等於 χ_α^2 的話，則我們在 α 的顯著水準下，拒絕虛無假設。此時自由度為 $k-m-1$，k 為 $\frac{(o-e)^2}{e}$ 中所加總的 χ^2 的項數（本例中為5），而m為必須透過樣本資料進行機率估計（本例中為卜瓦松分配）的參數個數。

範例 14.8

利用本節的兩個次數分配表，一個是實際觀察到的次數，另一個是根據 $\lambda = 1.5$ 的卜瓦松分配所計算出來的期望次數，在0.01的顯著水準下，檢定該飛航管制員的宣稱是否為真。

解答

1. H_0：此抽樣母體服從 $\lambda = 1.5$的卜瓦松分配。

   H_A：此抽樣母體不服從 $\lambda = 1.5$的卜瓦松分配。

2. $\alpha = 0.01$

3. 將「4或以上」合併成一組，得到$k=5$，套用於自由度的計算公式中。而本例中我們不需要從樣本資料中估計卜瓦松分配的參數，所以$m=0$。因此，倘若$\chi^2 \geq 13.277$時，拒絕虛無假設，其中

$$\chi^2 = \sum \frac{(o-e)^2}{e}$$

而13.277為$\chi^2_{0.01}$的值，自由度為$k-m-1=5-0-1=4$；不然的話，接受虛無假設或持保留態度。

4. 將實際觀察到的次數與期望次數，代入此χ^2的公式，得到

$$\chi^2 = \frac{(70-44.6)^2}{44.6} + \frac{(57-66.9)^2}{66.9} + \frac{(46-50.2)^2}{50.2}$$
$$+ \frac{(20-25.1)^2}{25.1} + \frac{(7-13.1)^2}{13.1}$$
$$\approx 20.2$$

5. 由於20.2大於13.277，所以拒絕虛無假設，換句話說，此母體不服從卜瓦松分配，或是此母體服從卜瓦松分配，但是平均數λ不為1.5。

如果要檢驗此母體是否服從平均數λ不為1.5的卜瓦松分配，我們先計算這些觀察到的次數分配的平均數：

$$\frac{0 \cdot 70 + 1 \cdot 57 + 2 \cdot 46 + 3 \cdot 20 + 4 \cdot 5 + 5 \cdot 2}{200} = \frac{239}{200} \approx 1.2$$

我們來看看，如果以$\lambda=1.2$替代$\lambda=1.5$的話，會發生什麼事。

```
卜瓦松機率密度函數

mu = 1.20000

    x      P( X = x)
 0.00       0.3012
 1.00       0.3614
 2.00       0.2169
 3.00       0.0867
 4.00       0.0260
 5.00       0.0062
 6.00       0.0012
 7.00       0.0002
 8.00       0.0000
```

圖14.5 卜瓦松分配，$\lambda = 1.2$

若 $\lambda = 1.2$，則期望次數為200乘上圖14.5的機率值，同樣的，將「4或以上」合併為一組，得到：

無線電訊息的件數	期望次數
0	60.2
1	72.3
2	43.4
3	17.3
4或以上	6.7

範例 14.9

根據之前的實際次數分配表，以及上面的期望次數表，請在0.01的顯著水準下，檢定這組資料是否服從卜瓦松分配。

解答　1. H_0：此抽樣母體服從卜瓦松分配。

H_A：此抽樣母體不服從卜瓦松分配。

2. $\alpha = 0.01$

3. 將「4或以上」合併成一組，得到$k=5$，套用於自由度的計算公式中。而本例中我們有根據樣本資料估計卜瓦松分配的參數 λ，所以$m=1$。因此，倘若 $\chi^2 \geq 11.345$時，拒絕虛無假設，其中

$$\chi^2 = \sum \frac{(o-e)^2}{e}$$

而11.345為 $\chi^2_{0.01}$ 的值，自由度為$k-m-1=5-1-1=3$；不然的話，接受虛無假設或持保留態度。

4. 將實際觀察到的次數與期望次數，代入此 χ^2 的公式，得到

$$\chi^2 = \frac{(70-60.2)^2}{60.2} + \frac{(57-72.3)^2}{72.3} + \frac{(46-43.4)^2}{43.4}$$
$$+ \frac{(20-17.3)^2}{17.3} + \frac{(7-6.7)^2}{6.7}$$
$$\approx 5.4$$

5. 由於5.4小於11.345，所以拒絕虛無假設。運用計算機，得知 $\chi^2 = 5.4$、自由度為3的p值為0.1272。此p值顯示此適合度還不差，但是我們還是傾向持保留態度。

本節所討論的方法，是用以檢驗某個觀察到的次數分配，是否符合我們的理論機率分配或是假設機率分配。在接下來的習題中，我們會檢定觀察到的次數分配，是否符合（或是近似）二項分配以及常態分配。

精選習題

14.23 以下數據為160窩小老鼠中，母老鼠的隻數，而每一窩都有四隻小老鼠：
請在0.01的顯著水準下，檢定這組資料是否可視為來自於$n=4$且$p=0.50$的二項分配的隨機樣本資料？

母老鼠隻數	窩數
0	12
1	37
2	55
3	47
4	9

14.24 某醫師的原則是每天開刀的次數最多四次，以下是他最近300天的開刀紀錄：

開刀次數	天數
0	2
1	10
2	33
3	136
4	119

請在0.05的顯著水準下，檢定這些資料是否可視為某服從二項分配母體的隨機樣本，而該二項分配參數為 $n = 4$，$p = 0.70$？

14.25 承上題，請在0.05的顯著水準下，檢定該資料是否可視為某服從二項分配之母體的隨機樣本？（提示，先計算該資料分配的平均數，而後用 $\mu = np$ 的公式來估計 p）

14.26 以下次數分配的數據，是在某國家公園裡頭遊客目擊熊群出沒的隻數與次數：

熊的隻數	次數
0	70
1	23
2	7
3	0

已知 $\lambda = 0.5$ 的卜瓦松分配中，可能值0、1、2、與3的出現機率分別為0.61、0.30、0.08，與0.01。請在0.05的顯著水準下，檢定此數據是否能視為來自於 $\lambda = 0.5$ 的卜瓦松分配的隨機樣本資料？

14.6 本章專有名詞彙整

卡方統計量(Chi-square statistic)

列聯係數(Contingency coefficient)

列聯表(Contingency table)

計數資料(Count data)

每格期望次數(Expected cell frequencies)

表總和(Grand total)

每格實際次數(Observed cell frequencies)

合併(Pooling)

$r \times c$ 雙向表（$r \times c$ table）

兩個比例值差距的標準誤(Standard error of the difference between two proportions)

14.7 參考書籍

- 本章所討論的各種假設檢定，其理論基礎在大多數的數理統計學教科書中都有詳細的討論，例如：

MILLER, I., and MILLER, M., *John E. Freund's Mathematical Statistics*, 6th ed. Upper Saddle River, N. J.: Prentice Hall, 1999.

- 列聯表的詳細討論，參見：

EVERITT, B. S., *The Analysis of Contingency Tables*. New York: John Wiley & Sons, Inc., 1977.

- 排序性類別資料的 $r \times c$ 雙向表分析，參見：

1. AGRESTI, A., *Analysis of Ordinal Categorical Data*. New York: John Wiley & Sons, Inc., 1984.

2. GOODMAN, L. A., *The Analysis of Cross-Classified Data Having Ordered Categories*. Cambridge, Mass: Harvard University Press, 1984.

R.87 倘若我們要檢定至某城鎮小學上學的小學生，平均通學的距離大於1.5英里的說法的話，請問需要什麼樣的虛無假設與對立假設？

R.88 在五次田徑比賽中，某跳高選手的成績分別為84、81.5、82、80.5，與83英吋。請驗證在0.01的顯著水準下，當對立假設為 $\mu > 78$ 時，我們可以拒絕 $\mu = 78$ 的虛無假設。

R.89 某研究想要瞭解某校家長們對該校性教育課程的看法，隨機選出該校360位家長，根據其所養育的小孩人數分類，詢問他們對該性教育課程的看法。所得結果整理成以下的表格：

	小孩人數		
	1	2	3或以上
不佳	48	40	12
普通	55	53	29
良好	57	46	20

請在0.05的顯著水準中，檢驗家長們對此性教育課程的反應是否與所養育的小孩人數有關。

R.90 在某大型國際機場中對來往旅客隨機進行訪談，發現300位剛下飛機的旅客中，有81位坦承他們害怕搭乘飛機，而200位即將登機的旅客中，有32位坦承他們害怕搭乘飛機，請利用z統計量，在0.01的顯著水準中，檢定這兩組樣本比例值的差距是否顯著。

R.91 承上題，請利用 χ^2 統計量重新進行檢定。並請驗證此處所算出來

的 x^2 值，等於上一題中 z 值的平方。

R.92 以下數據為每天從溫哥華飛往舊金山的班機中，連續50週之內每週誤點的班機次數：

每週誤點班機數	週數
0	12
1	16
2	13
3	8
4	1

請在0.05的顯著水準下，檢定「從溫哥華飛往舊金山的班機中有10%會誤點」的虛無假設；亦即，這份數據可視為來自於 $n=7$ 且 $p=0.10$ 的二項分配的隨機樣本資料。

R.93 承上題，請在0.05的顯著水準下，檢定這份資料可視為來自於 $n=7$ 二項分配的隨機樣本。（提示：求算此次數分配表的平均數，再利用 $\mu = np$ 的公式估計 p。）

R.94 為了要研究某種類固醇在長期體重不足患者身上的療效，隨機選出60位病患，每天服用25毫克的劑量，連續12週；另一組隨機樣本也是60位病患，每天服用50毫克的劑量，連續12週。結果顯示，第一組病患平均增加了8.5磅，而第二組病患平均增加了11.3磅。倘若從以往的研究中得知，$\sigma_1 = \sigma_2 = 1.4$，請在0.05的顯著水準下，檢定這兩組樣本平均數的差距是否顯著。

R.95 某研究擬比較三家健身中心的減重課程的效果是否相同。該研究紀錄參加此三家健身中心的減重課程的學員們，在進行六週的飲食控制與訓練計畫之後，得到以下體重減輕的數據：

		健身中心1	健身中心2	健身中心3
體重減輕	少於十磅	86	91	125
	大於十磅	18	21	38

請在0.05的顯著水準下，檢定「此三家健身中心的減重課程的效果是相同的」的虛無假設。

R.96 在某大型購物廣場中隨機選取150位購物者，其中118位至少消費一次。請以此資料求算在此大型購物廣場中，隨機選中至少消費一次的購物者的機率的95%信賴區間。

R.97 若要使用二項分配的常態近似法時，必須要滿足np與$n(1-p)$皆大於5的條件。請問若$n=400$，請問p要為多少才能使用這種近似方法？

R.98 某早餐麥片的25份隨機樣本中，測得糖的平均含量為10.42公克，標準差為1.76公克。假設這些資料可視為來自於常態母體的隨機樣本，請求算母體標準差 σ 的95%信賴區間。

R.99 某實驗室想要估計某新型切割工具的平均使用壽命，六個隨機樣本的使用壽命分別為2470、2520、2425、2505、2440、與2400次。我們可假設這些隨機樣本是來自於服從常態分配的母體。倘若該實驗室想以樣本平均數當作母體平均數的估計值，請問在99%的信賴水準下，該實驗室的最大誤差是多少？

R.100 在分析財務顧問們的閱讀習慣時，我們想估計他們每週閱讀的財務報表的平均份數。假設已知 $\sigma=3.4$，若希望樣本平均數與母體平均數之間的最大誤差不超過1.2的機率為0.99的話，請問需要多大的樣本？

R.101 以下次數分配表的數據為某化學工廠每天二氧化硫的廢氣排放量：

二氧化硫的排放量，噸	次數
5.0–8.9	3
9.0–12.9	10
13.0–16.9	14
17.0–20.9	25
21.0–24.9	17
25.0–28.9	9
29.0–32.9	2

透過計算可知此分配的平均數 $\bar{x}=18.85$，且標準差 $s=5.55$。利用以下的步驟，來檢定「這份資料可視為來自於常態母體的隨機樣本」的

虛無假設：

(a) 若某隨機變數服從 $\mu = 18.85$、$\sigma = 5.5$的常態分配，請問該隨機變數的可能值出現在以下範圍的機率分別是多少？小於8.95、介於8.95與12.95之間、介於12.95與16.95之間、介於16.95與20.95之間、介於20.95與24.95之間、介於24.95與28.95之間、以及大於28.95。

(b) 將第一組與最後一組改為「8.95或以下」與「28.95或以上」。請將上一小題的機率，逐一乘上表中的總次數80，得到每一組別的常態分配期望次數。

(c) 請在0.05的顯著水準下，檢定此組數據是否能視為來自於常態分配的隨機樣本資料。

R.102 某醫院的精神科急診室在一週內有210名病患因為酗酒問題被送進來求診，其中週一至週日的進來的人數分別為36、19、18、24、33、40、與40。請在0.05的顯著水準下，檢定「因酗酒問題而被送進該精神科急診室求診的病患數，於週內每一天都相同」的虛無假設。

R.103 根據$n = 14$的實驗結果，我們要檢定$p = 0.30$的虛無假設，而對立假設為$p > 0.30$。倘若當成功次數大於等於8時我們拒絕虛無假設，請求算以下的機率值：

(a) 型一錯誤；

(b) 當$p = 0.40$時的型二錯誤；

(c) 當$p = 0.50$時的型二錯誤；

(d) 當$p = 0.60$時的型二錯誤。

R.104 八種引擎進行測試，在使用某種油品一加侖的情況下，這些引擎的運轉時間分別為25、18、31、19、32、27、24、與28分鐘。請利用以下的方法估計母體標準差：

(a) 樣本標準差；

(b) 習題11.22中的樣本全距方法。

R.105 某機構接受政府委託，秘密調查在跳蚤市場進行交易的攤販中，有多少比例會記帳以便於報稅。若該機構想要在95%的信賴水準下，確保其估計誤差不會超過6%，請問在以下的情況中，他們所需要的樣本數分別是多少？

(a) 對真正的比例值完全沒有概念；

(b) 可以確定該比例值至少為60%。

R.106 為了要瞭解某兩個南太平洋小島上的原住民的祖先是否源自於同一種族，某人類學家分別從兩個島上測得6個成年男性頭部的某個指標，得到 $\bar{x}_1 = 77.4$ 與 $\bar{x}_2 = 72.2$，且 $s_1 = 3.3$ 與 $s_2 = 2.1$ 的結果。假設這些資料可視為來自於常態母體的獨立樣本，請在0.10的顯著水準下，檢定 $\sigma_1 = \sigma_2$ 的虛無假設，而對立假設為 $\sigma_1 \neq \sigma_2$。

R.107 某項實驗中，詢問負責面試工作職缺的某面試人員，請他記下對應試者的第一印象，與面試結束時對該應試者的最後印象，得到以下的表格：

		第一印象	
		正面	負面
最後印象	正面	184	32
	負面	56	128

請利用此表格，在0.01的顯著水準下，檢定「該面試人員對應試者的第一印象與最後印象，有85%的時間是相同的」的虛無假設。

R.108 隨機選取某職業高爾夫選手參加比賽的十次成績，得到平均桿數為70.8，且標準差為1.28。假設該選手的成績可視為源自於常態母體的隨機樣本，請在0.01的顯著水準下，檢定 $\sigma = 1.0$ 的虛無假設，而對立假設則為該選手的成績表現其實起伏落差相當大。

R.109 某民意測驗專家想要瞭解一般大眾中，有多少比例支持政府打算開放讓癌症病患可以使用大麻為治療藥物的政策。倘若她希望所得到的樣

本比例值與母體比例值之間的差距,有0.90的機率不超過0.04的話,
請問她所需要的樣本數為多少?

15

▶▶變異數分析
ANALYSIS OF VARIANCE

本章所討論的主題是第12.5節與第12.6節的內容的延伸，我們要比較兩個以上的樣本平均數之間的差距，是機遇造成的，還是源自於這些樣本母體的平均數根本就不同。舉例來說，我們想要利用樣本資料來檢驗三種外國語言教學方法的效果差異如何，或是比較八種不同品種的麥子的每畝平均產量，或是判斷五種汽油每加侖所能行駛的平均里程數是否的確有差異，或是四種房屋外牆油漆的持久性是否真的有差別。我們用來分析這些問題的方法稱為**變異數分析**(analysis of variance)，或簡稱ANOVA。

除了這個目的以外，變異數分析還可以同時處理許多不同的問題。比方說，在上一段中的第一個例子，我們或許會想知道，我們所觀察到的平均數的差距，是真的因為教學方法的不同所造成的，而與其他原因無關，例如教學品質、教材好壞，或是學生資質。同樣地，在測試不同品種的麥子時，我們也會想問這些麥子的平均產量之間的差異，是否只與品種有關，而與肥料種類、土壤組成、或是灌溉水量等都無關。這些考量建構出統計學中一個非常重要的課題：**實驗設計**(experimental design)，藉由實驗的方法來驗證所思考的問題。

第15.1節中我們先以一個例子當作本章的簡介，而後在第15.2節中討論**隨機化**(randomization)的概念。我們在第15.3節中討論的是**單因子變異數分析**(one-way analysis of variance)，然後第15.4節為**多重比較**(multiple comparisons)，主要在探討當變異數分析得出顯著的結果時，該如何進行解讀的工作。接下來，第15.5節中所介紹的**區集設計**(blocking)，是第15.6節的**二因子實驗**(Two-way experiments)的基礎。而在後續的章節中，會另外提到許多相關的主題。

15.1 k個平均數之間的差異

我們先透過一個例子來看看變異數分析的適用情況。某個調查水庫優氧化的研究，在翡翠水庫、德基水庫、曾文水庫三個水庫進行水質採樣，得到

以下鈣離子的濃度：

翡翠：	44	38	47	45	43	35
德基：	39	36	45	42	37	41
曾文：	44	45	47	48	48	50

以上三組樣本的平均數分別為42、40、以及47；我們想知道，它們之間的差距是否純粹只是機遇(chance)，還是有其他的原因？

在這類型的問題當中，這 k 組母體的平均數分別以符號 μ_1、μ_2、……、與 μ_k 表示，虛無假設為 $\mu_1 = \mu_2 = \cdots = \mu_k$，而對立假設為這些 μ 不是全部相等的[1]。當樣本平均數之間的差距不大時，虛無假設成立；若至少有一些樣本平均數之間的差距很大時，則對立假設成立。因此，我們必須要一套衡量樣本平均數差距的標準，以及判斷何時該拒絕虛無假設的規則。

在正式進行分析這個問題之前，有兩個重要的假設要先說明：

資料是由常態母體的隨機樣本所組成。這些常態母體有相同標準差。

在之前的例子中，$k=3$，且假設樣本均來自常態母體，而母體標準差 σ 均相同。事實上，這三個母體的平均數不一定相同，而這正是我們打算用變異數分析來驗證的。

當然，母體標準差 σ 的值一定是未知的，不過在變異數分析中，我們利用兩種不同的方式來估計母體變異數 σ^2，然後以這兩個估計值的比例值來決定是否該拒絕虛無假設。第一個估計方法是根據樣本平均數之間的變異

註1. 在本章後半段的討論中，我們會把這 k 個平均數改寫成 $\mu_1 = \mu + \alpha_1$、$\mu_2 = \mu + \alpha_2$、……、與 $\mu_k = \mu + \alpha_k$，其中 $\mu = \dfrac{\mu_1 + \mu_2 + \cdots + \mu_k}{k}$，稱為「總平均」(grand mean)，而這 k 個 α 值稱為「處理效果」(treatment effects)，其總和為零。倘若使用這些符號，虛無假設為 $\alpha_1 = \alpha_2 = \cdots = \alpha_k = 0$，對立假設為這些 α 並非全部等於零。

(variation among the $\bar{x}$'s)，當虛無假設不成立時，此估計值會大於我們心目中的預期值。第二個估計方法是根據樣本內部的變異(variation within the samples)，因此不論虛無假設成立與否，都不影響其估計值的大小。

我們先計算樣本平均數之間的變異，求算第一個估計值。這三個樣本平均數的平均數為

$$\frac{42+40+47}{3}=43$$

然後代入求算樣本標準差的公式，得到

$$s_{\bar{x}}^2 = \frac{(42-43)^2+(40-43)^2+(47-43)^2}{3-1}=13$$

其中，下標 $\bar{x}$，是用來標示 $s_{\bar{x}}^2$ 為樣本平均數的變異數。

如果虛無假設成立的話，這三個樣本可視為來自同樣一個母體的樣本，因此 $s_{\bar{x}}^2$ 可視為平均數標準誤的平方 $\sigma_{\bar{x}}^2$ 的估計值。由於從無限母體隨機抽樣 n 個，其平均數標準誤為

$$\sigma_{\bar{x}} = \frac{\sigma}{\sqrt{n}}$$

$s_{\bar{x}}^2$ 即為下列式子的估計值：

$$\sigma_{\bar{x}}^2 = \left(\frac{\sigma}{\sqrt{n}}\right)^2 = \frac{\sigma^2}{n}$$

因此，$n \cdot s_{\bar{x}}^2$ 即成為 σ^2 的估計值。本例中，$n \cdot s_{\bar{x}}^2 = 6(13)=78$，此即為三個母體的共同變異數。

這個母體變異數 σ^2 的估計值，是根據樣本平均數之間的變異所計算出來的。如果 σ^2 已知，那我們可以直接比較 $n \cdot s_{\bar{x}}^2$ 與 σ^2；如果前者比後者大很多的話，則拒絕虛無假設。不過在實際操作時，σ^2 通常是不可能知道的，所以只好再用另外一種不受虛無假設成立與否影響的方法來估計 σ^2。如前所述，這個第二種方法是根據樣本內部的變異計算出來的，意即 s_1^2, s_2^2，與 s_3^2。本例中，$s_1^2 = 20.8$、$s_2^2 = 11.2$、$s_3^2 = 4.8$，而其總和（平均）值為

$$\frac{s_1^2 + s_2^2 + s_3^2}{3} = \frac{20.8 + 11.2 + 4.8}{3} = 12.27$$

此即為σ^2的第二個估計值。

我們比較兩個σ^2的估計值，第一個，根據樣本平均數之間的變異：$n \cdot s_{\bar{x}}^2 = 78$，以及第二個，根據樣本內部的變異：$\frac{s_1^2 + s_2^2 + s_3^2}{3} = 12.27$。很明顯第一個比第二個大很多，暗示這三個母體平均數可能不相等，也就是說，要拒絕虛無假設。為了用較嚴謹的方式來進行比較，我們採用 **F 統計量**(F statistic)：

用以檢定平均數差距的統計量

$$F = \frac{\text{根據樣本平均數之間變異而得 } \sigma^2 \text{估計值}}{\text{根據樣本內部變異而得 } \sigma^2 \text{估計值}}$$

倘若虛無假設成立，而且我們的假設也是有效的話，則此統計量的抽樣分配為**F 分配**(F distribution)。我們在第13章曾提過這個機率分配；在第13.2節中，我們利用代表**變異數比**(variance ratio)的F統計量來比較兩個變異數。當F很大時，拒絕虛無假設，檢定標準如圖15.1。當 $\alpha = 0.05$ 或 $\alpha = 0.01$ 時，F_α 的值可在書末附表IV中查到。當我們比較 k 個樣本數為 n 的隨機樣本平均數時，**分子自由度與分母自由度**(numerator and denominator degrees of freedom)分別為$k-1$與$k(n-1)$。

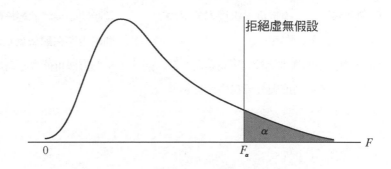

圖15.1 **根據 _F_ 分配的檢定標準**

計算F值，得到$F = \frac{78}{12.27} \approx 6.36$，四捨五入至小數點後二位。而當自由度為$k-1 = 3-1 = 2$與$k \ (n-1) = 3 \ (6-1) = 15$時，$F_{0.05}$為3.68。由於6.36大於3.68，所以在0.05的顯著水準下，拒絕虛無假設；換句話說，這三個樣本平均數之間的差距太大了，並不是因為機遇造成的。（$F = 36.7$且自由度為2與15時，其p值約為0.01。）

本節中所討論的方法，是最簡單的變異數分析。雖然我們已經可以利用F檢定來檢驗k個樣本平均數的差距，不過我們還可以從另一個變異數分析的觀點，來探討這個問題。此部分留待第15.3節。

精選習題

15.1 對三家廠商所生產的花生醬進行隨機抽樣，檢測其黃麴毒素的含量，得到以下的結果：

廠商一： 4.4　0.6　6.4　1.2　2.8　4.4

廠商二： 0.8　2.6　1.9　3.7　5.3　1.3

廠商三： 1.1　3.4　1.6　0.5　4.3　2.3

(a) 請求算這些資料的 $n \cdot s_{\bar{x}}^2$ 值，這三組資料的變異數平均，以及F值。

(b) 假設這些資料可視為來自於三個標準差相同的常態母體的隨機樣本，請在0.05的顯著水準下，檢定這三組樣本的平均數是否具有顯著差距。

15.2 當我們針對以下的樣本比較其平均數時，請問F分配的分子自由度與分母自由度分別是多少？

(a) $k=4$，隨機樣本數$n=20$；

(b) $k=8$，隨機樣本數$n=15$。

15.3 從三所大型小學中分別隨機抽出10名四年級的學童進行閱讀能力測驗，得到以下的成績：

學校一： 81　83　77　72　86　92　83　78　80　75

學校二： 73　112　66　104　95　81　62　76　129　90

學校三： 84　89　81　76　79　83　85　74　80　78

請說明如果我們要檢驗這三組樣本平均數之間是否存在顯著差距時，為何第15.1節所討論的方法可能會不適用。

15.2 實驗設計：隨機化

假設我們現在要根據15張白布樣本的潔白度指數，來判定三種洗潔劑的洗淨效果，我們先用墨汁將白布弄髒之後，在放入洗衣機中，分別加入三種洗潔劑清洗，得到的潔白度指數如下：

洗潔劑X：	77	81	71	76	80
洗潔劑Y：	72	58	74	66	70
洗潔劑Z：	76	85	82	80	77

這三組樣本的平均數分別為77、68、與80。而變異數分析的結果顯示，抽選出這些樣本的三組母體，其（母體）平均數並不是完全相同的。

根據此分析結果，一般人很自然地會認為這三種洗潔劑的洗淨效果的確不一樣，但是，仔細想想，我們會發現這個結論似乎沒有這麼肯定。我們可能會發現，用洗潔劑Y清洗的布料上，其墨漬可能比其他布料還深；洗潔劑Z的清洗時間可能比較長；清洗時所用的水，其硬度與溫度可能也不太一樣；而說不定檢測潔白度指數的儀器，在檢查這些白布時，出現意想不到的誤差。

當然，這三組樣本平均數，77、68、與80，之間的差距，的確很有可能是因為洗潔劑的洗淨效果不同所造成的，不過我們也在上一段列出一些可能造成差異的因素。在進行假設檢定時，有個非常重要的觀念要謹記在心：**假設檢定可以證明樣本平均數之間的差距不是機遇造成的，但是它不能明確指出造成這些差異的因素是什麼。**

一般來說，倘若我們要驗證某項因素（在其他眾多因素之中），是造成某些現象的主因，那麼我們必須確保其他因素不會對我們的檢驗造成影響。要達到這個目的有許多種方法，比方說，我們可以進行嚴格的**控制實驗**(controlled experiment)：除了一個我們要檢測的變數之外，其他變數全部維持固定。在三種洗潔劑的例子中，若要進行控制實驗的話，則滴在白布上的

墨汁都一樣多、清洗的時間要完全一樣、清洗用水的硬度與溫度要一樣、而且檢測潔白度指數的儀器在每次使用之後都要重新校正。在這些變數被嚴格控制之後,如果樣本平均數之間仍然出現顯著的差異,就表示不是這些變數所造成的。正面來說,此顯著差異說明這三種洗潔劑在這些條件控制下,洗淨效果的確有差別。當然,如果清洗時間或長或短,或是清洗用水的硬度或溫度不定,我們就無法保證這些差異還會存在。

在大部分的情況中,像上例這種「過度控制」的實驗,通常無法提供我們真正需要的資訊。另一方面,在真實世界中,這種實驗幾乎不可能實際操作,比方說,上例中我們就很難確定每次測量的精準度是否都完全相同,也很難確定是否有遺漏一些可能造成影響的變數沒有被考慮進來。因此,我們必須尋找其他的解決之道。在完全不去控制這些外在因素的情況下,我們該用**隨機化**(randomization)的方法來減低甚至避免它們所造成的影響。也就是說,我們用隨機化來設計與規劃實驗,使得這些外在因素所可能造成的變異全部涵蓋在名為機遇的因素下。

在三種洗潔劑的例子中,我們可以利用以下的程序來進行隨機化:將15片白布樣本由1至15編號(每一片上頭的墨漬不一定要完全相同),隨機排列其清洗與檢測潔白度的順序,再隨機分成三組,每組五片,分別由三種不同的洗潔劑來清洗。當所有將未控制的外在因素所可能造成的變異可以全部放在一起,以機遇變異來解釋時,這種實驗設計稱為**完全隨機設計**(completely randomized design)。

嚴格來說,隨機化其實並沒有把外在因素所可能造成的影響完全排除;它只能在「機率上」降低影響的程度。舉例來說,在這個例子中,說不定墨漬最少的五片白布樣本都剛好交由洗潔劑X來清洗、說不定使用洗潔劑Y時,水溫剛好都是最低的……等等。這些狀況都是有可能發生的,只不過發生的機率非常低。基於這個理由,我們有時候會對部分變數進行控制,而對其他的變數採取隨機化的方法;既不是嚴格控制,也不是完全隨機,採取中庸之道。

雖然隨機化可以減低外在因素所可能造成的影響，但是我們在進行實驗設計的時候仍是不可輕忽大意。在本例中，我們還是得要盡力讓每片白布樣本上的墨漬盡可能相同。

最後，我們要強調，即使所有的外在因素都被我們很小心謹慎地控制住了，其餘的部分還是要採用隨機化。在本例中，即使墨漬、水質、水溫……等外在因素都完全控制，還是要採用隨機的方式來決定哪些樣本該使用哪種洗潔劑清洗。

15.3 單因子變異數分析

變異數分析(analysis of variance)將一組資料的整體變異，分解成幾個部分，而每個部分都來自特定且不同的變異來源。我們將再度使用水庫優氧化的例子，不過雖然本節使用的方法與第15.1節當中的方法不同，但是所得出的結果是完全相同的。在這個例子中，變異來源有二：一、三個不同的水庫；二、機遇，在這種問題中稱為**實驗誤差**(experimental error)。如果除了機遇之外，另外只有一個變異來源的話，這種分析稱為**單因子變異數分析**(one-way analysis of variance)。本章後半部會進一步討論其他形式的變異數分析。

假設有k組樣本，每個樣本的樣本數均為 n，共有 kn 個觀察值，則我們採用其**總平方和**(total sum of squares, *SST*)當作這群樣本的總變異(total variation)的測度標準：

$$SST = \sum_{i=1}^{k}\sum_{j=1}^{n}(x_{ij} - \overline{x}..)^2$$

其中x_{ij}是第 i 組樣本中第j個觀察值（$i=1$、2、……、k，且 $j=1$、2、……、n），而 $\overline{x}$是 kn 個觀察值的**總平均**(grand mean)。注意，如果我們將總平方和SST除以 $kn-1$的話，得到的是全部樣本的變異數。

如果我們以 $\overline{x}_i$符號來表示第 i 組樣本的樣本平均數的話（ $i=1$、2、…

…、k），我們可以寫出下列單因子變異數分析的基本恆等式 [2]：

基因子變異數
分析的恆等式

$$SST = n \cdot \sum_{i=1}^{k} (\overline{x}_i. - \overline{x}..)^2 + \sum_{i=1}^{k} \sum_{j=1}^{n} (x_{ij} - \overline{x}_i.)^2$$

習慣上，我們把上式中等號右邊的第一項稱為**處理平方和**(treatment sum of squares, $SS(Tr)$)，為樣本平均數之間的變異；等號右邊第二項稱為**誤差平方和**(error sum of squares, SSE)，為每一組樣本內部的變異。之所以採用「處理」(treatment)這個詞，是因為變異數分析一開始是從農作物栽種實驗的數據分析中發展出來的，而在這些實驗中，不同的實驗條件被稱為**處理**(treatments)，例如施用不同的肥料等。因此，在水污染的例子中，從密西西比河沿岸三個不同地點採樣，就可稱為三種處理。而在其他問題中，四種不同的國籍即可稱為有四種處理、有五種促銷方案即可稱為有五種處理等等。「誤差平方和」中的「誤差」，指的是實驗誤差，或是機遇(chance)。

利用這些符號，單因子變異數分析的恆等式可改寫如下：

$$SST = SS(Tr) + SSE$$

由於這個式子的證明需要相當繁複的代數運算，因此在此我們借用第15.1節中的例子，直接代入數字來證明。將原始資料的數據與總平均分別代入上述的恆等式，得到

註2. 此恆等式的推導過程如下：先將總平方和寫成下列式子：

$$SST = \sum_{i=1}^{k} \sum_{j=1}^{n} (x_{ij} - \overline{x}..)^2 = \sum_{i=1}^{k} \sum_{j=1}^{n} [(\overline{x}_i. - \overline{x}..) + (x_{ij} - \overline{x}_i.)]^2$$

然後利用二項式定理將 $[(\overline{x}_i. - \overline{x}..) + (x_{ij} - \overline{x}_i.)]^2$ 展開，再以代數運算進行簡化即得。

$$SST = (44 - 43)^2 + (38 - 43)^2 + (47 - 43)^2 + (45 - 43)^2$$
$$+ (43 - 43)^2 + (35 - 43)^2 + (39 - 43)^2 + (36 - 43)^2$$
$$+ (45 - 43)^2 + (42 - 43)^2 + (37 - 43)^2 + (41 - 43)^2$$
$$+ (44 - 43)^2 + (45 - 43)^2 + (47 - 43)^2 + (48 - 43)^2$$
$$+ (48 - 43)^2 + (50 - 43)^2$$
$$= 340$$
$$SS(Tr) = 6[(42 - 43)^2 + (40 - 43)^2 + (47 - 43)^2]$$
$$= 156$$
$$SSE = (44 - 42)^2 + (38 - 42)^2 + (47 - 42)^2 + (45 - 42)^2$$
$$+ (43 - 42)^2 + (35 - 42)^2 + (39 - 40)^2 + (36 - 40)^2$$
$$+ (45 - 40)^2 + (42 - 40)^2 + (37 - 40)^2 + (41 - 40)^2$$
$$+ (44 - 47)^2 + (45 - 47)^2 + (47 - 47)^2 + (32 - 47)^2$$
$$+ (48 - 47)^2 + (50 - 47)^2$$
$$= 184$$

從以上的計算可發現，

$$SS(Tr) + SSE = 156 + 184 = 340 = SST$$

提示一下，我們到這裡為止所進行計算，相當接近我們在第15.1節中的計算。事實上，$SS(Tr)$除以$k-1$，等於F統計量的分子：$n \cdot s_{\bar{x}}^2$。這個值稱為**處理均方**(treatments mean square)，為樣本平均數之間的變異，以$MS(Tr)$表示。因此，

$$MS(Tr) = \frac{SS(Tr)}{k - 1}$$

就水污染這個例子而言，$MS(Tr) = 156 / 2 = 78$。這個值與我們在第15.1節中得到的數值是一樣的。

同樣的，SSE除以$k(n-1)$，等於k組樣本變異數的平均數：$\frac{s_1^2 + s_2^2 + s_3^2}{3}$，也就是 F 統計量中的分母。這個值稱為**誤差均方**(error mean square)，為樣本內部的變異，記作MSE，即

$$MSE = \frac{SSE}{k(n-1)}$$

就水污染的例子而言，$MSE = \frac{184}{3(6-1)} = 12.27$。這個值與我們在第15.1節中得到的數值是一樣的。

之前已經定義F統計量為「樣本平均數之間變異」與「樣本內部變異」的比例值，因此，

用以檢定平均數差距的統計量

$$F = \frac{MS(Tr)}{MSE}$$

在實際操作時，我們利用以下的列表格式，來計算F值，這種表格稱為**變異數分析表**(analysis of variance table)。

變異來源	自由度	平方和	均方	F
處理	$k-1$	$SS(Tr)$	$MS(Tr)$	$\frac{MS(Tr)}{MSE}$
誤差	$k(n-1)$	SSE	MSE	
總和	$kn-1$	SST		

處理的自由度與誤差的自由度分別是F統計量的分子自由度與分母自由度。請注意它們等於我們由平方和計算均方時的除數。

在得出F值之後，接下來的運算過程與第15.1節中相同。同樣還是要假設樣本資料是來自於標準差相同的不同常態母體，虛無假設為：

$$\mu_1 = \mu_2 = \cdots = \mu_k$$

而對應的對立假設為這些μ值並不是完全相等的。另一種設定虛無假設的方式為：

$$\alpha_1 = \alpha_2 = \cdots = \alpha_k = 0$$

而對應的對立假設為這些處理效果並不是全部都等於零的。當F值大於或等

於F_α，自由度為$k-1$與$k(n-1)$時拒絕虛無假設。

範例 15.1

　　請利用之前所計算出來的平方和，完成水庫優氧化的變異數分析表，並在0.05的顯著水準下，檢定三個水庫的平均優氧指數的差異是否具有顯著性。

解答　　此時 $k=3$、$n=6$、$SST=340$、$SS(Tr)=156$、與$SSE=184$，得到$k-1=2$、$k(n-1)=15$、$MS(Tr)=78$、$MSE=12.27$、與$F=78／12.27=6.36$，四捨五入至小數點後兩位。這些數據可以整理如下表：

變異來源	自由度	平方和	均方	F
處理	2	156	78	6.36
誤差	15	184	12.27	
總和	17	340		

　　請注意，總自由度為$kn-1$，等於處理自由度以及誤差自由度的加總。

　　最後，由於$F=6.36$大於自由度為2與15的$F_{0.05}$的值：3.68，因此拒絕虛無假設。

　　在水庫水質優氧化的例子中所使用的數據，使經過特殊設計的，所以計算起來相當簡便容易。在實際應用的時候，平方和的計算過程可能會非常繁瑣複雜，這時候就需要利用一些下列的快速計算公式；這些公式中，T_i代表的是第i個處理的總和（亦即第i個樣本中所有數據的總和），而$T..$為整群資料的**全總和**(grand total)：

平方和計算
公式（樣本
數相同）

$$SST = \sum_{i=1}^{k} \sum_{j=1}^{n} x_{ij}^2 - \frac{1}{kn} \cdot T_{..}^2$$

$$SS(Tr) = \frac{1}{n} \cdot \sum_{i=1}^{k} T_{i\cdot}^2 - \frac{1}{kn} \cdot T_{..}^2$$

然後用減法

$$SSE = SST - SS(Tr)$$

範例 15.2

請利用這些計算公式來驗證之前的平方和。

解答　首先將各個總和計算出來，得到

$$T_1. = 44 + 38 + 47 + 45 + 43 + 35 = 252$$
$$T_2. = 39 + 36 + 45 + 42 + 37 + 41 = 240$$
$$T_3. = 44 + 45 + 47 + 48 + 48 + 50 = 282$$
$$T_{..} = 252 + 240 + 282 = 774$$

以及

$$\sum \sum x^2 = 44^2 + 38^2 + 47^2 + \cdots + 48^2 + 48^2 + 50^2$$
$$= 33,622$$

然後將這些數字，以及 $k=3$、$n=6$ 代入求算平方和的公式中，得到

$$SST = 33,622 - \frac{1}{18}(774)^2$$
$$= 33,622 - 33,282$$
$$= 340$$
$$SS(Tr) = \frac{1}{6}(252^2 + 240^2 + 282^2) - 33,282$$
$$= 33,438 - 33,282$$
$$= 156$$

而且

$$SSE = 340 - 156 = 184$$

這個結果與之前的結果完全相同。

ANOVA

變源	SS	自由度	MS	F	P-值	臨界值
組間	156	2	78	6.358	0.010001	3.682
組內	184	15	12.266			
總和	340	17				

圖15.2　水質優氧化的變異數分析

圖15.2為對範例15.2利用電腦EXCEL資料分析工具中的「單因子變異數分析」得到的結果，可知 p 值為0.010001。

這裡所討論的方法只適用於每組樣本的樣本數都相同的情形，不過只要稍微修改一下之前的公式，就可以套用在樣本數不同的情形。假設第 i 個樣本中的樣本數為 n_i，則計算公式變成：

平方和計算公式（樣本數不同）

$$SST = \sum_{i=1}^{k} \sum_{j=1}^{n_i} x_{ij}^2 - \frac{1}{N} \cdot T_{..}^2$$

$$SS(Tr) = \sum_{i=1}^{k} \frac{T_{i\cdot}^2}{n_i} - \frac{1}{N} \cdot T_{..}^2$$

$$SSE = SST - SS(Tr)$$

其中 $N = n_1 + n_2 + \cdots + n_k$。除此之外，必須修改的地方還有自由度：自由度的總和成為 $N-1$，而處理的自由度以及誤差的自由度分別成為 $k-1$ 以及 $N-k$。

範例 15.3

某實驗室的技術人員想要比較三種絲線的斷裂強度。原本他打算每種絲線都進行六次實驗，不過由於時間不夠，他只得到以下的數據資料（單位為盎司）：

絲線1：　18.0　16.4　15.7　19.6　16.5　18.2

絲線2：　21.1　17.8　18.6　20.8　17.9　19.0

絲線3：　16.5　17.8　16.1

假設這些資料為隨機樣本，而且分別來自三個標準差相同的常態母體。請在0.05的顯著水準下，利用變異數分析來檢定這三種絲線的樣本平均數是否具有顯著的差距。

解答　1. $H_0 : \mu_1 = \mu_2 = \mu_3$

H_A：這些 μ 並不是全部相等的。

2. $\alpha = 0.05$

3. 若$F \geq 3.89$，則拒絕虛無假設，其中F值由變異數分析求得，而3.89為自由度$k-1=3-1=2$以及$N-k=15-3=12$的$F_{0.05}$的值。不然的話，接受虛無假設，或是持保留態度。

4. 將$n_1=6$、$n_2=6$、$n_3=3$、$N=15$、$T_{1.}=104.4$、$T_{2.}=115.2$、$T_{3.}=50.4$、$T_{..}=270.0$，與$\sum\sum x^2 = 4{,}897.46$代入平方和的計算公式中，得到

$$SST = 4{,}897.46 - \frac{1}{15}(270.0)^2 = 37.46$$

$$SS(Tr) = \frac{104.4^2}{6} + \frac{115.2^2}{6} + \frac{50.4^2}{3} - \frac{1}{15}(270.0)^2$$
$$= 15.12$$

而且

$$SSE = 37.46 - 15.12 = 22.34$$

由於自由度分別為$k-1=3-1=2$、$N-k=15-3=12$、與$N-1=14$，得到

$$MS(Tr) = \frac{15.12}{2} = 7.56 \quad MSE = \frac{22.34}{12} = 1.86 \text{ 以及 } F = \frac{7.56}{1.86} = 4.06$$

這些數字可以整合如下列之變異數分析表：

變異來源	自由度	平方和	均方	F
處理	2	15.12	7.56	4.06
誤差	12	22.34	1.86	
總和	14	37.46		

5. 由於$F = 4.06$大於3.89，因此拒絕虛無假設，換句話說，我們的結論是，這三種絲線的強度的確有差異。

如果在這個例子中，我們事先並沒有設定檢定時的顯著水準的話，我們可注意到$F = 4.06$乃是介於3.89與6.93之間，前者為自由度2與12時的$F_{0.05}$的值，後者為同自由度時的$F_{0.01}$的值，因此，此問題的p值介於0.01與0.05之間，$0.01 < p < 0.05$。透過計算機，得知此p值約為0.0450，四捨五入至小數點後四位。

15.4 多重比較

變異數分析可以檢驗k組樣本平均數之間是否具有顯著的差距，但是並沒有明確指出哪些平均數是與眾不同的。舉例來說，假設某人從住處開車至上班地點有四條路線可以選擇，以下的數據是每條路線任選五天此人開車上班所花費的時間，單位為分鐘：

路線1：　25　26　25　25　28

路線2：　27　27　28　26　26

路線3：　28　29　33　30　30

路線4：　28　29　27　30　27

我們來看看這四個樣本平均數25.8、26.8、30.0、與28.2之間是否具有顯

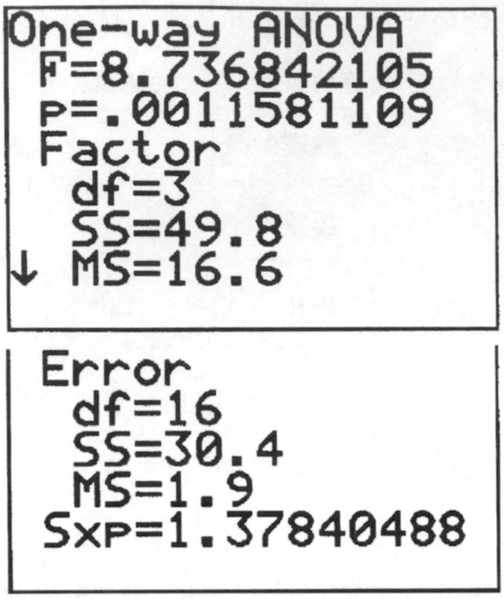

圖15.3 開車上班所需時間的變異數分析

著的差距。利用可執行變異數分析的計算機，我們得到如圖15.3的結果。由圖可知，$F=8.74$，四捨五入至小數點後兩位，而在自由度為3與16的 F 分配中，其相對應的 p 值為0.001，四捨五入至小數點後三位。這個結果顯示在0.01的顯著水準下，這四個樣本平均數具有顯著的差距。

　　從數字來看，路線1所需的時間顯然比路線3少，但是我們無法確定路線1是否比路線2來得省時。路線1的平均時間25.8分鐘的確是少於路線2的平均時間26.8分鐘，但是我們不曉得這兩者之間的差距是否具有顯著性。當然，我們可以利用一般的雙樣本 t 檢定來比較這兩條路線，但是這四條路線兩兩比較的話，總共會有六種比較的方式，因為 $\binom{4}{2}=6$，而如果我們進行六次假設檢定的話，出現型一錯誤的機率一定會提高不少。（倘若我們在0.05的顯著水準下進行 t 檢定，六次中至少出現一次型一錯誤的機率可能高達$1-(0.95)^6=0.26$。）

　　為了在這種比較中控制出現型一錯誤的機率，近年來統計學家發展出一套稱為**多重比較**(multiple comparison)的檢定方法。這是個相當複雜的主題，但是卻常常被誤解，而且其實還有一些細節連專家都尚未完全釐清。我們在

這裡僅介紹一種以 **t 化變域**(studentized range)[3]為基礎的多重比較檢定方法。這個檢定方法只適用於每組樣本的樣本數都相同的情況。本章末所列出的多重比較參考書目中,不僅介紹如何處理每組樣本樣本數不同的情形,也討論其他各種不同的多重比較檢定方法,而各種方法均以發展出這些方法的統計學家來命名。

　　在t化變域法的特殊設計下,我們可以控制數個兩兩平均數的比較中,至少有一次型一錯誤出現的機率。這個方法所根據的理論為,如果下列條件成立的話,則處理i與處理j的平均數之間,具有顯著的差距:

$$|\overline{x}_i - \overline{x}_j| \geq \frac{q_\alpha}{\sqrt{n}} \cdot s$$

其中s為變異數分析中 MSE 的平方根, α 為顯著水準,而q_α 為在給定k（變異數分析中「處理」的數目）與 df（變異數分析表中誤差的自由度）值之後,查閱書末附表IX所得之數值。

　　在使用 t 化變域法時,我們先將各種處理依照平均數的大小,由小至大依序排列,在這個開車上班所需時間的例子中,我們可得到以下的排列:

路線1	路線2	路線4	路線3
25.8	26.8	28.2	30.0

然後我們利用 t 化變域法計算最小顯著範圍(least significant range), $\frac{q_\alpha}{\sqrt{n}} \cdot s$。在本例中,$n = 5$,$s = \sqrt{1.9}$（圖15.3）或1.38（四捨五入至小數點後兩位）,而查閱書末附表IX中$k = 4$、$df = 16$可知 $q_{0.05} = 4.05$,因此得到

$$\frac{q_\alpha}{\sqrt{n}} \cdot s = \frac{4.05}{\sqrt{5}} \cdot 1.38 = 2.50$$

四捨五入至小數點後兩位。

註3. t化變域(Studentizing)是一種計算程序,定義為將統計量除以某個統計上獨立的尺度估計 (deviding a statistic by a statistically independent estimate of scale)。這個名詞是根據統計學家戈斯特(W. S. Gosset)的筆名而命名的。他在1907年首先發展出這個計算程序,用以討論平均數除以樣本標準差的機率分配。

接著計算四條路線的平均數，兩兩配對之後的差距絕對值：路線1與2的差距絕對值為1.0，路線1與4之間為2.4，路線1與3之間為4.2，路線2與4之間為1.4，路線2與3之間為3.2，而路線4與3之間為1.8。其中只有路線1與3之間以及路線2與3之間的差距絕對值大於2.50，所以只有它們之間具有顯著的差距。為了總結這些資訊，我們在差距不顯著的處理下方，劃上一條橫線，在本例中，即為：

路線1	路線2	路線4	路線3
25.8	26.8	28.2	30.0

為了減少開車上班的時間，這項結果告訴我們，路線1、路線2、與路線4可視為一組，都比路線3要來得省時；而路線4與路線3可視為一組，都比另外兩條路線費時。倘若需要更明確的決定的話，我們可能需要考量其他的因素，或許像是沿途的風景等等。

精選習題

15.4 某實驗中測試三種品牌的高爾夫球，*A*、*B*，與*C*，從發球底座打出去的距離。請針對以下的情況提出你的看法：

(a) 某職業高爾夫球選手只打品牌*A*的球，另一個職業選手只打品牌*B*的球，而第三個職業選手只打品牌*C*的球。

(b) 所有品牌*A*的球都是第一個被測試的，接下來是品牌*B*，最後才是品牌*C*。

15.5 為了檢測三種減重飲食方法的效果，15名受試者隨機分成三組，每組五人，分別連續採用這三種減重飲食方法兩週之後，測量他們所減少的體重，進行單因子變異數分析，虛無假設為這三種減重飲食方法的效果相同。有人宣稱這個實驗方法是無效的，因為原本15個人當中體重最重的五個人會被分配到同一組、採用相同的減重飲食。請驗證此情況的發生機率小於0.001。

15.6 承上題，假設原本15名受試者隨機分成三組，每組五人，但是分組之後卻發現最重的五個人竟然被分在同一組，亦即，這五個人會採用相同的減重飲食。請問在這種情況下，是否要繼續進行單因子變異數分析？

15.7 請利用單因子變異數分析，以及平方和的計算公式，重新計算習題15.1的(b)小題。請比

較此處所得的F值與習題15.1(a)小題中的答案。

15.8 請利用適當的電腦統計軟體,重新計算習題15.1。

15.9 以下數據是四位打字員在輸入五篇技術性文章時,所出現的錯誤次數:

打字員1: 10　　13　　9　　11　　12

打字員2: 11　　13　　8　　16　　12

打字員3: 10　　15　　13　　11　　15

打字員4: 15　　7　　11　　12　　9

假設其他相關條件皆符合,請利用變異數分析,在0.05的顯著水準下,檢定這四個樣本平均數之間的差異,是否都是因為隨機抽樣所造成的。

15.10 以下資料為同一塊苗圃中,以四種不同間距種植同一種黃豆,所獲得的單位產量,四種間距分別為20、24、28,與32英吋:

20 in.	24 in.	28 in.	32 in.
23.1	21.7	21.9	19.8
22.8	23.0	21.3	20.4
23.2	22.4	21.6	19.3
23.4	21.1	20.2	18.5
23.6	21.9	21.6	19.1
21.7	23.4	23.8	21.9

假設這些資料可視為來自於標準差相同的四個常態母體的隨機樣本,請在0.01的顯著水準下,以變異數分析檢定這四組樣本的平均數是否具有顯著的差異。

15.11 請利用適當的電腦統計軟體重新計算上題。

15.12 某大型廣告公司使用多部四種型號的影印機。在過去六個月中,某經理紀錄下每一部影印機因為維修而無法正常工作的每週平均分鐘數,所得到的數據如下:

型號G: 56　　61　　68　　42　　82　　70

型號H: 74　　77　　92　　63　　54

型號K: 25　　36　　29　　56　　44　　48　　38

型號M: 78　　105　　89　　112　　61

假設其他相關條件皆符合,請利用變異數分析,在0.01的顯著水準下,檢定這四個樣本平均數之間的差異,是否都是因為隨機抽樣所造成的。（提示:請使用以下資料:四組樣本的總和分別是379、360、276、與445,全部的總和是1,460,而$\sum \sum x^2 = 104,500$。）

15.13 為了要測試某新款汽艇的性能,選定在不同的風速與水流狀況下進行測量其行駛過某特定水域所花費的時間。假設其他條件均滿足,請利用以下資料（單位為分鐘）,在0.05的顯著水準下,檢定這三組樣本的平均數是否具有顯著的差異:

風平浪靜: 26　19　16　22

風浪適中: 25　27　25　20　18　23

風急浪大: 23　25　28　31　26

15.14 請利用適當的電腦統計軟體,重新計算習題15.13。

15.15 承習題15.10,請利用t化變域的方法,以0.01的顯著水準,進行多重比較檢定,並說明你所得到的結果。

15.16 利用變異數分析以及多重比較來比較四名房地產銷售人員的業績,得到以下的結果:

鍾先生	王先生	黑先生	金先生

其中金先生的平均分數最高。請解讀這個圖

的涵義。

15.17 請驗證以下單因子變異數分析中所使用的式
子：

(a) $\frac{SS(Tr)}{k-1} = n \cdot s_{\bar{x}}^2$ 其

(b) $\frac{SSE}{k(n-1)} = \frac{1}{k} \cdot \sum_{i=1}^{k} s_i^2$，其中 s_i^2 為第 i 組樣本的變異數。

15.5 實驗設計：區集化

我們現在要介紹實驗設計中另一個重要的觀念。假設我們在四所學校中，隨機選取國中二年級的學生進行某項閱讀理解能力的測驗，得到以下的結果：

學校A： 87 70 92

學校B： 43 75 56

學校C： 70 66 50

學校D： 67 85 79

這四組樣本的平均數分別為83、58、62、與77。由於這些平均數的差距都相當明顯，所以我們可以合理地下結論說，這四所學校的八年級學生，其平均閱讀理解能力的確有某種程度的差距。不過如果我們進行單因子變異數分析的話，得到的結果卻不是這樣：

變異來源	自由度	平方和	均方	F
處理	3	1,278	426	2.90
誤差	8	1,176	147	
總和	11	2,454		

自由度為3與8時，$F_{0.05}$的值為4.07，大於變異數分析所得之F值，2.90，因此，在0.05的顯著水準下，無法拒絕母體平均數皆相同的虛無假設。

之所以會產生這樣的結果，乃是因為各組樣本自身內部的變異性也相當大。在第一組樣本中，數據從70至92，第二組樣本中，數據從43到75，第三組樣本中，數據從50至70，而第四組樣本中，數據從67至85。仔細思考之後，我們可以合理地推論說，各組樣本內部這麼大的差距，可能是學生能力不同所造成的，如此一來這形成一個外在的影響因素〔或稱為「干擾」因素(nuisance)〕；而因為這些參加測驗的學生是透過隨機抽樣選中的，所以此肇因於學生能力不同的樣本內變異，就被歸類成實驗誤差(experimental error)。這個被誇大、被高估的誤差平方和變成F統計量當中的分母，因而使得F值下降，得出差距不顯著的結果。

　　為了避免這種情況，我們應該要固定外在因素，但是這個方法很少能讓我們得到所想要獲得的資訊。在本例中，我們可以從學期平均成績在90分以上的學生來進行隨機抽樣，但是如此一來，測驗與推論的結果就只適用於那些學期平均成績在90分以上的學生。另一種作法，則是讓已知的外在因素在可能的範圍內變動，使其變異程度能被測出，然後從實驗誤差中移除。經過這樣處理之後，我們的實驗就可以採用**二因子變異數分析**(two-way analysis of variance)，把整組資料中的所有變異分成三個來源：處理（本例中為四個學校）、外在因素、以及實驗誤差。

　　在接下來的討論中，我們會在四個學校中，針對學期平均成績不佳、中等，以及優良的學生，分別進行隨機抽樣，選出一人，然後再做測驗。這裡所謂的學期平均成績「不佳」、「中等」，或「優良」，必須要有明確嚴格的定義。假設我們因此得到的結果如下：

	成績 不佳	成績 中等	成績 優良
學校A：	71	92	89
學校B：	44	51	85
學校C：	50	64	72
學校D：	67	81	86

這個方法就稱為**區集設計**(blocking)，學期平均成績的三種不同程度則稱為**區集**(blocks)。一般來說，當我們特地將外部因素固定在某些範圍或等級上時，這些範圍或等級即是區集。如此一來，我們可以藉由二因子變異數分析來測度整組資料的所有變異裡頭，有多少必須歸因於這些區集所造成的變異。在本例中，我們所採用的方法稱為**完全區集**(complete blocks)；它們被稱為「完全」，是因為每種處理在每個區集當中出現的次數都相同。在每個學期平均成績的等級中，每個學校都有一名八年級學生參加測驗。

更進一步來說，假設學生們參加測驗的先後順序會影響到他們的表現。如果在每個區集（學期平均成績的等級）中，進行測驗的先後順序也以隨機的方式決定的話，那麼這種實驗設計稱為**隨機化區集設計**(randomized block design)。

15.6 二因子變異數分析

當我們為了減少誤差的平方和而採用區集實驗設計時，實驗資料的分析必須採用**二因子變異數分析**(two-way analysis of variance)。其中所涉及的變數統稱為「處理」與「區集」；**二因子實驗**(two-factor experiment)也是使用二因子變異數分析，在這種情況中，涉及的變數就是實驗中我們想要探究的兩個因素。

事實上，這種二因子實驗的分析方法有兩種，視這兩個變數之間是否獨立而採用不同的方法。如果兩個變數之間有**交互作用**(interaction)的話，則為不獨立。舉例來說，假設某輪胎製造商在測試胎面時，發現某種胎面在泥土路面上的表現非常好，而另一種胎面則是特別適用在堅硬路面上。在這種情況中，我們說路面狀況與胎面設計之間有交互作用。另一方面，倘若在不同路況中，每一種胎面的表現都一樣，那麼我們說路面狀況與胎面設計是獨立的。後者的情形將在第15.7節中討論，而檢驗交互作用的方法則留待第15.9節中討論。

15.7 無交互作用的二因子變異數分析

為了要在兩個變數的情況中，設定適當的虛無假設與對立假設以進行檢定，我們以符號 μ_{ij} 表示第 i 個處理及第 j 個區集的母體平均數。在之前的例子中，μ_{ij} 是第 i 所學校及學期平均成績第 j 等級的八年級學生的平均閱讀能力測驗成績。我們可以把式子寫成：

$$\mu_{ij} = \mu + \alpha_i + \beta_j$$

在本章第一個註腳中提過，μ 是全部資料的總平均（所有母體平均數 μ_{ij} 的平均），而 α_i 為處理效果，其總和為零。此處，β_j 稱為區集效果(block effects)，其總和也為零。如此一來，兩個虛無假設則寫成

$$\alpha_1 = \alpha_2 = \cdots = \alpha_k = 0 \text{ 以及} \beta_1 = \beta_2 = \cdots = \beta_n = 0$$

第一個虛無假設是指這四所學校的八年級學生，其平均閱讀能力是相同的，而其對立假設為這些處理效果 α_i 並不是全部等於零的；第二個虛無假設是指，不論這些八年級學生的學期平均成績是不佳、中等，或是優良，其平均閱讀能力是相同的，而其對立假設為這些區集效果 β_j 並不是全部等於零的。

要檢定第二個虛無假設，我們需要某個類似處理平方和的數值，來測度區集平均數（本例中為58、72、與83）之間的變異。因此，我們利用 $T_{\cdot j}$ 符號來表示第 j 個區集的總和，然後用它置換範例15.2前、$SS(Tr)$ 公式中的 $T_{i\cdot}$，然後針對 j 進行加總（而不是 i），並把 k 與 n 的位置互換，得到如下近似於 $SS(Tr)$ 的公式，稱為**區集平方和**(block sum of squares)：

區集平方和的計算公式

$$SSB = \frac{1}{k} \cdot \sum_{j=1}^{n} T_{\cdot j}^2 - \frac{1}{kn} \cdot T_{\cdot\cdot}^2$$

在無交互作用的二因子變異數分析中，計算SST與$SS(Tr)$的方式與之前完全相同，然後用上面的式子計算SSB，而後再利用減法算出SSE。因此，我們得到

誤差平方和公式（二因子變異數分析）

$$SST = SS(Tr) + SSB + SSE$$

注意，雖然二因子變異數分析的誤差平方和與一因子變異數分析的誤差平方和都是以SSE來表示，但是當我們代入相同的數據資料進行計算時，兩個SSE的數值是不一樣的。事實上，在二因子變異數分析中，我們把一因子變異數分析的SSE更細分成兩項：區集平方和SSB，以及新的SSE。

我們現在可以畫出無交互作用的二因子變異數分析表，如下：

變異來源	自由度	平方和	均方	F
處理	$k-1$	$SS(Tr)$	$MS(Tr) = \dfrac{SS(Tr)}{k-1}$	$\dfrac{MS(Tr)}{MSE}$
區集	$n-1$	SSB	$MSB = \dfrac{SSB}{n-1}$	$\dfrac{MSB}{MSE}$
誤差	$(k-1)(n-1)$	SSE	$MSE = \dfrac{SSE}{(k-1)(n-1)}$	
總和	$kn-1$	SST		

同樣地，均方的算法仍是平方和除以相對應的自由度，而兩個F值則是由處理均方以及區集均方分別除以誤差均方而求得。區集的自由度為$n-1$，而誤差的自由度則是$kn-1$扣除處理的自由度以及區集的自由度：

$$(kn-1) - (k-1) - (n-1) = kn - k - n + 1$$
$$= (k-1)(n-1)$$

因此，在處理效果的顯著性檢定中，F 統計量的分子自由度與分母自由度分別為$k-1$與$(k-1)(n-1)$；而在區集效果的顯著性檢定中，F 統計量的分子自由度與分母自由度分別為$n-1$與$(k-1)(n-1)$。

範例 **15.4**

在第15.5節中介紹區集的概念時，我們曾提到過下列的數據：

	成績 不佳	成績 中等	成績 優良
學校A：	71	92	89
學校B：	44	51	85
學校C：	50	64	72
學校D：	67	81	86

假設這些是由獨立的隨機樣本所組成，而這些樣本均來自母體標準差相同的常態母體。請在0.05的顯著水準下，檢定這四所學校（處理）的平均數，是否有顯著的差距，並檢定這三種學期成績等級（區集）的成績平均數，是否也有顯著的差距。

1. H_0's：$\alpha_1 = \alpha_2 = \alpha_3 = \alpha_4 = 0$；$\beta_1 = \beta_2 = \beta_3 = 0$

   H_A's：處理效果並未全部等於零；區集效果並未全部等於零。

2. 兩個檢定均為 $\alpha = 0.05$

3. 就處理效果而言，當$F \geq 4.76$時拒絕虛無假設，其中F值是由二因子變異數分析求得，而4.76為自由度為$k-1=4-1=3$與$(k-1)(n-1)=(4-1)(3-1)=6$的$F_{0.05}$的值。就區集效果而言，當$F \geq 5.14$時拒絕虛無假設，其中F值是由二因子變異數分析中求得，而5.14為自由度為$n-1=3-1=2$與$(k-1)(n-1)=(4-1)(3-1)=6$的$F_{0.05}$的值。若無法拒絕其中一個虛無假設時，則接受該虛無假設，或持保留態度。

4. 將$k=4$、$n=3$、$T_1.=252$、$T_2.=180$、$T_3.=186$、$T_4.=234$、$T._1=232$、$T._2=288$、$T._3=332$、$T..=852$，與$\sum\sum x^2 = 63{,}414$代入平方和的計算公式中，得到

$$SST = 63,414 - \frac{1}{12}(852)^2$$
$$= 63,414 - 60,492$$
$$= 2,922$$
$$SS(Tr) = \frac{1}{3}(252^2 + 180^2 + 186^2 + 234^2) - 60,492$$
$$= 1,260$$
$$SSB = \frac{1}{4}(232^2 + 288^2 + 332^2) - 60,492$$
$$= 1,256$$

以及

$$SSE = 2,922 - (1,260 + 1,256)$$
$$= 406$$

由於自由度分別為 $k-1=4-1=3$、$n-1=3-1=2$、$(k-1)(n-1)=(4-1)(3-1)=6$，以及 $kn-1=12-1=11$，所以 $MS(Tr)=\frac{1,260}{3}=420$、$MSB=\frac{1,256}{2}=628$、$MSE=\frac{406}{6}\approx 67.67$。就處理效果而言，$F\approx\frac{420}{67.67}\approx 6.21$；就區集效果而言，$F\approx\frac{628}{67.67}\approx 9.28$。這些結果可整理成如下的二因子變異數分析表：

變異來源	自由度	平方和	均方	F
處理	3	1,260	420	6.21
區集	2	1,256	628	9.28
誤差	6	406	67.67	
總和	11	2,922		

5. 由於 $F=6.21$ 大於 4.76，所以拒絕處理效果的虛無假設；而由於 $F=9.28$ 大於 5.14，所以也拒絕區集效果的虛無假設。換句話說，我們所得到的結論是，這四所學校的八年級學生，其平均閱讀能力測驗的成績是不一樣的；而且，不同平均學期成績等級的學生，其平均閱讀能力測驗的成績也是不一樣的。注意，採用區集設計之後，我們得到「這些差距是顯著的」的結果，而當我們沒有使用區集設計時，所得到的結果是不顯著的。

```
┌─────────────────────────────────────────────────────────┐
│  二因子變異數分析 : C3 versus C1, C2                      │
│                                                           │
│  Analysis of Variance for C3                              │
│  Source      DF       SS        MS        F        P      │
│  C1           3    1260.0     420.0     6.21    0.029     │
│  C2           2    1256.0     628.0     9.28    0.015     │
│  Error        6     406.0      67.7                       │
│  Total       11    2922.0                                 │
└─────────────────────────────────────────────────────────┘
```

圖15.4　利用電腦軟體驗證範例15.4

　　當我們以電腦軟體來檢驗範例15.4的結果時，得到如圖15.4的結果。圖中所呈現的資訊與上列的解答是相同的，不過其中多了一項 p 值的資訊。就處理效果而言，其p值為0.029，小於0.05，因此處理效果的虛無假設應該被拒絕；就區集效果而言，其p值為0.015，小於0.05，所以區集效果的虛無假設也應該被拒絕。

　　之前我們提過，二因子變異數分析可以用來分析二因子實驗，在這種實驗中，這兩個變數（因素）是同等重要的。舉例來說，在分析以下的數據資料時，二因子變異數分析就可以派上用場。假設某個實驗設計要測試兩個因素對飛彈射程的影響：發射台種類以及燃料種類。實驗結果得到以下的數據：

	燃料1	燃料2	燃料3	燃料4
發射器 X	45.9	57.6	52.2	41.7
發射器 Y	46.0	51.0	50.1	38.8
發射器 Z	45.7	56.9	55.3	48.1

　　注意，這個表格形式與之前的表格不太一樣，這是因為在這個二因子實驗中，對外在變數的隨機化，是在整個實驗中進行的；在區集實驗設計中，對外在變數的隨機化，是在各個區集中分別單獨進行的。

　　此外，在這種情況下使用二因子變異數分析時，兩個變數稱為**因子**

A(factor A)與**因子B**(factor B)，然後分別以 SSA 與 MSA 替代 $SS(Tr)$ 與 $MS(Tr)$。 SSB 與 MSB 還是繼續使用，不過這裡的代表的是因子B，而不是區集 (blocks)。

15.8 實驗設計：重複取樣

在第15.5節中，為了從實驗中獲取更多的資訊，我們利用區集設計的方法，也就是利用刪去外部因素所造成的影響增加資訊。另一個從實驗中獲取更多資訊的方法，就是增加我們的資料量。比方說，在閱讀能力測驗的例子中，我們可以將每所學校參加測驗的學生人數，由三人增加至20人。而對較複雜的實驗設計而言，我們通常將整個實驗重複進行一次以上，以取得更多的資料。這種方法稱為**重複取樣**(replication)。就閱讀能力測驗的例子來說，我們可以在某個星期中針對四所學校的12名八年級學生進行測驗，然後在第二週再對此12名學生進行重複的測驗。

就概念上來說，重複實驗並沒有太大的困難，但是在計算過程上，其複雜度可是提高不少。我們會在下一節中對此做進一步的探討。除此之外，倘若我們重複進行某個必須採用二因子變異數分析的實驗的話，那麼這個實驗所得出來的數據可能得要採用三因子變異數分析(tree-way analysis of variance)，因為「重複」本身可能也成為出現變異的來源之一。比方說，在閱讀能力測驗的例子中，如果第二週的天氣又潮濕又悶熱的話，那麼這兩週的測驗成績多半不會得到一致的結果，因為在濕熱的天氣下，學生們的注意力可能會受到影響。

15.9 有交互作用的二因子變異數分析

之前當我們第一次介紹交互作用的概念時，曾經引用一個輪胎製造商的實驗當例子。在該例子中，輪胎製造商發現某種胎面最適合在泥土路面上行

駛,而在堅硬路面上則是另一種胎面表現最好。類似的例子也可能發生在農作物栽種上:某農夫可能會發現某種肥料對某品種的玉米有最好的效果,而另一個品種的玉米則最適合使用另一種肥料。

我們現在利用第15.7節最後的二因子實驗的例子,來進行詳細的討論。在那個例子中,我們想要測試三種發射器以及四種燃料對飛彈射程的影響。倘若我們採用第15.7節的方法來分析這個問題的話,我們會將資料中的總變異SST分成三個部分,其變異來源分別為:發射器、燃料,以及誤差(或機遇)。如果這兩個因素之間存在交互作用的話,則它們所造成的變異會被低估,因為交互作用所產生的影響會被包含在誤差平方和SSE當中。為了將交互作用所造成的變異抽離出來,我們需要另一種方法來分析變異性,而且要將整個實驗全部重複一遍。假設第二次實驗所得的數據如下:

	燃料1	燃料2	燃料3	燃料4
發射器 X	46.1	55.9	52.6	44.3
發射器 Y	46.3	52.1	51.4	39.6
發射器 Z	45.8	57.9	56.2	47.6

這組資料稱為實驗二,而之前的數據稱為實驗一。將兩個實驗的結果合併,得到如下的表格:

	燃料1	燃料2	燃料3	燃料4
發射器 X	45.9, 46.1	57.6, 55.9	52.2, 52.6	41.7, 44.3
發射器 Y	46.0, 46.3	51.0, 52.1	50.1, 51.4	38.8, 39.6
發射器 Z	45.7, 45.8	56.9, 57.9	55.3, 56.2	48.1, 47.6

上表中每個格子內第一個數值是實驗一的結果,第二個數字為實驗二的結果。

現在我們可以利用表中12個格子裡面的變異,來表示機遇變異。一般來說,新的誤差平方和會變成

$$SSE = \sum_{i=1}^{k} \sum_{j=1}^{n} \sum_{h=1}^{r} (x_{ijh} - \overline{x}_{ij\cdot})^2$$

其中 x_{ijh}是第 i 個處理、第 j 個區集,以及第h次實驗的數據,而 $\overline{x}_{ij}$是所有在第 i 個處理與第 j 個區集的格子中的數據的平均數。

將表中每個格子中的兩個數字,換成平均數,得到以下的表格:

	燃料1	燃料2	燃料3	燃料4
發射器 X	46	56.75	52.4	43
發射器 Y	46.15	51.55	50.75	39.2
發射器 Z	45.75	57.40	55.75	47.85

如此一來,這個表格所呈現的,就是已經移除機遇變異之後的數據。換句話說,在這份表格數據中,其所包含的變異來源只有處理、區集,以及交互作用;倘若我們針對此表格進行第15.7節的二因子變異數分析,所得到的是處理平方和、區集平方和,以及**交互作用平方和**(interaction sums of squares),其中最後一項即是原本的誤差平方和。事實上,我們只能在概念上這麼做。如果我們真的針對這份平均數表格進行二因子變異數分析的話,我們會發現每一個平方和都是除以2。其實,若實驗重複r次,則平方和就是除以r。

在第15.3節與第15.7節中,我們都有列出詳細的計算公式,對本例中有交互作用的二因子變異數分析而言,當然也有相對應的計算公式。不過這些公式既繁雜又冗長,最好的辦法還是利用電腦軟體來處理。圖15.5即是透過電腦軟體進行分析之後的結果,列出自由度、平方和、均方、F值、與p值。其中 p 值為0.000,這是四捨五入至小數點後三位的結果。由於它們都小於0.05,所以關於發射器、燃料,以及發射器與燃料交互作用的三個虛無假設,全被都被拒絕。(利用計算機,這三個p值的實際值分別為0.00000023、0.000000000017、與0.0001。)

```
二因子變異數分析 : C3 versus C1, C2

Analysis of Variance for C3
Source          DF        SS         MS          F          P
C1               2     91.503     45.752      70.61      0.000
C2               3    570.825    190.275     293.67      0.000
Interaction      6     50.937      8.489      13.10      0.000
Error           12      7.775      0.648
Total           23    721.040
```

圖15.5 有交互作用的二因子變異數分析

精選習題

15.18 某研究人員想要比較三家不同電視台分配商業廣告的時間,因此從三家電視台的節目中各隨機選出15個節目,測量其中所插播的商業廣告的長度。不過令他感到沮喪的是,這些樣本當中的變異性實在是太大了,某一家電視台的廣告時間有的短至8分鐘,有的則長至35分鐘,因此幾乎不可能得出顯著的結論。請問是否有什麼辦法可以幫助這位研究人員解決這個問題?

15.19 為了要比較五種文書處理器:*A*、*B*、*C*、*D*、與*E*,我們安排四個人:1、2、3、與4分別使用這五部機器,測量完成一份文件所花費的時間,得到以下的結果:

	1	2	3	4
A	49.1	48.2	52.3	57.0
B	47.5	40.9	44.6	49.5
C	76.2	46.8	50.1	55.3
D	50.7	43.4	47.0	52.6
E	55.8	48.3	82.6	57.8

請說明為何不能使用第15.7節中的方法來分析這個問題。

15.20 某科學標準學習評量測驗中,包含四種不同的試卷,每一種試卷的困難度與鑑別力應該是相同的。請五個學生來完成這四份試卷,得到以下的結果:

	學生*C*	學生*D*	學生*E*	學生*F*	學生*G*
試卷1	77	62	52	66	68
試卷2	85	63	49	65	76
試卷3	81	65	46	64	79
試卷4	88	72	55	60	66

請在0.01的顯著水準下,進行二因子變異數分析。

15.21 某實驗室的技術人員使用四種不同的儀器(*I*1, *I*2, *I*3, *I*4)來測試五種不同亞麻線的斷裂強度,得到以下的數據(單位為盎司):

	I_1	I_2	I_3	I_4
亞麻線1	20.9	20.4	19.9	21.9
亞麻線2	25.0	26.2	27.0	24.8
亞麻線3	25.5	23.1	21.5	24.4
亞麻線4	24.8	21.2	23.5	25.7
亞麻線5	19.6	21.2	22.1	21.1

請在 0.05 的顯著水準下，進行二因子變異數分析。

15.22 以下數據是四名作業員、輪流操作三部生產機台時，所分別製造出來的不良品數量：

作業員

		B_1	B_2	B_3	B_4
	A_1	35	38	41	32
生產機台	A_2	31	40	38	31
	A_3	36	35	43	25

請在0.05的顯著水準下，進行二因子變異數分析。

15.23 為了研究三種不同品牌的洗潔劑的洗淨能力，某實驗室在三種不同水溫下，分別使用這三種洗潔劑進行三次測試，得到以下潔白度指數的數據：

	洗潔劑 A	洗潔劑 B	洗潔劑 C
冷水	45, 39, 46	43, 46, 41	55, 48, 53
溫水	37, 32, 43	40, 37, 46	56, 51, 53
熱水	42, 42, 46	44, 45, 38	46, 49, 42

請在0.01的顯著水準下，檢定洗潔劑之間的差異、水溫之間的差異、以及交互作用產生的差異是否顯著。

15.10 實驗設計：深入探討

在第15.5節中，我們如何利用區集化將外在因素所要造成的變異，從誤差平方和當中分離出來。理論上來說，如果外在的變異來源有好幾個時，都可以用這種方法來處理。不過問題是，如此一來整個實驗的規模會變得相當龐大。舉例來說，假設在八年級學生閱讀能力測驗的例子中，我們想要把性別與年齡（12、13、或14歲）可能造成的變異也分離出來。學期平均成績、性別、與年齡三種外在因素的可能組合，就會產生3‧3‧2＝18種不同的區集；而倘若四所學校中每個區集都要選一個學生參加測驗的話，總共就需要72名八年級學生。倘若我們還要考慮種族所可能造成的變異的話，假設我們把種族分成五個類別，則總共需要360名八年級的學生。

本節中我們要討論如何解決這個問題的方法：一種稱為**拉丁方格**(Latin square)實驗設計方法。同時，我們也希望讓讀者瞭解到，透過適當的實驗設

計，我們可以從實驗數據中得到相當可觀的資訊。舉例而言，倘若某市場調查機構想要比較四種早餐食品的包裝方式，但是考量到不同地區對不同的早餐食品可能有不同的偏好，而且不同的促銷活動也可能產生不同的影響效果，因此該機構決定在美國本土東北、東南、西北、西南四個區域中，分別對這四種包裝進行測試，並且搭配四種促銷方式：打折、抽獎、折價券、以及買一送一。如此一來，總共有16種區集（地區與促銷方式），而且需要64個地點（城市）以分別在每個區集中測試四種不同的包裝方式。除此之外，這些進行測試的地點必須分隔開來，以免不同的促銷方式之間產生相互影響。但即便是美國也沒有64個這樣的城市可供進行測試。不過，只要實驗設計得當，16個城市（地點）就夠了。我們利用以下的拉丁方格進行說明，其中A、B、C、與D分別表示四種不同的包裝方式。

	打折	抽獎	折價券	賣一送一
東北	A	B	C	D
東南	B	C	D	A
西北	C	D	A	B
西南	D	A	B	C

一般來說，拉丁方格是由英文字母A、B、C、D……（或拉丁字母）方陣所組成，而任何一個字母在同一列、同一欄中都只會出現唯一的一次。

在前述的拉丁方格設計中，我們在以下的組合中以打折的促銷方式來進行測試：東北地區某城市與A包裝、東南某城市與B包裝、西北某城市與C包裝、以及西南某城市與D包裝；而在以下的組合中以抽獎的方式來進行測試：東北地區某城市與B包裝、東南某城市與C包裝、西北某城市與D包裝，以及西南某城市與A包裝；餘依此類推。請注意，每一種促銷方式在每個地區只會使用一次，而且也只會與每種包裝搭配一次；每一種包裝都只會在每個地區使用一次，而且也只會與每種促銷方式搭配一次；而在每一個地區中，每種包裝與每種促銷方式都只會測試一次。在接下來的討論中，我們會瞭解到這樣的實驗設計方式，可以讓我們透過變異數分析同時對這三個變數

統計學

MODERN ELEMENTARY STATISTICS

進行顯著性檢定。

　　$r \times r$拉丁方格的分析方法與二因子變異數分析非常相似。總平方和、列平方和，以及欄平方和的計算方式與前面介紹的SST、$SS(Tr)$、與SSB都一樣，不過我們必須計算額外的平方和，來表示字母A、B、C、D……所代表的變數所造成的變異。這些英文字母可視為新的處理。這個新的平方和的公式為：

**拉丁方格的
處理平方和**

$$SS(Tr) = \frac{1}{r} \cdot (T_A^2 + T_B^2 + T_C^2 + \cdots) - \frac{1}{r^2} \cdot T^2$$

其中T_A為處理A的實驗結果的數據總和，T_B為處理B的實驗結果的數據總和，餘依此類推。最後，誤差平方和還是用減法計算而得：

**拉丁方格的
誤差平方和**

$$SSE = SST - [SSR + SSC + SS(Tr)]$$

其中SSR與SSC分別為列平方和與欄平方和。

　　現在我們可以利用變異數分析表來分析這個$r \times r$拉丁方格。同樣的，均方的計算方式也是平方和除以相對應的自由度，而三個F值為列均方、欄均方、與處理均方分別除以誤差均方而得。列、欄、與處理的自由度均為$r-1$，而透過減法，誤差的自由度為

$$(r^2 - 1) - (r - 1) - (r - 1) - (r - 1) = r^2 - 3r + 2 = (r - 1)(r - 2)$$

　　因此，對三個顯著性檢定而言，F統計量的分子自由度與分母自由度均為$r-1$與$(r-1)(r-2)$。

變異來源	自由度	平方和	均方	F
列	$r-1$	SSR	$MSR = \dfrac{SSR}{r-1}$	$\dfrac{MSR}{MSE}$
欄	$r-1$	SSC	$MSC = \dfrac{SSC}{r-1}$	$\dfrac{MSC}{MSE}$
處理	$r-1$	$SS(Tr)$	$MS(Tr) = \dfrac{SS(Tr)}{r-1}$	$\dfrac{MS(Tr)}{MSE}$
誤差	$(r-1)(r-2)$	SSE	$MSE = \dfrac{SSE}{(r-1)(r-2)}$	
總和	r^2-1	SST		

範例 15.5

假設在本節早餐食品研究的例子中，該市場調查機構得到以下的結果，表中的數據為單週的銷售量，單位為一萬份。

	打折	抽獎	折價券	賣一送一
東北	A 48	B 38	C 42	D 53
東南	B 39	C 43	D 50	A 54
西北	C 42	D 50	A 47	B 44
西南	D 46	A 48	B 46	C 52

假設所有必要條件全部都符合，請在0.05的顯著水準下，進行此拉丁方格的檢定。

解答

1. H_0's：列效果、欄效果、與處理效果，均全部等於零。

    H_A's：這些效果並未全部等於零。

2. 每個檢定中 $\alpha = 0.05$。

3. 對列、欄、與處理效果而言，若$F \geqq 4.76$的話，拒絕虛無假設；其中F值由變異數分析求得，而4.76為$F_{0.05}$在自由度$r-1 = 4-1 = 3$與$(r-1)(r-2) = (4-1)(4-2) = 6$時的值。

4. 將$r = 4$、$T_1. = 181$、$T_2. = 186$、$T_3. = 183$、$T_4. = 192$、$T._1 = 175$、$T._2 = 179$、$T._3 = 185$、$T._4 = 203$、$T_A = 197$、$T_B = 167$、$T_C = 179$、$T_D = 199$、$T.. = 742$，與$\sum \sum x^2 = 34{,}756$分別代入平方和的計算公式中，得到

$$SST = 34{,}756 - \frac{1}{16}(742)^2 = 34{,}756 - 34{,}410.25 = 345.75$$

$$SSR = \frac{1}{4}(181^2 + 186^2 + 183^2 + 192^2) - 34{,}410.25 = 17.25$$

$$SSC = \frac{1}{4}(175^2 + 179^2 + 185^2 + 203^2) - 34{,}410.25 = 114.75$$

$$SS(Tr) = \frac{1}{4}(197^2 + 167^2 + 179^2 + 199^2) - 34{,}410.25 = 174.75$$

$$SSE = 345.75 - (17.25 + 114.75 + 174.75) = 39.00$$

列出變異數分析表：

變異來源	自由度	平方和	均方	F
列（地區）	3	17.25	$\frac{17.25}{3} = 5.75$	$\frac{5.75}{6.5} \approx 0.88$
欄（促銷方式）	3	114.75	$\frac{114.75}{3} = 38.25$	$\frac{38.25}{6.5} \approx 5.88$
處理（包裝方式）	3	174.75	$\frac{174.75}{3} = 58.25$	$\frac{58.25}{6.5} \approx 8.96$
誤差	6	39.00	$\frac{39.00}{6} = 6.5$	
總和	15	345.75		

5. 就列而言，其F值為0.08，小於4.76，所以無法拒絕虛無假設。就欄而言，其F值為5.88，大於4.76，所以拒絕虛無假設。就處理而言，其F值為

8.96，大於4.76，所以拒絕虛無假設。換句話說，結論是，促銷方式與包裝方式對早餐食品的銷售量有影響，但是地區則沒有太大的影響。

除了本章所介紹的方法之外，還有許多其他不同的實驗設計方法，而這些方法的應用範圍非常廣泛。其中最常用的方法之一為**不完全區集設計**(incomplete block design)，當我們無法在每個區集把每一種處理都一一測試的情況下，適用這個方法。

舉例來說，假設我們要比較13種輪胎，但是我們根本不可能把這些輪胎全部安裝在同一部車子上進行測試，因此，先將這些輪胎由1至13編號，然後採用如下建議的實驗設計：

實驗回合	輪胎				實驗回合	輪胎			
1	1	2	4	10	8	8	9	11	4
2	2	3	5	11	9	9	10	12	5
3	3	4	6	12	10	10	11	13	6
4	4	5	7	13	11	11	12	1	7
5	5	6	8	1	12	12	13	2	8
6	6	7	9	2	13	13	1	3	9
7	7	8	10	3					

此時實驗進行13回合（或區集），而由於每一種輪胎與其它任一種輪胎，在同一個區集同時出現的次數都是一次，因此這種實驗設計稱為**平衡不完全區集設計**(balanced incomplete block design)。在這種設計中，「每一種輪胎與其它任一種輪胎在同一個區集中，出現次數相同」的條件非常重要，

因為如此一來，我們可以確定在對不同的輪胎進行兩兩比較時，我們所擁有的資訊量是一樣的。一般來說，不完全區集設計的分析相當複雜，我們不打算詳加討論，我們的目的是要說明，適當的實驗設計所能幫我們達成研究目標所需要的。

精選習題

15.24 某農業學家想要比較15個品種的玉米的產量，同時研究四種不同肥料、以及三種灌溉方式的效果。倘若每一塊實驗種植區上只種植一個品種的玉米、使用一種肥料、以及一種灌溉方式的話，請問該農業學家應該要規劃幾塊實驗種植區？

15.25 某個種植馬鈴薯的農夫想要在同一段時間內，比較四種不同品種的馬鈴薯，在六種不同的施肥方式與兩種不同的灌溉方式下，產量有何不同。倘若他每一種不同組合都只種植一畦地，請問他總共要種多少畦的地？

15.26 請根據「每一列與每一行中，每一個字母只能出現一次」的原則，完成以下的拉丁方格：

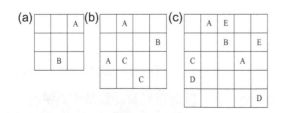

15.27 以下3×3拉丁方格中的樣本資料，為九個大學學生的美國史測驗成績。這九個學生分別

來自三種不同族裔，主修三種不同科目，而且選修的教授也不相同：A、B，與C。

族裔背景

	西班牙	德國	波蘭
法律	A 75	B 86	C 69
醫學	B 95	C 79	A 86
工程	C 70	A 83	B 93

假設其他條件均滿足，請利用適當的電腦統計軟體，在0.05的顯著水準下，分析此拉丁方格。

15.28 某公司想要測試九位資深經理人在面臨壓力時的決策能力，請來四位心理學家對他們進行訪談；每一位資深經理人一次只與一位心理學家面談。由於每一位心理學家一天只能訪談三位資深經理人，整個面談的行程安排詳列如下表；表中的A、B、C、D、E、F、G、H、與I分別代表九位資深經理人：

日期	心理學家	經理人		
March 2	I	B	C	?
March 3	I	E	F	G
March 4	I	H	I	A
March 5	II	C	?	H
March 6	II	B	F	A
March 9	II	D	E	?
March 10	III	D	G	A
March 11	III	C	F	?
March 12	III	B	E	H
March 13	IV	B	?	I
March 16	IV	C	?	A
March 17	IV	D	F	H

表中有六個問號,請根據以下的原則,填入適當的字母:每個經理人與其他任一經理人同一天進行面談的次數只有一次,而且一天之中只安排一次訪談。注意,這樣的安排結果所形成的是平衡不完全區集設計;這很重要,因為每個經理人與其他任一經理人在相同的情況下一起進行測試的機會都有一次。

15.11 本章專有名詞彙整

變異數分析(Analysis of variance),或簡稱 ANOVA

變異數分析表(Analysis of variance table)

平衡不完全區集設計(Balanced incomplete block design)

區集效果(Block effects)

區集平方和(Block sum of squares)

區集設計(Blocking)

區集(Blocks)

完全區集(Complete blocks)

完全隨機設計(Completely randomized design)

控制實驗(Controlled experiment)

誤差均方(Error mean square)

誤差平方和(Error sum of squares, SSE)

實驗設計(Experimental design)

實驗誤差(Experimental error)

因子 A(Factor A)

因子 B(Factor B)

F分配(F distribution)

F統計量(F statistic)

總平均(Grand mean)

全總和(Grand total)

不完全區集設計(Incomplete block design)

交互作用平方和(Interaction sum of squares)

拉丁方格(Latin square)

多重比較(Multiple comparisons)

分子自由度與分母自由度 (Numerator and denominator degrees of freedom)

單因子變異數分析(One-way analysis of variance)

隨機化(Randomization)

隨機化區集設計(Randomized block design)

重複取樣(Replication)

t化變域(Studentized range)

總平方和(Total sum of squares, SST)

處理效果(Treatment effects)

處理均方(Treatment mean square)

處理(Treatments)

處理平方和(Treatment sum of squares，SS(Tr))

二因子實驗(Two-factor experiment 或 two-way experiments)

二因子變異數分析(Two-way analysis of variance)

變異數比(Variance ratio)

15.12 參考書籍

• 下列為許多關於變異數分析的參考書籍：

1. GUENTHER, W. C., *Analysis of Variance*. Upper Saddle River, N. J.: Prentice Hall, Inc., 1964.

2. SNEDECOR, G.W., and COCHRAN, W.G., *Statistical Methods*, 6th ed. Ames: Iowa State University Press, 1973.

• 上列書籍以及下列各書均有討論實驗設計的問題：

1. ANDERSON, V. L., and MCLEAN, R.A., *Design of Experiments: A Realistic Approach*. New York: Marcel Dekker. Inc., 1974.

2. BOX, G. E. P., HUNTER, W.G., and HUNTER, J. S., *Statistics for Experimenters*. New York: John Wiley & Sons, Inc., 1978.

3. COCHRAN, W.G., and COX, G.M., *Experimental Design*, 2nd ed. New York: John Wiley & Sons, Inc., 1957.

4. FINNEY, D. J., *An Introduction to the Theory of Experimental Design*. Chicago: The University of Chicago Press, 1960.

5. FLEISS, J., *The Design and Analysis of Clinical Experiments*, New York: John Wiley& Sons, Inc., 1986.

6. HICKS, C.R., *Fundamental Concepts in the Design of Experiments*, 2nd ed. New York: Holt, Rinehart and Winston, 1973.

7. ROMANO, A., *Applied Statistics for Science and Industry*. Boston: Allyn and Bacon, Inc., 1977.

- 上列由W. G. Cochran與G. M. Cox所著的書中，可以找到$r=3$、4、5、……、12的拉丁方格表格。
  本章實驗設計的例子，部分引用自下列書籍的第18與19章：

1. BROOK, R. J., ARNOLD, G.C., HASSARD, T.H., and PRINGLE, R.M., eds., *The Fascination of Statistics*. New York: Marcel Dekker, Inc., 1986.

- 以下的書籍對多重比較有詳細的討論：

1. FEDERER, W. T., *Experimental Design, Theory and Application*. New York: Macmillan Publishing Co., Inc., 1955.

2. HOCHBERG, Y., and TAMHANE, A., *Multiple Comparison Procedures*. New York: John Wiley & Sons, Inc., 1987.

16

▸ 迴歸分析
REGRESSION

許多統計研究最主要的目的，就是希望能找出變數之間的關係，以便得以藉由其他變數來預測一個或多個變數。舉例來說，我們可以根據某產品的價格來預測其未來的銷售量；或根據某家庭總收入，來預測其該家庭醫療相關費用；或是根據某項食品的營養成分及其電視廣告的預算，來預測該食品的每人平均食用量。

當然，最理想的情況是，我們只要知道某些變數的值，就能根據這些數值準確地預測某一變數的值。不過這種情況幾乎不可能發生。在絕大部分的情況中，我們只能預測平均值或是期望值。舉例來說，我們無法準確地預測出某個大學畢業生在畢業十年之後會賺多少錢，但是只要有充分且適當的資料，我們可以預測全部的大學畢業生在畢業十年之後的平均收入。同樣地，我們可以利用七月份的雨量，來預測某特定品種的小麥的平均產量。這種根據某個（或某幾個）已知變數的值，來預測另一個變數的平均值的方法，稱為**迴歸**(regression)。這個詞是由法蘭西斯‧高騰(Francis Galton, 1822-1911)最先開始使用的，用以研究父親身高與兒子身高之間的關係。

在第16.1節與16.2節中，我們先簡介曲線配適(curve fitting)的概念，以及一個最常用的方法，**最小平方方法**(method of least squares)。接著在第16.3節中，我們討論以直線配適成對的資料，進行一些關於統計推論的問題。第16.4節與16.5節為選讀內容，前者討論根據多個變數進行預測的問題，而後者討論兩個變數之間的關係為非線性的情形。

16.1 曲線配適

如果可能的話，我們會盡量嘗試用數學方程式，來表示已知變數與擬預測變數之間的關係。這個方法在自然科學中非常成功，舉例來說，當溫度維持不變時，氣體體積y與氣體壓力x的關係，可用以下的公式來表示：

$$y = \frac{k}{x}$$

其中k為常數。除此之外，研究也已證實，在一個細菌培養皿中，細菌數量y與所經過的時間x，在特定的環境條件下，兩者之間的關係如下：

$$y = a \cdot b^x$$

其中a與b為常數。近年來，在行為科學、社會科學，以及其他領域中，類似這樣的方程式也被用來描述關係。舉例來說，上述的第一個式子在經濟學的領域中，被用來描述商品價格與需求量之間的關係，而第二個式子則被用來描述人們字彙記憶量的增長，或是財富的累積。

當我們使用所觀察到的資料，藉由數學方程式來描述兩個變數間的關係時，稱為**曲線配適**(curve fitting)。在這過程中，我們會遇到三種類型的問題：

> **我們必須決定採用何種曲線，也就是決定採用何種預測方程式**(predicting equation)。
> **我們必須找出在某種標準下最配適的特殊方程式。**
> **我們必須測試此方程式的優缺點，以及此方程式所得出的預測結果。**

上列的第二個與第三個問題將在分別第16.2節與16.3節中討論。

在處理第一個問題時，最常用的方法就是直接把資料列出來檢視。我們在一般的或特殊尺度的方格紙上，將資料畫上去，然後觀察這些資料點的分佈型態是否能以某種形式的曲線來配適，如：直線、拋物線......等等。這個過程其實有不少客觀的方法可以採用，不過它們的困難度超出本書的範圍，因此在此不詳加介紹。

現在我們把焦點放在兩個未知變數之間的**線性方程式**(linear equation)關係，其形式為

$$y = a + bx$$

其中a為y軸的截距（當$x=0$時，y的數值），而b為此直線的斜率（亦即，當x增加一單位時，y的改變量）[1]。線性方程式非常有用而且非常重要，不只是因為許多變數之間的關係的確是線性的，而且在許多難以用數學模式來描述的情況中，線性方程式是最常用的近似方法。

線性方程式$y=a+bx$中，滿足此方程式的所有(x, y)數對，在座標平面上形成一條直線。在實際使用時，a與b的值是透過觀察資料來估計的，而當它們的估計值計算出來之後，我們可以在方程式中代入x值，以計算相對應的y值。

舉例來說，為要研究颱風環流的風速，國科會與中央氣象局共同支持的「追風計畫」在2007年8月16日清晨五時搭乘漢翔航空Astra颱風偵察機，飛航到台灣東南方外海，沿著強烈颱風聖帕的暴風邊緣投擲18枚「投落送」，測得距海面五公里高度的風速資料，此時x表示與颱風中心距離的公里數，而y為在此點測到的風速(單位為每秒公里)，然後根據第16.2節中所討論的方法，得到如下的預測方程式：

$$y=24.2 - 0.0251x$$

（資料列於習題16.5）。其對應的座標圖如圖16.1。任何滿足$y = 24.2 - 0.0251x$的(x, y)數對，都會落在圖16.1的直線上。比方說，如果某地離颱風中心300公里處，我們代入$x = 300$，則可預測得風速每秒16.67公尺：

$$y= 24.2 - 0.0251 \cdot 300 = 16.67$$

同樣的，對於位於離颱風中心500公里處的城市，我們代入$x= 500$，則可預測得風速每秒11.65公尺：

註1. 在其他的數學分支領域中，兩個未知變數之間的線性方程式通常寫為$y=mx+b$，不過在此我們使用$y=a+bx$的形式，以便於進行方程式的擴充，例如$y=a+bx+cx^2$，或$y=a+b_1x_1+b_2x_2$。

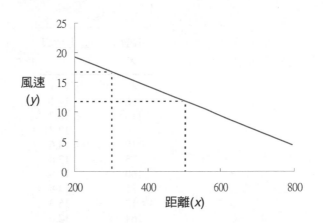

圖16.1 線性方程式 $y = 24.2 - 0.0251x$ 之圖示

$$y = 24.2 - 0.0251 \cdot 500 = 11.65$$

數對(300,16.67)與(500,11.65)都落於圖16.1的直線上。任何一組用此法計算出來的數對，都會出現在那條直線上。

16.2 最小平方法

當我們決定採用線性方程式來描述某組資料時，就得面臨第二個問題：如何找出在某種標準下最配適的特殊方程式。我們透過以下的例子來說明該考量的事項有哪些。假設我們現在要研究人們暴露在嘈雜環境中的時間長短與聽力之間的關係。此時 x 表示某人暴露在重度噪音環境中（居住在飛機起降航道附近）的週數（四捨五入至整數位），而 y 為此人的聽力反應音頻極限（單位為每秒千周波）：

週數 x	聽力極限 y
47	15.1
56	14.1
116	13.2
178	12.7
19	14.6
75	13.8
160	11.9
31	14.8
12	15.3
164	12.6
43	14.7
74	14.0

圖16.2稱為**散佈圖**(scattergram)，其上的數對(x, y)稱為**資料點**(data points)。此圖是利用電腦軟體繪製的。由圖可知，這些資料點並未呈一直線排列，但是大致上來說其散佈型態可以用一條直線來描述。至少，這些點中並未出現明顯偏離直線性的點。因此，我們認為用直線來描述這組資料是合理且可接受的。

接著，我們要來尋找最配適這組資料的直線，並希望這條直線能夠幫助我們用x值來預測y值。理論上來說，在方格紙上我們可以畫出無限多條直

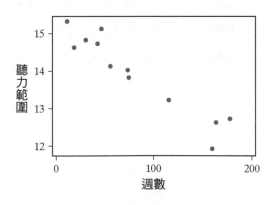

圖16.2 聽力資料之圖示

線，但是其中有些直線明顯與這組資料的散佈型態不合，因此這些直線根本不用考慮；不過有些直線看起來都蠻符合這組資料的散佈型態，所以我們必須有一套衡量標準，用以判別哪一條直線最配適、描述得最好。如果所有資料點完全呈一直線的話，那就沒有這個問題，不過這種情形在實際操作中幾乎不可能遇到。一般來說，我們必須妥協並接受一個事實：我們最後找出來的那條直線，不是十全十美的。

目前我們最常用的「最配適」定義，是源自於十九世紀初期一位法國數學家Adrien Legendre的貢獻，稱為**最小平方法**(method of least squares)。這個方法的概念是，我們要找一條直線，使得所有資料點與該直線之間的垂直距離平方的總和為最小。

我們透過以下的資料來解釋為什麼要這麼做。底下的表格中，x與y分別表示四個學生參加兩項選擇題測驗所答對的題數：

x	y
4	6
9	10
1	2
6	2

圖16.3為此資料的圖示，我們加上兩條直線來描述它們的散佈型態。

如果我們在給定x值的情形下，採用圖16.3左圖中的水平直線來「預測」y值的話，那麼不論x為多少，y都是5。如此一來，這些「預測值」的誤差為$6-5=1$、$10-5=5$、$2-5=-3$，以及$2-5=-3$。在圖16.3中，這些誤差值為資料點至水平直線的垂直距離。

這些誤差值的總和為$1+5+(-3)+(-3)=0$，不過這個資訊沒有什麼用途；這個情況我們之前在定義標準差的時候也遇過。當時我們的應對方法是將離差值平方之後再加總起來（參見第4章）。此處我們如法炮製。得到誤差平方何為 $1^2+5^2+(-3)^2+(-3)^2=44$。

我們現在來看看圖16.3的右圖，該圖中的直線連接(1, 2)與(9, 10)兩個點。經過簡單的運算之後，可知這條直線的方程式為$y=1+x$。用目視的角

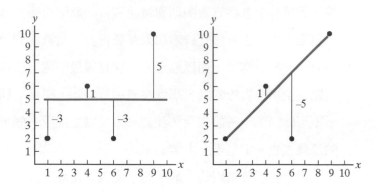

圖16.3　四個資料點之圖示

度而言，這條直線比左圖的水平線更適合用於描述這組資料。而當我們在給定x值的情形中，以這條直線來「預測」y值時，會得到如下的預測值：$1+4=5$、$1+9=10$、$1+1=2$，與$1+6=7$。這些「預測值」的誤差即為原始資料點與此直線的垂直距離，分別為$6-5=1$、$10-10=0$、$2-2=0$，與$2-7=-5$。

這些誤差的總和為$1+0+0+(-5)=-4$，就數值上來看比左圖的誤差和0來得大，不過這個資訊同樣還是沒有太大的用途。然而，這些誤差的平方和為$1^2+0^2+0^2+(-5)^2=26$，比之前所計算出來的44小得多。從這個地方來看，右圖中的直線比左圖中的水平線更適合用來描述這組資料。

我們可以進一步計算出這種誤差平方和最小的直線為何。在習題16.7中，我們會要求讀者驗證這個例子中，這條直線的方程式為$y=\frac{15}{17}+\frac{14}{17}x$。這種直線我們稱為**最小平方線**(least-squares line)。

我們現在來看看如何計算出最小平方線的方程式。假設有n組數對(x_1,y_1)、(x_2,y_2)、……，與(x_n,y_n)，它們所代表的可能分別是n套火箭的推力與速度、n個人的身高與體重、n個學生的閱讀速度與閱讀能力測驗成績、n艘沈船的打撈成本與打撈之後所可能發現的寶藏數量，或是n輛汽車的車齡與維修成本。現在我們將直線方程式寫成$\hat{y}=a+bx$，其中$\hat{y}$代表線上的值，

以區別觀察值 y，而在最小平方法的條件要求下，我們必須將 y 與 $\hat{y}$ 之間的距離平方和最小化（如圖16.4）。這表示我們必須調整 a 與 b 的值，以盡可能縮小下列式子的數值：

$$\sum(y - \hat{y})^2 = \sum[y - (a + bx)]^2$$

由於這個尋找 a 與 b 以使得 $\sum(y - \hat{y})^2$ 最小化的計算過程，必須使用到微積分或相當繁複的代數運算，我們只列出兩個能夠求出 a 與 b 值的聯立方程式：

$$\sum y = na + b\left(\sum x\right)$$
$$\sum xy = a\left(\sum x\right) + b\left(\sum x^2\right)$$

這兩個方程式稱為**正規方程式**(normal equations)，其中 n 為成對的資料組數，$\sum x$ 與 $\sum y$ 為觀察值 x 與 y 的加總，$\sum x^2$ 為觀察值 x 的平方加總，而 $\sum xy$ 為成對的 x 與 y 相乘之後的加總。

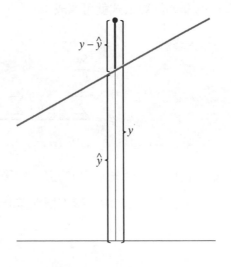

圖16.4 *y 與 $\hat{y}$ 的差距*

範例 16.1

根據前述的噪音-聽力資料,我們得到$n = 12$、$\sum x = 975$、$\sum x^2 = 117{,}397$、$\sum y = 166.8$、$\sum y^2 = 2{,}331.54$,與$\sum xy = 12{,}884.4$。請列出其求算最小平方線的正規方程式。

解答 將上述數值代入正規方程式中,得到

$$166.8 = 12a + 975b$$
$$12{,}884.4 = 975a + 117{,}397b$$

(此範例中並未使用到$\sum y^2$的值,不過之後的範例就會用到了。)

利用基本代數中的**消去法**(method of elimination)或是利用**行列式值**(determinants)的方法,我們可以求出上列正規方程式的解答。此外,我們還可以直接將數值代入求出a與b的值。我們在此先利用以下兩個式子:

$$S_{xx} = \sum x^2 - \frac{1}{n}\left(\sum x\right)^2 \quad \text{and} \quad S_{xy} = \sum xy - \frac{1}{n}\left(\sum x\right)\left(\sum y\right)$$

然後a與b的計算公式就可寫成:

**正規方程式
的解**

$$b = \frac{S_{xy}}{S_{xx}}$$

$$a = \frac{\sum y - b\left(\sum x\right)}{n}$$

在此過程中,我們先求出b的值,然後再代入a的公式求出a的值。(注意,此處的S_{xx}與第4.2節中,樣本標準差計算公式的S_{xx}相同。)

範例 16.2

請利用此公式,解上例的正規方程式,以得出a與b的值。

解答　將上例中的數值代入 S_{xx} 與 S_{xy} 的公式，得到

$$S_{xx} = 117{,}397 - \frac{1}{12}(975)^2 = 38{,}178.25$$

以及

$$S_{xy} = 12{,}884.4 - \frac{1}{12}(975)(166.8) = -668.1$$

因此，$b = \dfrac{-668.1}{38{,}178.25} \approx -0.0175$ 而 $a = \dfrac{166.8 - (-0.0175)(975)}{12} \approx 15.3$，均四捨五入至三位有效位數，而其最小平方直線可寫為

$$\hat{y} = 15.3 - 0.0175x$$

這部分的計算過程可視為代數運算練習，因為我們鮮少將整個求算最小平方線的過程鉅細靡遺地列出。現在，即使是最陽春型的計算機都可以算出我們所需的加總值，而所有的統計計算機或電腦軟體都可以直接算出 a 與 b 的值。事實上，整個求解過程中最繁瑣的步驟，大概就是輸入或修正原始資料了吧。

倘若 b 是負數的話，如範例16.2，則最小平方線為**負斜率**：從左上下降至右下。換句話說，當 x 值增加時，y 值反而下降；如圖16.2。倘若 b 是正數的話，則最小平方線為**正斜率**：從左下上升至右上。換句話說，當 x 值增加時，y 值也增加。最後，當 b 為零時，最小平方線為水平線，表示即便我們知道 x 值，也無法估計或預測 y 值。

如果我們利用電腦軟體來求算這個例子的話，會得到如圖16.5的結果。在該圖示中，最小平方線被稱為**迴歸方程式**(regression equation)（我們會在後面的章節中加以解釋），依舊是 $y = 15.3 - 0.0175x$。而係數 a 與 b 的值則列在「Coef」的欄位名稱下方，分別為15.3218與 -0.017499。我們在往後的討論中會用到圖中的其他資訊。

```
迴歸分析：y vs. x
迴歸方程式為：y＝15.3－0.0175 x

Predictor          Coef          SE Coef          T          P
Constant         15.3218          0.1845        83.4      0.000
x               -0.017499         0.001865       -9.38      0.000

S = 0.3645          R-Sq = 89.8%     R-Sq(adj) = 88.8%

Analysis of Variance

Source          DF          SS          MS          F          P
Regression       1        11.691      11.691      88.00      0.000
Residual Error  10         1.329       0.133
Total           11        13.020
```

圖16.5 **範例16.2之圖示**

範例 16.3

請利用範例16.2中的最小平方方程式，估計某個人暴露在機場噪音(a)一年，與(b)兩年，之後其聽力的音頻極限為何。

解答　(a) 將$x＝52$代入$\hat{y}＝15.3－0.0175x$，得到$\hat{y}＝15.3－0.0175(52)＝14.4$每秒千周波，四捨五入至三位有效位數。

(b) 將$x＝104$代入$\hat{y}＝15.3－0.0175x$，得到$\hat{y}＝15.3－0.0175(104)＝13.5$每秒千周波，四捨五入至三位有效位數。

當我們利用這種方法來進行估計或預測時，我們不能期望說我們算出來的答案會百分之百完全命中。就噪音－聽力這個例子來說，不可能每個在機場噪音中暴露相同長度的時間的人，其聽力的音頻極限都完全一樣。為了從最小平方線中得到更有意義的估計值或預測值，我們必須將代入特定x值之後所得到的$\hat{y}$值，視為平均數，或是期望值。在這樣詮釋觀點下，最小平方線稱為**迴歸線**(regression line)，或是**估計迴歸線**(estimated regression line)，而因為a與b的值是根據樣本資料估計出來的，因此，當樣本不同時，它們的

值也會隨著改變。關於這種估計的適合度，我們會在第16.3節中討論。

　　本節的討論中，我們只考慮用直線來配適成對的資料。一般來說，最小平方法，也可以用來配適其他種類的曲線，或是兩個以上的未知數。我們會在第16.5節中，討論如何使用最小平方法來配適直線以外的曲線；而在第16.4節中，我們會透過一些例子，來討論兩個以上未知數的預測方程式。

精選習題

16.1 在某場狗兒競賽中，某隻接受過六小時訓練的狗犯了五個錯誤，某隻接受過12小時訓練的狗犯了六個錯誤，另一隻接受過18個小時訓練的狗只犯了一個錯誤。倘若以x表示接受訓練的時數，y表示所犯的錯誤個數，請問以下兩條直線，以最小平方的標準來看，哪一條比較配適於這三個資料點：(6，5)、(12，6)、與(18，1)？

$$y = 10 - \frac{1}{2}x \text{ or } y = 8 - \frac{1}{3}x$$

16.2 承上題，請利用電腦統計軟體檢驗該直線是否為最小平方線。

16.3 以下資料為六個人在某汽車檢驗站的工作週數，以及每個人在某一天的中午時段所檢驗的汽車數量：

工作週數 x	所檢驗的汽車數 y
2	13
7	21
9	23
1	14
5	15
12	21

已知 $\sum x = 36$，$\sum y = 107$，$\sum x^2 = 304$，$\sum xy = 721$，請利用本節所介紹的計算公式求算a與b，並寫出最小平方線的方程式。

16.4 承上題，倘若某人在該檢驗站工作八週，請估計此人在中午時段所可能會檢驗的汽車有幾部。

16.5 請根據以下的資料，驗證第16.1節中，颱風距離與風速的例子的最小平方直線方程式：

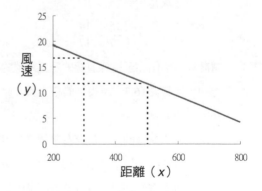

圖16.2 線性方程式$y = 24.2 - 0.0251x$之圖示

16.6 以下的數據是某游泳池在使用化學藥品消毒之後，每隔兩小時測量得的氯氣殘留量：

經過小時數	氯氣殘留量
0	2.2
2	1.8
4	1.5
6	1.4
8	1.1
10	1.1
12	0.9

表格中時間為0即為剛完成消毒工作的時刻。

(a) 請利用第16.2節的公式,求算最小平方線,以便我們能藉由該線預測經過多少小時之後,該游泳池的氯氣殘留量;

(b) 請利用(a)中所求得的最小平方線,預測在完成化學消毒五個小時之後,該游泳池的氯氣殘留量是多少;

(c) 倘若你後來發現收集上述數據的當天,氣候非常炎熱,請說明為何如此一來(a)與(b)的結果可能會發生誤導。

16.7 根據第16.2節中所提到的四點資料點:(4,6)、(9,10)、(1,2),與(6,2),請驗證其最小平方線為

$$\hat{y} = \frac{15}{17} + \frac{14}{17}x$$

請計算這四個點至這條直線的垂直距離的平方和,比較圖16.3中所得到的平方和:44與26。

16.8 生產某合成纖維的原料儲存在某個沒有濕度控制的倉庫中。以下資料為12天當中,所測得的倉庫的空氣相對濕度以及該原料中的濕度(皆為百分比):

倉庫濕度 x	原料濕度 y
46	12
53	14
37	11
42	13
34	10
29	8
60	17
44	12
41	10
48	15
33	9
40	13

(a) 請繪製散佈圖,並驗證這兩個變數之間有相當明顯的線性關係。

(b) 已知 $\sum x = 507$,$\sum y = 144$,$\sum x^2 = 22{,}265$,$\sum xy = 6{,}314$,請寫出兩條正規方程式。

(c) 利用消去法或行列式值法,求解以上的正規方程式。

16.9 承上題,利用(b)的總和、以及第16.2節中的計算公式,求出最小平方線的方程式。

16.10 請利用適當的電腦統計軟體,求出習題16.8的最小平方線。

16.11 請利用習題16.8、16.9、或16.10中所求得的方程式,估計當倉庫空氣相對濕度為38%時,原料中的濕度為何?

*16.12 若以行列式值的方法求解正規方程式的話,請驗證我們會得出以下關於a與b的公式:

$$a = \frac{\left(\sum y\right)\left(\sum x^2\right) - \left(\sum x\right)\left(\sum xy\right)}{n\left(\sum x^2\right) - \left(\sum x\right)^2}$$

$$b = \frac{n\left(\sum xy\right) - \left(\sum x\right)\left(\sum y\right)}{n\left(\sum x^2\right) - \left(\sum x\right)^2}$$

*16.13 請利用上題的公式，重新求算

(a) 習題16.3；

(b) 習題16.9。

16.3 迴歸分析

在範例16.3中，我們利用最小平方線來估計或預測，某個人暴露在機場噪音兩年之後，其聽力的音頻範圍是13.5每秒千周波。但即使我們將最小平方線以迴歸線的方式來詮釋（也就是將預測值視為平均值或期望值），還是有一些問題值得進一步討論，例如：

> 我們根據最小平方線$\hat{y} = 15.3 - 0.0175x$所估計出的a與b值，有多好？
>
> 當暴露在機場噪音兩年之後，我們估計聽力的音頻極限爲13.5每秒千周波。這個估計值有多好？

無論如何，$a = 15.3$、$b = -0.0175$、以及$\hat{y} = 13.5$都只是根據樣本所估計出來的數值而已，當我們用不同的樣本來進行計算時，就會得到不同的a與b值，而且$x = 104$時的$\hat{y}$也會不同。除此之外，在進行預測時，我們還會問：

> 對於一位即將暴露在機場噪音兩年的人，我們能否針對其未來的聽力音頻極限，提供一個具有某種信賴度的區間？

針對上述的第一個問題，我們說$a = 15.3$以及$b = -0.0175$都「只是根據樣本所估計出來的數值而已」，這表示說實際上真的有兩個這樣的數值，通常以α與β來表示，稱為**迴歸係數**(regression coefficients)。因此，實際上也

有一條真正的迴歸線：$\mu_{y|x} = \alpha + \beta x$，其中 $\mu_{y|x}$ 為給定 x 值時 y 的平均數。為了區隔 α 與 β 以及 a 與 b，我們將 a 與 b 稱為**估計迴歸係數**(estimated regression coefficients)。一般來說，它們通常以 $\hat{\alpha}$ 與 $\hat{\beta}$ 來表示，而不用 a 與 b。

我們現在利用圖16.6來說明真實迴歸線。圖中我們針對不同的 x 值繪出相對應的 y 值分佈。就我們的例子而言，這些分佈曲線為某人暴露在機場噪音一週、兩週、三週之後聽力音頻極限的機率分配，而我們可以在我們所感興趣的 x 值範圍中，針對每個 x 值畫出類似的分佈曲線。注意圖中每一個機率分配的平均數，都落在真實迴歸線 $\mu_{y|x} = \alpha + \beta x$。

在**線性迴歸分析**(linear regression analysis)中，我們假設 x 值是固定值，而不是隨機變數的值，而且對每個 x 值而言，其所對應（預測）的 y 值，都服從某種型式的機率分配（如圖16.6），而這些機率分配的平均數均為 $\alpha + \beta x$。在**常態迴歸分析**(normal regression analysis)中，我們更進一步假設，這些機率分配全部都是標準差相同的常態分配。

根據這些假設條件，我們可以證明利用最小平方法所算出來的估計迴歸係數 a 與 b，都是服從常態分配的隨機變數，而其常態分配的平均數分別為 α 與 β，標準差分別為

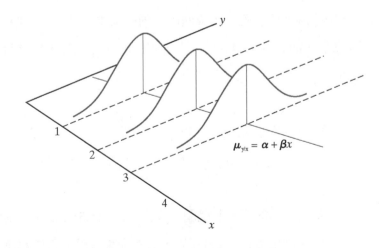

圖16.6　給定 x 值時 y 的分佈曲線

$$\sigma\sqrt{\frac{1}{n} + \frac{\overline{x}^2}{S_{xx}}} \quad \text{and} \quad \frac{\sigma}{\sqrt{S_{xx}}}$$

然而，這兩個估計迴歸係數 a 與 b，在統計學上並不是相互獨立的；上述兩個標準差公式中，我們都必須先估計如圖16.6中、共同的常態分配標準差 σ。另一方面，由於 x 為固定值，所以 $\overline{x}$ 與 S_{xx} 的計算是沒有問題的。此處 σ 的估計值稱為**估計的標準誤**(standard error of estimate)，以符號 s_e 表示，其公式為：

$$s_e = \sqrt{\frac{\sum(y - \hat{y})^2}{n - 2}}$$

其中，y 為觀察值，$\hat{y}$ 為最小平方線上的估計值。注意 s_e^2 是資料點到最小平方線的垂直距離的平方的總和，然後再除以 $n-2$。

上列為 s_e 的定義公式，不過在實際使用時，我們利用以下的計算公式：

估計的標準誤
$$s_e = \sqrt{\frac{S_{yy} - bS_{xy}}{n - 2}}$$

其中

$$S_{yy} = \sum y^2 - \frac{1}{n}\left(\sum y\right)^2$$

與之前上一節中的 S_{xx} 公式相似。

範例 16.4

請計算上一節噪音－聽力範例中的 s_e 值。

解答　由於 $n=12$，且已知 $S_{xy}=-668.1$，所以只要計算 S_{yy} 即可。而在範例16.1中我們得知 $\sum y = 166.8$、$\sum y^2 = 2{,}331.54$，因此

$$S_{yy} = 2,331.54 - \frac{1}{12}(166.8)^2 = 13.02$$

而且

$$s_e = \sqrt{\frac{13.02 - (-0.0175)(-668.1)}{10}} \approx 0.3645$$

其實這個計算過程可以省下來，因為在圖16.5中，就已經告訴我們$s = 0.3645$。

倘若我們採用常態迴歸分析的假設條件，也就是x值是固定值，而其所對應的y值，均服從平均數為$\mu_{y|x} = \alpha + \beta x$、標準差為$\sigma$的常態分配。則我們可以根據以下兩個統計量，來對迴歸係數α與β進行統計推論：

用以進行迴歸係數推論的統計量

$$t = \frac{a - \alpha}{s_e \sqrt{\dfrac{1}{n} + \dfrac{\overline{x}^2}{S_{xx}}}}$$

$$t = \frac{b - \beta}{s_e / \sqrt{S_{xx}}}$$

其中抽樣分配為自由度為$n-2$的t分配。注意這兩個式子的分母皆為前述α與β的標準誤公式，其中的σ換成s_e。

接下來的例子中我們討論如何針對迴歸係數α與β進行假設檢定。

範例 16.5

假設有人宣稱，人們的聽力音頻極限在暴露在機場噪音一個星期之後，會減少0.02每秒千周波，請根據上一節的數據資料，在0.05的顯著水準下，檢定此人的宣稱。

解答　在進行以下的假設檢定之前，我們必須先假定，本題中常態迴歸分析的假設條件都全部滿足。

1. H_0： $\beta = -0.02$

   H_A： $\beta \neq -0.02$

2. $\alpha = 0.05$

3. 若 $t \leq -2.228$ 或 $t \geq 2.228$，則拒絕虛無假設，其中

$$t = \frac{b - \beta}{s_e/\sqrt{S_{xx}}}$$

而2.228是自由度為 $12-2=10$ 時 $t_{0.025}$ 的值。不然的話，接受虛無假設或是持保留態度。

4. 我們已經從範例16.1、16.2與16.4中得知，$S_{xx} = 38,178.25$, $b = -0.0175$、且 $s_e = 0.3645$，將這些數值與 $\beta = -0.02$ 一起代入，得到

$$t = \frac{-0.0175 - (-0.02)}{0.3645/\sqrt{38,178.25}} \approx 1.340$$

5. 由於 $t = 1.340$ 落於 -2.228 與2.228的區間中，因此無法拒絕虛無假設；我們沒有確切的證據來反駁該宣稱。

本例中我們同樣可以利用圖16.5來簡化計算過程。圖中欄位名稱「SE Coef」下方，有列出b的估計標準誤0.001865，而這個數值正是計算 t 統計量的分母，因此，直接套用，得到

$$t = \frac{-0.0175 - (-0.02)}{0.001865} = 1.340$$

迴歸係數 α 的檢定過程與上例相似，不過記得要改用第一個 t 統計量。然而，在絕大部分的統計問題中，我們對迴歸係數 α 通常不太感興趣，因為它只是 y 軸上的截距，亦即，當 $x=0$ 時 y 的值。在許多情況下，這個數值是沒有什麼用途的。

若要建構迴歸係數 α 與 β 的信賴區間，我們可將上述兩個 t 統計量置入 $-t_{\alpha/2} < t < t_{\alpha/2}$ 的式子當中，然後透過簡單的代數運算，得到

迴歸係數的區間
估計界限

$$a \pm t_{\alpha/2} \cdot s_e \sqrt{\frac{1}{n} + \frac{\overline{x}^2}{S_{xx}}}$$

$$b \pm t_{\alpha/2} \cdot \frac{s_e}{\sqrt{S_{xx}}}$$

其中信賴水準為$(1-\alpha)\,100\%$，而 $t_{\alpha/2}$ 需查閱書末附表II，自由度為 $n-2$。

範例 16.6

以下的資料是六個學生在某學期中，每週溫習某課程的時數，以及該課程的學期成績：

溫習時數 X	學期成數 y
15	2.0
28	2.7
13	1.3
20	1.9
4	0.9
10	1.7

假設常態迴歸分析的假設條件全部滿足，請求算 β 的99%信賴區間，其中 β 可視為該母體中的學生，每多花一小時溫習該課程，其學期成績所可能提高的程度。

迴歸分析：y vs. x

迴歸方程式為 $y = 0.721 - 0.0686\,x$

```
Predictor        Coef        SE Coef          T           P
Constant       0.7209        0.2464         2.93       0.043
x              0.06860       0.01467        4.68       0.009

S = 0.2720          R-Sq = 84.5%      R-Sq(adj) = 80.7%
```

圖16.7 範例16.6之圖示。

解答　利用圖16.7，我們可知$b=0.06860$，而其標準誤的估計值為0.01467。由於自由度為$6-2=4$時，$t_{0.005}=4.604$，因此我們計算$0.0686\pm4.604(0.01467)$，得到

$$0.0011<\beta<0.1361$$

此信賴區間相當寬，原因有二：樣本數太小，以及s_e的變異性相對而言相當大，換句話說，花同樣時間溫習課業的學生中，學期成績表現的變異程度相當大。

本節一開始所提出的第二個問題中，我們關心的重點是，在給定x值的情況下，y的平均數的估計值或預測值的品質。要回答這個問題，我們採用的方法與上面所討論的方法相當類似。假設條件與之前相同，我們利用另一個t-統計量來進行推論：當$x=x_0$時，y的平均數$\mu\,y|x_0$的$(1-\alpha)$100%信賴區間為

當x＝x₀時，y平均數的信賴區間界限

$$(a+bx_0)\pm t_{\alpha/2}\cdot s_e\sqrt{\frac{1}{n}+\frac{(x_0-\overline{x})^2}{S_{xx}}}$$

跟以前一樣，自由度為$n-2$，而$t_{\alpha/2}$的值可在書末附表II中查到。

範例 16.7

利用第16.2節一開始的資料，假設我們現在要估計暴露在機場噪音兩年之後，人們聽力的平均音頻極限是多少。請求算95%的信賴區間。

解答　假設常態迴歸分析的假設條件全部滿足。已知$n=12$、$x_0=104$週、$\sum x=975$（範例16.1）且$\overline{x}=975/12=81.25$、$S_{xx}=38,178.25$（範例16.2）、$a+bx_0=13.5$（範例16.3）、$s_e=0.3645$（範例16.4），以及自由度為$12-2=10$的

$t_{0.025}=2.228$。將這些數值代入前述的信賴區間公式中，得到

$$13.5 \pm 2.228(0.3645)\sqrt{\frac{1}{12}+\frac{(104-81.25)^2}{38,178.25}}$$

因此，當$x=104$週時，

$$13.25 < \mu_{y|x_0} < 13.75$$

單位為每秒千周波。

本節一開始所提出的第三個問題與前兩個不太一樣。它與母體參數的估計無關，而是與未來某單一預測值有關。要回答這個問題，我們會對此單一預測值提出一個信賴區間，而此信賴區間的兩個端點，稱為**預測界限**(limits of prediction)。此時我們採用另一個 t 統計量來進行推論：當$x=x_0$時，y的($1-\alpha$) 100%預測界限為

預測界限

$$(a+bx_0) \pm t_{\alpha/2} \cdot s_e \sqrt{1+\frac{1}{n}+\frac{(x_0-\overline{x})^2}{S_{xx}}}$$

跟以前一樣，自由度為$n-2$，而$t_{\alpha/2}$的值可在書末附表II中查到。

注意，這個預測界限的公式與前一個 $\mu_{y|x0}$的信賴區間的公式非常接近，兩者的差異只有根號內部的項目：前者比後者多個1。因此，在習題16.16中，我們會要求讀者驗證當$x_0=104$時，y的95%預測界限為12.65與14.35。這個範圍顯然比範例16.7中的解答寬得多；這是相當合理的：因為預測界限是用於一個個人的預測，而範例16.7中所算出來的是用在曾經暴露在機場噪音兩年的所有人的聽力平均數。

我們要再次提醒讀者，這些方法都必須在常態迴歸分析的假設條件都完全滿足的情況下，才能使用。除此之外，倘若我們用同一組資料進行一次以上的統計推論的話，我們會面臨顯著水準或信賴程度的問題。這些推論過程所使用的隨機變數，顯然都不是相互獨立的。

精選習題

16.14 假設習題16.3的數據合乎常態線性迴歸的要求。

    (a) 請利用該習題中所提供的數據，以及 $\sum y = 2{,}001$，且$b = 0.898$，求算s_e的值。

    (b) 承(a)，請使用 $\beta = 1.5$ 的虛無假設與 $\beta < 1.5$ 的對立假設，在0.05的顯著水準下，進行假設檢定。

16.15 請利用電腦統計軟體驗證習題16.14的結果。

16.16 利用第16.2節一開始的資料、以及範例16.7當中的計算結果，驗證若$x_0 = 104$時，聽力音頻極限的95%預測界限為12.65與14.35每秒千周波。

16.17 承習題16.6，請利用電腦統計軟體，以 $\beta = -0.15$ 的虛無假設與 $\beta \neq -0.15$ 的對立假設，在0.01的顯著水準下，進行假設檢定。假設習題16.6的數據合乎常態線性迴歸的要求。

16.18 承上題，假設習題16.6的數據合乎常態線性迴歸的要求。請求算氯氣殘留量每小時減少量的95%信賴區間。

16.19 假設習題16.8的資料，滿足使用常態迴歸分析所需的假設條件，請利用適當的電腦統計軟體，求算當倉庫空氣相對濕度為50%時，原料平均濕度的95%信賴區間。

16.20 假設習題16.5的資料，滿足使用常態迴歸分析所需的假設條件，請利用適當的電腦統計軟體，求算

    (a) 離颱風中心300公里處，平均風速的98%信賴區間；

    (b) 離颱風中心300公里處，風速的98%預測界限。

16.21 假設範例16.6的資料，滿足使用常態迴歸分析所需的假設條件，請利用適當的電腦統計軟體，求算

    (a) 當學生們在該學期中，每週溫習某課程的平均時數只有5小時的時候，其平均學期成績的95%信賴區間；

    (b) 當某學生在該學期中，每週溫習某課程的時數只有5小時的時候，其學期成績的95%預測界限。

*16.4 複迴歸（多元迴歸）

    雖然在許多問題中，用一個變數來預測另一個變數就可以得到相當正確的結果，不過我們可以合理地假設說，如果同時把多個變數列入考慮的話，應該可以得到更準確的預測值。舉例來說，當我們要預測新進教師的教學表

現時，同時考慮其學歷背景、教學經歷，以及人格特質，應該會比只考慮其學歷背景來得準確。同樣的，當我們要預測某本新教科書的銷售量時，同時考慮其品質、潛在需求，以及市場競爭程度，應該會比只考慮其品質來得準確。

許多數學公式都可以用來描述兩個以上變數之間的關係，不過在統計學中，基於便利性的考量，最常用的是以下的線性方程式：

$$y = b_0 + b_1 x_1 + b_2 x_2 + \cdots + b_k x_k$$

其中，y 為我們所要預測的變數，而 x_1、x_2、……、與 x_k 為 k 個已知變數，我們將用這些已知變數來預測 y。b_0、b_1、……、與 b_k 為 k 個固定值，我們必須經由樣本資料來決定它們的數值。

我們用以下的例子來進行說明。假設在某個肉品需求量的研究中，得到以下的式子：

$$\hat{y} = 3.489 - 0.090 x_1 + 0.064 x_2 + 0.019 x_3$$

其中 y 為聯邦政府檢驗通過的牛肉與小牛肉的銷售量，單位為百萬磅，x_1 為牛肉的綜合零售價格，單位為美分每磅，x_2 為豬肉的綜合零售價格，單位為美分每磅，x_3 為以某種薪資指數，用以代表所得水準。藉由這個公式，我們可以根據特定的 x_1、x_2、與 x_3 值，來預測聯邦政府檢驗通過的牛肉與小牛肉的總銷售量。

若我們要利用兩個以上的變數，來找出一條最配適某組數據資料的直線方程式的話，本質上就是要計算出 b_0、b_1、……、與 b_k 的值。這通常也是利用最小平方法來進行運算，也就是說，我們將平方和 $\sum (y - \hat{y})^2$ 最小化，其中 y 為觀察值，$\hat{y}$ 為透過線性方程式所得到的值。原則上，求算 b_0、b_1、……、與 b_k 的過程與之前兩個變數的情形是一樣的，但是運算過程變得非常繁瑣複雜，因為在運用最小平方法時，我們必須要解出數量眾多的正規方程式；其數量與未知係數 b_0、b_1、……、b_k 的數量一樣多。比方說，假設有兩

個獨立變數 x_1 與 x_2，而我們想要配適以下的方程式

$$y = b_0 + b_1 x_1 + b_2 x_2$$

則我們必須解出下列三條正規方程式：

**正規方程式
（兩個獨立變數）**

$$\sum y = n \cdot b_0 + b_1 \left(\sum x_1 \right) + b_2 \left(\sum x_2 \right)$$
$$\sum x_1 y = b_0 \left(\sum x_1 \right) + b_1 \left(\sum x_1^2 \right) + b_2 \left(\sum x_1 x_2 \right)$$
$$\sum x_2 y = b_0 \left(\sum x_2 \right) + b_1 \left(\sum x_1 x_2 \right) + b_2 \left(\sum x_2^2 \right)$$

此處，$\sum x_1 y$ 是將每個 x_1 乘上相對應的 y 之後，再加總起來；$\sum x_1 x_2$ 是將每個 x_1 乘上相對應的 x_2 之後，再加總起來；餘依此類推。

範例 16.8　　某社區最近售出八棟適於闔家居住的房屋，以下的資料是這些房屋的臥房數、衛浴設備數，以及售價：

房屋的臥房數 x_1	衛浴設備數 x_2	售價 y
3	2	143,800
2	1	109,300
4	3	158,800
2	1	109,200
3	2	154,700
2	2	114,900
5	3	188,400
4	2	142,900

請根據此資料找出線性方程式，以幫助我們得以根據臥房數與衛浴設備數來預測該社區中，適於闔家居住的房屋售價。

解答 　使用正規方程式時，所需要的數值包括：$n=8$、$\sum x_1 = 25$、$\sum x_2 = 16$、$\sum y = 1{,}122{,}000$、$\sum x_1^2 = 87$、$\sum x_1 x_2 = 55$、$\sum x_2^2 = 36$、$\sum x_1 y = 3{,}711{,}100$，以及 $\sum x_2 y = 2{,}372{,}700$。代入正規方程式，得到

$$1{,}122{,}000 = 8b_0 + 25b_1 + 16b_2$$
$$3{,}711{,}100 = 25b_0 + 87b_1 + 55b_2$$
$$2{,}372{,}700 = 16b_0 + 55b_1 + 36b_2$$

利用消去法或是利用行列式值的方法，我們可以求出上列正規方程式的解答。不過由於這些計算過程太過繁瑣，所以近來都已經利用電腦軟體來代勞。圖16.8為電腦軟體所得出的結果，其中我們可在欄位名稱為「Coef」底下，看到 $b_0 = 65{,}430$、$b_1 = 16{,}752$，與 $b_2 = 11{,}235$。而在這些係數上方，可以看到此最小平方方程式為

$$\hat{y} = 65{,}430 + 16{,}752\, x_1 + 11{,}235\, x_2$$

這個式子顯示，在此調查資料蒐集期間，該社區的房屋中，每多一間臥室，售價多\$16,752，而每多一套衛浴設備，售價多\$11,235。

```
迴歸分析：y vs. x1, x2

迴歸方程式為 y = 65430 + 1675  x1 + 11235  x2


Predictor          Coef          SE Coef            T          P
Constant          65430           12134          5.39      0.003
x1                16752            6636          2.52      0.053
x2                11235            9885          1.14      0.307
```

圖16.8 範例16.8之圖示

範例 16.9

　　承上例，在此調查資料蒐集期間，若某該社區的房屋有三間臥室與兩套衛浴設備的話，則其平均售價應該是多少？

解答　　將$x_1=3$與$x_2=2$代入上例中的最小平方方程式，得到

$$\hat{y}=65{,}430+16{,}752(3)+11{,}235(2)$$

$$=138{,}156$$

大約是$138,200。

精選習題

*16.22 從某大型跨國企業中隨機選出六位經理人，調查其年齡、年薪、以及在研究所唸書的年數，得到以下的資料：

年齡	念研究所的年數	年薪(美元)
x_1	x_2	y
38	4	181,700
46	0	173,300
39	5	189,500
43	2	179,800
32	4	169,900
52	7	212,500

(a) 請利用適當的電腦統計軟體，以$y=b_0+b_1x_1+b_2x_2$的形式，配適這組資料。

(b) 若某個經理人現年39歲，且在研究所唸過三年書，請利用上一小題所得到的式子，估計他的平均年薪應該是多少。

*16.23 某止痛藥包含三種藥物成分。以下資料為這三種藥物成分（單位為毫克）在不同份量時的止痛效果：

藥物成分A	藥物成分B	藥物成分C	止痛效果
x_1	x_2	x_3	y
15	20	10	47
15	20	20	54
15	30	10	58
15	30	20	66
30	20	10	59
30	20	20	67
30	30	10	71
30	30	20	83
45	20	10	72
45	20	20	82
45	30	10	85
45	30	20	94

(a) 請利用適當的電腦統計軟體，以$y=b_0+b_1x_1+b_2x_2+b_3x_3$的形式，配適這組資料。

(b) 若某個膠囊裡含有12.5毫克的藥物成分A、25毫克的藥物成分B、以及15毫克的藥物成分C，請利用上一小題的式子，估計其平均止痛效果。

*16.24 若將x_1的三個值改用-1、0、1表示，x_2的兩個值以-1與1表示，而x_3的兩個值也以-1與1表示，請在不使用電腦統計軟體的情況下，重新計算上一題。

*16.5 非線性迴歸

當資料點所呈現的型態明顯偏離直線時，我們就必須考慮用其他種類的曲線來進行配適。本節中我們先討論兩種 x 與 y 之間為非線性關係的情形，不過在這兩種情形中，第16.2節中所討論的方法還是可以適用。然後我們會利用拋物線配適來討論**多項式曲線配適**(polynomial curve fitting)。

通常我們會將成對的資料點繪製在各式各樣的方格紙上，看看是否在某種尺度上這組資料會出現直線的分佈型態。在第16.2節中，我們採用的是一般的方格紙。除此之外，還可以試用**半對數方格紙**(semilog paper)，這種方格紙的 x 軸為一般座標，但是 y 軸為對數座標，如圖16.9。如果資料點在這種方格紙上呈現線性型態的話，表示我們可以採用**指數曲線**(exponential curve)來配適這組資料。指數曲線的方程式為

$$y = a \cdot b^x$$

以對數的形式表示，則為

$$\log y = \log a + x(\log b)$$

式中的 log 表示是以10為底的對數。（事實上，我們也可以採用其他實數或是無理數 e 當底，若是後者的話，則其式子為 $y = a \cdot e^{bx}$，對數形式為 $\ln y = \ln a + bx$。）

倘若我們以 A 來代替 $\log a$、B 來代替 $\log b$，以及 Y 來代替 $\log y$，則上述對數形式的式子可以改寫成 $Y = A + Bx$，即為一般的直線方程式。因此，若要採用指數曲線來配適某組成對資料的話，我們只要將第16.2節中的方法，套用在資料點 (x, Y) 上即可。

範例 16.10

以下的資料是公司創業六年以來每年的年度淨收益：

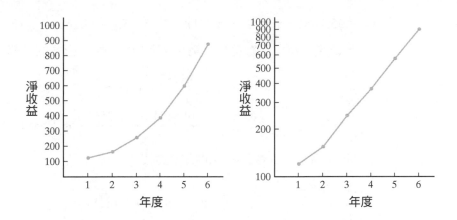

圖16.9 利用一般方格紙與半對數方格紙所繪製的資料圖

年度	淨收益（千元）
1	112
2	149
3	238
4	354
5	580
6	867

圖16.9中，左圖為使用一般方格紙所繪製的圖，右圖為使用半對數方格紙（y軸為對數尺度）所繪製的圖。由圖中可知，這組資料的散佈型態在右圖中明顯被「拉直」了，這表示我們可以用指數曲線來配適這組資料。

解答　利用計算機求出y值的對數值，得到

x	y	$Y = \log y$
1	112	2.0492
2	149	2.1732
3	238	2.3766
4	354	2.5490
5	580	2.7634
6	867	2.9380

接著，我們可算出$n = 6$、$\sum x = 21$、$\sum x^2 = 91$、$\sum Y = 14.8494$、

$\sum xY = 55.1664$、$S_{xx} = 91 - \frac{1}{6}(21)^2 = 17.5$、$S_{xY} = 55.1664 - \frac{1}{6}(21)(14.8494) =$ 3.1935。最後,將這些數值代入第16.2節中的正規方程式的求解公式,得到

$$B = \frac{3.1935}{17.5} \approx 0.1825$$

$$A = \frac{14.8494 - 0.1825(21)}{6} \approx 1.8362$$

因此,描述本組資料關係的方程式為

$$\hat{Y} = 1.8362 + 0.1825x$$

由於1.8362與0.1825分別為$\log a$與$\log b$的估計值,我們可以透過反對數運算求出$a = 68.58$以及$b = 1.52$。因此,最配適此公司原始淨收益資料的指數曲線的方程式為

$$\hat{y} = 68.58(1.52)^x$$

其中$\hat{y}$的單位為千元。

雖然本範例中的計算過程相當簡單,我們當然還是可以透過電腦軟體來進行運算。將x值與Y值輸入電腦、經過運算之後,我們可得到如圖16.10的結果。我們可在圖中欄位名稱「Coef」下方看到我們所計算出來的A值與B值。

```
迴歸分析:log y vs. x

迴歸方程式為 Y=log y =1.84+0.182x


Predictor      Coef    SE Coef        T      P
Constant    1.83619    0.02245    81.79  0.000
x           0.182490   0.005764   31.66  0.000


S = 0.0241142   R-Sq = 99.6%   R-Sq(adj) = 99.5%
```

圖16.10　範例16.10之圖示

範例 16.11

當我們將指數曲線配適至某組資料之後，就可以根據x值來預測其所對應的y值。不過，通常比較簡便快速的方法，是先代入對數形式的方程式：

解答

$$\log \hat{y} = \log a + x(\log b)$$

承範例16.10，請預測該公司創業後第八年的淨收益。

將$x=8$代入對數形式的方程式中，得到

$$\log \hat{y} = 1.8362 + 8(0.1825)$$
$$= 3.2962$$

因此，$\hat{y} = 1,980$或\$1,980,000。

除了半對數方格紙之外，我們還可以採用**全對數方格紙**(log-log paper)來繪製資料點，這種方格紙的x軸與y軸都是對數尺度。倘若資料點在這種方格紙上呈現線性型態的話，表示我們可以採用底下的方程式模式來配適這組資料：

$$y = a \cdot x^b$$

若採用對數形式來表示的話，則此**冪函數**(power function)變成

$$\log y = \log a + b(\log x)$$

如此一來，變成$\log x$與$\log y$之間的線性方程式。以 A、X，與Y分別代替$\log a$、$\log x$，與$\log y$，此方程式變成

$$Y = A + bX$$

即為直線方程式。同樣的，我們可以採用第16.2節中的方法來配適此冪函數的對數形式$Y = A + bX$。整個運算過程與範例16.10非常雷同，所以我們不打算再舉例說明。不過在章末習題中，讀者會發現類似的例題。

當y值先增加後減少，或是先減少後增加時，表示我們可以採用**拋物線**(parabola)來配適該組資料：

$$y = a + bx + cx^2$$

配合16.4節的符號，這個方程式一般會寫成

$$y = b_0 + b_1 x + b_2 x^2$$

如此一來，我們可將拋物線視為兩個未知變數$x_1 = x$與$x_2 = x^2$之間的線性方程式，然後就可以採用第16.4節中的方法，將拋物線以直線方程式的模式來進行配適。倘若我們要採用第16.2節中的三條正規方程式來求解的話，則我們必須先計算$\sum x, \sum x^2, \sum x^3, \sum x^4, \sum y, \sum xy$以及$\sum x^2 y$。這個計算過程顯然會相當複雜，因此我們還是透過電腦軟體來協助。在接下來的範例中，我們將利用電腦軟體來協助我們進行拋物線的配適。

範例 16.12

以下資料為某亮光漆中某種添加物含量，及該亮光漆的乾燥時間：

添加物含量 （克） x	乾燥時間 （小時） y
1	7.2
2	6.7
3	4.7
4	3.7
5	4.7
6	4.2
7	5.2
8	5.7

(a) 請採用拋物線進行配適，如圖16.11。

(b) 請利用(a)的結果，預測當該添加物的含量為6.5克時，此亮光漆的乾燥時間多長？

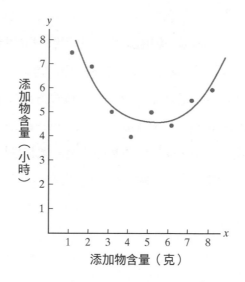

圖16.11 亮光漆乾燥時間的散佈圖

迴歸分析：y vs. x, x2

迴歸方程式為 $y = 9.24 - 2.01x + 0.199 x2$

```
Predictor    Coef     SE Coef        T        p
Constant   9.2446      0.7645    12.09    0.000
x         -2.0149      0.3898    -5.17    0.004
x2        0.19940     0.04228     4.72    0.005

S = 0.5480    R-Sq = 85.3%  R-Sq(adj) = 79.4%
```

圖16.12 抛物線配適之圖示

(a) 透過電腦軟體，可得如圖16.12的結果。由圖中欄位名稱「Coef」底下可知，$b_0 = 9.2446$、$b_1 = -2.0149$、且 $b_2 = 0.19940$。

四捨五入至小數點後兩位，得到以下的抛物線方程式

$$\hat{y} = 9.24 - 2.01x + 0.20x^2$$

(b) 將 $x = 6.5$ 代入上式，得到

$$\hat{y} = 9.24 - 2.01(6.5) + 0.20(6.5)^2$$

$$\approx 4.62 \text{ hours}$$

之前討論拋物線配適時，我們說資料的散佈型態只「轉彎」一次，也就是y值先增加再減少，或是先減少再增加。如果資料的散佈型態「轉彎」不止一次的話，則我們可以採用**多項式方程式**(polynomial equations)來進行配適，如$y=a+bx+cx^2+dx^3$或$y=a+bx+cx^2+dx^3+ex^4$。在實際應用時，我們通常只用這些曲線當中的某個片段，尤其是拋物線當中的某一段，來配適那些散佈型態只略微偏離直線性的資料。

精選習題

*16.25 以下資料為某培養皿中細菌的數量：

培養天數 x	細菌數量 （千） y
2	112
4	148
6	241
8	363
10	585

(a) 已知 $\sum x=30$，$\sum x^2=220$，$\sum Y=11.9286$（$Y=\log y$），與 $\sum xY=75.2228$，請寫出兩條正規方程式以指數曲線來配適這組資料，求出$\log a$與$\log b$的值，並以對數形式寫出此方程式。

(b) 將上一小題中的式子轉換成$y=ab^x$的形式。

(c) 利用(a)的式子估計培養細菌五天之後，細菌的數量是多少。

*16.26 請利用適當的電腦統計軟體，重新計算上一題。

*16.27 以下資料為水泥樣本進行補強的時間 x，以及補強之後的張力強度y。請利用適當的電腦統計軟體以指數曲線配適這組資料。

$$y=(1.178)(2.855)^x$$

x 小時	y 磅／平方英吋
1	3.54
2	8.92
3	27.5
4	78.8
5	225.0
6	639.0

*16.28 假設此指數曲線的趨勢會繼續延伸，請利用上一題所求得的式子，估計若某水泥樣本補強八小時之後，其張力強度應該是多少。

*16.29 為了培育某種罕見且成長速度極緩的仙人掌，將其一小塊稼接到另一種具有強壯地下莖系統的仙人掌上，然後每年測量其高度，得到以下的資料：

| 稼接之後年度 | 高度（公厘） |
x	y
1	22
2	25
3	29
4	34
5	38
6	44
7	51
8	59
9	68

利用適當的電腦統計軟體，以指數曲線來配適這組資料。

16.30 以下資料中，x 為施肥量（磅／平方碼），y 為某種作物的產量（磅／平方碼）：

x	y
0.5	32.0
1.1	34.3
2.2	15.7
0.2	20.8
1.6	33.5
2.0	21.5

(a) 請繪製散佈圖，並驗證這組資料相當適合以拋物線來描述。

(b) 利用適當的電腦統計軟體，以拋物線來配適這組資料。

$$y = 14.79 + 38.9x - 17.56x^2$$

(c) 利用上一小題的式子，估計若施肥量為1.5磅／平方碼時，該作物的產量為何。

16.31 以下資料為某產品在五個相似的市場中需求量(y)與售價(x)之間的關係：請利用適當的電腦統計軟體驗證這些資料可用以下這個拋物線方程式來配適

$$y = 384.4 - 36.0x + 0.896x^2$$

並請利用此方程式來估計當此產品的售價為$12時，需求量會是多少。

| 售價 | 需求量 |
x	y
20	22
16	41
10	120
11	89
14	56

16.6 本章專有名詞彙整

曲線配適(Curve fitting)

資料點(Data points)

行列式值(Determinants)

估計迴歸係數(Estimated regression coefficients)

估計迴歸線(Estimated regression line)

*指數曲線(Exponential curve)

最小平方線(Least-squares line)

預測界限(Limits of prediction)

線性方程式(Linear equation)

線性迴歸分析(Linear regression analysis)

*全對數方格紙(Log-log paper)

消去法(Method of elimination)

最小平方法(Method of least squares)

統計學
MODERN ELEMENTARY STATISTICS

*複迴歸(Multiple regression)	迴歸(Regression)
非線性迴歸(Nonlinear regression)	迴歸分析(Regression analysis)
正規方程式(Normal equations)	迴歸係數(Regression coefficients)
常態迴歸分析(Normal regression analysis)	迴歸方程式(Regression equation)
*拋物線(Parabola)	迴歸線(Regression line)
*多項式曲線配適(Polynomial curve fitting)	散佈圖(Scattergram)
*多項式方程式(Polynomial equation)	*半對數方格紙(Semilog paper)
*冪函數(Power function)	估計的標準誤(Standard error of estimate)

16.7 參考書籍

- 某些數值分析的書籍或是更深入的統計學教科書當中，會探討該如何選用不同種類的曲線來配適成對資料的問題。本章所討論的內容，可在以下的書籍中找到更詳盡的解說。

1. CHATTERJEE, S., and PRICE, B., *Regression Analysis by Example*, 2nd ed. New York: John Wiley & Sons, Inc., 1991.

2. DANIEL, C., and WOOD, F., *Fitting Equations to Data*, 2nd ed. New York: John Wiley & Sons, Inc., 1980.

3. DRAPER, N. R., and SMITH, H., *Applied Regression Analysis*, 2nd ed. New York: John Wiley & Sons, Inc., 1981.

4. EZEKIEL, M., and FOX, K.A., *Methods of Correlation and Regression Analysis*, 3rd ed. New York: John Wiley & Sons, Inc., 1959.

5. WEISBERG, S., *Applied Linear Regression*, 2nd ed. New York: John Wiley & Sons, Inc., 1985.

6. WONNACOTT, T. H., and WONNACOTT, R. J., *Regression: A Second Course in Statistics*. New York: John Wiley & Sons, Inc., 1981.

17

▸ 相關性
CORRELATION

上一章中我們討論如何利用最小平方線來配適成對的資料，我們現在來看看這條直線與原始資料的配適程度有多高。當然，當我們觀察散佈圖時，心中多少會有個譜，知道這條最小平方線是不是真的很配適我們的資料。不過為了更客觀地衡量兩者的配適程度，我們回到一開始討論最小平方法的例子，也就是機場噪音與聽力音頻極限的資料：

週數 x	聽力音頻極限 y
47	15.1
56	14.1
116	13.2
178	12.7
19	14.6
75	13.8
160	11.9
31	14.8
12	15.3
164	12.6
43	14.7
74	14.0

　　觀察表中數據可知，y值的變異範圍相當大，最小值為11.9，而最大值為15.3。然而，聽力音頻極限為11.9每秒千周波的y值，其所對應的x值為160週，也就是說該受試者已經暴露在機場噪音下長達160週；而聽力音頻範圍為15.3每秒千周波的y值，其所對應的x值僅為12週。這樣的關係顯示，暴露在機場噪音的時間長短，可能是造成聽力音頻極限差異的部分原因。如此一來，我們面臨以下的問題，而這也正是本章的主題：*在所有y值之間的總變異當中，有多少比例是可以歸因於變數 x 與變數 y 之間的關係所造成的（也就是說，不同的 x 值得出不同的 y 值）？而有多少比例可歸因於機遇？*

　　在第17.1節中，我們會介紹相關係數的概念，並討論如何用它來測度兩個變數線性關係的強度。第17.2節中，我們會討論該如何詮釋相關係數，而在第17.3節中，我們會研究相關的統計推論問題。第17.4節為選讀內容，略微介紹複相關與淨相關的概念。

17.1 相關係數

要回答本章一開始所提出的問題,我們必須瞭解我們所面臨的問題,其實與變異數分析有關連。我們用圖17.1來說明這句話的意思。觀察該圖可知,每個觀察值y與所有y值的平均數 $\bar{y}$,兩者之間的離差可視為兩個部分的加總。第一部份是 $\bar{y}$ 與 $\hat{y}$ 之間的離差,其中 $\hat{y}$ 為根據x值而在迴歸線上所求得的對應值;第二部分為 觀察值y與 $\hat{y}$ 離差。如此一來,對所有的觀察值y,都可以用以下的數學式子來表示:

$$y - \bar{y} = (\hat{y} - \bar{y}) + (y - \hat{y})$$

倘若我們將此恆等式的等號兩邊都平方的話,然後把所有n個y值全部加總起來,經過代數運算,可以簡化成以下的恆等式:

$$\sum(y - \bar{y})^2 = \sum(\hat{y} - \bar{y})^2 + \sum(y - \hat{y})^2$$

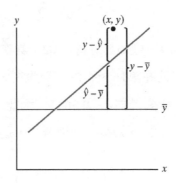

圖17.1 　$y - \bar{y} = (\hat{y} - \bar{y}) + (y - \hat{y})$的圖示

此恆等式的等號左邊，量測y值的總變異，稱為**總平方和**(total sum of squares)；注意$\sum(y-\overline{y})^2$即為y值的變異數乘上$n-1$。

此恆等式等號右邊的第一項，$\sum(\hat{y}-\overline{y})^2$，稱為**迴歸平方和**(regression sum of squares)，它測量y值的總變異當中，能夠歸因於變數x與變數y之間的關係的部分；事實上，倘若所有的資料點都落在最小平方線上時，那麼$y=\hat{y}$，而迴歸平方和等於總平方和。不過在實際操作中，這種情形幾乎是不會發生的；然而這也暗示說除了變數x與變數y之間的關係之外，還有其他因素會影響y的值。習慣上我們將這些因素全部合在一起，稱為「機遇」(chance)，而由機遇所造成的變異，則利用觀察值與最小平方線的離差來測度，更精確地說，即為上述恆等式等號右邊的第二項，$\sum(y-\hat{y})^2$，稱為**殘差平方和**(residual sum of squares)。

現在我們來計算機場噪音-聽力例子的平方和。在第16.2節中，我們已知y、$\overline{y}$，與$\hat{y}=15.3-0.0175x$。我們可以把這些數值代入上述式子中，不過我們可以採用較為簡化的計算方法。首先，對$\sum(y-\overline{y})^2$而言，我們在第16.3節中已知

$$S_{yy} = \sum y^2 - \frac{1}{n}\left(\sum y\right)^2$$

而在範例16.4中得知其值為13.02。其次，$\sum(y-\hat{y})^2$是利用最小平方法求得的最小值，而在第16.3節中，我們將該最小值除以$n-2$定義為s_e^2。而在範例16.4中，我們得知$s_e=0.3645$。因此，$\sum(y-\hat{y})^2=(n-2)s_e^2$，為$(12-2)(0.3645)^2 \approx 1.329$。最後，利用減法，迴歸平方和為

$$\sum(\hat{y}-\overline{y})^2 = \sum(y-\overline{y})^2 - \sum(y-\hat{y})^2$$

因此得到$13.02-1.329=11.69$（四捨五入至小數點後兩位）的結果。

不過，圖16.5中已經把我們剛剛所計算的數值全部都列出來了，我們在此再將此圖附上，如圖17.2。該圖中「變異數分析」(Analysis of Variance)底下、欄位名稱為SS的下方，可見總平方和為13.020，誤差（殘差）平方和為

1.329，而迴歸平方和為11.691。此處數值與我們之前所計算出來的結果略有出入，是因為四捨五入所產生的誤差。

我們現在來看看這些平方和。將迴歸平方和除以總平方和，我們得到

$$\frac{\sum(\hat{y}-\overline{y})^2}{\sum(y-\overline{y})^2} = \frac{11.69}{13.02} \approx 0.898$$

此比例值為聽力音頻極限的總變異當中，所能歸因於變數x與變數y之間相互關係的部分，也就是說，這12位受試者暴露在機場噪音的時間長短，所造成的聽力音頻極限變化的比例。這個數值稱為**判定係數**或**決定係數**(coefficient of determination)，以r^2符號表示。注意，圖17.2中也有將判定係數的值列出來：在該圖中間部分，可見**R-sq＝89.8%**。

```
迴歸分析：y vs. x

迴歸方程式為 y＝15.3－0.0175 x

Predictor          Coef        SE Coef           T            P
Constant        15.3218         0.1845        83.04        0.000
x              -0.017499       0.001865        -9.38        0.000


S = 0.3645     R-Sq = 89.8%  R-Sq(adj) = 88.8%

Analysis of Variance

Source            DF          SS           MS           F           p
Regression         1       11.691       11.691       88.00       0.000
Residual Error    10        1.329        0.133
Total             11       13.020
```

圖17.2　　**範例16.2之圖示**

如果我們取判定係數的平方根，可得**相關係數**(coefficient of correlation)，以符號 r 來表示。此相關係數的正負號必須小心選擇，以符合估計迴歸係數 b 的正負號。在本例中，由於 b 是負數，所以

$$r = -\sqrt{0.898} \approx -0.95$$

四捨五入至小數點後兩位。

　　事實上，若最小平方線的斜率是正的，也就是說當x值增加時y值也增加的話，則相關係數為正數；若最小平方線的斜率是負的，也就是說當x值增加時y值卻減少的話，則相關係數為負數。圖17.3中的前兩個圖可見到**正相關**(positive correlation)與**負相關**(negative correlation)兩種不同型態的散佈圖與迴歸線。

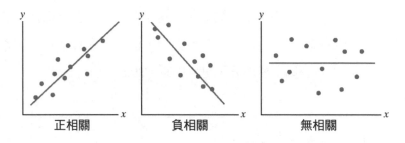

正相關　　　　　負相關　　　　　無相關

圖17.3　　相關性的不同型態

　　由於y值的部分變異性不可能超過其總變異性，$\sum(y - \hat{y})^2$ 不可能大於 $\sum(y - \overline{y})^2$，因此根據r的定義公式，r的值必須介於-1與$+1$之間。如果所有資料點都落在同一條直線上，則殘差平方和$\sum(y - \hat{y})^2$ 為零，

$$\sum(\hat{y} - \overline{y})^2 = \sum(y - \overline{y})^2$$

而r值為-1或$+1$，表示此直線出現完美的配適結果。然而，如果散佈圖中所求算出來的最小平方線，為一條數值剛好等於$\overline{y}$的水平直線的話（亦即斜率為零，且y軸截距為$a = \overline{y}$），則

$$\sum(y - \hat{y})^2 = \sum(y - \overline{y})^2 \quad \text{and} \quad r = 0$$

　　在這種情況下，y值的變異性根本無法用變數x與變數y之間的相互關係來解釋，而且這條配適直線完全沒有作用，因為即使我們知道x值也無法估

計或預測y值;我們頂多只知道$\bar{y}$的值。如圖17.3中的右圖。

相關係數r的定義公式非常清楚,將相關係數的本質明確地表達出來,不過在實際應用時,我們很少用這種方式來求算r值。通常我們採用下列公式:

相關係數的計算公式

$$r = \frac{S_{xy}}{\sqrt{S_{xx} \cdot S_{yy}}}$$

這個公式有個優點,它可以直接顯示r是正數還是負數。公式中用來計算r值的項目之前都已經定義過了,不過我們還是列在下方以加深讀者的印象:

$$S_{xx} = \sum x^2 - \frac{1}{n} \left(\sum x \right)^2$$
$$S_{yy} = \sum y^2 - \frac{1}{n} \left(\sum y \right)^2$$
$$S_{xy} = \sum xy - \frac{1}{n} \left(\sum x \right) \left(\sum y \right)$$

範例 17.1

以下數據為12名學生參加經濟學與人類學期末考試的成績:

經濟學	人類學
51	74
68	70
72	88
97	93
55	67
73	73
95	99
74	73
20	33
91	91
74	80
80	86

請利用計算公式求算相關係數r。

解答   首先，我們必須算出所需要的總和值：$\sum x = 850$、$\sum x^2 = 65,230$、$\sum y = 927$、$\sum y^2 = 74,883$，以及 $\sum xy = 69,453$。然後將這些數值以及$n =$ 12代入S_{xx}、S_{yy}，與Sxy的公式中，得到

$$S_{xx} = 65,230 - \frac{1}{12}(850)^2 \approx 5,021.67$$

$$S_{yy} = 74,883 - \frac{1}{12}(927)^2 = 3,272.25$$

$$S_{xy} = 69,453 - \frac{1}{12}(850)(927) = 3,790.5$$

因此

$$r = \frac{3,790.5}{\sqrt{(5,021.67)(3,272.25)}} \approx 0.935$$

相關係數r的計算公式的分子，S_{xy}，事實上等於 $\sum (x - \bar{x})(y - \bar{y})$；這個值除以$n$之後可得到第一階**積動差**(product moment)。因此，r有時候也被稱為**積動差相關係數**(product-moment coefficient of correlation)。注意，在 $\sum (x - \bar{x})(y - \bar{y})$ 當中，我們將x與 $\bar{x}$ 的差距乘上y與 $\bar{y}$ 的差距，再加總起來。透過這個方法，我們同時測度x與y的變動情形；倘若x值增加y值也隨之增加的話，則$(x - \bar{x})$與$(y - \bar{y})$應該傾向於同時為正數或同時為負數，而多數的$(x - \bar{x})(y - \bar{y})$的值應為正數。另一方面，倘若$x$值增加$y$值卻反而減少的話，則$(x - \bar{x})$與$(y - \bar{y})$應該傾向於一正數一負數，參數的$(x - \bar{x})(y - \bar{y})$的值應為負數。因此，將 $\sum (x - \bar{x})(y - \bar{y})$ 除以$n - 1$，所得的統計值稱為**樣本共變異數**(sample covariance)。

在分析$r \times c$雙向表時，如果欄與列的類別都是排序性的類別資料的話，通常我們會一併計算出相關係數。這是第14.4節中最末我們所介紹的卡方分析的另一種替代方法；在該節的討論中我們提到，卡方統計量並沒有將這些類別的排列順序考慮進去。若要在這種情況下使用相關係數r時，我們必須用已排序的數字來取代這些排序性的類別。而在第14.4節最後我們曾提到，

這些已排序的數字最好是連續整數，而且其算數平均數愈簡單愈好。比方說，如果有三個類別的話，我們可以用1、2、與3，或是－1、0、與1；如果有四個類別的話，我們可以用1、2、3、與4，或是－1、0、1、與2，或是－3、－1、1、與3。我們用以下的例子來說明如何使用相關係數 r 來測度兩個類別資料之間的關係。

範例 17.2

在範例14.7中，我們利用3×3雙向表，分析第二次國中基測成績是否進步與第一次基測成績之間的關係：

第二次成績

		退步	同分	進步	
第一次	中下	57	100	45	202
基測成績	中等	135	106	210	451
	中上	51	28	93	172
		243	234	348	825

我們將進步的類別重新標示為$x=-1$、$x=0$、與$x=1$，績效表現的類別重新標示為$y=-1$、$y=0$、與$y=1$，然後計算r。

解答 　　將類別重新標示之後，得到以下的表格

		y			
		-1	0	1	
	-1	57	100	45	202
x	0	135	106	210	451
	1	51	28	93	172
		243	234	348	825

其中列總和顯示x等於-1、0、與1的總次數，而欄總和顯示y等於-1、0、與1的總人數。因此，

$$\sum x = 202(-1) + 451 \cdot 0 + 172 \cdot 1 = -30$$

$$\sum x^2 = 202(-1)^2 + 451 \cdot 0^2 + 172 \cdot 1^2 = 374$$

$$\sum y = 243(-1) + 234 \cdot 0 + 348 \cdot 1 = -105$$

$$\sum y^2 = 243(-1)^2 + 234 \cdot 0^2 + 348 \cdot 1^2 = 591$$

在計算 $\sum xy$ 時，必須將每個格子中的次數乘上相對應的x值與y值，再將所有的格子都加總起來，不過在此可以省略出現$x=0$或$y=0$的類別，得到

$$\sum xy = 57(-1)(-1) + 45(-1)1 + 51 \cdot 1(-1) + 93 \cdot 1 \cdot 1$$
$$= 54$$

將這些數值代入S_{xx}、S_{yy}、與S_{xy}的公式中，得到

$$S_{xx} = 374 - \frac{1}{825}(-30)^2 = 372.91$$

$$S_{yy} = 591 - \frac{1}{825}(105)^2 = 577.64$$

$$S_{xy} = 54 - \frac{1}{825}(-30)(105) = -213.92$$

均四捨五入至小數點後兩位。最後，

$$r = \frac{-213.92}{\sqrt{(372.91)(577.64)}} \approx 0.46$$

由此結果，我們認為第二次基測成績是否進步與第一次基測成績之間，存在著負向的關係，強度指標是-0.46。

17.2 r的詮釋

當r等於-1、$+1$、或0的時候，我們很清楚此時它所代表的相關係數的含意。當r為-1或 $+1$時，所有的資料點都落在一條直線上；而當r為0時，最小平方線是沒有作用的，因為即使我們知道x值也無法估計或預測y值。一般來說，根據r的定義，x與y的相互關係所解釋的y值的總變異的百分比，即

為$100r^2$。這個定義使得r成為用以測度兩個變數之間相互關係強度的重要衡量標準。除此之外，它還可以用來執行幾個不同關係強度的比較。

範例 17.3

倘若在某研究中得到$r=0.80$，而在另一個研究中得到$r=0.40$，我們是否可以說，0.80相關性的強度，是0.40相關性的強度的兩倍？

解答　不可以！這是錯誤的說法！當$r=0.80$時，$100\,(0.80)^2=64\%$，表示y值的總變異中有64%可以用x與y的關係來解釋；而當$r=0.40$時，$100\,(0.40)^2=16\%$，表示y值的變總異中有16%可以用x與y的關係來解釋。因此，從「可以用……來解釋」的觀點而言，0.80相關性的強度，應該是0.40相關性的強度的四倍。

利用相同的概念，我們可以說0.60相關性的強度，是0.20相關性的強度的九倍。

在詮釋相關係數時有幾個陷阱。首先，一般會不小心忽略r所測度的其實是「線性」關係的強度；其次，必需要記住即使兩個變數之間的關係強度很強（r接近-1或$+1$），並不表示說這兩個變數之間存在因果關係。

倘若我們不仔細觀察資料的散佈型態就直接計算其相關係數，那麼在圖17.4中三種r都等於0.75的情況中，顯然只有第一個圖的r才有意義。在第二個圖中，兩個變數之間的關係顯然是曲線關係；而在第三個圖中，七個點當中有六個點是落在同一條直線上，而第七個點則與其他點相距太遠了，很可能是測量錯誤或是記錄錯誤。因此，在計算r值之前，我們必須先將資料點的散佈型態繪製出來，如此才能判斷變數之間的線性關係是否值得信賴。

至於「r值很大（接近-1或$+1$）並不表示這兩個變數之間存在因果關係」，我們最好透過例子來說明。最常用的例子之一，是美國境內的口香糖年銷售量與犯罪率之間有相當高的正相關性。我們當然不能依此下結論說禁

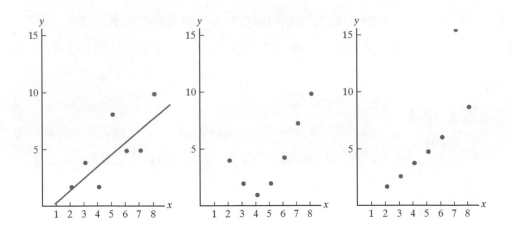

圖17.4 三組*r*皆為0.75的成對資料

止口香糖販售就可以降低犯罪率；這兩個變數都與人口總數有關，而正是這個第三個變數（人口總數）與口香糖銷售量以及犯罪率都有正相關性，所以才會造成此二變數之間也呈現正相關。

精選習題

17.1 在範例16.6中，已知六個學生在某學期中，每週溫習某課程的時數，以及該課程的學期成績：

溫習時數 x	學習成績 y
15	2.0
28	2.7
13	1.3
20	1.9
4	0.9
10	1.7

請求算*r*值，並比較圖16.7中的 r^2 的平方根。

17.2 以下資料中，*x*為12名技工在上午組裝某部機器時所花的時間，*y*為這些技工在下午組裝同一部機器時所花的時間：

x	y
12	14
11	11
9	14
13	11
10	12
11	15
12	12
14	13
10	16
9	10
11	10
12	14

已知 $S_{xx} = 25.67$、$S_{xy} = -0.33$，且 $S_{yy} = 42.67$，請求算*r*值。

17.3 承上題，請使用原始資料及適當的電腦統計軟體，求算*r*值。

17.4 以下資料為亞利桑納州中，八個城市的海拔高度（英尺），以及勞動節當天的平均高溫（華氏）：

海拔高度	平均高溫
1,418	92
6,905	70
735	98
1,092	94
5,280	79
2,372	88
2,093	90
196	96

請利用電腦統計軟體求算r值。並求算高溫的變異中，有多少百分比可以歸因於海拔高度的不同。

17.5 某學生求算某大型成對樣本資料的r值之後，赫然發現他把兩個變數搞混了：原本應該設定為x的變數變成y，而原本應該是y的變數卻變成了x。請問他該怎麼辦？

17.6 某學生在計算一大群人的身高與體重之間的r值之後，發現他所使用的資料中，身高的單位是公分、體重單位是公斤。但是他本來要用的資料應該是以英吋與磅為單位的，而一公分等於0.393英吋、一公斤等於2.2磅。請問現在這名學生該怎麼辦？

17.7 請問在以下的狀況中，你預期會發現正相關、負相關、或是不相關？

(a) 丈夫的年齡以及妻子的年齡；

(b) 輪胎上的橡膠量以及該輪胎所行使的里程數；

(c) 高爾夫球選手的練習時間以及他們在比賽時所擊出的杆數；

(d) 鞋子的尺寸以及智商；

(e) 卡車的載重量以及耗油量。

17.8 若某組成對資料的r值為0.41，另一組成對資料的r值為0.29，請比較它們之間的強度關係。

17.9 某醫學研究發現，新生兒六個月大時的體重，以及剛出生時的體重，兩者之間的$r = 0.70$；而新生兒六個月大時體重，以及他們每天進食的食物量，兩者之間的$r = 0.60$。請舉出一個反例，證明我們不可以用以下的式子，說明新生兒六個月大時的體重的變異性，有85%可由剛出生體重以及每日進食量來解釋：

$$(0.70)^2 100\% + (0.60)^2 100\% = 85\%$$

並請說明為何以上這個式子是錯誤的。

17.10 在範例17.2中，我們已知如何在分析類別資料的列聯表時，使用相關係數。請利用相同的計算程序，分析以下從習題14.17中借用過來的資料：

		聽眾忠誠度		
		低	中	高
節目選擇性	低	7	12	31
	中	35	59	18
	高	15	13	0

17.11 請利用範例17.2中的程序，重新分析習題14.15的數據資料，列出如下。在該習題中，我們使用卡方檢定來分析某銀行員工的衣著打扮與其升遷速度是否有關聯。

	升遷速度		
	緩慢	中等	快速
衣著講究	38	135	129
衣著適中	32	68	43
衣著不善	13	25	17

（左側標示：衣著標準）

請注意，表格中的升遷速度是由慢至快，而衣著打扮的標準則是由高至低。

17.3 相關分析

當我們利用樣本資料來計算r值而得到強烈的正相關或負相關的結果時，我們必須要留意，因為這有可能是機遇所造成的，說不定事實上這兩個變數之間沒有什麼相關性。

舉例來說，假設我們拿兩個骰子，一紅一綠，投擲它們五次，得到以下的結果：

紅骰子 x	綠骰子 y
4	5
2	2
4	6
2	1
6	4

照常理推測，這兩個骰子所出現的點數之間，x值與y值，應該沒有什麼相關性。我們很難找到證據說當x增加時y也會跟著增加；但是當我們計算其r值之後，竟然發現r＝0.66。這會讓我們懷疑x值與y值之間是否存在一些我們一開始沒有注意到的關係。要回答這個問題，我們必須先檢驗這個這麼顯著的r值，是不是機遇所造成的。

當我們透過樣本資料來計算相關係數時，所得到的r值其實只是**母體相關係數**(population correlation coefficient)的估計值，通常母體相關係數以希臘字母 ρ 來表示。記得，r所測度的是樣本，而 ρ 所測度的是母體。

若要根據r來對 ρ 進行統計推論的話，必須先對我們所取得的觀察值的機率分配做出一些假設。在**常態相關分析**(normal correlation analysis)中，我們所做的假設與常態迴歸分析中所做的假設相同（參考第16.3節），不過此處的x值不是固定值，而是常態隨機變數的值。

由於在這些假設條件下，r的抽樣分配變得相當複雜，因此常用的方法是利用**費雪Z轉換**(Fisher Z transformation)來對 ρ 進行統計推論。費雪Z轉換是由r轉成Z的尺度轉換，公式為

$$Z = \frac{1}{2} \cdot \ln \frac{1+r}{1-r}$$

此處ln表示「自然對數」(natural logarithm)，也就是以e為底的對數，e＝2.71828……。這個轉換程序是為了紀念英國著名統計學家費雪(R. A. Fisher)而命名的，他證明在常態相關分析的假設條件下，對任何 ρ 值，Z的分配都近似於常態分配，而其平均數與標準差分別為：

$$\mu_Z = \frac{1}{2} \cdot \ln \frac{1+\rho}{1-\rho} \quad \text{以及} \quad \sigma_Z = \frac{1}{\sqrt{n-3}}$$

將Z再轉換成標準單位，也就是減去 μ_Z之後再除以 σ_Z，我們得到以下的結果：

用以推論 ρ 的統計量

$$z = (Z - \mu_Z)\sqrt{n-3}$$

此統計量近似於標準常態分配。在應用這個理論時，必須藉助書末附表X的輔助，在該附表中可以查到r＝0.00、0.01、0.02、0.03、……、與0.99的Z值。注意，表中的r均為正數；倘若r是負數的話，只要在查出的Z值之前加上負號即可。另外還要注意， μ_Z的公式與Z的公式非常雷同，不同處只有以ρ取代r而已，因此，附表X也可以用以根據 ρ 值來查閱 μ_Z的值。

範例 17.4

本節一開始的兩個骰子的例子中，$r = 0.66$，而其虛無假設為兩者之間沒有相關性（亦即 $\rho = 0$）。請在0.05的顯著水準下，檢定此虛無假設是否為真。

解答

1. H_0：$\rho = 0$

   H_A：$\rho \neq 0$

2. $\alpha = 0.05$

3. 由於 $\rho = 0$時$\mu_z = 0$，因此若$z \leq -1.96$或$z \geq 1.96$時，拒絕虛無假設，其中

$$z = Z \cdot \sqrt{n - 3}$$

不然的話，我們說此r值在統計上不顯著。

4. 將$n = 5$與$Z = 0.793$（查閱書末附表X，$r = 0.66$）代入上列式子，得到

$$z = 0.793\sqrt{5 - 3}$$
$$= 1.12$$

5. 由於$z = 1.12$，介於-1.96與1.96之間，所以無法拒絕虛無假設，換句話說，此r值在統計上不顯著；這個結果證實我們一開始根據常理的推測。另一個處理此類型問題的方法，亦即對 $\rho = 0$的虛無假設進行檢定，請參考習題17.14。

範例 17.5

在機場噪音-聽力的例子中，我們已經算出 $r = -0.95$，且$n = 12$，請在0.01的顯著水準下，檢定 $\rho = -0.8$的虛無假設，其對立假設為 $\rho < -0.8$。

解答

1. H_0：$\rho = -0.8$

   H_A：$\rho < -0.8$

2. $\alpha = 0.01$

3. 若$z \leq -2.33$時，拒絕虛無假設，其中

$$z = (Z - \mu_Z)\sqrt{n-3}$$

4. 將$n = 12$、$Z = -1.832$（查閱書末附表X，$r = -0.95$），與$\mu_Z = -1.099$代入上列式子，得到

$$z = [-1.832 - (-1.099)]\sqrt{12-3}$$
$$\approx -2.20$$

5. 由於-2.20大於-2.33，所以無法拒絕虛無假設。

若要求算 ρ 的信賴區間的話，必須先求出μ_Z的信賴區間，然後利用書末附表X轉換成r與ρ。計算μ_Z的信賴區間時，將下列式子

$$z = (Z - \mu_Z)\sqrt{n-3}$$

代入$-z_{\alpha/2} < z < z_{\alpha/2}$中，然後以簡單的代數運算，就可以得到如下$(1-\alpha)100\%$的$\mu_Z$信賴區間：

μ_Z信賴區間

$$Z - \frac{z_{\alpha/2}}{\sqrt{n-3}} < \mu_Z < Z + \frac{z_{\alpha/2}}{\sqrt{n-3}}$$

範例 17.6

倘若兩個技術人員對成本估計的報價，在30個隨機樣本中的相關係數為$r = 0.62$，請求算母體相關係數 ρ 的95% 信賴區間。

解答　$r = 0.62$時，查閱附表X可知相對應的$Z = 0.725$。將這些數值以及$n = 30$與$z_{0.025} = 1.96$代入上述μ_Z的信賴區間的公式，得到

$$0.725 - \frac{1.96}{\sqrt{27}} < \mu_Z < 0.725 + \frac{1.96}{\sqrt{27}}$$

統計學

MODERN ELEMENTARY STATISTICS

或

$$0.348 < \mu_Z < 1.102$$

最後，再查附表X中最接近Z＝0.348與Z＝1.102的對應r值，可得 ρ 的95% 信賴區間：

$$0.33 < \rho < 0.80$$

此即為這兩個技術人員在提出成本估計的報價時，所可能出現的真實相關係數的範圍。

精選習題

17.12 假設進行常態相關分析時所需要的假設條件全部滿足，請在以下的情況中，以0.01的顯著水準，檢定 ρ ＝0的虛無假設，而對立假設為 $\rho \neq 0$：

(a) n＝14且r＝0.54；

(b) n＝22且r＝−0.61；

(c) n＝44且r＝0.42。

17.13 假設進行常態相關分析時所需要的假設條件全部滿足，請在以下的情況中，以0.01的顯著水準，檢定 ρ ＝−0.50的虛無假設，而對立假設為 $\rho >$ −0.50：

(a) n＝17且r＝−0.22；

(b) n＝34且r＝−0.43。

17.14 若常態相關分析的假設條件全部滿足的話，我們也可以使用以下的統計量來檢定 ρ ＝0的虛無假設：

$$t = \frac{r\sqrt{n-2}}{\sqrt{1-r^2}}$$

此統計量服從自由度為$n-2$的t分配。請利用此統計量，在以下的情況中，以0.05的顯著水準，檢定r值是否顯著。

(a) n＝12且r＝0.77；

(b) n＝16且r＝0.49。

17.15 請以0.01的顯著水準，重新計算上一題。

17.16 某研究從n＝9的樣本資料中，算出肺癌死亡率以及患者20年前的吸煙量之間的相關係數r＝0.73。請在0.05的顯著水準下，檢定 ρ ＝0.50的虛無假設，而對立假設為 $\rho >$0.50。

17.17 假設進行常態相關分析時所需要的假設條件全部滿足，請在以下的情況中，利用Fisher Z轉換，求算ρ的95%信賴區間：

(a) n＝15且r＝0.80；

(b) n＝28且r＝−0.24；

(c) n＝63且r＝0.55。

17.18 假設進行常態相關分析時所需要的假設條件全部滿足，請在以下的情況中，利用Fisher

Z轉換，求算 ρ 的99%信賴區間：

(a) $n = 20$且$r = -0.82$；

(b) $n = 25$且$r = 0.34$；

(c) $n = 75$且$r = 0.18$。

*17.4 複相關與淨相關

在第17.1節中，我們介紹相關係數的概念，以作為測度最小平方線與成對資料之間的配適程度的衡量標準。如果我們根據以下採用第16.4節中的最小平方法所得出的複迴歸公式來求算預測值時，

$$\hat{y} = b_0 + b_1 x_1 + b_2 x_2 + \cdots + b_k x_k$$

我們以定義相關係數的相同方式，來定義**複相關係數**(multiple correlation coefficient)。我們取下列式子的平方根：

$$\frac{\sum(\hat{y} - \overline{y})^2}{\sum(y - \overline{y})^2}$$

而這個式子所代表的，即是y值的總變異能夠被y與這些x值之間的相互關係所解釋的部分。此處與上一節內容的唯一不同點在於，此處我們利用複迴歸方程式來計算$\hat{y}$值，而不是一般的迴歸方程式$\hat{y} = a+bx$。

我們再以範例16.8來當例子。在該範例中，我們利用電腦軟體來求算複迴歸線性方程式，所得到的結果如圖17.5。

範例 17.7

根據上述複相關係數的定義，利用範例16.8的資料，求算該範例的複相關係數。

解答　在圖17.5的變異數分析中（欄位名稱SS下方），我們可知迴歸平方和為4,877,608,452，而總平方和為5,455,580,000。因此，

```
迴歸分析：y vs. x1, x2

迴歸方程式為 y＝65430＋16752 x1＋11235 x2

Predictor    Coef     SE Coef        T        P
Constant    65430       12134     5.39    0.003
x1          16752        6636     2.52    0.053
x2          11235        9885     1.14    0.307

S = 10751    R-Sq = 89.4%   R-Sq(adj) = 85.2%

Analysis of Variance

Source          DF          SS          MS       F       P
Regression       2  4877608452  2438804226   21.10   0.004
Residual Error   5   577971548   115594310
Total            7  5455580000

Source          DF       Seq SS
x1               1   4728284225
x2               1    149324227
```

圖17.5 **複迴歸的計算結果圖示**

$$\frac{4,877,608,452}{5,455,580,000} \approx 0.894$$

而複相關係數為上列數值的平方根。將複相關係數以 R 表示，則 $R \approx \sqrt{0.894} = 0.95$，四捨五入至小數點後兩位。根據Kendall與Buckland 統計辭典的定義，此數值可視為「實質上非負」(essentially nonnegative)。在實際應用上，R^2的使用頻率比R高，而在圖17.5中，我們見到R-Sq，即為 R^2，其值為89.4%。

這個例子也顯示，在相關研究中多加幾個獨立變數來解釋y的變異時，有時候並沒有太顯著的效果。在這個例子中，我們可以算出y與x_1（臥房數）兩者之間的相關係數就已經高達0.93，也就是說再加入第二個變數x_2（衛浴設備數）其實沒有太大的幫助。不過在習題17.20中，情況就有所不同；在那個例子中，x_1與x_2合起來之後對y值總變異的解釋能力，比兩個單獨分開來

解釋要高出許多。

當我們討論相關性與因果關係時，我們已經提過兩個變數之間的顯著相關性，有可能是肇因於這兩個變數與第三個變數之間，分別都有相當高的相互關係。我們舉出口香糖銷售量與犯罪率的例子來作說明。我們再來看看另一個例子。假設現在有兩個變數，x_1為在某個夏日度假勝地營業的咖啡館中，每週熱巧克力飲料的銷售量，而x_2為每週至該度假勝地旅遊觀光的遊客人數。在蒐集資料且分析之後，得到這兩個變數之間的相關係數為$r = -0.30$的結果。乍看之下我們會很訝異，因為遊客人數愈多，銷售量應該會增加才對；這兩個變數之間應該是正相關的。

不過，倘若稍微思考一下，我們可能會猜測這個-0.30的負相關，說不定是因為這兩個變數都與第三個變數x_3有關，而此第三個變數為該度假勝地的氣溫。當該地氣溫偏高的時候，遊客人數會比較多，但是這些遊客會比較喜歡喝冷飲，而不喝熱巧克力；倘若該地氣溫偏低，則遊客人數會減少，不過這樣一來想喝熱巧克力的遊客會比較多。假設在蒐集更多的資料並進行分析之後發現，x_1與x_3的相關係數為$r = -0.70$，而x_2與x_3的相關係數為$r = 0.80$。這些數字看起來都蠻合理的，因為氣溫偏高時遊客人數應該會增加，但是熱巧克力的銷售量應該會下降。

在這個例子中，我們應該要在其他變數（主要是氣溫）維持不變的情況下，仔細探討一下x_1與x_2之間的相關性。在實際操作中我們幾乎不可能進行這樣的實驗或觀察，不過有個名為**淨相關係數**(partial correlation coefficient)的統計量可以幫助我們移除其他變數所造成的影響。倘若我們將三個變數之間兩兩一組計算相關係數，然後以r_{12}、r_{13}，與r_{23}分別代表x_1與x_2、x_1與x_3、以及x_2與x_3之間的 r 值，則當x_3維持不變時，x_1與x_2之間的淨相關係數為

淨相關係數

$$r_{12.3} = \frac{r_{12} - r_{13} \cdot r_{23}}{\sqrt{1 - r_{13}^2}\sqrt{1 - r_{23}^2}}$$

範例 17.8

請計算上述某度假勝地的熱巧克力銷售量與遊客人數之間的 $r_{12.3}$ 值。

解答　將 $r_{12}=-0.30$、$r_{13}=-0.70$、與 $r_{23}=0.80$ 代入 $r_{12.3}$ 的式子中，得到

$$r_{12.3} = \frac{(-0.30) - (-0.70)(0.80)}{\sqrt{1 - (-0.70)^2}\sqrt{1 - (0.80)^2}} \approx 0.607$$

這個結果顯示，在移除氣溫所造成的影響之後，熱巧克力銷售量與遊客人數之間的確存在某種程度的正相關，證實了我們之前的猜測。

我們藉由這個例子來說明淨相關的概念，同時也再次提醒讀者，相關係數很容易令人產生誤解，因此在詮釋的時候要很小心謹慎。

精選習題

*17.19 在某個複迴歸的問題中，迴歸平方和為

$$\sum(\hat{y} - \bar{y})^2 = 45,225$$

而總平方和為

$$\sum(y - \bar{y})^2 = 136,210$$

請求算此複迴歸問題的複相關係數。

*17.20 承習題16.22，請求算其複相關係數。並請

求算 y 與 x_1（年齡）之間的相關係數，以及 y 與 x_2（在研究所唸書的年數）之間的相關係數，並將它們與複相關係數進行比較。

17.21 承習題16.22，請利用電腦統計軟體求算複相關係數。

*17.22 某實驗得到以下的結果：$r_{12}=0.80$、$r_{13}=-0.70$、$r_{23}=0.90$。請說明為什麼這些數字一定不是完全正確的。

17.5 本章專有名詞彙整

相關係數(Coefficient of correlation)

判定係數或決定係數(Coefficient of determination)

費雪Z轉換(Fisher Z transformation)

*複相關係數(Multiple correlation coefficient)

負相關(Negative correlation)

常態相關分析(Normal correlation analysis)

*淨相關係數(Partial correlation coefficient)

母體相關係數(Population correlation coefficient)

正相關(Positive correlation)

積動差(Product moment)

積動差相關係數(Product-moment coefficient of correlation)

迴歸平方和(Regression sum of squares)

殘差平方和(Residual sum of squares)

樣本共變異數(Sample covariance)

總平方和(Total sum of squares)

17.6 參考書籍

- 更詳盡的複相關與淨相關的討論，請參見

1. EZEKIEL, M., and FOX, K. A., *Methods of Correlation and Regression Analysis*, 3rd ed. New York: John Wiley & Sons, Inc., 1959.

2. HARRIS, R. J., *A Primer of Multivariate Statistics*. New York: Academic Press, Inc., 1975.

- 下列書籍的第二冊中，有更深入嚴謹的理論探討

KENDALL, M.G., and STUART, A., *The Advanced Theory of Statistics*, 3rd ed. New York: Hafner Press, 1973.

該書的第一冊有討論到 r 的顯著性檢定的理論基礎。

18 ▸ 無母數檢定
NONPARAMETRIC TESTS

在許多情況下，資料無法達到前述檢定法所需的假設條件，為解決這問題，統計學家們發展出許多其他分析技術，統稱為**無母數檢定**(nonparametric tests)。這個名稱，顧名思義，就是說我們不進行檢定機率分配中的參數。許多無母數檢定的方法都可稱為捷徑統計法(short-cut statistics)，因為它們多半較為容易，也不像之前標準檢定程序那般需要複雜的計算。不過另一方面，由於無母數檢定對於資料所作的假設較少，相對來說所隱含的風險也比較高。換句話說，在相同的 α 值下，無母數檢定所引發的型二錯誤的機率會比標準檢定程序來得大。

在第18.1節與18.2節中，我們利用無母數檢定中的符號檢定，來檢定平均數，或是檢定成對資料的平均數差距。在第18.3節與18.4節中，我們會討論另一種功能與此相似的無母數檢定方法，不過這個新方法所佚失的資訊量比前者少。從第18.5節至18.7節，我們要討論可用來檢定獨立樣本平均數差距的無母數檢定方法，以及類似於單因子變異數分析的無母數檢定方法。從第18.8節至18.10節，我們要討論如何在資料蒐集完成之後，檢定樣本資料的隨機性。在第18.11節中，我們會討論可用來檢定成對資料中的相關性是否顯著的無母數方法。最後，在第18.12節中，我們會提到無母數方法的缺點；而在第18.13節中，我們列出一張表格，比較各種不同的無母數檢定方法，以及這些方法所能替代的「標準」檢定方法。

18.1 符號檢定

除了大樣本檢定以外，我們在第12章所提到與平均數相關的所有假設檢定，都必須假設我們所進行抽樣的母體是近似於常態分配的。如果在實際應用中這個假設條件不成立的話，我們有好幾種無母數檢定方法可以替代，而這些方法正是第18.1節至18.7節的主題。在我們本節與下一節中所介紹的是最簡單的一種，稱為**符號檢定**(sign test)。

　　單一樣本符號檢定(one-sample sign test)適用於從連續母體中進行隨機抽樣的情形，在這種情形中，樣本資料大於中位數的機率與小於中位數的機率都是 $\frac{1}{2}$。當母體的分配型態是左右對稱時，平均數 μ 與中位數 $\tilde{\mu}$ 是相同的，因此我們進行檢定時所用的虛無假設，用哪一個參數都可以。

　　當我們利用樣本數為n的隨機樣本來檢定 $\mu = \tilde{\mu}_0$ 的虛無假設時，我們將樣本中大於 $\tilde{\mu}_0$ 的數以正號（＋）表示，而小於 $\tilde{\mu}_0$ 的數以負號（－）表示，然後我們檢驗正號的數目是否為符合$p = \frac{1}{2}$的二項分配的隨機變數值。若樣本的值等於 $\tilde{\mu}_0$ 時，則這個數值就忽略不計；這種情況蠻常見的，尤其是當我們使用的是經過四捨五入運算之後的樣本資料時。

　　當我們進行單一樣本符號檢定時，如果樣本數很小的話，通常我們直接查二項分配表即可，如書末附表V。另一個方法是利用電腦軟體或計算機來求算所需的二項分配機率值。若樣本數很大的話，我們可以用二項分配的常態近似法；這個部分我們在第18.2節中會有詳細的討論。

範例 **18.1**

　　某本書上說某種上油之後的金屬的摩擦係數是0.050，不過有個老師認為這個數字是錯誤的。為了要檢驗這位老師的說法是否正確，某堂實驗課中進行了18次實驗，所得到的結果分別為0.054、0.052、0.044、0.056、0.050、0.051、0.055、0.053、0.047、0.053、0.052、0.050、0.051、0.051、0.054、0.046、0.053、與0.043。一般而言，在合理的狀況下，通常會選擇使用單一樣本t檢定來對這些資料進行假設檢定，不過本例中這些資料的偏態顯示使用無母數檢定會是比較適當的選擇。因此，該位老師建議參加該實驗課的學生在0.05的顯著水準下，進行單一樣本符號檢定，其虛無假設 $\tilde{\mu} = 0.050$，而對立假設為 $\tilde{\mu} > 0.050$。

解答　　1. H_0： $\tilde{\mu} = 0.050$

　　　　　　 H_A： $\tilde{\mu} > 0.050$

2. $\alpha = 0.05$

3. 進行檢定時所採用之統計量為正號的數目，亦即大於0.050的資料筆數。

4. 將樣本中大於0.050的數以正號（＋）表示，而小於0.050的數以負號（－）表示，並把兩個等於0.050的數忽略不計，得到

$$+ + - + + + + + - + + + + + - + -$$

如此一來，$x = 12$。查閱附表V，可知當$n = 16$、$p = 0.50$時，$x \geq 12$的機率，為$0.028 + 0.009 + 0.002 = 0.039$，此即為$p$值。

5. 由於0.039小於0.05，因此拒絕虛無假設。這組資料證實該位老師的說法：實際的摩擦係數應該大於書上所印的摩擦係數。

Sign Test for Median: Data

```
Sign test of median = 0.05000 versus  >  0.05000

              N    BELOW  EQUAL  ABOVE        P    MEDIAN
Data         18       4      2     12   0.0384   0.05150
```

圖18.1　範例18.1之圖示

注意此處所用的檢定程序與第12.3節後半部份所討論的方法相當類似，不過此處所使用的是無母數檢定。此外，我們在第14.1節中也提過，在這種檢定中，如果剛好可以使用二項分配機率表時，事情會比較簡單；不過我們還是可以用電腦軟體來處理這個範例，參考圖18.1。該圖中的p值為0.0384，比我們之前算出來的0.039略小；這也是因為四捨五入所造成的誤差。

在第12.7節中我們曾討論過成對資料的平均數差距檢定，符號檢定也可以用來處理這類型的問題。在分析這類型問題時，每一組成對的數據兩兩比較，如果第一個數值比較大，則以正號替代；若是第二個數值比較大，則以負號替代；如果兩個數值相等，則忽略不計。此時，虛無假設為兩個母體中

位數的差距為零。在這種情況下，此符號檢定被稱為**成對樣本符號檢定**
(paired-sample sign test)。

範例 18.2

在範例12.9中，我們分析過十座工廠在安裝某套精心設計的安全系統之
前與之後，平均每週因為意外暫停而損失的工時數：

| 45與36 | 73與60 | 46與44 | 124與119 | 33與35 |
| 57與51 | 83與77 | 34與29 | 26與24 | 17與11 |

利用成對樣本t檢定，我們已經證明在0.05的顯著水準下，此安全系統是
有效的。請用成對樣本符號檢定重新分析這組資料。

解答

1. H_0：$\tilde{\mu}_D = 0$，$\tilde{\mu}_D$為進行抽樣的差距母體的中位數。

   H_A：$\tilde{\mu}_D > 0$

2. $\alpha = 0.05$

3. 檢定統計量為正號的個數，也就是平均每週損失工時數在安裝安全
系統後降低的週次。

4. 如果第一個數值比較大，則以正號替代；若是第二個數值比較大，
則以負號替代。如此我們得到

$$+ + + + - + + + + +$$

此時$x = 9$，查附表V之$n = 10$、$p = 0.50$，可知$x \geq 9$的機率，為0.010＋
0.001＝0.011，此即為 p 值。

5. 由於0.011小於0.05，因此拒絕虛無假設。與範例12.9的結論相同，
我們證明在0.05的顯著水準下，此安全系統是有效的。

18.2 符號檢定（大樣本）

當np與$n(1-p)$均大於5時，我們可用常態分配來近似二項分配，然後利

用第14.2節中的大樣本比例值檢定的方法來進行符號檢定。此處我們所使用的統計量與在該節的相同，

$$z = \frac{x - np_0}{\sqrt{np_0(1 - p_0)}}$$

其中$p_0 = 0.50$，而此統計量近似於標準常態分配。當n值不大的時候，最好採用第14.2節中所建議的連續性修正。尤其是當我們沒有使用連續性修正、而**勉勉強強**拒絕虛無假設的時候，最好採用連續性修正來使得我們的檢定結果更有說服力。我們之前也提過，當我們**沒有使用**連續性修正、而且無法拒絕虛無假設的時候，是否採用連續性修正並不會造成太大的影響。

範例 18.3

以下資料為某校校友會所舉辦的48次活動中，所參加的單身校友的人數：

```
28  51  31  38  27  35  33  40  37  28  33  27
33  31  41  46  40  36  53  23  33  27  40  30
33  22  37  38  36  48  22  36  45  34  26  28
40  42  43  41  35  50  31  48  38  33  39  35
```

請利用單一樣本符號檢定，在0.01的顯著水準下，對虛無假設$\tilde{\mu}=32$進行檢定，其對應的對立假設為$\tilde{\mu} \neq 32$。

解答

1. H_0：$\tilde{\mu}=32$

   H_A：$\tilde{\mu} \neq 32$

2. $\alpha = 0.01$

3. 若$z \leq -2.575$或$z \geq 2.575$的話，拒絕虛無假設，其中

$$z = \frac{x - np_0}{\sqrt{np_0(1 - p_0)}}$$

且$p_0 = 0.50$；否則的話，接受虛無假設或持保留態度。

4. 計算超過32的數字有幾個（正號），小於32的數字有幾個（負號），

以及等於32的數字有幾個,分別為34、14、與0。所以此時$x=34$、$n=48$,而且

$$z = \frac{34 - 48(0.50)}{\sqrt{48(0.50)(0.50)}} \approx 2.89$$

5. 由於2.89大於2.575,因此拒絕虛無假設。(如果我們有採用連續性修正的話,會得到$z=2.74$的結果,一樣是拒絕虛無假設。)

下一個例子中將說明,當我們沒有使用連續性修正、而勉勉強強拒絕虛無假設的時候,最好採用連續性修正。

範例 18.4

某大公司從其員工中隨機抽樣,請兩位內部主管分別為這些被選中的員工進行評分,分數從0至100,得到以下的結果:

內部主管1	內部主管2
88	73
69	67
97	81
60	73
82	78
90	82
65	62
77	80
86	81
79	79
65	77
95	82
88	84
91	93
68	66
77	76
74	74
85	78

請利用成對樣本符號檢定,並以常態分配近似二項分配的方法,在0.05的顯著水準下,檢定這兩組評分之間的差距是否可歸因於機遇所造成的。

(a) 不使用連續性修正;

(b) 使用連續性修正。

解答　(a)

1. H_0：$\tilde{\mu}_D = 0$，$\tilde{\mu}_D$為差距母體（針對兩位主管的評分）的中位數。

   H_A：$\tilde{\mu}_D \neq 0$

2. $\alpha = 0.05$

3. 若$z \leq -1.96$或$z \geq 1.96$的話，拒絕虛無假設，其中

$$z = \frac{x - np_0}{\sqrt{np_0(1 - p_0)}}$$

且$p_0 = 0.50$；否則的話，接受虛無假設或持保留態度。

4. 計算正差距（正號）、負差距（負號），以及零差距（忽略不計）的個數，分別為12、4，與2。此時，$x = 12$且$n = 16$，而由於$np = 16\,(0.50) = 8$且$n\,(1-p) = 16\,(0.50) = 8$。均大於5，所以可以利用二項分配的常態近似法。將這些數字代入 z 的公式，得到

$$z = \frac{12 - 16(0.50)}{\sqrt{16(0.50)(0.50)}} = 2.00$$

5. 由於$z = 2.00$只比1.96大一些，因此我們暫且不下結論；我們以使用連續性修正再算一次之後，才作決定。

(b)

4. 使用連續性修正，我們得到

$$z = \frac{11.5 - 16(0.50)}{\sqrt{16(0.50)(0.50)}} = 1.75$$

5. 由於$z = 1.75$介於-1.96與1.96之間，因此無法拒絕虛無假設。所以我們的結論是：這兩位主管所給的評分之間的差距，可以歸因於機遇所造成的。（倘若我們利用附表V來進行計算的話，p值會大於0.05，結論還是沒有改變。）

精選習題

18.1 以下數據為薑糖隨機樣本二十包的重量，單位為公克：110.6、113.5、111.2、109.8、110.5、111.1、110.4、109.7、112.6、110.8、110.5、110.0、110.2、111.4、110.9、110.5、110.0、109.4、110.8、與109.7。請在0.01的顯著水準下，以符號檢定與附表Ⅴ，檢定 $\tilde{\mu}=110.0$ 的虛無假設，其中 $\tilde{\mu}$ 為每包薑糖重量的中位數，而對立假設為 $\tilde{\mu}>110.0$。

18.2 以下數據為40部加滿同一種汽油的車輛，行駛之後所得到的每加侖里程數：

24.1	25.0	24.8	24.3	24.2	25.3	24.2	23.6
24.5	24.4	24.5	23.2	24.0	23.8	23.8	25.3
24.5	24.6	24.0	25.2	25.2	24.4	24.7	24.1
24.6	24.9	24.1	25.8	24.2	24.2	24.8	24.1
25.6	24.5	25.1	24.6	24.3	25.2	24.7	23.3

請利用二項分配的常態近似法，以符號檢定，在0.01的顯著水準下，檢定 $\tilde{\mu}=24.2$ 的虛無假設，對立假設為 $\tilde{\mu}>24.2$。

18.3 以下數據為16天之中，往來鳳凰城與芝加哥的班機上所搭載的旅客人數：199與232、

231與265、236與250、238與251、218與226、258與269、253與247、248與252、220與245、237與245、239與235、248與260、239與245、240與240、233與239、以及247與236。請在0.03的顯著水準下，以符號檢定與附表Ⅴ，檢定 $\tilde{\mu}_D=0$ 的虛無假設，其中 $\tilde{\mu}_D$ 為差距母體的中位數，而對立假設為 $\tilde{\mu}_D<0$。

18.4 以下數據為20天之中，兩個政府部門裡的缺席人數：29與24、45與32、38與38、39與34、46與42、35與41、42與36、39與37、40與45、38與35、31與37、44與35、42與40、40與32、42與45、51與38、36與33、45與39、33與28、以及32與38。請在0.05的顯著水準下，以符號檢定與附表Ⅴ，檢定 $\tilde{\mu}_D=0$ 的虛無假設，其中 $\tilde{\mu}_D$ 為差距母體的中位數，而對立假設為 $\tilde{\mu}_D>0$。

18.5 請利用二項分配的常態近似法，重新計算上一題的結果。

*18.3 符號等級檢定[1]

符號檢定不但容易計算而且簡單明瞭，不過它的缺點是並未將樣本資料作最佳的利用，因為在單一樣本的時候，符號檢定只採用樣本與 $\tilde{\mu}_0$ 之間差距的正負號，而在兩個樣本的時候，它只採用成對樣本之間的差距的正負

註1. 由於符號等級檢定是符號檢定的替代方法，因此本節可以略過，不影響往後章節的學習。

統計學
MODERN ELEMENTARY STATISTICS

號。基於這個原因，我們通常會考慮使用另一個無母數檢定的方法，稱為**符號等級檢定**(signed-rank test)，或稱為**Wilcoxon符號等級檢定**(Wilcoxon signed-rank test)。

在這個檢定中，首先，我們先暫時忽略正負號，只看差距；差距最小的（也就是差距絕對值最小的）等級訂為1，次小的等級訂為2、……、差距最大的訂為n。差距為零的數據同樣忽略不計，而如果有兩筆或多筆數據的差距相同的話，則將這幾個數據所應分配到的等級累加起來之後計算平均數。然後將差距為正數的數據的等級加總起來，得到T^+，差距為負數的數據的等級加總起來，得到T^-；最後，兩者中較小的值，稱為T。

符號等級檢定可視為單一樣本符號檢定或是成對樣本符號檢定的替代方法，因此，當抽選出大於中位數的數值的機率，等於抽選出小於中位數的數值的機率時，適用這個方法。我們來看個例子。假設我們對某廠牌所生產的高級汽油進行抽查，檢驗其辛烷值。我們想在0.01的顯著水準下，檢定其虛無假設$\tilde{\mu}=98.5$，對立假設為$\tilde{\mu}<98.5$。

檢驗所得數據列於下表的最左欄。表中中間欄為各筆數據減去98.5的結果：

檢驗結果	差距	等級
97.5	−1.0	4
95.2	−3.3	12
97.3	−1.2	6
96.0	−2.5	10
96.8	−1.7	7
100.3	1.8	8
97.4	−1.1	5
95.3	−3.2	11
93.2	−5.3	14
99.1	0.6	2
96.1	−2.4	9
97.6	−0.9	3
98.2	−0.3	1
98.5	0.0	
94.9	−3.6	13

將差距為零的數據略去不計之後，我們發現差距絕對值最小的是0.3，

次小的是0.6，再下一個是0.9，……，最大的是5.3。這些排序之後的等級列於表中第三欄。由此可知，

$$T^+ = 8 + 2 = 10$$
$$T^- = 4 + 12 + 6 + 10 + 7 + 5 + 11 + 14 + 9 + 3 + 1 + 13$$
$$= 95$$

因此，$T = 10$。由於 $T^+ + T^-$ 等於1累加至 n 的整數總和，$\frac{n(n+1)}{2}$，我們在計算 T^- 時可以用 $\frac{14 \cdot 15}{2} = 105$ 減去 $T^+ = 10$，同樣得到95。（在這個例子中，並沒有差距絕對值相等、而要求算等級平均數的情況，不過即使是在這種情況，這個方法還是可以使用。）

T^+、T^-，與 T 之間的關係可從其抽樣機率分配中顯示出來。我們以 $n = 5$ 為例來說明，參考圖18.2。由於每個等級被分派至正號或是負號的機率都是一半一半，因此總共有 2^n 種可能性，而每一種可能性出現的機率均為 $(\frac{1}{2})^n$。要計算不同的 T^+、T^-，與 T 值的出現機率我們要先找出能組成這些數值的可能組合有幾種，再乘上 $(\frac{1}{2})^n$ 即可。舉例來說，當 $n = 5$ 且 $T^+ = 6$ 時，有三種可能的組合：1與5、2與4，以及1與2與3，因此機率值為 $3 \cdot (\frac{1}{2})^5 = \frac{3}{32}$，如圖18.2中所示。

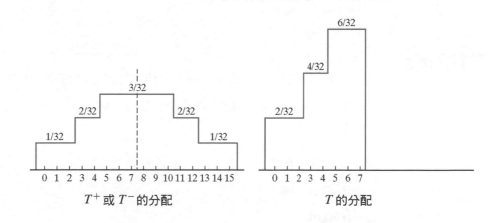

圖18.2　當 $n = 5$ 時，T^+、T^-，與 T 的抽樣分配

為了簡化臨界值的計算，在進行檢定時，我們應該使用統計量T的機率分配來檢定虛無假設 $\tilde{\mu} = \tilde{\mu}_0$；若其值落於左尾末端，則拒絕虛無假設。不過我們要很小心，確定所選用的是正確的統計量以及正確的臨界值。當 $\tilde{\mu} < \tilde{\mu}_0$ 時，T^+ 會比較小，因此若對立假設為 $\tilde{\mu} < \tilde{\mu}_0$ 時，我們採用 T^+ 當作檢定統計量；當 $\tilde{\mu} > \tilde{\mu}_0$ 時，T^- 會比較小，因此若對立假設為 $\tilde{\mu} > \tilde{\mu}_0$ 時，我們採用 T^- 當作檢定統計量；當 $\tilde{\mu} \neq \tilde{\mu}_0$ 時，T^+ 與 T^- 不一定哪一個比較小，因此若對立假設為 $\tilde{\mu} \neq \tilde{\mu}_0$ 時，我們採用T作檢定統計量。這些關係可整理如下表：

對立假設	拒絕虛無假設，如果	接受虛無假設或持保留態度，如果
$\tilde{\mu} < \tilde{\mu}_0$	$T^+ \leq T_{2\alpha}$	$T^+ > T_{2\alpha}$
$\tilde{\mu} > \tilde{\mu}_0$	$T^- \leq T_{2\alpha}$	$T^- > T_{2\alpha}$
$\tilde{\mu} \neq \tilde{\mu}_0$	$T \leq T_{\alpha}$	$T > T_{\alpha}$

T_{α} 為$T \leq T_{\alpha}$ 的機率值不超過α 的最大T值，其值可在書末附表VI中查到。書末附表VI中的空白部分，表示無論我們所求得的檢定統計量為何，都無法拒絕虛無假設。注意同樣的臨界值適用於不同顯著水準的假設檢定，視對立假設為單尾或是雙尾而定。

範例 18.5

承本節一開始的辛烷值檢驗例，請利用符號等級檢定，在0.01的顯著水準下，檢定虛無假設 $\tilde{\mu} = 98.5$，對立假設為 $\tilde{\mu} < 98.5$。

解答

1. H_0： $\tilde{\mu} = 98.5$

   H_A： $\tilde{\mu} < 98.5$

2. $\alpha = 0.01$

3. 當 $T^+ \leq 16$時，拒絕虛無假設，因為當$n = 14$時，$T_{0.02}$的值為16。否

則的話，接受虛無假設或持保留態度。

4. 由前文中的計算可知，$T^+ = 10$。

5. 由於10小於16，所以拒絕虛無假設。因此結論為此廠牌的高級汽油，其辛烷值的中位數小於98.5。

如果我們利用電腦軟體來協助進行計算的話，可得到如圖18.3的結果。利用電腦軟體的優點是，不需要查表；由圖18.3中可知，p值為0.004，結論同樣是拒絕虛無假設。

Wilcoxon Signed Rank Test: Octanes

Test of median = 98.50 versus median < 98.50

	N	N for Test	Wilcoxon Statistic	P	Estimated Median
Octanes	15	14	10.0	0.004	96.85

圖18.3 範例18.5之圖示

符號等級檢定也可以用來替代成對樣本符號檢定。檢定過程完全一樣，不過當我們在寫虛無假設 $\tilde{\mu}_D = 0$ 的時候， $\tilde{\mu}_D$ 為所抽樣的差距母體的中位數 (median of the population of differences sampled)。

範例 18.6

請利用符號等級檢定重新計算範例18.2。該範例中的原始數據已列於下表中的左欄；下表中的中欄為之前與之後的差距，而右欄為這些差距絕對值的排序等級。

損失的工時數，之前與之後	差距	等級
45 與 36	9	9
73 與 60	13	10
46 與 44	2	2
124 與 119	5	4.5
33 與 35	−2	2
57 與 51	6	7
83 與 77	6	7
34 與 29	5	4.5
26 與 24	2	2
17 與 11	6	7

因此，$T^- = 2$，$T^+ = 53$。

解答　1. H_0：$\tilde{\mu}_D = 0$，其中 $\tilde{\mu}_D$ 為所抽樣的差距母體的中位數（亦即安裝安全系統之前與之後，平均每週因為意外暫停而損失的工時數的差距的中位數。）

H_A：$\tilde{\mu}_D > 0$

2. $\alpha = 0.05$

3. 若 $T^- \leq 11$ 時，拒絕虛無假設，因為當 $n = 10$ 時，$T_{0.10}$ 的值為11。否則的話，接受虛無假設或持保留態度。

4. 如前述，$T^- = 2$。

5. 由於 $T^- = 2$ 小於11，因此拒絕虛無假設。結論是此安全系統是有效的。（倘若我們在本例中利用電腦軟體來協助運算的話，所得到 p 值為0.005，因此結論是相同的。）

*18.4 符號等級檢定（大樣本）

當 n 大於或等於15時，我們可以合理地假設 T^- 與 T^+ 的機率分配皆近似於常態分配。在這種情況下，這兩種統計量可任意擇一使用來進行檢定，結

果是相同的；在以下的討論中，我們選用 T^+ 當作檢定統計量。

由於我們假設每個差距為正或為負的機率皆為一半一半，因此可以證明 T^+ 的抽樣分配的平均數與標準差分別為

T^+統計量的平均數與標準差

$$\mu_{T^+} = \frac{n(n+1)}{4} \quad \text{以及} \quad \sigma_{T^+} = \sqrt{\frac{n(n+1)(2n+1)}{24}}$$

因此，當 $n \geq 15$ 時，視為大樣本，而我們可利用以下的統計量來進行符號等級檢定：

用以進行大樣本符號等級檢定的統計量

$$z = \frac{T^+ - \mu_{T^+}}{\sigma_{T^+}}$$

此統計量為近似於標準常態分配的隨機變數的值。當對立假設為 $\tilde{\mu} \neq \tilde{\mu}_0$（或 $\tilde{\mu}_D \neq 0$）時，若 $z \leq -z_{\alpha/2}$ 或 $z \geq z_{\alpha/2}$，則拒絕虛無假設；當對立假設為 $\tilde{\mu} > \tilde{\mu}_0$（或 $\tilde{\mu}_D > 0$）時，若 $z \geq z_\alpha$，則拒絕虛無假設；當對立假設為 $\tilde{\mu} < \tilde{\mu}_0$（或 $\tilde{\mu}_D < 0$）時，若 $z \leq -z_\alpha$，則拒絕虛無假設。

範例 18.7

16個人參加某減重飲食計畫兩週之前與之後，體重分別如下（單位為磅）：169.0與159.9、188.6與181.3、222.1與209.0、160.1與162.3、187.5與183.5、202.5與197.6、167.8與171.4、214.3與202.1、143.8與145.1、198.2與185.5、166.9與158.6、142.9與145.4、160.5與159.5、198.7與190.6、149.7與149.0、以及181.6與183.1。請利用大樣本符號等級檢定，在0.05的顯著水準下，檢定此減重飲食計畫是否有效。

解答　1. H_0：$\tilde{\mu}_D = 0$，其中 $\tilde{\mu}_D$ 為差距母體的中位數（減重之前與之後的體重的差距的中位數。）

$H_A: \tilde{\mu}_D > 0$

2. $\alpha = 0.05$

3. 若$z \geq 1.645$，則拒絕虛無假設，其中

$$z = \frac{T^+ - \mu_{T^+}}{\sigma_{T^+}}$$

否則的話，接受虛無假設或持保留態度。

4. 原始資料、差距、以及差距絕對值的排序等級詳列於下表：

減重前後的體重	差距	等級
169.0 與 159.9	9.1	13
188.6 與 181.3	7.3	10
222.1 與 209.0	13.1	16
160.1 與 162.3	−2.2	5
187.5 與 183.5	4.0	8
202.5 與 197.6	4.9	9
167.8 與 171.4	−3.6	7
214.3 與 202.1	12.2	14
143.8 與 145.1	−1.3	3
198.2 與 185.5	12.7	15
166.9 與 158.6	8.3	12
142.9 與 145.4	−2.5	6
160.5 與 159.5	1.0	2
198.7 與 190.6	8.1	11
149.7 與 149.0	0.7	1
181.6 與 183.1	−1.5	4

由表中可知

$$T^+ = 13 + 10 + 16 + 8 + 9 + 14 + 15 + 12 + 2 + 11 + 1 = 111$$

而由於

$$\mu_{T^+} = \frac{16 \cdot 17}{4} = 68 \quad \text{and} \quad \sigma_{T^+} = \sqrt{\frac{16 \cdot 17 \cdot 33}{24}} \approx 19.34$$

可得知

$$z = \frac{111 - 68}{19.34} \approx 2.22$$

5. 由於$z = 2.22$大於1.645，因此拒絕虛無假設。結論是此減重飲食計畫是有效的。

➡ *18.4 符號等級檢定（大樣本）

精選習題

*18.6 倘若有$n=10$的隨機樣本,且在0.05的顯著水準下,利用符號等級檢定來檢定 $\tilde{\mu}=\tilde{\mu}_0$ 的虛無假設。請問在以下的對立假設中,該使用何種統計量來進行檢定?而該統計量的數值為多少時,拒絕虛無假設?

(a) $\tilde{\mu}\neq\tilde{\mu}_0$;

(b) $\tilde{\mu}>\tilde{\mu}_0$;

(c) $\tilde{\mu}<\tilde{\mu}_0$?

*18.7 承上題,請問若顯著水準改為0.01的話,答案為何?

*18.8 倘若有$n=12$的成對隨機樣本,且在0.01的顯著水準下,利用符號等級檢定來檢定 $\tilde{\mu}_D=0$ 的虛無假設。請問在以下的對立假設中,該使用何種統計量來進行檢定?而該統計量的數值為多少時,拒絕虛無假設?

(a) $\tilde{\mu}_D\neq0$;

(b) $\tilde{\mu}_D>0$;

(c) $\tilde{\mu}_D<0$?

*18.9 承上題,請問若顯著水準改為0.05的話,答案為何?

*18.10 我們從某報紙中隨機抽選出13天,計算這幾天該報紙上關於房屋出租的廣告數量分別為40、52、43、27、35、36、57、39、41、34、46、32、與37則。請利用符號等級檢定,於0.05的顯著水準下,檢定 $\tilde{\mu}=45$的虛無假設,以及如下的對立假設:

(a) $\tilde{\mu}<45$;

(b) $\tilde{\mu}\neq45$。

*18.11 請利用符號等級檢定,重新計算習題18.1。

*18.12 某個社區公共網球場中,隨機測量民眾在此進行一局網球比賽所花費的時間,得到以下的隨機樣本:38、43、36、29、44、28、40、50、39、47、與33分鐘。請在0.05的顯著水準下,以符號等級檢定,檢定在此公共網球場中,一局網球比賽的平均時間是否為35分鐘。

*18.13 請利用符號等級檢定,重新計算習題18.2。

*18.14 請利用符號等級檢定,重新計算習題18.4。

*18.15 以下數據為隨機選出20對夫妻,兩人皆進行空間能力測驗,所得到的結果:

丈夫	妻子	丈夫	妻子
108	103	125	120
104	116	96	98
103	106	107	117
112	104	115	130
99	99	110	101
105	94	101	100
102	110	103	96
112	128	105	99
119	106	124	120
106	103	113	116

請在0.05的顯著水準下,以等級符號檢定,檢定夫妻兩人的成績表現是否一樣好。

18.5 U檢定

本節要討論的是另一個可以用來檢定兩個母體平均數差距的無母數檢定方法，可視為雙樣本t檢定的替代方法，稱為***U檢定***(U test)、**魏克森等級和檢定**(Wilcoxon rank-sum test)，或**曼惠尼檢定**(Mann-Whitney test)。這些不同的名稱是為了紀念當初發展出此方法的統計學家；雖然當初他們發展這個方法時所採用的計算處理方式並不是完全相同，不過在本質上，他們的方法是一樣的。

這個檢定方法可以幫助我們檢驗兩組獨立樣本是否來自於完全相同的母體，尤其是我們可以在無須假設母體為近似常態分配的情況下，檢定 $\mu_1 = \mu_2$ 的虛無假設。事實上，這個檢定方法只要求母體必須是連續的（以避免出現數值相等、重複的情形），不過，這個條件其實並沒有那麼嚴苛，只要數值重複出現的次數不要太多的話，還是可以使用這個方法。根據 Kendall與Buckland統計學辭典的解釋，若有兩個母體除了位置參數(location parameter)之外其他方面均相同的話，可用U檢定來檢驗它們的位置參數是否相同。所謂的位置參數可能有很多類型，比方說，在後述的圖18.5中，題目所要求的位置參數為中位數，而兩個中位數在圖中分別以ETA1與ETA2來表示（我們之前是以 $\tilde{\mu}_1$ 與 $\tilde{\mu}_2$ 來表示。）

我們現在來看如何進行U檢定。假設我們在月球上兩個不同地點蒐集土壤樣本，要比較這兩個地點的土石顆粒大小是否有差異，經過測量之後，得到以下的數據（單位為釐米）：

地點一： 0.37　0.70　0.75　0.30　0.45　0.16　0.62　0.73　0.33

地點二： 0.86　0.55　0.80　0.42　0.97　0.84　0.24　0.51　0.92　0.69

這兩組樣本的平均數分別為0.49與0.68。雖然它們之間的差距看起來相當大，不過我們還是要用統計分析方法來檢驗其差距是否顯著。

要進行U檢定之前，必須先將所有數據放在一起依照數值由小至大排序，在本例中可得到

0.16	0.24	0.30	0.33	0.37	0.42	0.45	0.51	0.55	0.62
1	2	1	1	1	2	1	2	2	1
0.69	0.70	0.73	0.75	0.80	0.84	0.86	0.92	0.97	
2	1	1	1	2	2	2	2	2	

　　每個數據下方的1或2表示該筆數據是來自於第一還是第二組樣本。然後將這些排序之後的數據由1至19個別標上等級，因此可之第一組樣本（地點一）的數據，其等級為1、3、4、5、7、10、12、13、與14，而第二組樣本（地點二）的數據，其等級為2、6、8、9、11、15、16、17、18、與19。本例中沒有出現數值相等的情形；如果發生這種情形的話，將這些數值所應分派到的等級累加起來，求其平均數。比方說，假設在混合排序中第三個與第四個數據的數值相等，因此這兩筆數據的等級就均為 $\frac{3+4}{2} = 3.5$；而若第九、第十，與第十一個數據的數值相等的話，則這三筆數據的等級就都是 $\frac{9+10+11}{3} = 10$。如果這些數值相等的數據都來自於同一組樣本的話，則其排序等級不論誰先誰後均可。例如在混合排序中第三個與第四個數據的數值相等，但這兩個數據都來自於同一組樣本，那麼哪一個等級為3或為4，都沒有關係。

　　現在，如果這兩組數據的平均數有明顯差異的話，那麼等級比較小的數據應該會集中在某一組樣本中，而等級比較大的數值會集中在另一組樣本中。因此，要檢定「兩組樣本來自於相同母體」的虛無假設時，所使用的檢定統計量為 W_1，即第一組樣本中各筆數據的等級總和；或是W_2，即第二組樣本中各筆數據的等級總和。在實際應用上，哪一組樣本是第一組或第二組是我們任意決定的，要採用W_1或W_2也是自由決定。不過倘若兩組樣本的樣本數不相同的話，通常樣本數比較少的那組訂為第一組（但本書並未強制這樣做）。

　　若樣本數為n_1與n_2，則W_1與W_2的總和等於前$n_1 + n_2$項整數的總和，亦即

$$\frac{(n_1 + n_2)(n_1 + n_2 + 1)}{2}$$

這個公式可以幫助我們在已知W_1的情形下算出W_2。在本例中，我們可得

$$W_1 = 1+3+4+5+7+10+12+13+14 = 69$$

而由於前19項整數的總和為 $\frac{19 \cdot 20}{2}$，我們可依此得到

$$W_2 = 190 - 69 = 121$$

（此數值為等級2、6、8、9、11、15、16、17、18、與19的總和。）

當此無母數檢定方法最初被用來當作雙樣本 t 檢定的替代方法時，所使用的檢定統計量是**等級總和**(rank sum) W_1 或 W_2。不過現在我們一般採用以下兩個相關統計量的其中一個：

U_1 或 U_2 統計量

$$U_1 = W_1 - \frac{n_1(n_1+1)}{2} \quad \text{或} \quad U_2 = W_2 - \frac{n_2(n_2+1)}{2}$$

或是使用 U 統計量，也就是 U_1 或 U_2 中數值比較小的那個。使用 U_1 或 U_2 或 U 統計量的檢定結果與使用 W_1 或 W_2 的結果相同，不過使用前者時，我們比較容易求算出所需要的臨界值表。U_1 與 U_2 的可能數值範圍均為0至 $n_1 n_2$；事實上，它們兩個的總和一定是 $n_1 n_2$。不但如此，U_1 與 U_2 的機率分配完全相同，而且均以 $\frac{n_1 n_2}{2}$ 值左右對稱。圖18.4顯示當 $n_1 = 3$ 且 $n_2 = 3$ 時，U_1、U_2，與 U 統計量之間的關係。

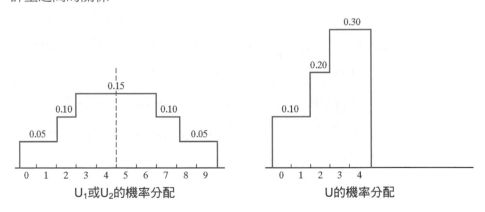

圖18.4 當 $n_1 = 3$ 且 $n_2 = 3$ 時，U_1、U_2，與 U 的機率分配

如前所述，我們假設我們所處理的是來自於相同母體的兩組獨立樣本，而且我們只想知道 μ_1 是否等於 μ_2。而如同第18.3節中的討論，我們只採用

一個統計量來進行檢定，也就是U統計量；如果所計算出來的數值落於其機率分配的左尾的話，則拒絕虛無假設。不過我們要很小心，確定所選用的是正確的統計量以及正確的臨界值。當$\mu_1 < \mu_2$時，U_1會比較小，因此若對立假設為$\mu_1 < \mu_2$時，我們採用U_1當作檢定統計量；當$\mu_1 > \mu_2$時，U_2會比較小，因此若對立假設為$\mu_1 > \mu_2$時，我們採用U_2當作檢定統計量；當$\mu_1 \neq \mu_2$時，U_1與U_2不一定哪一個比較小，因此若對立假設為$\mu_1 \neq \mu_2$時，我們採用U作檢定統計量。這些關係可整理如下表：

對立假設	拒絕虛無假設，如果	接受虛無假設或持保留態度，如果
$\mu_1 < \mu_2$	$U_1 \leq U_{2\alpha}$	$U_1 > U_{2\alpha}$
$\mu_1 > \mu_2$	$U_2 \leq U_{2\alpha}$	$U_2 > U_{2\alpha}$
$\mu_1 \neq \mu_2$	$U \leq U_{\alpha}$	$U > U_{\alpha}$

U_{α}為$U \leq U_{\alpha}$的機率值不超過α的最大U值，其值可在書末附表VII中查到。書末附表VII中的空白部分，表示無論我們所求得的檢定統計量為何，都無法拒絕虛無假設。注意同樣的臨界值適用於不同顯著水準的假設檢定，視對立假設為單尾或是雙尾而定。

範例 18.8

根據本節一開始的土石顆粒大小的例子，請利用U檢定，在0.05的顯著水準下，檢定這兩組樣本是否來自於平均數相同的母體。

解答　1. H_0：$\mu_1 = \mu_2$

　　　　H_A：$\mu_1 \neq \mu_2$

　　　2. $\alpha = 0.05$

　　　3. 若$U \leq 20$，拒絕虛無假設，因為當$n_1 = 9$且$n_2 = 10$時，$U_{0.05}$的值為20。否則的話，接受虛無假設或持保留態度。

4. 由本文中計算得知，$W_1 = 69$且$W_2 = 121$，因此

$$U_1 = 69 - \frac{9 \cdot 10}{2} = 24$$

$$U_2 = 121 - \frac{10 \cdot 11}{2} = 66$$

所以，$U = 24$。注意，$U_1 + U_2 = 24 + 66 = 90$，等於$n_1 n_2 = 90$。

5. 由於24大於20，所以無法拒絕虛無假設，換句話說，我們無法肯定月球上這兩個地點所採集的土壤，其顆粒大小是否有顯著的差異。

如果我們採用電腦軟體來協助計算此範例的話，會得到類似圖18.5的結果。圖中ETA（希臘字母η）所代表的是母體中位數；我們之前以$\tilde{\mu}$來表示。圖中$W = 69$，即我們所稱的W_1。p值為0.0942，大於0.05，所以無法拒絕虛無假設。此結論與之前相同。

```
Mann-Whitney Test and CI: Loc 1, Loc 2

        N  Median
Loc 1   9  0.4500
Loc 2  10  0.7450

Point estimate for ETA1-ETA2 is -0.1850
95.5 Percent CI for ETA1-ETA2 is (-0.4701,0.0601)
W = 69.0
Test of ETA1 = ETA2 vs ETA1 not = ETA2 is significant at
0.0942
```

圖18.5 **範例18.8之圖示**

範例 18.9

以下資料是兩種品牌的緊急照明彈，隨機抽樣進行測試時的燃燒時間（四捨五入至小數點後一位）：

品牌一：17.2　18.1　19.3　21.1　14.4　13.7　18.8　15.2　20.3　17.5

品牌二：13.6　19.1　11.8　14.6　14.3　22.5　12.3　13.5　10.9　14.8

請利用U檢定，在0.05的顯著水準下，檢驗品牌一的照明彈的品質是否

比品牌二的好（燃燒時間比較久）。

解答

1. H_0：$\mu_1 = \mu_2$

   H_A：$\mu_1 > \mu_2$

2. $\alpha = 0.05$

3. 若$U_2 \leqq 27$，拒絕虛無假設，因為當$n_1 = 10$且$n_2 = 10$時，$U_{0.10}$的值為27。否則的話，接受虛無假設或持保留態度。

4. 將所有資料依照數值大小混合排序，然後由小至大逐一分派等級。如此，第二組樣本數據的等級分別為5、16、2、9、7、20、3、4、1、與10，因此

$$W_2 = 5 + 16 + 2 + 9 + 7 + 20 + 3 + 4 + 1 + 10 = 77$$

而且

$$U_2 = 77 - \frac{10 \cdot 11}{2} = 22$$

5. 由於$U_2 = 22$小於27，因此拒絕虛無假設。所以我們的結論是，品牌一的照明彈的品質，的確是優於品牌二的照明彈。

18.6 U檢定（大樣本）

大樣本U檢定可以選用上一節中所定義的U_1或U_2來當檢定統計量，不過由於不論採用哪一個所得到的結果都一樣，而且第一組與第二組樣本也是我們自由指定的，所以本節中我們就僅使用 U_1。

由於我們假設兩組樣本來自於相同的連續母體，因此我們可以證明U_1的抽樣分配的平均數與標準差分別為 [2]

註2. 當樣本數據的排序出現數值相等的情況時，此標準差的值僅為近似值。不過除非數值相等的個數很多，不然無須進行修正。

U_1統計量的平
均數與標準差

$$\mu_{U_1} = \frac{n_1 n_2}{2} \quad \text{以及} \quad \sigma_{U_1} = \sqrt{\frac{n_1 n_2 (n_1 + n_2 + 1)}{12}}$$

注意此公式中，將下標1與2的位置互換，所得到的式子是完全相同的。這個
沒有什麼好訝異的，我們在上一節就已經說過了，U_1與U_2的機率分配是一
樣的。

除此之外，如果n_1與n_2皆大於8的話，U_1的抽樣分配可視為近似於常態
分配。因此，我們利用以下的統計量來檢定虛無假設$\mu_1 = \mu_2$：

用以進行大樣本
U 檢定的統計量

$$z = \frac{U_1 - \mu_{U_1}}{\sigma_{U_1}}$$

此統計量為近似於標準常態分配的隨機變數的值。當對立假設為$\mu_1
\neq \mu_2$ 時，若$z \leq -z_{\alpha/2}$或$z \geq z_{\alpha/2}$，則拒絕虛無假設；當對立假設為$\mu_1 > \mu_2$
時，若$z \geq z_\alpha$，則拒絕虛無假設；當對立假設為$\mu_1 < \mu_2$ 時，若$z \leq -z_\alpha$，則
拒絕虛無假設。

範例 18.10

將年幼的火雞分成兩群，分別以不同的飼料搭配餵食，除此之外，其他
飼養條件皆完全相同。對此兩群火雞隨機抽樣，測量其重量的增加量（單位
為磅），得到以下的資料：

第一群： 16.3　10.1　10.7　13.5　14.9　11.8　14.3　10.2

12.0　14.7　23.6　15.1　14.5　18.4　13.2　14.0

第二群： 21.3　23.8　15.4　19.6　12.0　13.9　18.8　19.2

15.3　20.1　14.8　18.9　20.7　21.1　15.8　16.2

請利用大樣本U檢定，在0.01的顯著水準下，檢定虛無假設：此兩組母
體是相同的；對立假設為：平均而言，第二群（第二種飼料搭配）所增加的

重量比較多。

解答　1. H_0：$\mu_1 = \mu_2$（兩組母體相同）

H_A：$\mu_1 < \mu_2$

2. $\alpha = 0.01$

3. 若$z \leq -2.33$，拒絕虛無假設，其中

$$z = \frac{U_1 - \mu_{U_1}}{\sigma_{U_1}}$$

不然的話，接受虛無假設，或持保留態度。

4. 將所有資料依照數值大小混合排序，然後由小至大逐一分派等級。如此，第一組樣本數據的等級分別為21、1、3、8、15、4、11、2、5.5、13、31、16、12、22、7，與10（第五個與第六個數據都是12.0，因此兩者個等級皆為5.5），因此

$$W_1 = 1 + 2 + 3 + 4 + 5.5 + 7 + 8 + 10 + 11 + 12 + 13$$
$$+ 15 + 16 + 21 + 22 + 31$$
$$= 181.5$$

而且

$$U_1 = 181.5 - \frac{16 \cdot 17}{2} = 45.5$$

由於$\mu_{U_1} = \frac{16 \cdot 16}{2} = 128$且$\sigma_{U_1} = \sqrt{\frac{16 \cdot 16 \cdot 33}{12}} \approx 26.53$，因此

$$z = \frac{45.5 - 128}{26.53} \approx -3.11$$

5. 由於$z = -3.11$小於-2.33，因此拒絕虛無假設，也就是說，平均而言，第二種飼料搭配使得火雞所增加的重量比較多。

18.7 H 檢定

H 檢定(H test)，也稱為史－瓦二式檢定(Kruskal-Wallis test)，是一種計算排序等級總和的檢定方法，用以檢定k組獨立的隨機樣本是否來自相同的母體，其虛無假設為 $\mu_1 = \mu_2 = \cdots = \mu_k$，而對立假設為這些平均數並不是完全相等的。此檢定方法雖然是第15.3節中所討論的單因子變異數分析的替代方法，但是它不需要母體必須服從或近似於常態分配的假設。

如同U檢定一般，先將所有樣本混合依照數值大小排序，並逐一分派等級。若第 i 組樣本中有n_i筆數據，而該組數據的等級總和為R_i的話，則我們以下列的統計量進行H檢定：

用以進行H檢定的統計量

$$H = \frac{12}{n(n+1)} \sum_{i=1}^{k} \frac{R_i^2}{n_i} - 3(n+1)$$

其中$n = n_1 + n_2 + \cdots + n_k$。

倘若虛無假設為真，而且每一組樣本中的觀察值的數量都大於5，則一般都將統計量H的抽樣分配視為近似於自由度為$k-1$的卡方分配。因此，當我們所算出來的H值大於或等於自由度為$k-1$的 χ_α^2 值時，拒絕虛無假設 $\mu = \mu_1 = \mu_2 = \cdots = \mu_k$，並接受對立假設：這些平均數並不是完全相等的。

範例 18.11

選修西班牙文的學生被隨機分成三組，分別以不同的教學法來進行教學：(1)課堂演講以及語言實驗室、(2)只有課堂演講、(3)只有自修與語言實驗室。以下的資料是這三組學生中隨機抽樣所得之期末考試成績：

方法一：94　88　91　74　86　97

方法二：85　82　79　84　61　72　80

方法三：89　67　72　76　69

請利用H檢定，在0.05的顯著水準下，檢定「這三組母體皆相同」的虛無假設，而對立假設為這三組母體的平均數並不是完全相同的。

解答

1. H_0：$\mu_1 = \mu_2 = \mu_3$（三組母體相同）

   H_A：μ_1、μ_2、μ_3 並不是完全相同的

2. $\alpha = 0.05$

3. 若$H \geqq 5.991$，則拒絕虛無假設，其中5.991為$\chi^2_{0.05}$ 在自由度為$3-1=2$時的值。不然的話，接受虛無假設，或持保留態度。

4. 將這些數據由小至大混合排列，得到61、67、69、72、72、74、76、79、80、82、84、85、86、88、89、91、94、與97。分別分派由1至18的等級給這些排序之後的數據，得到

$$R_1 = 6 + 13 + 14 + 16 + 17 + 18 = 84$$
$$R_2 = 1 + 4.5 + 8 + 9 + 10 + 11 + 12 = 55.5$$
$$R_3 = 2 + 3 + 4.5 + 7 + 15 = 31.5$$

因此

$$H = \frac{12}{18 \cdot 19} \left(\frac{84^2}{6} + \frac{55.5^2}{7} + \frac{31.5^2}{5} \right) - 3 \cdot 19$$
$$\approx 6.67$$

5. 由於$H = 6.67$大於5.991，因此拒絕虛無假設，也就是說，這三種教學方法的效果並不是完全一樣的。

如果我們使用電腦軟體來協助分析這個範例的話，會發現此$H = 6.67$所對應的p值為0.036。而倘若我們因為這些數據中有出現相同的數值（72有兩個）而採用修正公式的話，所得到的p值也是0.036。由於0.036小於0.05，因此拒絕虛無假設，與之前相同。

精選習題

18.16 倘若有$n_1 = 10$、$n_2 = 14$的兩組隨機樣本，且在0.01的顯著水準下，利用U檢定以及附表VII來檢定$\mu_1 = \mu_2$的虛無假設。請問在以下的對立假設中，該使用何種統計量來進行檢定？而該統計量的數值為多少時，拒絕虛無假設？

(a) $\mu_1 > \mu_2$；

(b) $\mu_1 \neq \mu_2$；

(c) $\mu_1 < \mu_2$。

18.17 承上題，請問若顯著水準改為0.05的話，答案為何？

18.18 倘若有兩組隨機樣本，在0.05的顯著水準下，利用U檢定以及附表VII來檢定$\mu_1 = \mu_2$的虛無假設，且對立假設為$\mu_1 \neq \mu_2$。請問在以下的樣本數中，該使用何種統計量來進行檢定？而該統計量的數值為多少時，拒絕虛無假設？

(a) $n_1 = 4$且$n_2 = 6$；

(b) $n_1 = 9$且$n_2 = 8$；

(c) $n_1 = 5$且$n_2 = 12$；

(d) $n_1 = 7$且$n_2 = 3$。

18.19 承上題，請問若對立假設改為$\mu_1 > \mu_2$的話，答案為何？

18.20 我們從兩組少數族群的學生中，隨機抽樣選出幾位進行時事測驗，得到以下的數據：

少數族群 1： 73 82 39 68 91 75
89 67 50 86 57 65
少數族群 2： 51 42 36 53 88 59
49 66 25 64 18 76

請在0.05顯著水準下，利用附表VII，以U檢定，來檢定這兩組少數族群學生的時事測驗成績是否相等。

18.21 以下隨機樣本資料為15位男性與12位女性參加駕照考試時的筆試作答時間：

男性： 9.9 7.4 8.9 9.1 7.7 9.7 11.8 7.5
9.2 10.0 10.2 9.5 10.8 8.0 11.0
女性： 8.6 10.9 9.8 10.7 9.4 10.3
7.3 11.5 7.6 9.3 8.8 9.6

請在0.05的顯著水準下，利用U檢定以及附表VII來檢定$\mu_1 = \mu_2$的虛無假設，其中μ_1與μ_2分別為男性與女性的平均筆試作答時間。

18.22 請利用大樣本U檢定，重新計算上一題。

18.23 請利用大樣本U檢定，重新計算習題18.3。

18.24 我們測試兩種不同兩吋寬橡皮筋的斷裂強度，得到以下的數據：

第一種： 133 144 165 169 171 176 180 181
182 183 186 187 194 197 198 200
第二種： 134 154 159 161 164 164 164 169
170 172 175 176 185 189 194 198

（為了方便起見，表中數據由小至大排序。）請在0.05的顯著水準下，以大樣本U檢定，來檢定「一般來說，第一種橡皮筋比第二種不容易斷裂」的說法是否正確。

18.25 某試車人員在隨機實驗中，使用三種汽油分別駕駛六部汽車，所測量到的每加侖平均行駛里程數：

汽油一： 15 24 27 29 30 32
汽油二： 17 20 22 28 32 33
汽油三： 18 19 22 23 25 32

（為了方便性起見，以上資料已經過排序。）請在0.05的顯著水準下，利用*H*檢定，來檢定「這三種汽油的每加侖平均行駛里程數是相同的」的虛無假設。

18.26 請在0.01的顯著水準下，利用*H*檢定，重新檢定習題15.10。

18.27 請在0.01的顯著水準下，利用*H*檢定，重新檢定習題15.12。

18.28 為了要比較四顆保齡球，某保齡球選手用這四顆保齡球分別打了各五場.比賽，得到以下的分數：

保齡球一： 221 232 207 198 212
保齡球二： 202 225 252 218 226
保齡球三： 210 205 189 196 216
保齡球四： 229 192 247 220 208

請在0.05的顯著水準下，以*H*檢定，檢定「使用這四顆保齡球的平均分數是相同的」的虛無假設。

18.8 隨機性檢定：連檢定

本書中所有的統計推論方法都假設我們的樣本資料是「隨機的」，但是在很多情況下我們很難驗證這個假設條件是成立的，尤其是當我們無法控制資料來源或樣本選擇過程的時候。比方說，我們盡可能取得相關資料來預測長期的天氣變化，或是盡可能取得相關資料來估計某種疾病的死亡率，或是利用過往幾個月的銷售記錄來預測某加百貨公司的未來銷售情況等等。嚴格來說，以上這些例子中所採用的資料都不算是隨機樣本。

我們有好幾種方法可用來檢驗樣本的隨機性，這些方法所根據的是每一個數據的取得順序；當我們完成資料收集之後，可藉由這些方法來判定某些看似不隨機的型態是否是機遇所造成的。本節與下一節的討論主題為***u*檢定**(*u* test)；這個檢定方法是根據「**連理論**」(theory of runs)所發展出來的。

假設我們依照時間順序，將每個觀察值以符號或字母排成一列。這些符號或字母分別代表樣本空間的可能結果。所謂的「**連**」(run)，是一串連續出現的相同符號或字母，在此「連」之前與之後，都是不同的符號或字母。舉例來說，假設我們檢驗多年前沿著某條鄉間道路所種植的榆樹，*H*表示該榆樹的健康狀況良好，*D*表示該榆樹有受到疾病感染，得到以下的結果：

H H H H D D D H H H H H H H D D H H D D D D

畫底線的部分即為一個「連」。因此,根據上列資料,第一連有4個*H*,第二連有3個*D*,下一連有7個*H*,在下一連有2個*D*,在下一連有2個*H*,最後一連有4個*D*。

在類似這樣的排列中,**總連數**(total number of runs)可用以判斷這列資料是否缺乏隨機性。如果連數太少的話,我們可合理地懷疑這列資料中出現某種群集關係(grouping or clustering)、甚至是呈現某種趨勢(trend);如果連數太多的話,我們會懷疑這列資料中可能隱含某種更替出現的型態(alternating)、甚至出現循環週期(cyclical)。在前述的榆樹例子中,似乎出現某種群集關係——受到疾病感染的樹都聚在一起——不過,還是得要進一步分析來判斷這個型態是否顯著,還是根本就是機遇所造成的結果。

倘若某種字母有n_1個,另一種字母有n_2個,而總連數為u,則我們利用以下的判定標準來作決策:

> 若 $u \leqslant u'_{\alpha/2}$ 或 $u \geqslant u_{\alpha/2}$ 則拒絕隨機性的虛無假設。其中 $u'_{\alpha/2}$ 與 $u_{\alpha/2}$ 為書末附表VIII中的數值;該附表列出當 $\alpha = 0.05$ 與 $\alpha = 0.01$時,n_1與n_2上至15的 $u'_{\alpha/2}$ 與 $u_{\alpha/2}$ 值。

在附表VIII中, $u'_{\alpha/2}$ 為$u \leq u'_{\alpha/2}$ 的機率不超過 $\alpha/2$的最大u值; $u_{\alpha/2}$ 為 $u \geq u_{\alpha/2}$ 的機率不超過 $\alpha/2$的最小u值;書末附表VIII中的空白部分,表示無論我們所求得的檢定統計量u值為何,都無法拒絕虛無假設。

範例 18.12

根據前述的榆樹例,請利用 u 檢定,在0.05的顯著水準下,檢定隨機性的虛無假設,而其對立假設為「其排列順序不是隨機的」。

解答　　1. H_0：排列順序是隨機的

H_A：排列順序不是隨機的

2. $\alpha = 0.05$

3. 當$u \leq 6$或$u \geq 17$ 時，拒絕虛無假設；其中6與17分別為當$n_1 = 13$、$n_2 = 9$時，$u'_{0.025}$與$u_{0.025}$的值。否則的話，接受虛無假設，或持保留態度。

4. 觀察該列資料，可知$u = 6$。

5. 由於$u = 6$等於$u'_{0.025}$的值，因此拒絕虛無假設，也就是說，我們認為這列榆樹的健康-染病的排列情形並不是隨機形成的。總連數比預期的少，而且受疾病感染的樹似乎都聚在一起。

18.9 隨機性檢定：連檢定（大樣本）

倘若某種字母有n_1個，另一種字母有n_2個，而虛無假設為這些字母的排列順序為隨機的。在此假設條件下，總連數u的平均數與標準差分別為

U的平均數與標準差

$$\mu_u = \frac{2n_1 n_2}{n_1 + n_2} + 1 \ \text{和} \ \ \sigma_u = \sqrt{\frac{2n_1 n_2(2n_1 n_2 - n_1 - n_2)}{(n_1 + n_2)^2(n_1 + n_2 - 1)}}$$

除此之外，倘若n_1與n_2均大於10，則u的抽樣分配可視為近似於常態分配，因此我們可利用以下的統計量來檢定隨機性的虛無假設：

用以進行大樣本U檢定的統計量

$$z = \frac{u - \mu_u}{\sigma_u}$$

此統計量的值近似於標準常態分配。倘若對立假設為該排列順序不是隨機的，則當$z \leq -z_{\alpha/2}$ 或$z \geq z_{\alpha/2}$ 時，拒絕虛無假設；倘若對立假設為該樣本有出現群集或趨勢的可能，則當$z \leq -z_\alpha$時，拒絕虛無假設；倘若對立假設為該樣本可能出現更替型態或循環週期，則當$z \geq z_\alpha$時，拒絕虛無假設。

範例 18.13

某搖滾樂演唱會的售票口，排隊購票的隊伍中，男(M)女(W)的排隊順序如下：

M W M W M M M W M W M M M W W M M M M W W M W M
M M W M M M W W W M W M M M W M W M M M M M W W M

請在0.05的顯著水準下，檢定隨機性。

解答

1. H_0：排列順序是隨機的

   H_A：排列順序不是隨機的

2. $\alpha = 0.05$

3. 若$z \leq -1.96$或$z \geq 1.96$，拒絕虛無假設，其中

$$z = \frac{u - \mu_u}{\sigma_u}$$

否則的話，接受虛無假設，或持保留態度。

4. 由於$n_1 = 30$、$n_2 = 18$、且$u = 27$，因此可得

$$\mu_u = \frac{2 \cdot 30 \cdot 18}{30 + 18} + 1 = 23.5$$

$$\sigma_u = \sqrt{\frac{2 \cdot 30 \cdot 18(2 \cdot 30 \cdot 18 - 30 - 18)}{(30 + 18)^2(30 + 18 - 1)}} = 3.21$$

所以

$$z = \frac{27 - 23.5}{3.21} \approx 1.09$$

5. 由於$z = 1.09$介於-1.96與1.96之間，所以無法拒絕虛無假設，也就是說，沒有確切的證據顯示該排列順序不是隨機的。

18.10 隨機性檢定：利用中位數的連檢定

u檢定不僅可以用來檢定樣本兩種可能結果排列順序的隨機性，如上兩節中所討論的例子，H與D，以及W與M，也可以用來檢定數值樣本的隨機性。以樣本中位數為界，大於樣本中位數的數值資料以a表示，小於樣本中位數的數值資料以b表示，等於中位數的數值資料則略去不計。如此可以用一長串的a與b 來表示此資料序列（維持原始資料的排列順序），然後依此計算出a與b的總連數，也就是**大於中位數的連數與小於中位數的連數**(runs above and below the median)，以檢定隨機性。根據樣本數n_1與n_2的多寡，我們選用第18.8節中的查表方法，或是第18.9節的大樣本檢定方法。

範例 18.14

在往返某兩個城市的長程巴士，連續開出24個班次，所載運的乘客人數如下：

24	19	32	28	21	23	26	17	20	28	30	24
13	35	26	21	19	29	27	18	26	14	21	23

請利用大於與小於中位數的連數，在0.01的顯著水準下，檢定這份數據是否能視為隨機樣本。

解答　由於這份資料的中位數為23.5，所以其大於中位數與小於中位數的排列順序為

$$a\ b\ a\ a\ b\ b\ a\ b\ b\ a\ a\ a\ b\ a\ a\ b\ b\ a\ a\ b\ a\ b\ b\ b$$

1. H_0：排列順序是隨機的

   H_A：排列順序不是隨機的

2. $\alpha = 0.01$

3. 當$u \leq 6$或$u \geq 20$時，拒絕虛無假設；其中6與20分別為當$n_1 = 12$、$n_2 = 12$時，$u'_{0.005}$與$u_{0.005}$的值。否則的話，接受虛無假設，或持保留態度。

4. 觀察上列之排列順序，可知$u = 14$。

5. 由於$u = 14$介於6與20之間，因此無法拒絕虛無假設，換句話說，沒有確切的證據顯示這份資料不是隨機樣本。

精選習題

18.29 以下資料為某股票交易商接到25張買進（B）或賣出（S）指令的順序：

$SSSBBBBBBBBSBSSSSSSBBBBSS$

請利用附表VIII，在0.05的顯著水準下，檢定其隨機性。

18.30 請利用大樣本檢定，重新檢定上一題。

18.31 某地方政府準備提高營業稅以興建新足球場。以下資料為某民意測驗專家，連續訪問60個人，看他們是否贊成（F）或反對（A）此提案：

$AFFFAAAAFAAFFAAAAFFFAFAAAFFFAA$
$AAFFFFAAFAAFFFFFAFAAAAFFAFFFFA$

請在0.01的顯著水準下，檢定其隨機性。

18.32 為了測試某一無線電訊號是否隱藏某些訊息、或純粹只是噪音，我們將某一段時間的無線電訊號再切割成許多更短的時間片段，然後測量每一個小片段中訊號的強度是否大於某個背景噪音的值，若是的話，則紀錄為E，若否的話，則紀錄為N。請在0.05的顯著水準下，檢定以下這段序列，是否純粹只是噪音：

$ENNNNENENNNEENNNEENENNNEENNN$
$NNEENENNENNNEEENNNENENNNNNEN$

18.33 請投擲一枚硬幣50次，記錄出現正面與反面的順序，並在0.05的顯著水準下，檢定其順序隨機性。

18.34 以下數據為某品種40隻成年狗的體重：

66.2、59.2、70.8、58.0、64.3、50.7、62.5、58.4、48.7、52.4、51.0、35.7、62.6、52.3、41.2、61.1、52.9、58.8、64.1、48.9、74.3、50.3、55.7、55.5、51.8、55.8、48.9、51.8、63.1、44.6、47.0、49.0、62.5、45.0、78.6、54.2、72.2、52.4、60.5、與46.8磅。已知此組資料的中位數為54.85磅，請在0.05的顯著水準下，檢定其隨機性。

18.35 以下資料為重型機械製造商連續六年的每季銷售額（單位為百萬美金）：

83.8	102.5	121.0	90.5	106.6	104.8	114.7	93.6
98.9	96.9	122.6	85.6	103.2	96.9	118.0	92.1
100.5	92.9	125.6	79.2	110.8	95.1	125.6	86.7

已知中位數為99.7，請在0.05的顯著水準下，檢定這組資料是否有週期性。

18.11 等級相關

我們在第17.3節中討論到相關係數r的顯著性檢定，不過使用該方法所需要的假設條件相當嚴格，因此我們本節中討論另一種可在一般狀況下使用的無母數檢定替代方法。此檢定方法的虛無假設為「無相關性」(no correlation)，所採用的統計量為**等級相關係數**(rank-correlation coefficient)，通常也稱為**史畢滿氏順位相關係數**(Spearman's rank-correlation coefficient)，以符號r_s表示。

在利用成對樣本資料計算等級相關係數時，我們先將所有的x值與y值分別依照數值大小排序，逐一分派等級，然後計算同一對數據x值與y值的等級之間的差距，以d表示，代入以下的公式：

等級相關係數

$$r_S = 1 - \frac{6\left(\sum d^2\right)}{n(n^2 - 1)}$$

其中n為成對資料x值與y值的總筆數。倘若資料中有數值相等的情況發生時，處理方法與之前相同，計算這些相同數值的等級平均數即可。

範例 18.15

下表數據為十個學生複習某課程的時間，以及該課程的考試成績：

複習課業的時數 x	考試成績 y
9	56
5	44
11	79
13	72
10	70
5	54
18	94
15	85
2	33
8	65

請計算r_S.

解答　先將x值與y值分別由小至大依序排列，逐一分派等級，結果列於下表之前兩欄：

x 的等級	y 的等級	d	d^2
5	4	1.0	1.00
2.5	2	0.5	0.25
7	8	−1.0	1.00
8	7	1.0	1.00
6	6	0.0	0.00
2.5	3	−0.5	0.25
10	10	0.0	0.00
9	9	0.0	0.00
1	1	0.0	0.00
4	5	−1.0	1.00
			4.50

注意x值中，第二個與第三個數值皆為5，所以這兩筆資料的等級皆為$\frac{2+3}{5}=2.5$。然後計算同一對數據x、y之間的等級差距，d，及其平方。將n＝10與$\sum d^2 = 4.5$代入r_S的公式，得到

$$r_S = 1 - \frac{6(4.50)}{10(10^2 - 1)} \approx 0.97$$

由本範例可知，r_S的計算相當容易，因此當手邊沒有計算工具可以使用時，一般會採用r_S來替代r。當資料中沒有數值相等的情形時，r_S等於利用兩組等級所求出的相關係數r；倘若資料中有出現數值相等的話，如上例，則兩者之間會有些許差異，不過這些差異是可以忽略不計的。當然，當我們使用排序等級而不用原始資料來計算相關係數時，一定會佚失一些資訊，不過基於計算方便性的考量，這個缺點是可以接受的。在上面這個例子中，如果我們以原始數據（x值與y值）來計算相關係數的話，所得到的r為0.96。由此可知，至少在這個例子中，兩種相關係數所得到的結果相去不遠。

使用r_S的最大優點在於，我們無須先對母體做出任何假設，就可以直接檢定「無相關性」的虛無假設。在無相關性的虛無假設下（亦即x值與y值是隨機配對的），r_S的抽樣分配的平均數為0，標準差為

$$\sigma_{r_S} = \frac{1}{\sqrt{n-1}}$$

由於即使樣本數n不大時，此抽樣分配仍近似於常態分配，因此我們可採用以下的統計量來檢定虛無假設：

用以檢定r_S的統計量

$$z = \frac{r_S - 0}{1/\sqrt{n-1}} = r_S\sqrt{n-1}$$

此統計量近似於標準常態分配。

範例 18.16

承上例，已知$n=10$、$r_S=0.97$，請在0.01的顯著水準下，檢定無相關性的虛無假設。

解答

1. H_0：$\rho = 0$（無相關性）

   H_A：$\rho \neq 0$

2. $\alpha = 0.01$

3. 若$z \leq -2.575$或$z \geq 2.575$，拒絕虛無假設，其中

$$z = r_S\sqrt{n-1}$$

否則的話，接受虛無假設，或持保留態度。

4. 已知$n=10$、$r_S=0.97$，可得

$$z = 0.97\sqrt{10-1} = 2.91$$

5. 由於$z=2.91$大於2.575，因此拒絕虛無假設；因此結論為，在此樣本的母體中，複習課業的時間長短與考試成績之間是有相關性的。

精選習題

18.36 以下資料中，x為12名技工在上午組裝某部機器所花費的時間，y為這些技工傍晚組裝同一部機器所花費的時間：

x	y
10.8	15.1
16.6	16.8
11.1	10.9
10.3	14.2
12.0	13.8
15.1	21.5
13.7	13.2
18.5	21.1
17.3	16.4
14.2	19.3
14.8	17.4
15.3	19.0

請求算r_S值。

18.37 若根據某$n = 37$的成對樣本所求得的$r_S = 0.39$，請問在0.01的顯著水準下，此等級相關係數是否顯著？

18.38 若根據某$n = 50$的成對樣本所求得的$r_S = 0.31$，請問在0.05的顯著水準下，此等級相關係數是否顯著？

18.39 一群營養學家們與一群家長們同時對15種早餐食品進行美味程度的評比，得到以下的數據：

早餐食品	營養學家們	家長們
I	7	5
II	3	4
III	11	8
IV	9	14
V	1	2
VI	4	6
VII	10	12
VIII	8	7
IX	5	1
X	13	9
XI	12	15
XII	2	3
XIII	15	10
XIV	6	11
XV	14	13

請求算r_S以比較此兩組評分是否具有一致性。

18.40 下資料為三位評審對10位畫家的作品的評等：

評審一： 5 8 4 2 3 1 10 7 9 6
評審二： 3 10 1 4 2 5 6 7 8 9
評審三： 8 5 6 4 10 2 3 1 7 9

請求算每一對評等的r_S值，並討論

(a) 哪兩個評審的評等結果較為一致？

(b) 哪兩位評審的評等結果之間差異較大？

18.12 進一步的討論

雖然無母數檢定方法簡單明瞭且易於使用，但是我們不能因此而忽略一個事實：與本書前大半部所討論的標準檢定方法相較，無母數檢定方法的**效率比較差**(less efficient)。我們舉例來說明效率比較差是什麼意思。在範例10.11中我們已證明，若要估計某左右對稱的母體的平均數的話，使用$n=128$的隨機樣本所得出的樣本平均數，其可靠度等同於使用$n=200$的隨機樣本所得出的樣本中位數。換句話說，當我們採用樣本中位數（而不是樣本平均數）來估計母體平均數時，若要達到相同的精確度，所需要的樣本數會比較多。此即為我們所謂的「效率比較差」。

從另一個角度來看，無母數檢定方法浪費了許多資訊，尤其是單一樣本符號檢定以及成對樣本符號檢定，更是捨棄許多有用的資訊不用。因此，當標準檢定方法所要求的假設條件皆成立時，不可隨意使用無母數檢定方法。

在實際應用時，無母數檢定方法通常被用來檢驗標準檢定方法所得出的結果是否正確，尤其是當我們無法完全肯定標準檢定方法所要求的假設條件是否成立時。除此之外，當樣本數太小以致於無法確定假設條件是否成立時，我們也必須使用無母數檢定方法。

18.13 總結

下列表格列出本章所討論的各種無母數檢定方法（利用連理論的隨機性檢定除外），以及其所對應（或替代）的標準檢定方法。表中也列出本書中討論這些方法的章節，以便讀者參考。

隨機性檢定於18.8、18.9、以及18.10節中討論，但是此種檢定方法沒有相對應的標準檢定方法。

虛無假設	標準檢定	無母數檢定
$\mu = \mu_0$	單一樣本 t 檢定(12.4) 單一樣本 z 檢定(12.3)	單一樣本符號檢定(18.1與18.2) 符號等級檢定(18.3與18.4)
$\mu_1 = \mu_2$ （獨立樣本）	雙樣本 t 檢定(12.6) 雙樣本 z 檢定(12.5)	U檢定(18.5與18.6)
$\mu_1 = \mu_2$ （成對樣本）	成對樣本 t 檢定，或 成對樣本 z 檢定(12.7)	成對樣本符號檢定(18.1與18.2) 符號等級檢定(18.3與18.4)
$\mu_1 = \cdots = \mu_k$	單因子變異數分析(15.3)	H檢定(18.7)
$\rho = 0$	Fisher Z 轉換的檢定(17.3)	等級相關係數的檢定(18.11)

18.14 本章專有名詞彙整

H檢定(H test)

史－瓦二氏檢定(Kruskal-Wallis test)

曼惠尼檢定(Mann-Whitney test)

無母數檢定(Nonparametric tests)

單一樣本符號檢定(One-sample sign test)

成對樣本符號檢定(Paired-sample sign test)

等級相關係數(Rank-correlation coefficient)

等級總和(Rank sums)

連(Runs)

大於中位數的連數與小於中位數的連數

(Runs above and below the median)

符號等級檢定(Signed-rank test)

符號檢定(Sign test)

史畢滿氏順位等級相關係數(Spearman's

rank-correlation coefficient)

連理論(Theory of runs)

總連數(Total number of runs)

U檢定(U test)

魏克森等級和檢定(Wilcoxon rank-sum test)

魏克森符號等級檢定(Wilcoxon signed-rank

test)

18.15 參考書籍

- 本章所討論到的無母數檢定方法，以下書籍中皆有深入且詳細的探討：

1. CONOVER, W. J., *Practical Nonparametric Statistics*. New York: John Wiley & Sons, Inc., 1971.

2. DANIEL, W.W., *Applied Nonparametric Statistics*. Boston: Houghton-Mifflin Company, 1978.

3. GIBBONS, J. D., *Nonparametric Statistical Inference*. New York: Marcel Dekker, 1985.

4. LEHMANN, E. L., *Nonparametrics: Statistical Methods Based on Ranks*. San Francisco: Holden-Day, Inc., 1975.

5. MOSTELLER, F., and ROURKE, R. E. K., *Sturdy Statistics, Nonparametrics and Order Statistics*. Reading, Mass.: Addison-Wesley Publishing Company, Inc., 1973.

6. NOETHER, G.E., *Introduction to Statistics: The Nonparametric Way*. New York: Springer-Verlag, 1990.

7. RANDLES, R., and WOLFE, D., *Introduction to the Theory of Nonparametric Statistics*. New York: John Wiley & Sons, Inc., 1979.

8. SIEGEL, S., *Nonparametric Statistics for the Behavioral Sciences*. New York: McGraw- Hill Book Company, 1956.

➤綜合練習題

15 16 17 18

R.110 以下資料中，x為十個人每週看電視的時間（小時），y為他們每週閱讀書報的時間（小時）：

x	y
18	7
25	5
19	1
12	5
12	10
27	2
15	3
9	9
12	8
18	4

已知 $\sum x = 167$、$\sum x^2 = 3,101$、$\sum y = 54$、$\sum y^2 = 374$、與 $\sum xy = 798$。

(a) 請根據此資料，配適出一條最小平方線，以便能以x值來預測y值。

(b) 倘若某人每週看電視22小時，請預測此人每週閱讀書報的時間是多少？

R.111 承上題，請求算該組資料的 r值。

R.112 以下數據是病患們等候四位醫師看診時的等待時間：

醫師一：	18	26	29	22	16
醫師二：	9	11	28	26	15
醫師三：	20	13	22	25	10
醫師四：	21	26	39	32	24

請在0.05的顯著水準下，以H檢定，來檢定「這四組樣本是來自於相

同母體」的虛無假設，而對立假設為「這四組樣本的平均數並非全部相同」。

R.113 以下序列為某參議員在連續30次所屬委員會的會議中，出席（P）或缺席（A）的紀錄：

   $P P P P P P P A A P P P P P P A A P P P P P A P P P P A A P$

請在0.01的顯著水準下，檢定是否此序列具有隨機性。

R.114 倘若在某個無交互作用的雙因子變異數分析中，$k=6$且$n=9$，請問處理自由度、區集自由度、以及誤差自由度分別是多少？

R.115 以下資料顯示環境污染對野生動物所造成的影響，尤其是DDT與某些鳥類的蛋殼厚度之間的關係：

蛋黃中的DDT含量 （百萬分之一）	蛋殼厚度 （公釐）
117	0.49
65	0.52
303	0.37
98	0.53
122	0.49
150	0.42

倘若x表示DDT含量，y表示蛋殼厚度，則$S_{xx}=34,873.50$、$S_{xy}=-23.89$、且$S_{yy}=0.0194$。請求算相關係數。

R.116 承上題，請在0.05的顯著水準下，檢定該r值是否顯著。

R.117 若某實驗的結果得到：$r_{12}=0.40$、$r_{13}=-0.90$、且$r_{23}=0.90$。請說明為何這些數字是不正確的。

R.118 在分析某組成對資料的統計學作業時，某學生得到以下的結果：

$S_{xx}=145.22$、$S_{xy}=-210.58$、且$S_{yy}=287.45$。請說明為何這些數字的計算過程中一定有錯誤。

R.119 以下資料為隨機選出的15位大聯盟職棒選手，在上半球季的打擊數據，x為打擊率，y為全壘打數：

x	y
0.252	12
0.305	6
0.299	4
0.303	15
0.285	2
0.191	2
0.283	16
0.272	6
0.310	8
0.266	10
0.215	0
0.211	3
0.272	14
0.244	6
0.320	7

請計算等級相關係數，並在0.01的顯著水準下，檢定該係數是否具有統計顯著性。

R.120 以下資料為某商品在連續20天中的售出價格：378、379、379、378、377、376、374、374、373、373、374、375、376、376、376、375、374、374、373、與374。請在0.01的顯著水準下，檢定此序列是否隨機。

R.121 某高爾夫巡迴賽有上百名選手參賽，從中隨機選出16名，得知這些選手在比賽前兩天的杆數分別為：68-71、73-76、70-73、74-71、69-72、72-74、 67-70、72-68、71-72、73-74、68-69、70-72、73-70、71-75、67-69、與73-71。請在0.05的顯著水準下，以符號檢定，來檢定這次高爾夫巡迴賽所有參賽的選手們，兩天表現一樣好、或是第一天的表現比較好。

R.122 倘若一群大學生的年齡，以及他們對國際事務的瞭解程度，兩者之間的相關係數$r = 0.28$，請問這群大學生對國際事務的瞭解程度的變異性，有多少百分比是可以用他們的年齡來解釋的？

R.123 在某複迴歸問題中，殘差平方和為926，而總平方和為1,702。請求算複迴歸係數的值。

R.124 以下數據為某汽車經銷商在八週時間的記錄，x為詢問買車的次數，y為詢問租車的次數：

x	y
325	29
212	20
278	22
167	14
201	17
265	23
305	26
259	19

請求算r值。

R.125 承上題，請求算 ρ 的95%信賴界限。

R.126 倘若某組資料$r = 0.41$，另一組資料$r = -0.92$，請比較這兩組資料的關聯性強度。

R.127 某電視台推出新節目。連續36天在某城市中觀察該節目的收視率，若高於25%則紀錄為A，若否，則紀錄為L，得到以下的資料：

$$L\,L\,L\,L\,A\,A\,L\,L\,L\,A\,L\,L\,L\,A\,A\,A\,A\,L$$
$$A\,L\,L\,L\,A\,A\,L\,L\,L\,L\,L\,A\,L\,L\,L\,L\,L\,A$$

請在0.05的顯著水準下，檢定其隨機性。

R.128 為了要測試某款飛機上，三種駕駛控制面版的排列設計方式的優劣，飛機製造商特地模擬各式緊急情況，測量在不同排列設計方式下，飛行員的反應時間分別是多少。以下資料為12位飛行員（隨機分配至不同的面版排列設計方式）的緊急況狀反應時間：

排列設計方式一：	8	15	10	11
排列設計方式二：	16	11	14	19
排列設計方式三：	12	7	13	8

(a) 請求算這些資料的$n \cdot s_{\bar{x}}^2$值，這三組資料的變異數平均，以及F值。

(b) 假設這些資料可視為來自於三個標準差相同的常態母體的隨機

本，請在0.01的顯著水準下，檢定這三組樣本的平均數是否具有顯著差距。

R.129 某大學有七位系主任，分別要擔任七個委員會的委員，每個委員會中有四位委員。分配方式如下表：

委員會	系主任			
教科書	杜	雷	葛	李
體育	包	葉	葛	李
音樂	包	張	雷	李
表演藝術	包	張	杜	葛
任期	張	葉	雷	葛
薪資	包	杜	葉	雷
懲戒	張	杜	葉	李

(a) 請驗證此分配方式為平衡不完全區集設計。

(b) 若杜教授、包教授，與張教授（依此順序）被指配為前三個委員會的主席，請問倘若在其他四個委員會中，另四位教授每位分別擔任一個委員會的主席的話，請問該如何指派？

R.130 以下樣本資料是某大學九個學生的統計考試成績。這九個學生分別來自於三個不同的學系，且分別受教於三個不同的教授：

	教授一	教授二	教授三
行銷系	77	88	71
財金系	88	97	81
保險系	85	95	72

假設相關的假設條件都滿足，請在0.05的顯著水準下，進行二因子實驗分析。

R.131 假設常態相關分析所需的假設條件全部滿足，請在以下的情況下，利

用 Fisher Z轉換，求算 ρ 的99% 信賴區間：

(a) $r=0.45$且$n=18$；

(b) $r=-0.32$且$n=38$。

R.132 以下5×5拉丁方格中的數據為引擎調整所花費的時間：E_1、E_2、E_3、E_4、與E_5為引擎型號；M_1、M_2、M_3、M_4、與M_5為發動引擎的機械人員；而A、B、C、D、與E為汽油的品牌：

	E_1	E_2	E_3	E_4	E_5
M_1	A 31	B 24	C 20	D 20	E 18
M_2	B 21	C 27	D 23	E 25	A 31
M_3	C 21	D 27	E 25	A 29	B 21
M_4	D 21	E 25	A 33	B 25	C 22
M_5	E 21	A 37	B 24	C 24	D 20

分析此拉丁方格，並在0.01的顯著水準下，檢驗每個檢定的顯著性。

R.133 以下資料為兩種殺蟲劑滅蚊的比例：

殺蟲劑 X： 41.9　46.9　44.6　43.9　42.0　44.0
41.0　43.1　39.0　45.2　44.6　42.0

殺蟲劑 Y： 45.7　39.8　42.8　41.2　45.0　40.2
40.2　41.7　37.4　38.8　41.7　38.7

請在0.05的顯著水準下，利用U檢定與附表VII，檢定這兩種殺蟲劑的滅蚊效果是否相同。

R.134 請使用大樣本U檢定，重新檢定上一題。

R.135 以下數據為12個週末的「單身舞會」中，出席的人數：172、208、

169、232、123、165、197、178、221、195、209、與182。請在0.05
的顯著水準下，以符號檢定與附表V，檢定此母體的中位數是否為 $\tilde{\mu}$
＝169。

R.136 請利用符號等級檢定與附表VI，重新檢定上一題。

R.137 請利用大樣本符號檢定，重新檢定習題R.135。

R.138 某餐廳經理想要知道雞排套餐在菜單上的擺放位置，是否會對雞排套
餐的銷售量造成影響。他印了三種不同版本的菜單，分別將雞排套餐
列入「一般套餐」、「主廚特選」、或「美食家推薦」三種類別。該經
理打算每種菜單都以六個週日來進行實驗，不過最後他只實驗了十二
個週日，得到以下的雞排套餐銷售量數據：

雞排套餐列入「一般套餐」	76	94	85	77	
雞排套餐列入「主廚特選」	109	117	102	92	115
雞排套餐列入「美食家推薦」	100	83	102		

請在0.05的顯著水準下，進行單因子變異數分析。

R.139 以下資料中，x為七名學生的高中學業成績，y為這些學生的大一學期
成績：

x	y
2.7	2.5
3.6	3.8
3.0	2.8
2.4	2.1
2.4	2.5
3.1	3.2
3.5	2.9

請求算最小平方線來配適此組資料，以便能以x值來預測y值。並以此
直線，求算當$x＝2.8$時，y值會是多少？

R.140 承上題，請求算迴歸係數 β 的95%信賴區間。

R.141 某市場研究發現，某種新上市的糖果與其販售價格的關係如下：

價格（美分）	每週銷售量（個數）
50	232,000
55	194,000
60	169,000
65	157,000

請驗證拋物線 $\hat{y}=1,130,000-28,000x+200x^2$ 非常配適此組資料。而進行此研究的研究人員將 $x=85$ 代入此式子，得到 $\hat{y}=195,000$；所以他以此判斷，若此糖果的價格提高為85美分的話，每週銷售量會增加到195,000個。請說說你的看法。

▸ 附錄：統計學圖表
STATISTICAL TABLES

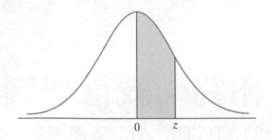

　　表I中的數值，是服從標準常態分配的隨機變數，其可能值出現在0與z之間的機率；此機率值以上圖中的深色區域面積來表示。

表I　常態分配機率值

TABLE I	Normal-Curve Areas								
z	.00	.01	.02	.03	.04	.05	.06	.07	.08	.09
0.0	.0000	.0040	.0080	.0120	.0160	.0199	.0239	.0279	.0319	.0359
0.1	.0398	.0438	.0478	.0517	.0557	.0596	.0636	.0675	.0714	.0753
0.2	.0793	.0832	.0871	.0910	.0948	.0987	.1026	.1064	.1103	.1141
0.3	.1179	.1217	.1255	.1293	.1331	.1368	.1406	.1443	.1480	.1517
0.4	.1554	.1591	.1628	.1664	.1700	.1736	.1772	.1808	.1844	.1879
0.5	.1915	.1950	.1985	.2019	.2054	.2088	.2123	.2157	.2190	.2224
0.6	.2257	.2291	.2324	.2357	.2389	.2422	.2454	.2486	.2517	.2549
0.7	.2580	.2611	.2642	.2673	.2704	.2734	.2764	.2794	.2823	.2852
0.8	.2881	.2910	.2939	.2967	.2995	.3023	.3051	.3078	.3106	.3133
0.9	.3159	.3186	.3212	.3238	.3264	.3289	.3315	.3340	.3365	.3389
1.0	.3413	.3438	.3461	.3485	.3508	.3531	.3554	.3577	.3599	.3621
1.1	.3643	.3665	.3686	.3708	.3729	.3749	.3770	.3790	.3810	.3830
1.2	.3849	.3869	.3888	.3907	.3925	.3944	.3962	.3980	.3997	.4015
1.3	.4032	.4049	.4066	.4082	.4099	.4115	.4131	.4147	.4162	.4177
1.4	.4192	.4207	.4222	.4236	.4251	.4265	.4279	.4292	.4306	.4319
1.5	.4332	.4345	.4357	.4370	.4382	.4394	.4406	.4418	.4429	.4441
1.6	.4452	.4463	.4474	.4484	.4495	.4505	.4515	.4525	.4535	.4545
1.7	.4554	.4564	.4573	.4582	.4591	.4599	.4608	.4616	.4625	.4633
1.8	.4641	.4649	.4656	.4664	.4671	.4678	.4686	.4693	.4699	.4706
1.9	.4713	.4719	.4726	.4732	.4738	.4744	.4750	.4756	.4761	.4767
2.0	.4772	.4778	.4783	.4788	.4793	.4798	.4803	.4808	.4812	.4817
2.1	.4821	.4826	.4830	.4834	.4838	.4842	.4846	.4850	.4854	.4857
2.2	.4861	.4864	.4868	.4871	.4875	.4878	.4881	.4884	.4887	.4890
2.3	.4893	.4896	.4898	.4901	.4904	.4906	.4909	.4911	.4913	.4916
2.4	.4918	.4920	.4922	.4925	.4927	.4929	.4931	.4932	.4934	.4936
2.5	.4938	.4940	.4941	.4943	.4945	.4946	.4948	.4949	.4951	.4952
2.6	.4953	.4955	.4956	.4957	.4959	.4960	.4961	.4962	.4963	.4964
2.7	.4965	.4966	.4967	.4968	.4969	.4970	.4971	.4972	.4973	.4974
2.8	.4974	.4975	.4976	.4977	.4977	.4978	.4979	.4979	.4980	.4981
2.9	.4981	.4982	.4982	.4983	.4984	.4984	.4985	.4985	.4986	.4986
3.0	.4987	.4987	.4987	.4988	.4988	.4989	.4989	.4989	.4990	.4990

Also, for $z = 4.0$, 5.0, and 6.0, the areas are 0.49997, 0.4999997, and 0.499999999.

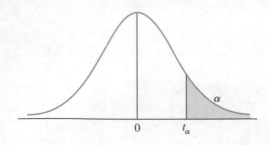

　　表II中的t_α值，為當給定t分配中的自由度時，該值右側的機率值（如上圖中深色區域的面積）即等於α。

表II t 分配的臨界值

TABLE II	Critical Values of $t^\dagger$					
d.f.	$t_{.100}$	$t_{.050}$	$t_{.025}$	$t_{.010}$	$t_{.005}$	d.f.
1	3.078	6.314	12.706	31.821	63.657	1
2	1.886	2.920	4.303	6.965	9.925	2
3	1.638	2.353	3.182	4.541	5.841	3
4	1.533	2.132	2.776	3.747	4.604	4
5	1.476	2.015	2.571	3.365	4.032	5
6	1.440	1.943	2.447	3.143	3.707	6
7	1.415	1.895	2.365	2.998	3.499	7
8	1.397	1.860	2.306	2.896	3.355	8
9	1.383	1.833	2.262	2.821	3.250	9
10	1.372	1.812	2.228	2.764	3.169	10
11	1.363	1.796	2.201	2.718	3.106	11
12	1.356	1.782	2.179	2.681	3.055	12
13	1.350	1.771	2.160	2.650	3.012	13
14	1.345	1.761	2.145	2.624	2.977	14
15	1.341	1.753	2.131	2.602	2.947	15
16	1.337	1.746	2.120	2.583	2.921	16
17	1.333	1.740	2.110	2.567	2.898	17
18	1.330	1.734	2.101	2.552	2.878	18
19	1.328	1.729	2.093	2.539	2.861	19
20	1.325	1.725	2.086	2.528	2.845	20
21	1.323	1.721	2.080	2.518	2.831	21
22	1.321	1.717	2.074	2.508	2.819	22
23	1.319	1.714	2.069	2.500	2.807	23
24	1.318	1.711	2.064	2.492	2.797	24
25	1.316	1.708	2.060	2.485	2.787	25
26	1.315	1.706	2.056	2.479	2.779	26
27	1.314	1.703	2.052	2.473	2.771	27
28	1.313	1.701	2.048	2.467	2.763	28
29	1.311	1.699	2.045	2.462	2.756	29
inf.	1.282	1.645	1.960	2.326	2.576	inf.

$\dagger$From Richard A. Johnson and Dean W. Wichern, *Applied Multivariate Statistical Analysis*, © 1982, p. 582. Adapted by permission of Pearson Education, Inc., Upper Saddle River, N.J.

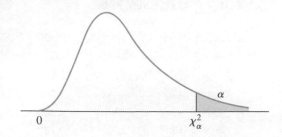

　　表III中的χ^2_α值，為當給定卡方分配中的自由度時，該值右側的機率值（如上圖中深色區域的面積）即等於α。

表III   X² 分配的臨界值

TABLE III Critical Values of χ^2[†]

d.f.	$\chi^2_{.995}$	$\chi^2_{.99}$	$\chi^2_{.975}$	$\chi^2_{.95}$	$\chi^2_{.05}$	$\chi^2_{.025}$	$\chi^2_{.01}$	$\chi^2_{.005}$	d.f.
1	.0000393	.000157	.000982	.00393	3.841	5.024	6.635	7.879	1
2	.0100	.0201	.0506	.103	5.991	7.378	9.210	10.597	2
3	.0717	.115	.216	.352	7.815	9.348	11.345	12.838	3
4	.207	.297	.484	.711	9.488	11.143	13.277	14.860	4
5	.412	.554	.831	1.145	11.070	12.832	15.086	16.750	5
6	.676	.872	1.237	1.635	12.592	14.449	16.812	18.548	6
7	.989	1.239	1.690	2.167	14.067	16.013	18.475	20.278	7
8	1.344	1.646	2.180	2.733	15.507	17.535	20.090	21.955	8
9	1.735	2.088	2.700	3.325	16.919	19.023	21.666	23.589	9
10	2.156	2.558	3.247	3.940	18.307	20.483	23.209	25.188	10
11	2.603	3.053	3.816	4.575	19.675	21.920	24.725	26.757	11
12	3.074	3.571	4.404	5.226	21.026	23.337	26.217	28.300	12
13	3.565	4.107	5.009	5.892	22.362	24.736	27.688	29.819	13
14	4.075	4.660	5.629	6.571	23.685	26.119	29.141	31.319	14
15	4.601	5.229	6.262	7.261	24.996	27.488	30.578	32.801	15
16	5.142	5.812	6.908	7.962	26.296	28.845	32.000	34.267	16
17	5.697	6.408	7.564	8.672	27.587	30.191	33.409	35.718	17
18	6.265	7.015	8.231	9.390	28.869	31.526	34.805	37.156	18
19	6.844	7.633	8.907	10.117	30.144	32.852	36.191	38.582	19
20	7.434	8.260	9.591	10.851	31.410	34.170	37.566	39.997	20
21	8.034	8.897	10.283	11.591	32.671	35.479	38.932	41.401	21
22	8.643	9.542	10.982	12.338	33.924	36.781	40.289	42.796	22
23	9.260	10.196	11.689	13.091	35.172	38.076	41.638	44.181	23
24	9.886	10.856	12.401	13.848	36.415	39.364	42.980	45.558	24
25	10.520	11.524	13.120	14.611	37.652	40.646	44.314	46.928	25
26	11.160	12.198	13.844	15.379	38.885	41.923	45.642	48.290	26
27	11.808	12.879	14.573	16.151	40.113	43.194	46.963	49.645	27
28	12.461	13.565	15.308	16.928	41.337	44.461	48.278	50.993	28
29	13.121	14.256	16.047	17.708	42.557	45.722	49.588	52.336	29
30	13.787	14.953	16.791	18.493	43.773	46.979	50.892	53.672	30

[†]Based on Table 8 of *Biometrika Tables for Statisticians, Volume I* (Cambridge University Press, 1954), by permission of the *Biometrika* trustees.

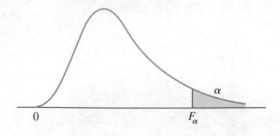

　　表IV中的F_{α}值，為當給定F分配中的自由度時，該值右側的機率值（如上圖中深色區域的面積）即等於 α。

表IV F 分配的臨界值

TABLE IV Critical Values of $F^\dagger$

Values of $F_{0.05}$

Degrees of freedom for numerator

df_2	1	2	3	4	5	6	7	8	9	10	12	15	20	24	30	40	60	120	∞
1	161	200	216	225	230	234	237	239	241	242	244	246	248	249	250	251	252	253	254
2	18.5	19.0	19.2	19.2	19.3	19.3	19.4	19.4	19.4	19.4	19.4	19.4	19.4	19.5	19.5	19.5	19.5	19.5	19.5
3	10.1	9.55	9.28	9.12	9.01	8.94	8.89	8.85	8.81	8.79	8.74	8.70	8.66	8.64	8.62	8.59	8.57	8.55	8.53
4	7.71	6.94	6.59	6.39	6.26	6.16	6.09	6.04	6.00	5.96	5.91	5.86	5.80	5.77	5.75	5.72	5.69	5.66	5.63
5	6.61	5.79	5.41	5.19	5.05	4.95	4.88	4.82	4.77	4.74	4.68	4.62	4.56	4.53	4.50	4.46	4.43	4.40	4.37
6	5.99	5.14	4.76	4.53	4.39	4.28	4.21	4.15	4.10	4.06	4.00	3.94	3.87	3.84	3.81	3.77	3.74	3.70	3.67
7	5.59	4.74	4.35	4.12	3.97	3.87	3.79	3.73	3.68	3.64	3.57	3.51	3.44	3.41	3.38	3.34	3.30	3.27	3.23
8	5.32	4.46	4.07	3.84	3.69	3.58	3.50	3.44	3.39	3.35	3.28	3.22	3.15	3.12	3.08	3.04	3.01	2.97	2.93
9	5.12	4.26	3.86	3.63	3.48	3.37	3.29	3.23	3.18	3.14	3.07	3.01	2.94	2.90	2.86	2.83	2.79	2.75	2.71
10	4.96	4.10	3.71	3.48	3.33	3.22	3.14	3.07	3.02	2.98	2.91	2.85	2.77	2.74	2.70	2.66	2.62	2.58	2.54
11	4.84	3.98	3.59	3.36	3.20	3.09	3.01	2.95	2.90	2.85	2.79	2.72	2.65	2.61	2.57	2.53	2.49	2.45	2.40
12	4.75	3.89	3.49	3.26	3.11	3.00	2.91	2.85	2.80	2.75	2.69	2.62	2.54	2.51	2.47	2.43	2.38	2.34	2.30
13	4.67	3.81	3.41	3.18	3.03	2.92	2.83	2.77	2.71	2.67	2.60	2.53	2.46	2.42	2.38	2.34	2.30	2.25	2.21
14	4.60	3.74	3.34	3.11	2.96	2.85	2.76	2.70	2.65	2.60	2.53	2.46	2.39	2.35	2.31	2.27	2.22	2.18	2.13
15	4.54	3.68	3.29	3.06	2.90	2.79	2.71	2.64	2.59	2.54	2.48	2.40	2.33	2.29	2.25	2.20	2.16	2.11	2.07
16	4.49	3.63	3.24	3.01	2.85	2.74	2.66	2.59	2.54	2.49	2.42	2.35	2.28	2.24	2.19	2.15	2.11	2.06	2.01
17	4.45	3.59	3.20	2.96	2.81	2.70	2.61	2.55	2.49	2.45	2.38	2.31	2.23	2.19	2.15	2.10	2.06	2.01	1.96
18	4.41	3.55	3.16	2.93	2.77	2.66	2.58	2.51	2.46	2.41	2.34	2.27	2.19	2.15	2.11	2.06	2.02	1.97	1.92
19	4.38	3.52	3.13	2.90	2.74	2.63	2.54	2.48	2.42	2.38	2.31	2.23	2.16	2.11	2.07	2.03	1.98	1.93	1.88
20	4.35	3.49	3.10	2.87	2.71	2.60	2.51	2.45	2.39	2.35	2.28	2.20	2.12	2.08	2.04	1.99	1.95	1.90	1.84
21	4.32	3.47	3.07	2.84	2.68	2.57	2.49	2.42	2.37	2.32	2.25	2.18	2.10	2.05	2.01	1.96	1.92	1.87	1.81
22	4.30	3.44	3.05	2.82	2.66	2.55	2.46	2.40	2.34	2.30	2.23	2.15	2.07	2.03	1.98	1.94	1.89	1.84	1.78
23	4.28	3.42	3.03	2.80	2.64	2.53	2.44	2.37	2.32	2.27	2.20	2.13	2.05	2.01	1.96	1.91	1.86	1.81	1.76
24	4.26	3.40	3.01	2.78	2.62	2.51	2.42	2.36	2.30	2.25	2.18	2.11	2.03	1.98	1.94	1.89	1.84	1.79	1.73
25	4.24	3.39	2.99	2.76	2.60	2.49	2.40	2.34	2.28	2.24	2.16	2.09	2.01	1.96	1.92	1.87	1.82	1.77	1.71
30	4.17	3.32	2.92	2.69	2.53	2.42	2.33	2.27	2.21	2.16	2.09	2.01	1.93	1.89	1.84	1.79	1.74	1.68	1.62
40	4.08	3.23	2.84	2.61	2.45	2.34	2.25	2.18	2.12	2.08	2.00	1.92	1.84	1.79	1.74	1.69	1.64	1.58	1.51
60	4.00	3.15	2.76	2.53	2.37	2.25	2.17	2.10	2.04	1.99	1.92	1.84	1.75	1.70	1.65	1.59	1.53	1.47	1.39
120	3.92	3.07	2.68	2.45	2.29	2.18	2.09	2.02	1.96	1.91	1.83	1.75	1.66	1.61	1.55	1.50	1.43	1.35	1.25
∞	3.84	3.00	2.60	2.37	2.21	2.10	2.01	1.94	1.88	1.83	1.75	1.67	1.57	1.52	1.46	1.39	1.32	1.22	1.00

Degrees of freedom for denominator

†Reproduced from M. Merrington and C. M. Thompson, "Tables of percentage points of the inverted beta (F) distribution," *Biometrika*, vol. 33 (1943), by permission of the *Biometrika* trustees.

表IV　F 分配的臨界值（續上表）

TABLE IV Critical Values of F (Continued)

Values of $F_{0.01}$

Degrees of freedom for numerator

	1	2	3	4	5	6	7	8	9	10	12	15	20	24	30	40	60	120	∞
1	4,052	5,000	5,403	5,625	5,764	5,859	5,928	5,982	6,023	6,056	6,106	6,157	6,209	6,235	6,261	6,287	6,313	6,339	6,366
2	98.5	99.0	99.2	99.2	99.3	99.3	99.4	99.4	99.4	99.4	99.4	99.4	99.4	99.5	99.5	99.5	99.5	99.5	99.5
3	34.1	30.8	29.5	28.7	28.2	27.9	27.7	27.5	27.3	27.2	27.1	26.9	26.7	26.6	26.5	26.4	26.3	26.2	26.1
4	21.2	18.0	16.7	16.0	15.5	15.2	15.0	14.8	14.7	14.5	14.4	14.2	14.0	13.9	13.8	13.7	13.7	13.6	13.5
5	16.3	13.3	12.1	11.4	11.0	10.7	10.5	10.3	10.2	10.1	9.89	9.72	9.55	9.47	9.38	9.29	9.20	9.11	9.02
6	13.7	10.9	9.78	9.15	8.75	8.47	8.26	8.10	7.98	7.87	7.72	7.56	7.40	7.31	7.23	7.14	7.05	6.97	6.88
7	12.2	9.55	8.45	7.85	7.46	7.19	6.99	6.84	6.72	6.62	6.47	6.31	6.16	6.07	5.99	5.91	5.82	5.74	5.65
8	11.3	8.65	7.59	7.01	6.63	6.37	6.18	6.03	5.91	5.81	5.67	5.52	5.36	5.28	5.20	5.12	5.03	4.95	4.86
9	10.6	8.02	6.99	6.42	6.06	5.80	5.61	5.47	5.35	5.26	5.11	4.96	4.81	4.73	4.65	4.57	4.48	4.40	4.31
10	10.0	7.56	6.55	5.99	5.64	5.39	5.20	5.06	4.94	4.85	4.71	4.56	4.41	4.33	4.25	4.17	4.08	4.00	3.91
11	9.65	7.21	6.22	5.67	5.32	5.07	4.89	4.74	4.63	4.54	4.40	4.25	4.10	4.02	3.94	3.86	3.78	3.69	3.60
12	9.33	6.93	5.95	5.41	5.06	4.82	4.64	4.50	4.39	4.30	4.16	4.01	3.86	3.78	3.70	3.62	3.54	3.45	3.36
13	9.07	6.70	5.74	5.21	4.86	4.62	4.44	4.30	4.19	4.10	3.96	3.82	3.66	3.59	3.51	3.43	3.34	3.25	3.17
14	8.86	6.51	5.56	5.04	4.70	4.46	4.28	4.14	4.03	3.94	3.80	3.66	3.51	3.43	3.35	3.27	3.18	3.09	3.00
15	8.68	6.36	5.42	4.89	4.56	4.32	4.14	4.00	3.89	3.80	3.67	3.52	3.37	3.29	3.21	3.13	3.05	2.96	2.87
16	8.53	6.23	5.29	4.77	4.44	4.20	4.03	3.89	3.78	3.69	3.55	3.41	3.26	3.18	3.10	3.02	2.93	2.84	2.75
17	8.40	6.11	5.19	4.67	4.34	4.10	3.93	3.79	3.68	3.59	3.46	3.31	3.16	3.08	3.00	2.92	2.83	2.75	2.65
18	8.29	6.01	5.09	4.58	4.25	4.01	3.84	3.71	3.60	3.51	3.37	3.23	3.08	3.00	2.92	2.84	2.75	2.66	2.57
19	8.19	5.93	5.01	4.50	4.17	3.94	3.77	3.63	3.52	3.43	3.30	3.15	3.00	2.92	2.84	2.76	2.67	2.58	2.49
20	8.10	5.85	4.94	4.43	4.10	3.87	3.70	3.56	3.46	3.37	3.23	3.09	2.94	2.86	2.78	2.69	2.61	2.52	2.42
21	8.02	5.78	4.87	4.37	4.04	3.81	3.64	3.51	3.40	3.31	3.17	3.03	2.88	2.80	2.72	2.64	2.55	2.46	2.36
22	7.95	5.72	4.82	4.31	3.99	3.76	3.59	3.45	3.35	3.26	3.12	2.98	2.83	2.75	2.67	2.58	2.50	2.40	2.31
23	7.88	5.66	4.76	4.26	3.94	3.71	3.54	3.41	3.30	3.21	3.07	2.93	2.78	2.70	2.62	2.54	2.45	2.35	2.26
24	7.82	5.61	4.72	4.22	3.90	3.67	3.50	3.36	3.26	3.17	3.03	2.89	2.74	2.66	2.58	2.49	2.40	2.31	2.21
25	7.77	5.57	4.68	4.18	3.86	3.63	3.46	3.32	3.22	3.13	2.99	2.85	2.70	2.62	2.53	2.45	2.36	2.27	2.17
30	7.56	5.39	4.51	4.02	3.70	3.47	3.30	3.17	3.07	2.98	2.84	2.70	2.55	2.47	2.39	2.30	2.21	2.11	2.01
40	7.31	5.18	4.31	3.83	3.51	3.29	3.12	2.99	2.89	2.80	2.66	2.52	2.37	2.29	2.20	2.11	2.02	1.92	1.80
60	7.08	4.98	4.13	3.65	3.34	3.12	2.95	2.82	2.72	2.63	2.50	2.35	2.20	2.12	2.03	1.94	1.84	1.73	1.60
120	6.85	4.79	3.95	3.48	3.17	2.96	2.79	2.66	2.56	2.47	2.34	2.19	2.03	1.95	1.86	1.76	1.66	1.53	1.38
∞	6.63	4.61	3.78	3.32	3.02	2.80	2.64	2.51	2.41	2.32	2.18	2.04	1.88	1.79	1.70	1.59	1.47	1.32	1.00

Degrees of freedom for denominator

表IV 二項分配機率值

TABLE V	Binomial Probabilities											
							p					
n	x	0.05	0.1	0.2	0.3	0.4	0.5	0.6	0.7	0.8	0.9	0.95
2	0	0.902	0.810	0.640	0.490	0.360	0.250	0.160	0.090	0.040	0.010	0.002
	1	0.095	0.180	0.320	0.420	0.480	0.500	0.480	0.420	0.320	0.180	0.095
	2	0.002	0.010	0.040	0.090	0.160	0.250	0.360	0.490	0.640	0.810	0.902
3	0	0.857	0.729	0.512	0.343	0.216	0.125	0.064	0.027	0.008	0.001	
	1	0.135	0.243	0.384	0.441	0.432	0.375	0.288	0.189	0.096	0.027	0.007
	2	0.007	0.027	0.096	0.189	0.288	0.375	0.432	0.441	0.384	0.243	0.135
	3		0.001	0.008	0.027	0.064	0.125	0.216	0.343	0.512	0.729	0.857
4	0	0.815	0.656	0.410	0.240	0.130	0.062	0.026	0.008	0.002		
	1	0.171	0.292	0.410	0.412	0.346	0.250	0.154	0.076	0.026	0.004	
	2	0.014	0.049	0.154	0.265	0.346	0.375	0.346	0.265	0.154	0.049	0.014
	3		0.004	0.026	0.076	0.154	0.250	0.346	0.412	0.410	0.292	0.171
	4			0.002	0.008	0.026	0.062	0.130	0.240	0.410	0.656	0.815
5	0	0.774	0.590	0.328	0.168	0.078	0.031	0.010	0.002			
	1	0.204	0.328	0.410	0.360	0.259	0.156	0.077	0.028	0.006		
	2	0.021	0.073	0.205	0.309	0.346	0.312	0.230	0.132	0.051	0.008	0.001
	3	0.001	0.008	0.051	0.132	0.230	0.312	0.346	0.309	0.205	0.073	0.021
	4			0.006	0.028	0.077	0.156	0.259	0.360	0.410	0.328	0.204
	5			0.002	0.010	0.031	0.078	0.168	0.328	0.590	0.774	
6	0	0.735	0.531	0.262	0.118	0.047	0.016	0.004	0.001			
	1	0.232	0.354	0.393	0.303	0.187	0.094	0.037	0.010	0.002		
	2	0.031	0.098	0.246	0.324	0.311	0.234	0.138	0.060	0.015	0.001	
	3	0.002	0.015	0.082	0.185	0.276	0.312	0.276	0.185	0.082	0.015	0.002
	4		0.001	0.015	0.060	0.138	0.234	0.311	0.324	0.246	0.098	0.031
	5			0.002	0.010	0.037	0.094	0.187	0.303	0.393	0.354	0.232
	6				0.001	0.004	0.016	0.047	0.118	0.262	0.531	0.735
7	0	0.698	0.478	0.210	0.082	0.028	0.008	0.002				
	1	0.257	0.372	0.367	0.247	0.131	0.055	0.017	0.004			
	2	0.041	0.124	0.275	0.318	0.261	0.164	0.077	0.025	0.004		
	3	0.004	0.023	0.115	0.227	0.290	0.273	0.194	0.097	0.029	0.003	
	4		0.003	0.029	0.097	0.194	0.273	0.290	0.227	0.115	0.023	0.004
	5			0.004	0.025	0.077	0.164	0.261	0.318	0.275	0.124	0.041
	6				0.004	0.017	0.055	0.131	0.247	0.367	0.372	0.257
	7					0.002	0.008	0.028	0.082	0.210	0.478	0.698
8	0	0.663	0.430	0.168	0.058	0.017	0.004	0.001				
	1	0.279	0.383	0.336	0.198	0.090	0.031	0.008	0.001			
	2	0.051	0.149	0.294	0.296	0.209	0.109	0.041	0.010	0.001		
	3	0.005	0.033	0.147	0.254	0.279	0.219	0.124	0.047	0.009		
	4		0.005	0.046	0.136	0.232	0.273	0.232	0.136	0.046	0.005	
	5			0.009	0.047	0.124	0.219	0.279	0.254	0.147	0.033	0.005
	6			0.001	0.010	0.041	0.109	0.209	0.296	0.294	0.149	0.051
	7				0.001	0.008	0.031	0.090	0.198	0.336	0.383	0.279
	8					0.001	0.004	0.017	0.058	0.168	0.430	0.663

All values omitted in this table are 0.0005 or less.

表V 二項分配機率值（續上表）

TABLE V		Binomial Probabilities (*Continued*)										
							p					
n	x	0.05	0.1	0.2	0.3	0.4	0.5	0.6	0.7	0.8	0.9	0.95
9	0	0.630	0.387	0.134	0.040	0.010	0.002					
	1	0.299	0.387	0.302	0.156	0.060	0.018	0.004				
	2	0.063	0.172	0.302	0.267	0.161	0.070	0.021	0.004			
	3	0.008	0.045	0.176	0.267	0.251	0.164	0.074	0.021	0.003		
	4	0.001	0.007	0.066	0.172	0.251	0.246	0.167	0.074	0.017	0.001	
	5		0.001	0.017	0.074	0.167	0.246	0.251	0.172	0.066	0.007	0.001
	6			0.003	0.021	0.074	0.164	0.251	0.267	0.176	0.045	0.008
	7				0.004	0.021	0.070	0.161	0.267	0.302	0.172	0.063
	8					0.004	0.018	0.060	0.156	0.302	0.387	0.299
	9						0.002	0.010	0.040	0.134	0.387	0.630
10	0	0.599	0.349	0.107	0.028	0.006	0.001					
	1	0.315	0.387	0.268	0.121	0.040	0.010	0.002				
	2	0.075	0.194	0.302	0.233	0.121	0.044	0.011	0.001			
	3	0.010	0.057	0.201	0.267	0.215	0.117	0.042	0.009	0.001		
	4	0.001	0.011	0.088	0.200	0.251	0.205	0.111	0.037	0.006		
	5		0.001	0.026	0.103	0.201	0.246	0.201	0.103	0.026	0.001	
	6			0.006	0.037	0.111	0.205	0.251	0.200	0.088	0.011	0.001
	7			0.001	0.009	0.042	0.117	0.215	0.267	0.201	0.057	0.010
	8				0.001	0.011	0.044	0.121	0.233	0.302	0.194	0.075
	9					0.002	0.010	0.040	0.121	0.268	0.387	0.315
	10						0.001	0.006	0.028	0.107	0.349	0.599
11	0	0.569	0.314	0.086	0.020	0.004						
	1	0.329	0.384	0.236	0.093	0.027	0.005	0.001				
	2	0.087	0.213	0.295	0.200	0.089	0.027	0.005	0.001			
	3	0.014	0.071	0.221	0.257	0.177	0.081	0.023	0.004			
	4	0.001	0.016	0.111	0.220	0.236	0.161	0.070	0.017	0.002		
	5		0.002	0.039	0.132	0.221	0.226	0.147	0.057	0.010		
	6			0.010	0.057	0.147	0.226	0.221	0.132	0.039	0.002	
	7			0.002	0.017	0.070	0.161	0.236	0.220	0.111	0.016	0.001
	8				0.004	0.023	0.081	0.177	0.257	0.221	0.071	0.014
	9				0.001	0.005	0.027	0.089	0.200	0.295	0.213	0.087
	10					0.001	0.005	0.027	0.093	0.236	0.384	0.329
	11							0.004	0.020	0.086	0.314	0.569
12	0	0.540	0.282	0.069	0.014	0.002						
	1	0.341	0.377	0.206	0.071	0.017	0.003					
	2	0.099	0.230	0.283	0.168	0.064	0.016	0.002				
	3	0.017	0.085	0.236	0.240	0.142	0.054	0.012	0.001			
	4	0.002	0.021	0.133	0.231	0.213	0.121	0.042	0.008	0.001		
	5		0.004	0.053	0.158	0.227	0.193	0.101	0.029	0.003		
	6			0.016	0.079	0.177	0.226	0.177	0.079	0.016		
	7			0.003	0.029	0.101	0.193	0.227	0.158	0.053	0.004	
	8			0.001	0.008	0.042	0.121	0.213	0.231	0.133	0.021	0.002
	9				0.001	0.012	0.054	0.142	0.240	0.236	0.085	0.017
	10					0.002	0.016	0.064	0.168	0.283	0.230	0.099
	11						0.003	0.017	0.071	0.206	0.377	0.341
	12							0.002	0.014	0.069	0.282	0.540

表V　二項分配機率值（續上表）

TABLE V	Binomial Probabilities (*Continued*)										
							p					
n	*x*	0.05	0.1	0.2	0.3	0.4	0.5	0.6	0.7	0.8	0.9	0.95
13	0	0.513	0.254	0.055	0.010	0.001						
	1	0.351	0.367	0.179	0.054	0.011	0.002					
	2	0.111	0.245	0.268	0.139	0.045	0.010	0.001				
	3	0.021	0.100	0.246	0.218	0.111	0.035	0.006	0.001			
	4	0.003	0.028	0.154	0.234	0.184	0.087	0.024	0.003			
	5		0.006	0.069	0.180	0.221	0.157	0.066	0.014	0.001		
	6		0.001	0.023	0.103	0.197	0.209	0.131	0.044	0.006		
	7			0.006	0.044	0.131	0.209	0.197	0.103	0.023	0.001	
	8			0.001	0.014	0.066	0.157	0.221	0.180	0.069	0.006	
	9				0.003	0.024	0.087	0.184	0.234	0.154	0.028	0.003
	10				0.001	0.006	0.035	0.111	0.218	0.246	0.100	0.021
	11					0.001	0.010	0.045	0.139	0.268	0.245	0.111
	12						0.002	0.011	0.054	0.179	0.367	0.351
	13							0.001	0.010	0.055	0.254	0.513
14	0	0.488	0.229	0.044	0.007	0.001						
	1	0.359	0.356	0.154	0.041	0.007	0.001					
	2	0.123	0.257	0.250	0.113	0.032	0.006	0.001				
	3	0.026	0.114	0.250	0.194	0.085	0.022	0.003				
	4	0.004	0.035	0.172	0.229	0.155	0.061	0.014	0.001			
	5		0.008	0.086	0.196	0.207	0.122	0.041	0.007			
	6		0.001	0.032	0.126	0.207	0.183	0.092	0.023	0.002		
	7			0.009	0.062	0.157	0.209	0.157	0.062	0.009		
	8			0.002	0.023	0.092	0.183	0.207	0.126	0.032	0.001	
	9				0.007	0.041	0.122	0.207	0.196	0.086	0.008	
	10				0.001	0.014	0.061	0.155	0.229	0.172	0.035	0.004
	11					0.003	0.022	0.085	0.194	0.250	0.114	0.026
	12					0.001	0.006	0.032	0.113	0.250	0.257	0.123
	13						0.001	0.007	0.041	0.154	0.356	0.359
	14							0.001	0.007	0.044	0.229	0.488
15	0	0.463	0.206	0.035	0.005							
	1	0.366	0.343	0.132	0.031	0.005						
	2	0.135	0.267	0.231	0.092	0.022	0.003					
	3	0.031	0.129	0.250	0.170	0.063	0.014	0.002				
	4	0.005	0.043	0.188	0.219	0.127	0.042	0.007	0.001			
	5	0.001	0.010	0.103	0.206	0.186	0.092	0.024	0.003			
	6		0.002	0.043	0.147	0.207	0.153	0.061	0.012	0.001		
	7			0.014	0.081	0.177	0.196	0.118	0.035	0.003		
	8			0.003	0.035	0.118	0.196	0.177	0.081	0.014		
	9			0.001	0.012	0.061	0.153	0.207	0.147	0.043	0.002	
	10				0.003	0.024	0.092	0.186	0.206	0.103	0.010	0.001
	11				0.001	0.007	0.042	0.127	0.219	0.188	0.043	0.005
	12					0.002	0.014	0.063	0.170	0.250	0.129	0.031
	13						0.003	0.022	0.092	0.231	0.267	0.135
	14							0.005	0.031	0.132	0.343	0.366
	15								0.005	0.035	0.206	0.463

表V　二項分配機率值（續上表）

| TABLE V | Binomial Probabilities (*Continued*) | | | | | | | | | | |
n	x	0.05	0.1	0.2	0.3	0.4	0.5	0.6	0.7	0.8	0.9	0.95
16	0	0.440	0.185	0.028	0.003							
	1	0.371	0.329	0.113	0.023	0.003						
	2	0.146	0.275	0.211	0.073	0.015	0.002					
	3	0.036	0.142	0.246	0.146	0.047	0.009	0.001				
	4	0.006	0.051	0.200	0.204	0.101	0.028	0.004				
	5	0.001	0.014	0.120	0.210	0.162	0.067	0.014	0.001			
	6		0.003	0.055	0.165	0.198	0.122	0.039	0.006			
	7			0.020	0.101	0.189	0.175	0.084	0.019	0.001		
	8			0.006	0.049	0.142	0.196	0.142	0.049	0.006		
	9			0.001	0.019	0.084	0.175	0.189	0.101	0.020		
	10				0.006	0.039	0.122	0.198	0.165	0.055	0.003	
	11				0.001	0.014	0.067	0.162	0.210	0.120	0.014	0.001
	12					0.004	0.028	0.101	0.204	0.200	0.051	0.006
	13					0.001	0.009	0.047	0.146	0.246	0.142	0.036
	14						0.002	0.015	0.073	0.211	0.275	0.146
	15							0.003	0.023	0.113	0.329	0.371
	16								0.003	0.028	0.185	0.440
17	0	0.418	0.167	0.023	0.002							
	1	0.374	0.315	0.096	0.017	0.002						
	2	0.158	0.280	0.191	0.058	0.010	0.001					
	3	0.041	0.156	0.239	0.125	0.034	0.005					
	4	0.008	0.060	0.209	0.187	0.080	0.018	0.002				
	5	0.001	0.017	0.136	0.208	0.138	0.047	0.008	0.001			
	6		0.004	0.068	0.178	0.184	0.094	0.024	0.003			
	7		0.001	0.027	0.120	0.193	0.148	0.057	0.009			
	8			0.008	0.064	0.161	0.185	0.107	0.028	0.002		
	9			0.002	0.028	0.107	0.185	0.161	0.064	0.008		
	10				0.009	0.057	0.148	0.193	0.120	0.027	0.001	
	11				0.003	0.024	0.094	0.184	0.178	0.068	0.004	
	12				0.001	0.008	0.047	0.138	0.208	0.136	0.017	0.001
	13					0.002	0.018	0.080	0.187	0.209	0.060	0.008
	14						0.005	0.034	0.125	0.239	0.156	0.041
	15						0.001	0.010	0.058	0.191	0.280	0.158
	16							0.002	0.017	0.096	0.315	0.374
	17								0.002	0.023	0.167	0.418
18	0	0.397	0.150	0.018	0.002							
	1	0.376	0.300	0.081	0.013	0.001						
	2	0.168	0.284	0.172	0.046	0.007	0.001					
	3	0.047	0.168	0.230	0.105	0.025	0.003					
	4	0.009	0.070	0.215	0.168	0.061	0.012	0.001				
	5	0.001	0.022	0.151	0.202	0.115	0.033	0.004				
	6		0.005	0.082	0.187	0.166	0.071	0.015	0.001			
	7		0.001	0.035	0.138	0.189	0.121	0.037	0.005			
	8			0.012	0.081	0.173	0.167	0.077	0.015	0.001		
	9			0.003	0.039	0.128	0.185	0.128	0.039	0.003		
	10			0.001	0.015	0.077	0.167	0.173	0.081	0.012		
	11				0.005	0.037	0.121	0.189	0.138	0.035	0.001	
	12				0.001	0.015	0.071	0.166	0.187	0.082	0.005	

表V　二項分配機率值（續上表）

TABLE V	Binomial Probabilities (*Continued*)										

n	x	0.05	0.1	0.2	0.3	0.4	0.5	0.6	0.7	0.8	0.9	0.95
	13					0.004	0.033	0.115	0.202	0.151	0.022	0.001
	14					0.001	0.012	0.061	0.168	0.215	0.070	0.009
	15						0.003	0.025	0.105	0.230	0.168	0.047
	16						0.001	0.007	0.046	0.172	0.284	0.168
	17							0.001	0.013	0.081	0.300	0.376
	18								0.002	0.018	0.150	0.397
19	0	0.377	0.135	0.014	0.001							
	1	0.377	0.285	0.068	0.009	0.001						
	2	0.179	0.285	0.154	0.036	0.005						
	3	0.053	0.180	0.218	0.087	0.017	0.002					
	4	0.011	0.080	0.218	0.149	0.047	0.007	0.001				
	5	0.002	0.027	0.164	0.192	0.093	0.022	0.002				
	6		0.007	0.095	0.192	0.145	0.052	0.008	0.001			
	7		0.001	0.044	0.153	0.180	0.096	0.024	0.002			
	8			0.017	0.098	0.180	0.144	0.053	0.008			
	9			0.005	0.051	0.146	0.176	0.098	0.022	0.001		
	10			0.001	0.022	0.098	0.176	0.146	0.051	0.005		
	11				0.008	0.053	0.144	0.180	0.098	0.017		
	12				0.002	0.024	0.096	0.180	0.153	0.044	0.001	
	13				0.001	0.008	0.052	0.145	0.192	0.095	0.007	
	14					0.002	0.022	0.093	0.192	0.164	0.027	0.002
	15					0.001	0.007	0.047	0.149	0.218	0.080	0.011
	16						0.002	0.017	0.087	0.218	0.180	0.053
	17							0.005	0.036	0.154	0.285	0.179
	18							0.001	0.009	0.068	0.285	0.377
	19								0.001	0.014	0.135	0.377
20	0	0.358	0.122	0.012	0.001							
	1	0.377	0.270	0.058	0.007							
	2	0.189	0.285	0.137	0.028	0.003						
	3	0.060	0.190	0.205	0.072	0.012	0.001					
	4	0.013	0.090	0.218	0.130	0.035	0.005					
	5	0.002	0.032	0.175	0.179	0.075	0.015	0.001				
	6		0.009	0.109	0.192	0.124	0.037	0.005				
	7		0.002	0.055	0.164	0.166	0.074	0.015	0.001			
	8			0.022	0.114	0.180	0.120	0.035	0.004			
	9			0.007	0.065	0.160	0.160	0.071	0.012			
	10			0.002	0.031	0.117	0.176	0.117	0.031	0.002		
	11				0.012	0.071	0.160	0.160	0.065	0.007		
	12				0.004	0.035	0.120	0.180	0.114	0.022		
	13				0.001	0.015	0.074	0.166	0.164	0.055	0.002	
	14					0.005	0.037	0.124	0.192	0.109	0.009	
	15					0.001	0.015	0.075	0.179	0.175	0.032	0.002
	16						0.005	0.035	0.130	0.218	0.090	0.013
	17						0.001	0.012	0.072	0.205	0.190	0.060
	18							0.003	0.028	0.137	0.285	0.189
	19								0.007	0.058	0.270	0.377
	20								0.001	0.012	0.122	0.358

表VI　T 的臨界值

TABLE VI	Critical Values of T[†]			
n	$T_{0.10}$	$T_{0.05}$	$T_{0.02}$	$T_{0.01}$
4				
5	1			
6	2	1		
7	4	2	0	
8	6	4	2	0
9	8	6	3	2
10	11	8	5	3
11	14	11	7	5
12	17	14	10	7
13	21	17	13	10
14	26	21	16	13
15	30	25	20	16
16	36	30	24	19
17	41	35	28	23
18	47	40	33	28
19	54	46	38	32
20	60	52	43	37
21	68	59	49	43
22	75	66	56	49
23	83	73	62	55
24	92	81	69	61
25	101	90	77	68

[†]From F. Wilcoxon and R. A. Wilcox, *Some Rapid Approximate Statistical Procedures*, American Cyanamid Company, Pearl River, N.Y., 1964. Reproduced with permission of American Cyanamid Company.

表VII U 的臨界值

TABLE VII Critical Values of $U^{\dagger}$

n_1 \ n_2	2	3	4	5	6	7	8	9	10	11	12	13	14	15
							Values of $U_{0.10}$							
2				0	0	0	1	1	1	1	2	2	3	3
3		0	0	1	2	2	3	4	4	5	5	6	7	7
4		0	1	2	3	4	5	6	7	8	9	10	11	12
5	0	1	2	4	5	6	8	9	11	12	13	15	16	18
6	0	2	3	5	7	8	10	12	14	16	17	19	21	23
7	0	2	4	6	8	11	13	15	17	19	21	24	26	28
8	1	3	5	8	10	13	15	18	20	23	26	28	31	33
9	1	4	6	9	12	15	18	21	24	27	30	33	36	39
10	1	4	7	11	14	17	20	24	27	31	34	37	41	44
11	1	5	8	12	16	19	23	27	31	34	38	42	46	50
12	2	5	9	13	17	21	26	30	34	38	42	47	51	55
13	2	6	10	15	19	24	28	33	37	42	47	51	56	61
14	3	7	11	16	21	26	31	36	41	46	51	56	61	66
15	3	7	12	18	23	28	33	39	44	50	55	61	66	72
							Values of $U_{0.05}$							
2							0	0	0	0	1	1	1	1
3			0	1	1	2	2	3	3	4	4	5	5	
4			0	1	2	3	4	4	5	6	7	8	9	10
5		0	1	2	3	5	6	7	8	9	11	12	13	14
6		1	2	3	5	6	8	10	11	13	14	16	17	19
7		1	3	5	6	8	10	12	14	16	18	20	22	24
8	0	2	4	6	8	10	13	15	17	19	22	24	26	29
9	0	2	4	7	10	12	15	17	20	23	26	28	31	34
10	0	3	5	8	11	14	17	20	23	26	29	30	36	39
11	0	3	6	9	13	16	19	23	26	30	33	37	40	44
12	1	4	7	11	14	18	22	26	29	33	37	41	45	49
13	1	4	8	12	16	20	24	28	30	37	41	45	50	54
14	1	5	9	13	17	22	26	31	36	40	45	50	55	59
15	1	5	10	14	19	24	29	34	39	44	49	54	59	64

$\dagger$This table is based on Table 11.4 of D. B. Owen, *Handbook of Statistical Tables*, © 1962, U.S. Department of Energy. Published by Addison-Wesley Publishing Company, Inc., Reading Mass. Reprinted with permission of the publisher.

表VII　*U* 的臨界值（續上表）

TABLE VII　Critical Values of *U* (*Continued*)

n_1 \ n_2	2	3	4	5	6	7	8	9	10	11	12	13	14	15
														Values of $U_{0.02}$
2												0	0	0
3						0	0	1	1	1	2	2	2	3
4			0	1	1	2	3	3	4	5	5	6	7	
5			0	1	2	3	4	5	6	7	8	9	10	11
6			1	2	3	4	6	7	8	9	11	12	13	15
7		0	1	3	4	6	7	9	11	12	14	16	17	19
8		0	2	4	6	7	9	11	13	15	17	20	22	24
9		1	3	5	7	9	11	14	16	18	21	23	26	28
10		1	3	6	8	11	13	16	19	22	24	27	30	33
11		1	4	7	9	12	15	18	22	25	28	31	34	37
12		2	5	8	11	14	17	21	24	28	31	35	38	42
13	0	2	5	9	12	16	20	23	27	31	35	39	43	47
14	0	2	6	10	13	17	22	26	30	34	38	43	47	51
15	0	3	7	11	15	19	24	28	33	37	42	47	51	56

n_1 \ n_2	3	4	5	6	7	8	9	10	11	12	13	14	15
													Values of $U_{0.01}$
3							0	0	0	1	1	1	2
4			0	0	1	1	2	2	3	3	4	5	
5		0	1	1	2	3	4	5	6	7	7	8	
6	0	1	2	3	4	5	6	7	9	10	11	12	
7	0	1	3	4	6	7	9	10	12	13	15	16	
8	1	2	4	6	7	9	11	13	15	17	18	20	
9	0	1	3	5	7	9	11	13	16	18	20	22	24
10	0	2	4	6	9	11	13	16	18	21	24	26	29
11	0	2	5	7	10	13	16	18	21	24	27	30	33
12	1	3	6	9	12	15	18	21	24	27	31	34	37
13	1	3	7	10	13	17	20	24	27	31	34	38	42
14	1	4	7	11	15	18	22	26	30	34	38	42	46
15	2	5	8	12	16	20	24	29	33	37	42	46	51

表VIII u 的臨界值

TABLE VIII Critical Values of $u^\dagger$

Values of $u_{0.025}$

n_1 \ n_2	4	5	6	7	8	9	10	11	12	13	14	15
4		9	9									
5		9	10	10	11	11						
6		9	10	11	12	12	13	13	13	13		
7		11	12	13	13	14	14	14	14	15	15	15
8		11	12	13	14	14	15	15	16	16	16	16
9			13	14	14	15	16	16	16	17	17	18
10			13	14	15	16	16	17	17	18	18	18
11			13	14	15	16	17	17	18	19	19	19
12			13	14	16	16	17	18	19	19	20	20
13				15	16	17	18	19	19	20	20	21
14				15	16	17	18	19	20	20	21	22
15				15	16	18	18	19	20	21	22	22

Values of $u'_{0.025}$

n_1 \ n_2	2	3	4	5	6	7	8	9	10	11	12	13	14	15
2											2	2	2	2
3					2	2	2	2	2	2	2	2	2	3
4				2	2	2	3	3	3	3	3	3	3	3
5			2	2	3	3	3	3	3	4	4	4	4	4
6		2	2	3	3	3	3	4	4	4	4	5	5	5
7		2	2	3	3	3	4	4	5	5	5	5	5	6
8		2	3	3	3	4	4	5	5	5	6	6	6	6
9		2	3	3	4	4	5	5	5	6	6	6	7	7
10		2	3	3	4	5	5	5	6	6	7	7	7	7
11		2	3	4	4	5	5	6	6	7	7	7	8	8
12	2	2	3	4	4	5	6	6	7	7	7	8	8	8
13	2	2	3	4	5	5	6	6	7	7	8	8	9	9
14	2	2	3	4	5	5	6	7	7	8	8	9	9	9
15	2	3	3	4	5	6	6	7	7	8	8	9	9	10

†This table is adapted, by permission, from F. S. Swed and C. Eisenhart, "Tables for testing randomness of grouping in a sequence of alternatives," *Annals of Mathematical Statistics*, Vol. 14.

表VIII   *u* 的臨界值（續上表）

| TABLE VIII | Critical Values of *u* (Continued) |

n_1 \ n_2	\multicolumn{11}{c}{Values of $u_{0.005}$}
	5	6	7	8	9	10	11	12	13	14	15
5		11									
6	11	12	13	13							
7		13	13	14	15	15	15				
8		13	14	15	15	16	16	17	17	17	
9			15	15	16	17	17	18	18	18	19
10			15	16	17	17	18	19	19	19	20
11			15	16	17	18	19	19	20	20	21
12				17	18	19	19	20	21	21	22
13				17	18	19	20	21	21	22	22
14				17	18	19	20	21	22	23	23
15					19	20	21	22	22	23	24

n_1 \ n_2	\multicolumn{13}{c}{Values of $u'_{0.005}$}
	3	4	5	6	7	8	9	10	11	12	13	14	15
3										2	2	2	2
4						2	2	2	2	2	2	2	3
5				2	2	2	2	3	3	3	3	3	3
6			2	2	2	3	3	3	3	3	3	4	4
7			2	2	3	3	3	3	4	4	4	4	4
8		2	2	3	3	3	3	4	4	4	5	5	5
9		2	2	3	3	3	4	4	5	5	5	5	6
10		2	3	3	3	4	4	5	5	5	5	6	6
11		2	3	3	4	4	5	5	5	6	6	6	7
12	2	2	3	3	4	4	5	5	6	6	6	7	7
13	2	2	3	3	4	5	5	5	6	6	7	7	7
14	2	2	3	4	4	5	5	6	6	7	7	7	8
15	2	3	3	4	4	5	6	6	7	7	7	8	8

表IX　q_α 的臨界值

TABLE IX　Critical Values of $q_\alpha^\dagger$

$\alpha = 0.05$

Number of treatments

Degrees of freedom	3	4	5	6	7	8	9	10	11	12	13	14	15	16	20	24	28	32	36	40
1	27.0	32.8	37.1	40.4	43.1	45.4	47.4	49.1	50.6	52.0	53.2	54.3	55.4	56.3	59.6	62.1	64.2	66.0	67.6	68.9
2	8.33	9.80	10.9	11.7	12.4	13.0	13.5	14.0	14.4	14.8	15.1	15.4	15.7	15.9	16.8	17.5	18.0	18.5	18.9	19.3
3	5.91	6.83	7.50	8.04	8.48	8.85	9.18	9.46	9.72	9.95	10.2	10.4	10.5	10.7	11.2	11.7	12.1	12.4	12.6	12.9
4	5.04	5.76	6.29	6.71	7.05	7.35	7.60	7.83	8.03	8.21	8.37	8.53	8.66	8.79	9.23	9.58	9.88	10.1	10.3	10.5
5	4.60	5.22	5.67	6.03	6.33	6.58	6.80	7.00	7.17	7.32	7.47	7.60	7.72	7.83	8.21	8.51	8.76	8.98	9.17	9.33
6	4.34	4.90	5.31	5.63	5.90	6.12	6.32	6.49	6.65	6.79	6.92	7.03	7.14	7.24	7.59	7.86	8.09	8.28	8.45	8.60
7	4.17	4.68	5.06	5.36	5.61	5.82	6.00	6.16	6.30	6.43	6.55	6.66	6.76	6.85	7.17	7.42	7.63	7.81	7.97	8.11
8	4.04	4.53	4.89	5.17	5.40	5.60	5.77	5.92	6.05	6.18	6.29	6.39	6.48	6.57	6.87	7.11	7.31	7.48	7.63	7.76
9	3.95	4.42	4.76	5.02	5.24	5.43	5.60	5.74	5.87	5.98	6.09	6.19	6.28	6.36	6.64	6.87	7.06	7.22	7.36	7.49
10	3.88	4.33	4.65	4.91	5.12	5.31	5.46	5.60	5.72	5.83	5.94	6.03	6.11	6.19	6.47	6.69	6.87	7.02	7.16	7.28
11	3.82	4.26	4.57	4.82	5.03	5.20	5.35	5.49	5.61	5.71	5.81	5.90	5.98	6.06	6.33	6.54	6.71	6.86	6.99	7.11
12	3.77	4.20	4.51	4.75	4.95	5.12	5.27	5.40	5.51	5.62	5.71	5.80	5.88	5.95	6.21	6.41	6.59	6.73	6.86	6.97
13	3.74	4.15	4.45	4.69	4.89	5.05	5.19	5.32	5.43	5.53	5.63	5.71	5.79	5.86	6.11	6.31	6.48	6.62	6.74	6.85
14	3.70	4.11	4.41	4.64	4.83	4.99	5.13	5.25	5.36	5.46	5.55	5.64	5.71	5.79	6.03	6.22	6.39	6.53	6.65	6.75
15	3.67	4.08	4.37	4.60	4.78	4.94	5.08	5.20	5.31	5.40	5.49	5.57	5.65	5.72	5.96	6.15	6.31	6.45	6.56	6.67
16	3.65	4.05	4.33	4.56	4.74	4.90	5.03	5.15	5.26	5.35	5.44	5.52	5.59	5.66	5.90	6.08	6.24	6.37	6.49	6.59
17	3.63	4.02	4.30	4.52	4.71	4.86	4.99	5.11	5.21	5.31	5.39	5.47	5.54	5.61	5.84	6.03	6.18	6.31	6.43	6.53
18	3.61	4.00	4.28	4.50	4.67	4.82	4.96	5.07	5.17	5.27	5.35	5.43	5.50	5.57	5.79	5.98	6.13	6.26	6.37	6.47
19	3.59	3.98	4.25	4.47	4.65	4.79	4.92	5.04	5.14	5.23	5.32	5.39	5.46	5.53	5.75	5.93	6.08	6.21	6.32	6.42
20	3.58	3.96	4.23	4.45	4.62	4.77	4.90	5.01	5.11	5.20	5.28	5.36	5.43	5.49	5.71	5.89	6.04	6.17	6.28	6.37
24	3.53	3.90	4.17	4.37	4.54	4.68	4.81	4.92	5.01	5.10	5.18	5.25	5.32	5.38	5.59	5.76	5.91	6.03	6.13	6.23
30	3.49	3.85	4.10	4.30	4.46	4.60	4.72	4.82	4.92	5.00	5.08	5.15	5.21	5.27	5.48	5.64	5.77	5.89	5.99	6.08
40	3.44	3.79	4.04	4.23	4.39	4.52	4.64	4.74	4.82	4.90	4.98	5.04	5.11	5.16	5.36	5.51	5.64	5.75	5.85	5.93
60	3.40	3.74	3.98	4.16	4.31	4.44	4.55	4.65	4.73	4.81	4.88	4.94	5.00	5.06	5.24	5.39	5.51	5.62	5.71	5.79
120	3.36	3.69	3.92	4.10	4.24	4.36	4.47	4.56	4.64	4.71	4.78	4.84	4.90	4.95	5.13	5.27	5.38	5.48	5.57	5.64
∞	3.31	3.63	3.86	4.03	4.17	4.29	4.39	4.47	4.55	4.62	4.69	4.74	4.80	4.85	5.01	5.14	5.25	5.35	5.43	5.50

†SOURCE: Adapted from H. L. Harter (1969), *Order Statistics and Their Use in Testing and Estimation. Vol 1: Tests Based on Range and Studentized Range of Samples From a Normal Population, Aerospace Research Laboratories, U.S. Air Force.*

表IX q_α 的臨界值（續上表）

TABLE IX Critical Values of q_α (Continued)

$\alpha = 0.01$

Degrees of freedom	3	4	5	6	7	8	9	10	11	12	13	14	15	16	20	24	28	32	36	40
1	135	164	186	202	216	227	237	246	253	260	266	272	277	282	298	311	321	330	338	345
2	19.0	22.3	24.7	26.6	28.2	29.5	30.7	31.7	32.6	33.4	34.1	34.9	35.4	36.0	38.0	39.5	40.8	41.8	42.8	43.6
3	10.6	12.2	13.3	14.2	15.0	15.6	16.2	16.7	17.1	17.5	17.9	18.3	18.5	18.8	19.8	20.6	21.2	21.7	22.2	22.6
4	8.12	9.17	9.96	10.6	11.1	11.6	11.9	12.3	12.6	12.8	13.1	13.4	13.5	13.7	14.4	15.0	15.4	15.8	16.1	16.4
5	6.98	7.80	8.42	8.91	9.32	9.67	9.97	10.2	10.5	10.7	10.9	11.1	11.2	11.4	11.9	12.4	12.7	13.0	13.3	13.5
6	6.33	7.03	7.56	7.97	8.32	8.61	8.87	9.10	9.30	9.49	9.65	9.81	9.95	10.1	10.5	11.0	11.2	11.5	11.7	11.9
7	5.92	6.54	7.01	7.37	7.68	7.94	8.17	8.37	8.55	8.71	8.86	9.00	9.12	9.24	9.65	9.97	10.2	10.5	10.7	10.9
8	5.64	6.20	6.63	6.96	7.24	7.47	7.68	7.86	8.03	8.18	8.31	8.44	8.55	8.66	9.03	9.33	9.57	9.78	9.96	10.1
9	5.43	5.96	6.35	6.66	6.92	7.13	7.33	7.50	7.65	7.78	7.91	8.03	8.13	8.23	8.57	8.85	9.08	9.27	9.44	9.59
10	5.27	5.77	6.14	6.43	6.67	6.88	7.06	7.21	7.36	7.49	7.60	7.72	7.81	7.91	8.23	8.49	8.70	8.88	9.04	9.19
11	5.15	5.62	5.97	6.25	6.48	6.67	6.84	6.99	7.13	7.25	7.36	7.47	7.56	7.65	7.95	8.20	8.40	8.58	8.73	8.86
12	5.05	5.50	5.84	6.10	6.32	6.51	6.67	6.81	6.94	7.06	7.17	7.27	7.36	7.44	7.73	7.97	8.16	8.33	8.47	8.60
13	4.96	5.40	5.73	5.98	6.19	6.37	6.53	6.67	6.79	6.90	7.01	7.11	7.19	7.27	7.55	7.78	7.96	8.12	8.26	8.39
14	4.90	5.32	5.63	5.88	6.09	6.26	6.41	6.54	6.66	6.77	6.87	6.97	7.05	7.13	7.40	7.62	7.79	7.95	8.08	8.20
15	4.84	5.25	5.56	5.80	5.99	6.16	6.31	6.44	6.56	6.66	6.76	6.85	6.93	7.00	7.26	7.48	7.65	7.80	7.93	8.05
16	4.79	5.19	5.49	5.72	5.92	6.08	6.22	6.35	6.46	6.56	6.66	6.75	6.82	6.90	7.15	7.36	7.53	7.67	7.80	7.92
17	4.74	5.14	5.43	5.66	5.85	6.01	6.15	6.27	6.38	6.48	6.57	6.66	6.73	6.81	7.05	7.26	7.42	7.56	7.69	7.80
18	4.70	5.09	5.38	5.60	5.79	5.94	6.08	6.20	6.31	6.41	6.50	6.58	6.66	6.73	6.97	7.17	7.33	7.47	7.59	7.70
19	4.67	5.05	5.33	5.55	5.74	5.89	6.02	6.14	6.25	6.34	6.43	6.51	6.59	6.65	6.89	7.09	7.24	7.38	7.50	7.61
20	4.64	5.02	5.29	5.51	5.69	5.84	5.97	6.09	6.19	6.29	6.37	6.45	6.52	6.59	6.82	7.02	7.17	7.30	7.42	7.52
24	4.55	4.91	5.17	5.37	5.54	5.69	5.81	5.92	6.02	6.11	6.19	6.27	6.33	6.39	6.61	6.79	6.94	7.06	7.17	7.27
30	4.46	4.80	5.05	5.24	5.40	5.54	5.65	5.76	5.85	5.93	6.01	6.08	6.14	6.20	6.41	6.58	6.71	6.83	6.93	7.02
40	4.37	4.70	4.93	5.11	5.27	5.39	5.50	5.60	5.69	5.76	5.84	5.90	5.96	6.02	6.21	6.37	6.49	6.60	6.70	6.78
60	4.28	4.60	4.82	4.99	5.13	5.25	5.36	5.45	5.53	5.60	5.67	5.73	5.79	5.84	6.02	6.16	6.28	6.38	6.47	6.55
120	4.20	4.50	4.71	4.87	5.01	5.12	5.21	5.30	5.38	5.44	5.51	5.57	5.61	5.66	5.83	5.96	6.07	6.16	6.24	6.32
∞	4.12	4.40	4.60	4.76	4.88	4.99	5.08	5.16	5.23	5.29	5.35	5.40	5.45	5.49	5.65	5.77	5.87	5.95	6.03	6.09

Number of treatments

表X　$Z = \frac{1}{2} \cdot \ln \frac{1+r}{1-r}$ 的值

TABLE X	Values of $Z = \frac{1}{2} \cdot \ln \frac{1+r}{1-r}$								
r	.00	.01	.02	.03	.04	.05	.06	.07	.08	.09
0.0	0.000	0.010	0.020	0.030	0.040	0.050	0.060	0.070	0.080	0.090
0.1	0.100	0.110	0.121	0.131	0.141	0.151	0.161	0.172	0.182	0.192
0.2	0.203	0.213	0.224	0.234	0.245	0.255	0.266	0.277	0.288	0.299
0.3	0.310	0.321	0.332	0.343	0.354	0.365	0.377	0.388	0.400	0.412
0.4	0.424	0.436	0.448	0.460	0.472	0.485	0.497	0.510	0.523	0.536
0.5	0.549	0.563	0.576	0.590	0.604	0.618	0.633	0.648	0.662	0.678
0.6	0.693	0.709	0.725	0.741	0.758	0.775	0.793	0.811	0.829	0.848
0.7	0.867	0.887	0.908	0.929	0.950	0.973	0.996	1.020	1.045	1.071
0.8	1.099	1.127	1.157	1.188	1.221	1.256	1.293	1.333	1.376	1.422
0.9	1.472	1.528	1.589	1.658	1.738	1.832	1.946	2.092	2.298	2.647

For negative values of r put a minus sign in front of the corresponding Z's, and vice versa.

表XI　二項係數

TABLE XI	Binomial Coefficients									
n	$\binom{n}{0}$	$\binom{n}{1}$	$\binom{n}{2}$	$\binom{n}{3}$	$\binom{n}{4}$	$\binom{n}{5}$	$\binom{n}{6}$	$\binom{n}{7}$	$\binom{n}{8}$	$\binom{n}{9}$	$\binom{n}{10}$
0	1										
1	1	1									
2	1	2	1								
3	1	3	3	1							
4	1	4	6	4	1						
5	1	5	10	10	5	1					
6	1	6	15	20	15	6	1				
7	1	7	21	35	35	21	7	1			
8	1	8	28	56	70	56	28	8	1		
9	1	9	36	84	126	126	84	36	9	1	
10	1	10	45	120	210	252	210	120	45	10	1
11	1	11	55	165	330	462	462	330	165	55	11
12	1	12	66	220	495	792	924	792	495	220	66
13	1	13	78	286	715	1287	1716	1716	1287	715	286
14	1	14	91	364	1001	2002	3003	3432	3003	2002	1001
15	1	15	105	455	1365	3003	5005	6435	6435	5005	3003
16	1	16	120	560	1820	4368	8008	11440	12870	11440	8008
17	1	17	136	680	2380	6188	12376	19448	24310	24310	19448
18	1	18	153	816	3060	8568	18564	31824	43758	48620	43758
19	1	19	171	969	3876	11628	27132	50388	75582	92378	92378
20	1	20	190	1140	4845	15504	38760	77520	125970	167960	184756

For $r > 10$ it may be necessary to make use of the identity $\binom{n}{r} = \binom{n}{n-r}$.

表XII e^{-x}的值

TABLE XII	Values of e^{-x}						
x	e^{-x}	x	e^{-x}	x	e^{-x}	x	e^{-x}
0.0	1.0000	2.5	0.082085	5.0	0.006738	7.5	0.00055308
0.1	0.9048	2.6	0.074274	5.1	0.006097	7.6	0.00050045
0.2	0.8187	2.7	0.067206	5.2	0.005517	7.7	0.00045283
0.3	0.7408	2.8	0.060810	5.3	0.004992	7.8	0.00040973
0.4	0.6703	2.9	0.055023	5.4	0.004517	7.9	0.00037074
0.5	0.6065	3.0	0.049787	5.5	0.004087	8.0	0.00033546
0.6	0.5488	3.1	0.045049	5.6	0.003698	8.1	0.00030354
0.7	0.4966	3.2	0.040762	5.7	0.003346	8.2	0.00027465
0.8	0.4493	3.3	0.036883	5.8	0.003028	8.3	0.00024852
0.9	0.4066	3.4	0.033373	5.9	0.002739	8.4	0.00022487
1.0	0.3679	3.5	0.030197	6.0	0.002479	8.5	0.00020347
1.1	0.3329	3.6	0.027324	6.1	0.002243	8.6	0.00018411
1.2	0.3012	3.7	0.024724	6.2	0.002029	8.7	0.00016659
1.3	0.2725	3.8	0.022371	6.3	0.001836	8.8	0.00015073
1.4	0.2466	3.9	0.020242	6.4	0.001662	8.9	0.00013639
1.5	0.2231	4.0	0.018316	6.5	0.001503	9.0	0.00012341
1.6	0.2019	4.1	0.016573	6.6	0.001360	9.1	0.00011167
1.7	0.1827	4.2	0.014996	6.7	0.001231	9.2	0.00010104
1.8	0.1653	4.3	0.013569	6.8	0.001114	9.3	0.00009142
1.9	0.1496	4.4	0.012277	6.9	0.001008	9.4	0.00008272
2.0	0.1353	4.5	0.011109	7.0	0.000912	9.5	0.00007485
2.1	0.1225	4.6	0.010052	7.1	0.000825	9.6	0.00006773
2.2	0.1108	4.7	0.009095	7.2	0.000747	9.7	0.00006128
2.3	0.1003	4.8	0.008230	7.3	0.000676	9.8	0.00005545
2.4	0.0907	4.9	0.007447	7.4	0.000611	9.9	0.00005017

習題單數題部分解答

第 1 章

1.1 (a) 勞力士手錶通常很貴,所以有能力購買勞力士手錶的人應該不能稱為一般人。

(b) 參加長程豪華遠洋遊輪的花費,通常遠高於一般旅遊行程的費用。

1.3 事業有成的畢業生通常會比較願意回覆這種類型的問卷調查。

1.5 (a) 本句是推論,而且是根據「卡車在鄉間道路會開得比較快」的印象所做出的推論。

(b) 本句是推論。

(c) 本句是純敘述。

(d) 本句是純敘述。

1.7 順序資料

1.9 這種類型的資料是無法透過加減乘除來比較的。

第 2 章

2.1 (a)

天數	處方箋張數
4	2
5	3
6	7
7	11
8	9
9	5
10	3
	40

(b)

處方箋張數

2.3

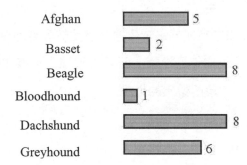

2.5 請將下列莖葉圖還原成原始資料。

(a) 36，31，37，35，與32

(b) 415，438，450，與477

(c) 254，254，250，253，與259

2.7

```
6 | 55  75  32
7 | 84  83  60  60  18
8 | 34  65  39  88  31  86  42  54  26  66  65
9 | 19  12  39  61  54  01
```

2.9

1.3	7					
1.4	2	4				
1.4	6	9				
1.5	0	2	3	3	4	4
1.5	8	8	9			
1.6	0	2	3			
1.6	6	8				
1.7	2					

第 3 章

3.1 (a) 母體。

(b) 樣本。

(c) 樣本。

(d) 母體。

3.3 (a) 75.3。

(b) 仍是75.3。

3.5 這214箱貨物的總重量是214· 65＝13,910磅。這個數字還遠低於最大
載重限制，因此這架貨機沒有超重的危險。

3.7 (a) 最多33.5／50 ＝ 0.67。

(b) 最多17.2／20 ＝ 0.86。

3.9 (a) $\dfrac{2}{\frac{1}{60}+\frac{1}{30}} = 2\cdot\dfrac{60}{3} = 40$

(b) $\dfrac{2}{\frac{1}{36}+\frac{1}{45}} = 2\cdot\dfrac{180}{9} = 40$

第 4 章

4.1 (a) 全距為2.70－2.63=0.07。

(b)

x	$x-\bar{x}$	$(x-\bar{x})^2$
2.64	-0.02	0.0004
2.70	+0.04	0.0016
2.67	+0.01	0.0001
2.63	-0.03	0.0009
10.64		0.0030

表中 $\bar{x}=2.66$.

$$s=\sqrt{\frac{\Sigma(x-\bar{x})^2}{n-1}}=\sqrt{\frac{0.0030}{4-1}}=0.032 \text{四捨五入至千分位。}$$

4.3 $\frac{11}{3.13}=3.51$四捨五入至百分位。此結果相當符合原題目中的說法。

4.5 (a) 13.748。

(b) 13.748。

4.7 (a) 中全距為8.98－8.92＝0.06，(b)中全距為0.08－0.02＝0.06。因此全距並未受到影響。

4.9 (a) $117.2-106.0=11.2$; $\frac{11.2}{2}=5.6$; $\underline{ks}=5.6$; $\underline{k}=2$至少75%.

(b) $125.6-97.6=28.0$; $\frac{28.0}{2}=14.0$; $\frac{14}{2.8}=5$; $\underline{k}=5$; $1-\frac{1}{5^2}=\frac{24}{25}$ 或 96%.

第 1～4 章　綜合練習題

R.1 (a) 數值

(b) 類別

(c) 數值

(d) 數值

(e) 類別

(f) 數值

R.3

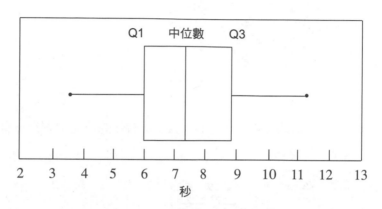

R.5

錯誤個數	學生人數
4 或以下	34
9 或以下	54
14 或以下	69
19 或以下	78
24 或以下	80

R.7　(a) 若該氣象學家只對那十年之間的資料有興趣的話,那麼他所完成的資料即為母體。

　　　(b) 若該氣象學家打算預測未來的氣溫的話,那麼他所完成的資料則為樣本。

R.9　(a) $\bar{x} = \dfrac{587}{40} = 14.675$

　　　(b) 中位數為 $(15+15)/2 = 15$

第 5 章

5.1　$(0,0)$、$(0,1)$、$(0,2)$、$(1,0)$、$(1,1)$、$(2,0)$、$(2,1)$、或$(2,2)$。

5.3 $50 \times 49 \times 48 \times 47 = 5,527,200$

5.5 將六人依姓氏分別表示如下：鐘、白、韓、王、羅、史

主席總經理

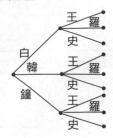

這兩個職位分別由一男一女擔任的可能情況有五種。

5.7 $4 \times 32 = 128$

5.9 a.

有三種可能性。

b.

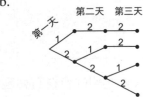

有四種可能性。

第 6 章

6.1 (a) {(1，2)，(1，3)，(1，4)，(1，5)，(2，2)，(2，3)，(2，4)，(2，5)}

(b)

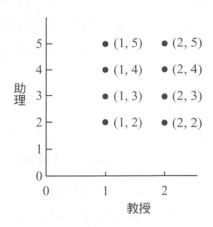

6.3　(a)

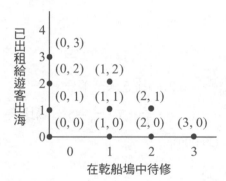

(b) $K = \{(0 , 2) , (1 , 2) , (0 , 3)\}$，$L = \{(1 , 0) , (2 , 0) , (2 , 1) , (3 , 0)\}$，

$M = \{(0 , 3) , (1 , 2) , (2 , 1) , (3 , 0)\}$。

(c) K與L為互斥事件；K與M不為互斥事件；L與M也不為互斥事件。

6.5　(a)　$B' = \{8\}$；最喜歡的顏色為其他未列出的顏色。

(b)　$A \cap B = \{3, 4\}$；最喜歡的顏色為藍或是綠。

(c)　$B \cap C' = \{1, 2, 3, 4, 5\}$；最喜歡的顏色為紅、黃、藍、綠、或棕。

(d)　$A \cup B' = \{3, 4, 8\}$；最喜歡的顏色為藍、綠、或其他未列出的顏色。

6.7　區域1表示某研究生能說非常流利的荷蘭語、並將進入哈佛大學就讀

的事件；區域2表示某研究生能說非常流利的荷蘭語、但是不會進入哈佛大學就讀的事件；區域3表示某荷蘭語不甚流利的研究生、即將進入哈佛大學就讀的事件；區域4表示某荷蘭語不甚流利的研究生、不會進入哈佛大學就讀的事件。

6.9　(a) 某車需要大修引擎、維修傳動設備、並更換輪胎。

(b) 某車需要維修傳動設備、更換輪胎、但無需大修引擎。

(c) 某車需要大修引擎、但無須維修傳動設備與更換輪胎。

(d) 某車需要大修引擎、並更換輪胎。

(e) 某車需要維修傳動設備、但無須更換輪胎。

(f) 某車無須維修傳動設備。

第 7 章

7.1　$\frac{3,000+1,000}{15,000}=0.27$四捨五入至美分。

7.3　$4\cdot\frac{1}{8}+5\cdot\frac{1}{4}+6\cdot\frac{5}{16}+7\cdot\frac{5}{16}=5\frac{13}{16}$場比賽

7.5　$7,500 > (30,000)p$

$\frac{7,500}{30,000} > p$

$0.25 > p$

7.7　$x\cdot\frac{1}{2}=1,000\cdot\frac{1}{2}+400,\qquad \frac{x}{2}=900\qquad x=2\cdot900=\$1,800$

7.9　此兩個期望值為

$120,000\cdot\frac{3}{4}-30,000\cdot\frac{1}{4}=\$82,500$

$180,000\cdot\frac{1}{2}-45,000\cdot\frac{1}{2}=\$67,500$

該承包商應該選擇第一個工程案。

第 5～7 章　綜合練習題

R.29　$C \cap D,\ C \cap D',\ C' \cap D,$ and $C' \cap D'$

R.31　$\begin{aligned} P(C) \cdot P(D') &= (0.60)(0.20) \\ &= 0.12 \\ &= P(C \cap D') \end{aligned}$

事件 C 與 D' 為獨立事件。

R.33　(a) $\dfrac{1}{4!} + \dfrac{1}{6!} = \dfrac{5 \cdot 6}{6!} + \dfrac{1}{6!} = \dfrac{31}{6!}$ 正確

　　　(b) $\begin{aligned} \dfrac{20!}{17!} &= \dfrac{20 \cdot 19 \cdot 18 \cdot 17!}{17!} \\ &= 20 \cdot 19 \cdot 18 \\ &\neq 20 \cdot 19 \cdot 18 \cdot 17 \end{aligned}$　　錯誤

　　　(c) $5! + 6! = 5! + 6 \cdot 5! = 7 \cdot 5!$ 正確

　　　(d) $3! + 2! + 1! = 6 + 2 + 1 = 9 \neq 6$ 錯誤

R.35　(a) $\dfrac{15}{21} = \dfrac{5}{7}$

　　　(b) $\dfrac{6}{21} = \dfrac{2}{7}$

　　　(c) $\dfrac{6}{21} = \dfrac{2}{7}$

　　　(d) $\dfrac{15}{21}$

R.37　第一週　　第二週　　第三週

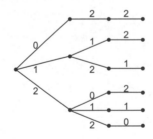

第 8 章

8.1　(a) 否，$0.52 + 0.26 + 0.32 = 1.10 > 1.00$

　　　(b) 否，$0.18 + 0.02 + 1.00 = 1.20 > 1.00$

　　　(c) 可，這些數值都不是負的，而且總和等於1。

8.3 (a) 否，$f(0)$是負的。

(b) 可，這些數值都不是負的，而且總和等於1。

(c) $f(1)$、$f(2)$、與 $f(3)$是負的，$f(4)$未定義，且$f(5) > 1$。

8.5 $\binom{4}{0}(0.10)^0(0.90)^4 = 0.6561$；附表V中的數值為0.656，四捨五入至小數點後三位。

8.7 (a) $0.028 + 0.121 + 0.233 + 0.267 = 0.649$

(b) $0.037 + 0.009 + 0.001 = 0.047$

8.9 (a) $0.001 + 0.006 + 0.026 + 0.088 = 0.121$

(b) $0.267 + 0.233 + 0.121 + 0.028 = 0.649$

第 9 章

9.1 (a) 前者大

(b) 前者大

(c) 相同

9.3 (a) 前者大

(b) 後者大

(c) 相同

9.5 (a) $0.1064 + 0.5000 = 0.6064$

(b) $0.5000 + 0.4032 = 0.9032$

(c) $0.5000 - 0.2852 = 0.2148$

9.7 (a) $2(0.2794) = 0.5588$

(b) $0.4177 + 0.5000 = 0.9177$

9.9 (a) $z = 2.03$

(b) $z = 0.98$

(c) $z = \pm 1.47$

(d) $z = -0.41$

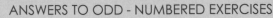

9.11 (a) 2(0.3413)＝0.6826

(b) 2(0.4772)＝0.9544

(c) 2(0.4987)＝0.9974

(d) 2(0.49997)＝0.99994

(e) 2(0.4999997)＝0.9999994

9.13 由於附表I中最接近0.5000－0.2000＝0.3000 的數為 0.2995，相對應的 z為0.84。$\dfrac{79.2-62.4}{\sigma}=0.84$ 且 $\sigma=\dfrac{16.8}{0.84}=20$

第 10 章

10.1 (a) $\binom{8}{3}=56$

(b) $\binom{26}{3}=2{,}600$

(c) $\binom{30}{3}=4{,}060$

(d) $\binom{40}{3}=9{,}880$

10.3 *uvw*，*uvx*，*uvy*，*uvz*，*uwx*，*uwy*，*uwz*，*uxy*，*uxz*，*uyz*，*vwx*，*vwy*，*vwz*，*vxy*，*vxz*，*vyz*，*wxy*，*wxz*，*wyz*，*xyz*

10.5 $\dfrac{4}{20}=\dfrac{1}{5}$

10.7 264，429，437，419，418，252，326，443，410，472，446，與 318。

10.9 $\dfrac{3}{100}\cdot\dfrac{2}{99}\cdot\dfrac{1}{98}=\dfrac{1}{161{,}700}$

10.11 67，64，76，75，84，78，79，與79；

62，70，73，75，78，75，77，與77；

75，66，80，73，86，78，87，與80；

67，73，78，83，85，86，84，與84；

70，73，78，76，81，76，82，與78；

68，97，72，108，78，111，77，與117。

第 8~10 章 綜合練習題

R.57 (a) $\dfrac{\binom{10}{4}}{\binom{18}{4}} = \dfrac{210}{3,060} = 0.069$ 四捨五入至千分位。

(b) $\dfrac{\binom{10}{2}\binom{8}{2}}{3,060} = \dfrac{45\cdot 28}{3,060} = 0.412$ 四捨五入至千分位。

R.59 $f(2) = \binom{5}{2}(0.70)^2(1-0.70)^{5-2} \approx 0.132$

R.61 (a) 由於 $z = \dfrac{15-23.4}{6.80} = -1.24$ 且機率為 $0.3925 + 0.5000 = 0.89$

(b) $z = \dfrac{30-23.4}{6.8} = 0.97$ 而且 $z = \dfrac{20-23.4}{6.80} = -0.5$ 且機率為 $0.3340 + 0.1915 = 0.5255$

R.63 $\mu = 100(0.82) = 82$ 而且 $\sigma = \sqrt{100(0.82)(0.18)} = 3.842$ 四捨五入至千分位。由於 $z = \dfrac{90.5-82}{3.842} = 2.21$ 四捨五入至百分位，機率為 $0.5000 - 0.4864 = 0.0136$

R.65 $n = 120 > 100$ 且 $np = 120(0.06) = 7.2 < 10$，符合使用近似法的條件。

$f(5) = \dfrac{(7.2)^5 e^{-7.2}}{5!}$

$= 161.24(0.000747) = 0.1204$，四捨五入至小數點後四位。

第 11 章

11.1 最大誤差是1.30mm。

11.3 標準差要乘以 $\sqrt{\dfrac{288}{32}} = 3$

11.5 $n = \left(\dfrac{2.575 \cdot 138}{40}\right)^2 = 78.92$ 且 $n = 79$ 四捨五入至整數位。

11.7 $n = \left(\dfrac{2.575 \cdot 0.77}{0.25}\right)^2 = 62.90$ 且 $n = 63$ 四捨五入至整數位。

11.9 (a) $30(0.90) = 27$

(b) 26；這個數值符合我們的期望。

第 12 章

12.1 (a) $\mu < \mu_0$，只有當虛無假設被拒絕時，才更新貨車。

(b) $\mu > \mu_0$，除非虛無假設被拒絕，否則更新貨車。

12.3 (a) 型一錯誤。

(b) 不會犯錯。

(c) 不會犯錯。

(d) 型二錯誤。　　　去掉

12.5 當我們在虛無假設是正確的情況下拒絕虛無假設時，出現型一錯誤；
當我們在虛無假設是錯誤的情況下接受虛無假設時，出現型二錯誤。

12.7 (a) $= \dfrac{7.6 - 75}{\dfrac{12}{\sqrt{100}}} = \dfrac{1.5}{1.2} = 1.25$ 且機率為 $0.5000 - 0.3944 = 0.1056$。

(b) $z = \dfrac{76.5 - 75.3}{1.2} = 1.00$ 且機率為 $0.5000 + 0.3413 = 0.8413$。

(c) $z = \dfrac{76.5 - 77.22}{1.2} = -0.60$ 且機率為 $0.5000 - 0.2257 = 0.2743$。

12.9 不，這表示即使當虛無假設成立時，有0.05的機率會被我們誤判而拒絕。

第 13 章

13.1 1. $H_0：\sigma = 2.7$ 而且 $H_A：\sigma \neq 2.7$

2. $\alpha = 0.01$

3. 拒絕 H_0 若 $x^2 \leq 5.697$ 或 $x^2 \geq 35.718$，其中 5.697 與 35.718 分別為自由度為 17 時 $x^2_{0.995}$ 以及 $x^2_{0.005}$ 的數值。

4. $\chi^2 = \dfrac{17(3.8)^2}{(2.7)^2} \approx 33.7$

5. 無法拒絕虛無假設

13.3 $z = -0.674$；無法拒絕虛無假設。

13.5 $F = 2.86$；拒絕虛無假設。

第 14 章

14.1 1. $H_0：p = 0.05$ 而且 $H_A：p > 0.05$

2. $\alpha = 0.01$

3. 檢定統計量為一年之內報名參加該遊輪旅遊行程的人數。

4. $x = 3$，且有 3 人以上報名參加的機率為 0.043。

5. 由於 0.043 大於 0.01，我們無法拒絕虛無假設。

14.3 1. $H_0：p = 0.10$

$H_A：p > 0.10$

2. 顯著水準為 $\alpha = 0.05$。

3. 檢定統計量為感到不適的人數，此處為 4 人。

4. 由附表 V 可知當 $n = 13$ 且 $p = 0.10$ 時，人數大於等於 4 的機率為 0.028 + 0.006 + 0.001 = 0.035。

5. 由於 0.035 小於 $\alpha = 0.05$，因此拒絕虛無假設。

14.5 (a) 1. $H_0：p = 0.30$ 而且 $H_A：p \neq 30$

2. $\alpha = 0.05$

3. 拒絕 H_0 若 $z \leq -1.96$ 或 $z \geq 1.96$。

4. $z = \dfrac{157.5 - 600(0.30)}{\sqrt{600(0.30)(0.70)}} \approx -2.00$

5.拒絕虛無假設。

(b) 1.同(a)

2.$\alpha = 0.01$

3.拒絕H_0若$z \le -2.575$或$z \ge 2.575$。

4.同(a)

5.無法拒絕虛無假設。

14.7 1. $H_0：p_1 = p_2$而$H_A：p \ne p$

2. $\alpha = 0.05$

3. 拒絕H_0若$z \le -1.96$或$z \ge 1.96$。

4. $\dfrac{x_1}{n_1} = \dfrac{96}{144} \approx 0.67,\ \dfrac{x_2}{n_2} = \dfrac{105}{144} \approx 0.73$，而

$\hat{p} = \dfrac{96 + 105}{144 + 144} \approx 0.70$

$z = \dfrac{0.67 - 0.73}{\sqrt{(0.70)(0.30)\left(\frac{1}{144} + \frac{1}{144}\right)}} \approx -1.11$

5. 無法拒絕虛無假設，因為樣本比例值的差異不顯著。

14.9 1. $H_0：p_1 = p_2$而$H_A：p_1 < p_2$

2. $\alpha = 0.01$

3. 拒絕H_0若$z \le -2.33$。

4. $\dfrac{x_1}{n_1} = \dfrac{62}{200} = 0.31,\ \dfrac{x_2}{n_2} = \dfrac{99}{300} = 0.33$，且

$\hat{p} = \dfrac{62 + 99}{200 + 300} = 0.322$

$z = \dfrac{0.31 - 0.33}{\sqrt{(0.322)(0.678)\left(\frac{1}{200} + \frac{1}{300}\right)}} \approx -0.47$

5. 無法拒絕虛無假設，因為上升趨勢沒有統計顯著性。

第 11～14 章 綜合練習題

R.87　H_0：至某城鎮小學上學的小學生，平均通學的距離等於1.5英里。

　　　　H_A：至某城鎮小學上學的小學生，平均通學的距離大於1.5英里。

R.89　1. H_0：不論所養育的小孩人數為何，家長們對此課程反應的機率皆相同。

　　　　H_A：家長們對此課程反應的機率並非全部相同。

　　　2. $\alpha = 0.05$

　　　3. 拒絕H_0若$x^2 \geq 9.488$。

　　　4. 第一列的次數期望值為44.4，38.6，與16.9，第二列為60.9，52.9，與23.2而第三列為54.7，47.5，與20.8。

$$\chi^2 = \frac{(48-44.4)^2}{44.4} + \cdots + \frac{(20-20.8)^2}{20.8}$$
$$= 3.97$$

　　　5. 無法拒絕虛無假設。

R.91　1. H_0：$p_1 = p_2$且H_A：$p_1 \neq p_2$

　　　2. $\alpha = 0.01$

　　　3. 拒絕H_0若$x^2 \geq 6.635$。

　　　4. 第一列的次數期望值為67.8與45.2，而第二列為232.2與154.8。

$$\chi^2 = \frac{(81-67.8)^2}{67.8} + \cdots + \frac{(168-154.8)^2}{154.8} = 8.30，四捨五入至小數點後$$
兩位。

　　　5. 拒絕虛無假設。

R.93　$\mu = 1.4 = 7p$，因此 $p = 0.20$。將 3，4，5 三組合併。

　　　1. H_0：$p = 0.20$且H_A：$p \neq 0.20$

　　　2. $\alpha = 0.05$

　　　3. 拒絕H_0若$x^2 \geq 5.991$。

　　　4. $\chi^2 = \frac{(12-10.5)^2}{10.5} + \cdots + \frac{(9-7.4)^2}{7.4}$
　　　　　 $= 0.91$

5. 無法拒絕虛無假設。

R.95　1. H_0：三種課程的效果皆相同。

　　　　　H_A：三種課程的效果並非全部相同。

　　2. $\alpha = 0.05$

　　3. 拒絕H_0若$x^2 \geq 2.920$。

　　4. $\chi = \dfrac{(86-82.9)^2}{82.9} + \cdots + \dfrac{(38-33.1)^2}{33.1} = 1.659$

　　5. 無法拒絕虛無假設。

R.97　$400p > 5$且$400(1-p) > 5$可得$0.0125 < p < 0.9875$。

R.99　$n = 6$，$\bar{x} = 2,460$，且$s = 46.80$，因此$E = 4.032 \cdot \dfrac{46.80}{\sqrt{6}} = 77.04$次

R.101　(a) 0.0375，0.1071，0.2223，0.2811，0.2163，0.1013，與0.0344

　　　　(b) 3，8.57，17.78，22.49，17.30，8.10，與2.75

　　　　(c) 1.H_0：這份資料可視為來自於常態母體的隨機樣本。

　　　　　　　H_A：這份資料不可視為來自於常態母體的隨機樣本。

　　　　2. $\alpha = 0.05$

　　　　3. 拒絕H_0若$x^2 \geq 5.991$。

　　　　4. $\chi^2 = \dfrac{(13-11.57)^2}{11.57} + \cdots + \dfrac{(11-10.85)^2}{10.85}$
　　　　　　　$= 1.27$

　　　　5. 無法拒絕虛無假設。

第 15 章

15.1　(a) $n \cdot s_{\bar{x}}^2 = 1.86$，變異數平均為$3.215$，$F = 0.58$。

　　　(b) 無法拒絕虛無假設。

15.3　學校二的學生成績變異性大於其他兩所學校的學生成績變異性。

15.5　$\dfrac{3}{\binom{15}{5}} = \dfrac{3}{3,003} \approx 0.001$

15.7 處理的自由度與誤差的自由度分別為2與15，處理平方和與誤差平方和分別為3.72與48.22，處理均方與誤差均方分別為1.86與3.21，$F=$ 0.58。

15.9 處理與誤差的自由度分別為3與16；處理與誤差的平方和分別為12.95與101.6；處理與誤差的均方分別為4.32與6.35。F值為0.68。

    1. $H_0：\mu_1=\mu_2=\mu_3$。

       $H_A：\mu$ 值並非全部相等。

    2. $\alpha=0.05$

    3. 拒絕H_0若$F \geq 3.24$，此為自由度為3與16時$F_{0.05}$的值。

    4. $F=0.68$

    5. 無法拒絕虛無假設。此四組樣本平均數之間的差異可能是機率造成的。

第 16 章

16.1 第二條比較配適。

16.3 $s_{xx}=304-\frac{1}{6}(36)^2=88$，$s_{xy}=721-\frac{1}{6}(36)(107)=79$，所以$b=\frac{79}{88}=$ 0.898。

    $a=\frac{107-0.898(36)}{6}=12.45$，$\hat{y}=12.45+0.898x$。

16.5 $n=18$、$\sum x=7251$、$\sum x^2=3294499$、$\sum y=254$、$\sum y^2=3885.4$、$\sum xy=92935.8$、$S_{xx}=373554.5$、$S_{xy}=301.18$、$S_{xy}=-9383.87$、$b=-0.0251$、$a=24.2$、$y=24.2-0.0251x$。

16.7 誤差的平方和為20.94，小於44或26。

16.9 $\hat{y}=0.4911+0.2724x$

16.11 $\hat{y}=10.83$

16.13 (a) $a=12.447$，$b=0.898$

       (b) $a=0.4898$，$b=0.2724$

16.17　1. $H_0：\beta = -0.15$且$H_A：\beta \neq -0.15$

　　　　2. $\alpha = 0.01$

　　　　3. 拒絕H_0若$t \leq -4.032$或$t \geq 4.032$

　　　　4. $t = 4.17$

　　　　5. 拒絕虛無假設。

16.19　$a + bx_0 = 14.09$
　　　　$13.16 < \mu_{y|50} < 15.02$

第 17 章

17.1　$r = 0.92$

17.3　$r = -0.01$

17.5　沒關係。由r的計算公式可知，x與y互換所得到的結果是相同的。

17.7　(a) 正相關

　　　　(b) 負相關

　　　　(c) 負相關

　　　　(d) 不相關

　　　　(e) 正相關

17.9　比方說，這兩個相關係數分別改為0.80與0.90，則$100(0.80)^2 + 100$
$(0.90)^2 = 145\%$；這是不可能發生的。另一方面，剛出生時的體重，
與每天進食的食物量，兩者之間是相關的。

17.11　重新標示列為$x = 1$，0，與-1，欄為$y = 1$，0，與-1，我們可得

<table>
<tr><td></td><td></td><td colspan="3">y</td></tr>
<tr><td></td><td></td><td>-1</td><td>0</td><td>1</td></tr>
<tr><td></td><td>1</td><td>38</td><td>135</td><td>129</td></tr>
<tr><td>x</td><td>0</td><td>32</td><td>68</td><td>43</td></tr>
<tr><td></td><td>-1</td><td>13</td><td>25</td><td>17</td></tr>
</table>

$$\sum x = 247, \ \sum y = +106, \ \sum x^2 = 357,$$
$$\sum y^2 = 272, \ \text{和} \ \sum xy = 87, \text{因此}$$

$S_{xx} = 234.982, \ S_{yy} = 249.528,$

$S_{xy} = 34.636,$

$$r = \frac{34.636}{\sqrt{(234.982)(249.528)}} = 0.143$$

兩者之間存在微弱的關聯性。

17.13 (a) $z = 1.22$；無法拒絕虛無假設

(b) $z = 0.50$；無法拒絕虛無假設

17.15 $n = 12$且$r = 0.77$

(a) 1. $H_0 : \rho = 0$且$H_A : \rho \neq 0$

2. $\alpha = 0.01$

3. 拒絕H_0若$t \leq -3.169$或$t \geq 3.169$。

4. 使用$t = \dfrac{r\sqrt{n-2}}{\sqrt{1-r^2}} = 3.82$

5. $3.82 \geq 3.169$。拒絕虛無假設。

$n = 16$且$r = 0.49$

(b) 1. $H_0 : \rho = 0$且$H_A : \rho \neq 0$

2. $\alpha = 0.01$

3. 拒絕H_0若$t \leq -2.977$或$t \geq 2.977$。

4. 使用$t = \dfrac{r\sqrt{n-2}}{\sqrt{1-r^2}} = 2.10$

5. $2.10 \leq 2.977$。無法拒絕虛無假設。

第 18 章

18.1 1. $H_0: \tilde{\mu} = 110$ 且 $H_A: \tilde{\mu} > 110$

2. $\alpha = 0.01$

3. 檢定統計量為x，超過110克的包數。

4. $n=18$中$x=14$，且p值為0.016。

5. 無法拒絕虛無假設。

18.3　1. $H_0: \tilde{\mu}_D = 0$ 且 $H_A: \tilde{\mu}_D < 0$

2. $\alpha = 0.03$

3. 檢定統計量為正差距，所以有一筆來回旅客數相同的資料要被割捨。

4. $x=3$，且 p值為$0.014 + 0.003 = 0.017$。

5. 拒絕虛無假設。

18.5　1. $H_0 : \tilde{\mu}_D = 0$ 且 $H_A : \tilde{\mu}_D > 0$

2. $\alpha = 0.05$

3. 拒絕H_0若$z \le -1.645$。

4. $z = \dfrac{14 - 19(0.5)}{\sqrt{19(0.5)(0.5)}} = -2.06$

5. 拒絕虛無假設。

18.7　(a) 若$T \le 3$，拒絕H_0。

(b) 若$T^- \le 5$，拒絕H_0。

(c) 若$T^+ \le 5$，拒絕H_0。

18.9　(a) 若$T \le 14$，拒絕H_0。

(b) 若$T^- \le 17$，拒絕H_0。

(c) 若$T^+ \le 17$，拒絕H_0。

18.11　1. $H_0 : \mu = 110$且$H_A : \mu > 110$

2. $\alpha = 0.01$

3. 拒絕H_0若$T^- \le 33$

4. $T^- = 18$

5. 拒絕虛無假設。

18.13　1. $H_0: \tilde{\mu} = 24.2$ 且 $H_A: \tilde{\mu} > 24.2$

2. $\alpha = 0.01$

3. 拒絕H_0若$z \geq 2.33$

4. $\mu = \dfrac{36 \cdot 37}{4} = 333$ 且 $\sigma = \sqrt{\dfrac{36 \cdot 37 \cdot 73}{24}} = 63.65$，因此有連續性修正的話 $z = 2.94$，無連續性修正的話$z = 2.95$。

5. 拒絕虛無假設。

18.15 1. $H_0: \tilde{\mu}_D = 0$ 且 $H_A: \tilde{\mu}_D \neq 0$

2. $\alpha = 0.05$

3. 拒絕H_0若$z \leq -1.96$或$z \geq 1.96$。

4. $\mu = \dfrac{19 \cdot 20}{4} = 95$ 且 $\sigma = \sqrt{\dfrac{19 \cdot 20 \cdot 39}{24}} = 24.85$ 因此 $z = \dfrac{101.5 - 95}{24.85} = 0.26$

5. 無法拒絕虛無假設。

第 15～18 章 綜合練習題

R.111 $r = \dfrac{-103.8}{\sqrt{(312.1)(82.4)}} = -0.65$

R.113 $z = -1.44$；無法拒絕虛無假設。

R.115 $r = -0.92$。

R.117 $r_{12.3} = 6.37$。

R.119 $z = 1.46$；無法拒絕虛無假設；r_S的值無統計顯著性。

R.121 由原資料可得－－－＋－－－－＋－－－－＋－－＋，其中$n = 16$且$x = 4$

1. $H_0：\rho = 0.50$且$H_A：\rho < 0.50$

2. $\alpha = 0.05$

3. x為＋的個數。

4. $x = 4$且p值為0.039。

5. 拒絕虛無假設。

R.123 $R = \sqrt{\dfrac{926}{1,702}} = 0.738$